国立民族学博物館論集❸

# 中国社会における文化変容の諸相

グローカル化の視点から

韓 敏 編

風響社

Cultural Change in Chinese Society: Glocal Perspectives
Edited by
Min HAN
Minpaku Series in Anthropology, No.3
2015 Fukyosha Publishing Inc., Tokyo
ISBN978-4-89489-213-2 C3339
© Min HAN, 2015, Printed in Japan

# 中国社会における文化変容の諸相

## グローカル化の視点から

# 目次

序論　中国社会における文化の再構築とグローカル化
　　　人類学のアプローチ ……………………………… 韓　敏　9

　　1　グローカル化の中の中国社会への問い　9
　　2　歴史の視座からみる中国社会のグローカル化　11
　　3　文化行政からみるナショナルと地域の文化遺産　13
　　4　個人や企業主導の文化実践と表象　15
　　むすび　19


第Ⅰ部　歴史の視座からみる中国のグローカル化

上海租界のなかの西洋文化
　　　亡命ロシア人とユダヤ人がもたらした芸術音楽の受容プロセス
　　　……………………………………………… 井口淳子　25

　　序　上海租界のなかの西洋とは　25
　　1　近代アジアにおける西洋音楽　27
　　2　亡命ロシア人の活躍：1920年代から40年代　28
　　3　西洋音楽とそれをとりまく多言語状況　32
　　4　租界末期の前衛音楽：日本占領期(淪陥期)のユダヤ人作曲家　39
　　結論　音楽の先進都市、上海を再評価する　44

中国における火葬装置、技術の普及と労働現場の人類学
　　　新たな技術を受容し、環境を再構成する人々に着目して
　　　……………………………………………… 田村和彦　51

　　はじめに　51
　　1　中国における近代的火葬の受容と普及　52
　　2　火葬という葬法の中国への導入：上海、北京の事例から　54
　　3　殯儀館火葬室で仕事をするということ
　　　　：情報の共有化と環境の改変　60

目次　3

4　炉の操作と「音を聞くこと」：身体化と環境を作り出すこと　*63*

おわりに　*68*


## 銅像のジェンダー
社会主義的身体表象に関する考察 ……………………… 高山陽子　*77*

はじめに　*77*

1　「巾幗英雄」　*78*

2　近代都市と銅像の誕生　*80*

3　社会主義的身体表象　*82*

4　身体表象の現代化　*86*

おわりに　*90*


## キャンベラの「中国城」を生きる孔子・チャイナフード
越境するグローカル化の中国表象への試み ………… 高 明潔　*97*

はじめに　*97*

1　ウーリー・ストリートの構成と「中国城」との関連づけ　*99*

2　越境する中国表象　*107*

おわりに　*114*


### 第Ⅱ部　文化行政からみるナショナル・地域の文化遺産

## グローカル化における祝祭日の再構築
中国の端午節の文化の変容を事例に ………………… 謝 荔　*123*

1　暦、祝祭日をめぐるグローバルな社会的・文化的状況　*125*

2　「我們的節日」：中国の祝祭日の再編成　*129*

3　祝祭日と地域文化アイデンティティの再構築
：「嘉興端午民俗文化節」の事例　*138*

むすび　*145*

# 項羽祭祀の伝承とその文化遺産化
### 安徽省和県烏江鎮の「3月3覇王祭」……………… 韓　敏 *153*

はじめに　*153*

1　烏江における項羽の記憶とその祭祀　*156*

2　文字媒体の項羽記憶と表象　*161*

3　グローバル化時代の文化遺産保護と項羽祭祀の遺産登録　*164*

考察と結び　*170*

# 中国における無形文化遺産をめぐる
## グローカリゼーションの一側面
### 広東省珠江デルタの「中山咸水歌」を例に …… 長沼さやか *177*

はじめに　*177*

1　グローバル化の設定　*177*

2　水上居民と咸水歌　*183*

3　無形文化遺産をめぐるローカルな動き　*186*

おわりに　*194*

# 博物館建設と学校設立にみる伝統演劇界の再編過程
### 陝西地方・秦腔の事例から ………………… 清水拓野 *199*

はじめに　*199*

1　秦腔とは　*200*

2　秦腔演劇界の歩み　*201*

3　陝西秦腔博物館をめぐる動向　*207*

4　民営演劇学校をめぐる動向　*209*

5　考察　*213*

おわりに　*218*

目次　5

## 第Ⅲ部　個人や企業主導の文化実践と表象

### チワン族の繍球文化
その実践とシンボリズム ……………………………… 塚田誠之 227

1　「抛繍球」の沿革　227

2　抛繍球の現場の事例　229

3　エスニック・シンボルの「創出」

：「繍球の郷」靖西県旧州街の黄肖琴と朱祖線の事例　232

4　おわりに　240

### 農民画という「アート」の創生
プロパガンダから観光商品へ ………………………… 周　星 245

はじめに　245

1　「農民画」の起源と変遷　245

2　「運動」と文化館の養成システム　249

3　農民画が抱える複雑なパラドックス　257

4　新時代における農民画の新定義・再評価・転換　261

5　農民画の現代性と観光商品化、そして新たなパラドックス　269

結論：農民画における「グローカリゼーション」　274

### 葬儀産業の形成から見る文化の伝承と変容
上海市を事例に ………………………………………… 何　彬 283

序：民俗研究の視線を都市へ　283

1　伝統の葬送習俗　285

2　伝統の葬儀業　290

3　福祉業から一般産業へ　293

4　産業としての歩み　297

おわりに　309

グローカリゼーションという視点から見た
　祭祀空間としての家屋の変遷
　　　広東省珠江デルタの事例から ……………………… 川口幸大 313

　はじめに　313
　1　調査地の概況：グローバル化のなかの珠江デルタ　315
　2　家屋の形態と祭祀対象の変遷　316
　3　グローバリゼーション／グローカリゼーションと家屋　329
　おわりに　331

町に出るピモ
　　　県城におけるピモ（彝族祭司）の活動……………… 清水　享 335

　はじめに　335
　1　ピモとスニ　340
　2　町に出るピモ　347
　むすびとして：現代のピモ　361

編者あとがき ………………………………………………… 367

索引 ………………………………………………………… 369

装丁＝佐藤一典・オーバードライブ

# 中国社会における文化変容の諸相

## グローカル化の視点から

# 序論　中国社会における文化の再構築とグローカル化
## 人類学のアプローチ

韓　　敏

## 1　グローカル化の中の中国社会への問い

　本書は、19世紀末から現代までの中国社会における文化的変容の諸相について、西洋化、社会主義近代化と都市化の観点を踏まえつつ、グローカル化の視点からアプローチしたものである。

　現代中国の形を作り上げている原動力は主に二つある。一つは民族平等、社会的・経済的平等を目指した民主主義革命と中華人民共和国建国後の社会主義革命であり、もう一つは市場経済の原理にともなうグローバル化である。前者についてはすでに『革命の実践と表象―現代中国への人類学的アプローチ』という成果を世に出している。編者が代表をつとめた共同研究「中国の社会変化と再構築―革命の実践と表象を中心に」（2004～2007年）は、20世紀の革命を中心に中国社会の再編成を検討し、近代中国の革命を単に歴史の出来事としてみるのではなく、一つのシステムと見なし、社会主義革命の言説や諸制度の生成過程と表象、革命的諸制度と言説における従来からの連続性と断絶性、グローバルの時代における革命的言説・諸制度・表象の新たな展開と再構築といった三つの問題を解明した［韓2009］。

　今回の共同研究は、前回の成果を踏まえ、現代中国を形作ったもう一つの原動力であるグローバル化に焦点を当て、政府主導の中国的ローカル化および企業や個人などが主体となるローカル化の実態と問題点を検討した。本書は、現代中国を貫通する最も重要なキーワードの一つであるグローバル化に関する基礎的な人類学研究であり、2008年10月から2011年3月まで開催された国立民族学博物館共同研究「中国における社会と文化の再構築：グローカリゼーションの視点から」（代表：韓敏）の研究成果である。

　本研究のキーコンセプトであるグローカル化は、世界化と地方化、あるいは世界の同質化と多様化の同時進行を意味するものである。すなわち、政治・経済・文化の均質的なグローバル化が進む中で、人々は支配的なものを標準として受容しながら、自分たちの集団、地域、エスニシティ、ナショナリティ、ルー

ツと伝統を意識し、再構築すると同時に、「グローバルな競技場」においてローカルなアイディアやモノを発信し、普遍性のあるものにしようとしている。本共同研究は上記のグローカル化の視点から現代中国の社会と文化の変化を考察するものである［韓 2010］。

　グローバル化は通常、近代の国家主義に対する新たな動きとされ、「輸送手段やメディアなどの発達によって、人・モノ・資本・情報の流れが地球的規模で進み、その結果もたらされた「時間と空間の圧縮」により、世界各地に密接な相互関連が生じた 20 世紀末以降の状態または過程」として理解されている［桑山 2002: 54-55］。一方、これは歴史的プロセスであり、大航海時代以来の脱地域化、フラット化として理解する学者もいる［ロバートソン 1997; Friedman 2005］。ハーバード大学の人類学者ワトソンは歴史の視座に立脚しながら「グローバル化は日常生活の体験が地球レベルで標準化される過程である。商品とアイディアの拡散がその特徴である」と指摘している［Watson 2002: 133］。上記のようにグローバル化の現象として標準化、フラット化、脱地域化、脱国家化、脱中心化、クレオール化などさまざまなとらえ方がある。

　グローバル化によって世界が均一な文化に覆われているようでありがなら、人々はローカルな環境のなかで、民主、エコ、文化遺産、NGO などのようなグローバルな概念を再編成しつつ、自分らしさ、地域性、エスニシティ、ナショナリティ、ルーツ、真正性などを意識し、再構築していこうとしている。グローバル化の過程で立ち上がっていく動きをグローカル化という。

　グローカル化は、グローバルな視点からマーケットを考えると同時に、ローカルな考え方にも適応させることも視野に入れることを意味し、外国に進出した日本企業の「土着化」概念に由来する。そもそも地方の条件に応じて農耕技術を適応させるという農業の重要な原則であった土着化は日本のビジネス業界に転用され、ローカルな条件に合わせるグローバルな見通しという意味で使われていたが、1980 年代後半から 90 年代初期にかけて、西側の会社は日本企業の土着化の成功例をみて、グローバル・ローカライゼーションと表現するようになり、のちにグローカル化と表現されるようになった［Oxford Dictionary of New Words 1991］。現在、グローカル化は人文社会の分野で「世界化と地方化の同時進行」［ロバートソン 1997: 16］、「均質化と差異化の同時進行」［山下 1996: 23］の意味として使われている。人文社会科学分野に早くからグローカル化の概念を導入したロバートソンは、日本語の「土着化」という語から刺激を受け、世界の同質化と多様化といった知的な衝突の現状を現すためにこの概念を採用

した。現在ますます多くの人々がグローバルにかつローカルに考え、かつ行動するようになっており、世界中あちこちで見られている伝統復興、真正性や土着性への関心と追求は、「グローバリゼーションの衝撃に対する反動」であると同時に、「グローバリゼーションによって創出されたもの」でもある［ロバートソン 1997: 15-16］。

　本研究は、上記のようなグローバル化とグローカリゼーションの概念を踏まえて、以下の二つの命題を中心として中国にアプローチした。（1）グローバル化の刺激を受けながら、中国化・民族化・地域化・個人化といったさまざまなレベルのローカル化の実態とメカニズムを解明する。（2）グローバル化という「競技場」において、地域的、民族的、中国的なモノ、価値、アイディアなどを発信する可能性とその実態を射程に入れる。

　二つの命題を解明するために、グローカル化の時代性と主体性に注目し、さらに歴史の視座からみる中国のグローカル化、政府主導のナショナルとローカル文化の再構築と個人や企業主導の文化実践の三つの問題群を想定して、3年半にわたって徹底的な議論を行った。本論文集には 13 名が執筆し、上記の三つの問題群にそって、1. 歴史の視座からみる中国のグローカル化、2. 文化行政からみるナショナル・地域の文化遺産、3. 個人や企業主導の文化実践と表象の3部から構成されている。

## 2　歴史の視座からみる中国社会のグローカル化

　グローバル化は歴史の過程である。大航海時代において、それはヨーロッパの政治体制の植民地主義化、キリスト教や香辛料、茶、砂糖、コーヒーの普及、銀の流通などの形で現れ、産業革命後の資本主義の勃興や第二次世界大戦後の多国籍企業の急成長、東西冷戦の終結によって一層加速された。本研究は、グローバル化を、人類の長い歴史の中で異文化が出会い、受容し、融合し、包摂し、土着化した歴史の過程として考えている。

　本書の第Ⅰ部「歴史の視座からみる中国のグローカル化」には、音楽の近代化、日本を含む西洋から入った火葬技術の土着化、公的空間における銅像の造像を事例に、西洋や社会主義のソ連から入ってきたものがどうローカル化されていったのかを歴史的スパンをとって考察した3本の論考と、中国の文化輸出の一環としての孔子とチャイナフォードを手がかりにして、新たなタイプのチャイナタウンである「中国城」に、越境する中国表象を見出そうとする論考

を収めた。

第1章「上海租界のなかの西洋文化：亡命ロシア人とユダヤ人がもたらした芸術音楽の受容プロセス」において、井口淳子は、アヘン戦争、ロシア革命、日中戦争、国共内戦によってもたらされた民族の移動や華洋雑居の現象が租界という多民族都市を形成し、「租界文化」を生成したと指摘した。同時に、中国の近代音楽のグローカル化にかかわったイタリア人、ロシア人、ユダヤ人、日本人、中国人の音楽家など複数のアクターに注目し、複数の言語によって記録された歴史文献について徹底したテキスト分析を行った。また、蘭心大戯院（Lyceum Theatre）などでみられた、戦時中に世界の最先端にあった上海の西洋音楽の様相を考察し、被支配の関係から始まった西洋化も時代が下るにつれ、当初とは異なる様相をおびるようになり、中国人自らが西洋音楽を享受し、中国化しつつ受容し、「グローカルな西洋音楽」を創りだす一側面を考察した。

第2章「中国における火葬装置、技術の普及と労働現場の人類学」において、田村和彦は、グローバリゼーションにかんする人類学的研究の中で欠如されがちな技術に着目し、現代中国における火葬という技術を、土着の技術体系からの内発的発展としてではなく、近代化の過程で他社会から取り込んだ観念や装置との関係のなかで捉え、諸外国からの技術移入の結果であることを指摘した。すなわち、公共衛生という、ヨーロッパ近代医学のなかで生まれた概念が遠く海を隔てた中国にもたらされ、実際の人の移動にともなう現象を媒介として受容され、その後も国外からの技術提供や国内での刷新を経て、今日の中国に広く普及することとなった。田村は、殯儀館と呼ばれる追悼式会場に併設された火葬場の従業員と彼らの作業を事例とし、火葬技術の普及がその属性を維持したまま位置のみを置き換えるといった単純な現象ではなく、モノと相対する方法として、作業の現場でさまざまな反応を引き起こしながら形成され、「作業を見る」「音を聞く」など翻訳困難な側面として立ち現われてくることもあり、つねに人による関係性の創造のなかで成立していると論じた。

第3章は「銅像のジェンダー：社会主義的身体表象に関する考察」である。高山陽子は、上海租界に誕生した西洋の近代銅像の出現、その中国化、社会主義革命時期およびグローバル時代における人物銅像の変化を取り上げた。建国後から1970年代までの女性銅像は、社会的・経済的に自立した個々の女性としてではなく、社会主義建設という役目を担うステロタイプ化されたものとして描かれているのに対し、1980年代以降の女性銅像にはかつてのような社会主義的身体技法は用いられず、穏やかで、中性的で、ポーズにも特徴がない

ように見える。現代中国の女性銅像が自由や平和などの抽象概念あるいは寓話性を表象している点は、男性の像は個性的に、女性の像は没個性的に描かれる [Warner 1985: 12] という近現代の銅像にみえる普遍的傾向に通じるものである。一方、父のために戦ったムーラン[1] や子供を思い続けた近代の女性英雄には、家父長制社会において家族に尽くす母や娘の伝統的な価値観も投影されていると指摘している。

　第4章は「キャンベラの『中国城』を生きる孔子・チャイナフード」である。高明潔は、オーストラリア、キャンベラのウーリー・ストリートにあるチャイナタウンを多元文化的・生活的・消費的機能を持っている文化接触の場として捉え、ローカルの場所性を喪失した中国移民がウーリー・ストリートのようなグローバル・エスノスケープという一定の空間において結束し、また、その空間を「中国城」として称している現象を取り上げた。ローカルの要素の中からチャイナフードと孔子が選ばれ、特別な意義を付与され、中国表象＝「中国城」の象徴として表されているような現象を、グローバル化における越境する中国のトランスナショナリズムとして位置づけている。また、「中国城」と従来の「中華街」との相違点は、「中国城」は中国の食文化と孔子を中国における文化輸出の代表という中国の新しい流れとの相互作用関係によって現れたところにある。最後に、高は、キャンベラのようにチャイナフードと孔子が象徴される「中国城」は、中国人の移動の加速化や普遍化に伴って新しいチャイナタウンのモデルになりうる可能性があると結論している。

## 3　文化行政からみるナショナルと地域の文化遺産

　グローバルな文化政策・戦略が世界的規模で拡大するという環境の中で、外部のグローバルな文化動態に連動して新たな「文化」の「見直し」及び「創出」が生成する現象から、ローカルレベルとグローバルレベルで互いに影響を及ぼしあって「共振」した「グローカルな現象」が生じている [上杉 2011: 95]。中国社会におけるグローカル化の現象を考察する場合、その主体性に注目し、解明する必要がある。それは、国家という枠組みの中で社会主義革命を遂行してきた中国では、脱国家化というグローバルな時代においても、国家が依然として社会と文化に対して強い影響をもち続けているからである。よって、本研究の参加者たちは、中国のグローカル化の主要な主体である中央と地方政府に注目し、ユネスコの無形文化遺産（Intangible Cultural Heritage）の認定制度とその影

響、中国の無形文化遺産の制度化とその実践などを検討した。たとえば、中国共産党政府は、革命の記念日と伝統的年中行事の祝祭日を調整し、国内の社会秩序の再編成に必要な文化的求心力を高めようとしている。一方、地方政府は中央政府の文化政策に同調して、文化行政を盛んに行い、地域の祭祀活動、芸能を文化遺産化し、地域文化の見直し、再編成と新たな創出を行っている。第Ⅱ部では、ユネスコの無形文化遺産保護条約、それに連動する中国の無形文化遺産登録という大きな動きのもとで、中国国内の各地の文化行政が主体となって地元の文化資源を再編成しようとするさまざまな試みを論じる4本の論考が収められている。

第5章「グローカル化における祝祭日の再構築：中国の端午節の文化の変化を事例に」において、謝荔は、ユネスコの無形文化遺産の動きから影響を受けた中国で近年目立ってきた、祝祭日に関する法律の改定、2006年以降の伝統行事の祝日化およびその遺産化を取り上げ、浙江省嘉興市政府主催の祭礼行事「中国・嘉興端午民俗文化祭」の事例を中心に、中国社会の外部と内部の文化的な関係性を視野に入れ、法定祝祭日の再構築のプロセスに現れるグローバルなものとローカルなものとの相互作用を考察した。

第6章「項羽祭祀の伝承とその文化遺産化：安徽省和県烏江鎮の『3月3覇王祭』」において、韓敏は2000年前の歴史人物である項羽とその記憶が、文字媒体の大伝統と民間信仰の小伝統によって支えられてきた歴史を概観した後、グローバル化時代の文化遺産化によって、覇王祭祀が地域の文化遺産として見なおされ、官学連携によって安徽省無形文化遺産に登録されたプロセスを分析した。行政主導の地域文化の遺産化によって、中国人類学者の費孝通が提起した「文化の自覚」(Cultural Consciousness) が、地域の行政や学者の間では以前より多くなされているが、しかし、地域の人々の間では祭りの文化遺産化自体が知られておらず、文化の自覚は不十分である。また、地方の行政は、伝統的習慣を文化遺産として保護する際に、祭りそのものには注目するが、祭りが行われる「文化的空間」については十分に認識しておらず、習慣と文化的空間を切り離す現象さえ起きていることを問題として指摘した。

第7章「中国における無形文化遺産をめぐるグローカリゼーションの一側面：広東省珠江デルタの中山咸水歌を例に」では、長沼さやかは、中国国家級無形文化遺産に登録された広東省珠江デルタの水上居民の民謡に焦点をあて、国家が無形文化遺産に大きな関心を注いできた背景には、観光経済の活性化だけではなく、正統な民族文化を通じた各民族の統合と中華民族アイデンティティの

高揚という政治的な目的があったと指摘した。また、咸水歌に対する水上居民をはじめ地域の人々の注目度はそれほど高くない理由として、水上居民が積極的に保護活動に参与していないことや、咸水歌の歌い手が参与しているものの、中心的な役割を果たしていなかったことなどがあるという。咸水歌をはじめとする沙田の風俗習慣は、そこに暮らす人々にとって必ずしも自分たちの持ち物（伝統）ではなく、陸上居民から与えられた表象である。現段階で、中山咸水歌は国家の語りと人々の語りが一致しない状態にあるが、今後、経済発展やエスニック・アイデンティティの表示といった個人や集団の利害が生じ、地域社会の人々が国家の語りを受け入れていった場合には、政策を積極的に利用し、保存活動や観光資源化を展開していく未来もありうるだろうと結論した。

　第8章「博物館建設と学校設立にみる演劇文化の再構築過程：陝西地方・秦腔の事例から」の中で清水拓野は、経済的基盤の変化や娯楽の多様化の影響を受けて、存続の危機にあった秦腔が、政府主導で無形文化遺産に登録され、「秦腔博物館」の建設によって再活性化しつつあることを分析し、次世代へ秦腔文化の伝承が課題として残されているが、政府主導の取り組みとは別に、民間の演劇学校の設立が、秦腔の活性化に一定の役割を果たしていることを考察した。

## 4　個人や企業主導の文化実践と表象

　第Ⅲ部には、世界規模のグローバル化の動きを遠景ないし近景におきながら、主に改革開放以降の市場経済化の動きの中で、個人や企業主導の文化実践と表象を扱った5本の論考が収められている。

　第9章「チワン族の繡球文化：その実践とシンボリズム」において塚田誠之は、歌掛けの小道具として使用され、後にはチワン（壮）族のエスニック・シンボルの一つとして知られ、また広西の観光土産品としても広まっている繡球に焦点を当てた。1980年代以降、繡球がエスニック・シンボルとなるさいに、いかなる主体、個人や企業がどのように関与して創出されてきたのかについて、広西靖西県、「繡球の郷」とされる新靖鎮旧州街の事例で検討した。繡球は元来、男女の間で投げあって配偶者の選択に用いられた実用品として中国南部の諸民族にあったものであるが、チワン族が選びとって、1990年代に主に靖西県旧州街の製作者、とりわけ黄肖琴・朱祖線らによってそのスタイルが「創出」された。それは装飾品・土産品として贈答用に使用され、実用品でない点で、本

16

来の伝統的な小道具とは切り離された形で創出された。その背景に靖西県で繡球が作られ続けてきたこと、抛繡球が行われてきた伝統、そして靖西壮錦廠の役割も見逃せない。

第10章「農民画という『アート』の創生：プロパガンダから観光商品へ」において、周星は、1950年代から70年代にかけて、中国農村における社会主義教育運動や文化大革命などに応じて生まれ共産党と政府の政策を図示し、農民を教育し、農村における文化革命を達成するための政治プロパガンダ・アートである農民画を取り上げた。改革開放以降、農民画は政府によるプロパガンダの補助手段であり続けたと同時に、新しい観光商品へ変化し、さらにさまざまな経緯をへて新たな定義と解釈を与えられることで現代中国農民の「民間絵画」となった系譜を辿った。初期の農民画の現代性が国民国家における社会主義現代化の実践によって付与されたものであるのに対し、現在の農民画の現代性は市場経済の原理とグローバル化を背景とする中国国内外の観光業と文化産業によってもたらされた。農民画の主な消費者は農民ではなく、中国の都市部の知識層や海外の観光客である。たとえば、この30年来、陝西省戸県の500点以上の農民画作品が国内外の美術館や博物館に収蔵され、5000点以上の作品がアメリカ・ドイツ・フランス・カナダ・オーストラリア・スイス・日本・韓国などの35の国と地域で展示されている。20～30名の農民画家が招待に応じて海外を訪問し、100名以上の農民画家が海外で個展を開催していると推測される。海外で農民画のカレンダーと絵葉書を販売している者もいる。戸県農民画の分析から、地方文化のシンボルとなった農民画は、国民国家の歴史的展開において、グローバル化のただ中にある観光業と国内外のアート市場、中国における民間文化復興運動の間の複雑な関係の中で、強化・構築されてきた産物であることが理解できる。

第11章「葬儀産業の形成から見る文化の伝承と変容：上海市を事例に」において、何彬は、1920年代にアメリカ人が経営した葬儀場から、万国殯儀館、1970年代の社会主義福祉型の葬儀をへて、現代の国際学術学会と国際殯葬博覧会にともなって産業化された葬儀業への転換を概観したうえで、現代上海の葬儀業の産業化への転換がスムーズにできた要因として、地域の伝統文化の要素を業務内容に取り入れたところにある、と指摘した。長年の政府の「反迷信」姿勢と違って、葬儀業界は、グローバルな状況と市民の需要を考慮しながら、民俗行為をビジネスチャンスに転じている。たとえば、通夜の「守霊」サービス、柩の伴奏つきの運搬、葬儀後の配布品や葬儀会食の定番「豆腐飯」の商品

化などを、大都市の葬儀会社の正式な業務項目として提供していることは、いままでの中国では考えられないことである。一方、行政の積極的な関与により、大中都市では土葬が火葬に代わり、埋葬法はさまざまな納骨法に取って代わられている。宗族の墓地は禁止され、個人墓か夫婦墓が基本単位になっている。血縁関係のない人々にとっては、さまざまなテーマで死後 1 ヶ所に集まる「仲間墓地」という新しい都市型の墓地があらわれ、好評である。たとえば、仲間墓地の一つである子供霊園では、子を失った親同士は新しい絆を築き、癒し合い・助け合いグループも結成している。ＩＣ林墓地の場合、生前共にがんと闘い、支え合い励ましあい、死後も一緒にいることができ、仲間は墓参りに来るということで希望者が多いという。特殊テーマの墓地は意外な社会的な役割を果たしていると結論した。

　第 12 章「グローカリゼーションという視点から見た祭祀空間としての家屋の変遷：広東省珠江デルタの事例から」において、川口幸大は、家屋の形態と家屋内に祀られた祭祀対象の変遷の約 100 年間を追った。

　まず、家屋の形態は時代ごとの政治経済的な状況、とりわけ近年ではグローバル化の影響を受けて、幾度かの大きな変化の波を迎えた。一方、家屋内に祀られた祭祀対象は、家屋形態の変化による影響と無縁だったわけではないが、総じて構造的な特質を維持している。そして、そのあり方に直接的に大きな影響を与えてきたのは共産党の政策であり、グローバル化／グローカル化が大きく関与してくることはなかった。家屋における変化と不変を社会空間の重層的構造として捉えている川口は、家屋の形態そのものはグローバル化／グローカル化との関わりが密接であるが、その中に祀られた祭祀対象は、グローバル化／グローカル化とはそれほどにはインタラクションを持たない位相にあると指摘した。

　第 13 章「町に出るピモ：県城におけるピモ（彝族祭司）の活動」において、清水享は四川省涼山地方の彝族の宗教的職能者「ピモ」の活動に焦点を当てた。1950 年代に農村で活動していたピモは、社会階層では低かったが、その儀礼などへの報酬の高さから、経済的には比較的裕福だった。1960 年代から始まった文化大革命時期にピモの活動は禁じられたが、現在、グローバル化によって中国が世界の市場経済に組み入れられるなかで、彝族もその市場経済の波や文化行政の影響をかぶり、「町に出るピモ」が現れた。町に現れたピモはおもに三つの類型を示す。①政府に招聘されるピモ：ピモの活動は彝語や彝文と並び、彝族のアイデンティティのよりどころとなったため、地方政府機関もピモ文化

の保護育成のため、ピモを県の機関に招聘するようになった。彼らは政府の言語文字工作委員会やピモ文化研究センターなどで、彝文経典の保護整理事業に参画して、彝文経典の筆写などの業務を行なうのである。なかには大学などで彝族の文化などを改めて学び直し、研究者となり、県城などの町に住むものも現れるようになった。

　②生活の場を県城に移すピモ：現金収入を得るためなどの経済的理由により農村から県城などへ移り住み、町を拠点としてピモの活動をするものである。ピモの活動を専業とするものもいれば、ピモの活動と他の仕事を兼業とで行なうものもいる。

　③露店を出すピモ：県城の街頭や市場など一定の場所に露店を出して、ピモの活動とその営業を行なうものである。特に「算命（卜占）」などを行なうことが多い。要請があれば近隣の村落などへも出向く。露店のピモは修行年月が短い者がいたり、トランプを使用して卜占をしたり、現代彝文字で出版された経典を使用したりするので、多くの研究者は「真正」のピモでなく「偽」のピモという認識を示し、彼らの活動は研究に値しないとしている。清水享は、街頭に露店を出し、占い、厄払い、病気治療儀礼などをするピモの出現が、最も注目されるべきであると強調している。西昌などの事例でみられたように、漢族の「占い師」、漢方薬剤、彝族と漢族の卜占、民間療法といった複合的なマーケットが形成されている状況の中で、ピモに治療を依頼するほうが、病院などで診療してもらう場合より安価であることも露店のピモが繁盛する大きな理由であるという。

　こうして、市場経済が進むなか、涼山彝族の内部のグローカル化の状況としてピモが県城などの町に居住し、露店を出して営業活動を行なうなどの変化がもたらされた。そしてそれはピモの文化的な変容までもたらした。トランプによる卜占、活字印刷の経典の利用といった、「真正」とは言いがたいピモの活動も見られるようになってきた。しかし、こうした露店のピモたちの活動は市場経済が活発化する中国社会においてマッチしていたのである。そしてその手法は少数民族の文化であるピモの活動を経済的な武器として利益を得るものであった。ピモを、ただ単に伝統的な文化を継承するものとして静態的に捉えるのでなく、外部から浸透してくるグローバルな波を彝族社会のなかでローカルなものとして受け止め、かつ変化していくものとして動態的に捉えていかなければならないと指摘している。

共同研究会の参加者（国立民族学博物館の大演習室、2010 年）

## むすび

　上記の 13 本の論考は、いずれも現地調査を踏まえたうえでのミクロな分析とその背景にあるより大きな動きを探ろうとする意欲的なものである。

　2008 年秋にスタートしたこの共同研究プロジェクトは、中国を研究対象としている 20 人の人類学、歴史学、民俗学、民族音楽学を専攻する者によって構成されている（写真）。

　研究対象は華北、華中、華南、西南の都市部・農村、漢族・非漢族と海外のチャイナタウンを含む。中国の事例研究を通して、人類学のグローカリゼーションの研究に新たな視座と枠組みの提示を目標としてきた。研究班は、政治・経済・文化の均質化が進む背景と「和諧社会」の国策の下に、民間・地域・民族・国家の歴史、民俗習慣、価値・知識体系がいかに競合し、再構築され、発信されているのかを取り上げ、中国におけるグローバル化とローカル化の同時進行の仕組みを考察した。

　共同研究の参加者たちは、まず中国のグローカル化を 19 世紀にまでさかのぼり、しかし支配と被支配の構図からではなく、複数文化の出会う場、グローバル化、土着化の場として、上海租界[2]、近代の火葬場、チャイナタウンを捉え、欧米・日本・中国人の音楽家、チャイナタウンの店の経営者、消費者、地元社会、地元の政府と中国政府などをグローカル化の複数のアクターとして扱った。また、日本を含む西洋の近代化、社会主義革命というもう一つの近代化という

二つの軸を交差させて考察し、近現代の女性銅像や火葬技術に見られる連続性と非連続性、社会主義革命とグローバルな文化遺産保護の展開と関連する芸能と祝祭を分析し、近代中国のグローカル化の複層性を解明した。

　また、本研究は、ユネスコの無形文化遺産保護条約の締約国としての中国が、文化政策のグローバル化に対応した、その文化行政にも焦点をあて、中国化・民族化・地域化の局面と文化ナショナリズムの実態を分析した。

　19世紀以前のモノ、20世紀のカネと比べて、21世紀のグローバル化の特徴は、個々人が世界をフラットなものとして生きるところにある［Friedman 2005］。人の交流が中心となる21世紀においてグローバルな場での出会いは、他者の社会・文化に触れることで自らの文化に存在する「伝統」を自覚し、再発見するという事態を生じさせている。本研究は、企業や個々人もグローバル化のアクターとみなし、個々の職人や企業によるエスニック・シンボルの創出、家屋形態と祭祀空間を通して、草の根レベルにおけるローカル化の実践を考察した。

　そういう意味で、草の根、企業と政府などさまざまなレベルからの考察を行い、中国文化の変容諸相をグローカル化の視点から論じた本書の出版は、本共同研究の成果を社会に還元し、国立民族学博物館の大学共同利用機関としての役割を示すと同時に、人類学のグローカル化の研究に新たな視座と枠組みを提示することを期待できる。

注
1) 花木蘭のことであり、1500年前の魏の時代に延安城の南にある万花山郷に生まれた女性である。17歳に病弱の父の代わりに男装して出征した。匈奴との戦いに手柄を立て、将軍の称号が与えられた。1998年、アメリカ合衆国でディズニー・プロの長編アニメ映画作品、『ムーラン』（*Mulan*）として公開された。
2) 上海租界は、1842年の南京条約により開港した上海に設定された租界（外国人居留地）のことであり、イギリス、アメリカ合衆国、日本の共同租界と、フランスのフランス租界を指す。1946年、上海にあった全ての租界は、太平洋戦争終結によって姿を消した。

**参考文献**
英語
Friedman, Thomas
　　　2005　*The World Is Flat: A Brief History of the Globalized World in the Twenty-first Century.*
　　　　　　Farrar, Straus and Giroux.
Oxford Dictionary of New Words

1991    Glocal. In *Oxford Dictionary of New Words*. Oxford University Press.

Warner, Marina

2000(1985)    *Monuments and Maidens: the Allegory of the Female Form*. Berkeley: University of California Press.

Watson James

2002    Globalization and Culture. In *Encyclopedia Britannica* (revised 15th edition).


日本語

愛川－フォール紀子

2010    『文化遺産の「拡大解釈」から「統合的アプローチ」へ：ユネスコの文化政策にみる文化の「意味」と「役割」』東京：成城大学民俗学研究所グローカル研究センター。

上杉富之、及川祥平編

2009    『グローカル研究の可能性：社会的・文化的な対称性の回復に向けて』東京：成城大学民俗学研究所グローカル研究センター。

2011    『共振する世界の対象化に向けて：グローカル研究の理論と実践』東京：成城大学民俗学研究所グローカル研究センター。

韓　敏

2009    『革命の実践と表象―現代中国への人類学的アプローチ』東京：風響社。

2010    「中国のグローカル化の人類学的研究」『民博通信』129：18-19、大阪：国立民族学博物館。

2011    「グローカル化の中の中国社会」『民博通信』133：26-27、大阪：国立民族学博物館。

桑山敬己

2002    「グローバリゼーション」綾部恒雄編『文化人類学最新術語100』pp.54-55、東京：弘文堂。

前川啓治

2004    『グルーカリゼーションの人類学：国際文化・開発・移民』東京：新曜社。

山下晋司

1996    「序 南へ！北へ！：移動の民族誌」青木保ほか編『岩波講座文化人類学　第7巻 移動の民族誌』東京：岩波書店。

横山廣子

2011    「グローカライゼーションとしての『原生態』」韓敏編『グローカル化の中の文化伝承』pp.12-24、抄録、大阪：国立民族学博物館。

ロバートソン、R（阿部美哉訳）

1997    『グローバリゼーション：地球文化の社会理論』東京大学出版会。

# I 歴史の視座からみる中国のグローカル化

## 上海租界のなかの西洋文化
### 亡命ロシア人とユダヤ人がもたらした
### 芸術音楽の受容プロセス

井口淳子

### 序　上海租界のなかの西洋とは

　19世紀にアジアに押し寄せたグローバリゼイションのひとつが「西洋化」の波であろう。日本が鎖国を解く20数年前に、中国ではアヘン戦争によって、力ずくの西洋化が始まった。開港と租借地を起点とした西洋化は植民地支配の象徴であり、帝国の侵略という脈絡で語られうる歴史である。しかし、そのような支配、被支配の関係から始まった西洋化も時代が下るにつれ、当初とは異なる様相をおびるようになってくる。中国人自らが西洋文化を享受し、中国化しつつ受容し、新たな中国的西洋文化を創りだす、それが「グローカリゼイション」と名づけることができる現象であろう。

　本稿では上海租界でおきたグローカリゼイションの事例として「西洋音楽」をとりあげる。今日の中国にあって音楽といえばすでに西洋音楽、あるいは西洋的な音楽が主流になりつつある。民俗音楽や伝統音楽も地方ごとに豊かな文化を有しているが、改革開放後、都市部を中心に瞬く間に西洋音楽は中国音楽以上に生活に根づいている。その西洋音楽がはじめて本格的に演奏され、専門教育機関が創設された土地が本稿の舞台、上海である。

　アヘン戦争後、欧米列強によって築かれた租界のなかでも、上海租界はその景観ゆえに「東洋のなかの西洋」と表現されることが多い。たしかにわれわれは、まず、この都市の景観に眼をうばわれる。バンド沿いの旧イギリス租界の壮麗な建築群やフランス租界の街路樹や優美な洋館による印象はあまりにも強く、それゆえ、英国、フランスなど租界都市（の景観）を形成した人々が租界の西洋人、「華洋雑居」の「洋」の部分であったと思い込みがちである。

　しかし、100年の長きにおよぶ租界の西洋文化の担い手は租界を形成した英国、フランス、米国人だけではない。むしろ、文化的影響という点においては、20世紀前半にひきおこされたロシア革命とそれに続く戦間期に上海に逃れてきた人々、つまり「亡命者」、「難民」こそが西洋文化の主たる体現者であった。

すなわち、世界的規模の民族の移動と離散をひきおこした20世紀において、故国を追われ上海に活路を見出した亡命ロシア人と欧州からのユダヤ系難民こそが、上海租界における西洋文化の体現者となったのである。

　都市の景観をかたちづくる建物は歳月を経ても残るため、今日われわれは上海の都市イメージとして英仏人らがつくった街の景観を思いおこす。一方、亡命者たちが織りなした西洋文化、それも音楽、バレエ、ダンスなどは跡形もなく消え去り、その痕跡をもとめるなら、当時の新聞記事やプログラム、ポスター、写真など残された資料でたどるしかない。音の記録も唱片（SPレコードにのこる流行歌曲や映画挿入歌など）といったわずかな例外をのぞいて残ってはおらず、バレエの映像記録があるわけでもない。しかし、確かに1920年代から40年代にかけて、この上海租界はアジアで唯一、西洋人による西洋芸術を享受することができた街であった。それも単に西洋人というのではなく、母国で最高水準の専門教育を受けた第一級の芸術家たちが活躍していたのである。

　そして、彼らはこの地で中国人に西洋音楽やバレエに接する機会を与え、専門学校や私的なレッスンで教えることによって、しっかりと西洋音楽を根づかせていった。この事実をマクロな視点からみれば、「世界的な民族の移動や離散によって租界都市、上海に移り住んだ西洋人によって西洋音楽というグローバルな音楽が、しだいに中国人に享受、受容されグローカルな文化として根づいた」と、説明することが可能であろう。

　ここで、ひとつことわりを入れておかなければならない。上海の西洋音楽の担い手がロシア人、ユダヤ人であったといっても、本稿でとりあげる芸術音楽に携わる音楽家はごく少数のエリートたちであり、大半の音楽家は、大衆的な娯楽空間、ダンスホール、キャバレー、バーやカフェといった娯楽施設でポピュラー音楽などを演奏する楽団の楽手をつとめていた。本稿が芸術音楽に限定して論を進めるのは、芸術音楽については、資料面ですでにかなりの蓄積があることによるものであり、文化的影響力や浸透力といった意味では、大衆が享受した西洋音楽（ポピュラー音楽）をも対象に含まなければ片手落ちである。この点は今後の課題としておきたい。

　さて、上海の洋楽受容史についてはすでにかなり緻密な研究の蓄積がなされている［たとえば、榎本1998, 2006; 汪2007; 湯2007］。それらの研究成果を参照にしつつも、新たな知見を加えることで、グローバルな規模での「民族の移動」と、その移動によってもたらされた異文化接触と受容のありようをいま一度整

理し、再検討してみたい。とくに租界末期の 1940 年代ともなると、亡命者たちこそが同時代の高い水準の音楽文化を上海にもたらしている事実に気づくことになる。年代が下るにつれて、彼らは本国におけるのと同様に同時代の音楽（それ以前の古典的音楽とは峻別される「20 世紀音楽」）にも取り組み、上海を西洋音楽の先進都市にならしめていた事実が明らかになる。

　こういった事実は、中華人民共和国建国後、長く忘れられ、あるいは封印がなされてきた。しかし今日急速にアジアのなかの西洋音楽市場の拠点となりつつある上海を理解するためには、その端緒となった、亡命者たちがもたらした文化について知ることが必要なのである。

## 1　近代アジアにおける西洋音楽

　さて、アジアの近代における「東洋と西洋との出会い（接触）」のあり方は、アジア各国において、また都市において大きく異なる。その出会い方が政治状況によって大きく左右されるからである。大きく二つに分けるなら、植民地化された地域での出会いと、そうではなく、主権を保持していた地域での出会いである。

　「西洋音楽」との出会いも例外ではない。たとえば日本、東京ならば、日本が西欧列強の植民地ではなかったため、明治政府が選んだ「お雇い外国人」が高給で雇用され、官立の学校（1887 年創立の東京音楽学校）で日本人学生を教えるというかたちをとることになった。そこでは主導権は日本側にあり、学ぶといっても何を、どう学ぶのかという取捨選択の権利は日本人が握っていたといえよう。西洋音楽と出会った明治期の日本人は早い時期に自国の文化、伝統にあう形で、つまり一種の「翻訳文化」として西洋音楽を教授するシステムを編み出した。「唱歌」に代表されるような日本人に受け入れられやすい和洋折衷のかたちで西洋音楽を主体的に受け入れ、あらたに日本的西洋音楽をつくりだすことができた。

　では、西欧列強の租界地、上海ではどのような出会いがなされ、それはどのようなプロセスを経て、中国の人々に受け入れられたのであろうか。大胆にアウトラインを描こうとするなら、次のようになる。

　まず、アヘン戦争後、西洋人、とりわけ英国人、フランス人らは租界内で母国の文化を享受するために劇場、公園など娯楽施設を建設した。そして、そこで活動するべく、アマチュアによる演劇グループや素朴な楽隊（パブリック

28　I　歴史の視座からみる中国のグローカル化

バンド）が1879年に形成された。その後バンドは拡大され、「上海工部局楽隊 Shanghai Municipal Orchestra and Band」（今日の上海交響楽団の前身）が正式に発足した。「工部局」とは租界を統治する行政機関であるから、この楽隊は公的文化団体として税金でまかなわれるものであった。ほかにも民間やアマチュアの団体が続々と出現し、租界文化を形成していった。19世紀においては、こういった西洋式劇場やその内部で上演される演劇や音楽はあくまでも「西洋人による西洋人のための文化」として存在した。しかし20世紀に入ると、租界内の富裕な中国人のなかから西洋音楽を享受する層があらわれはじめた。1920年代以降はとくに租界内の西欧人の人口減少とは逆に、中国人の人口が（長引く内戦から逃れるため）増加の一途をたどるなか、西洋音楽の享受層がしだいに形成されていく。そしてついに、1927年、中国初の西洋音楽を専門的に教えるための学校「国立音楽院」が創設された。その前身「北京大学附設音楽伝習所」が北京大学内におかれていたにもかかわらず、音楽院創設にあたって、選ばれた土地は上海租界であった。なぜなら、中国人が西洋音楽を学ぼうとしたときに、上海ならば、西洋人が蓄積したハードウエア（劇場、楽器、楽譜その他）、ソフトウエア（優秀な音楽家）面での文化資源を活用することができるという利点があったからである。この時期、つまり1920年代の上海の先進性は、日本と比べてみるとより一層明確になる。当時、上海ではヨーロッパとかわりないプログラムで演奏会が開催されていた。ひるがえって日本では、オーケストラこそ誕生していたものの、いまだ揺籃期にあり、海外の有名ソリストの演奏をきく、あるいはSPレコードなどで欧州の名オーケストラの演奏に接することしかできなかった。

　租界という半植民地での文化接触と文化受容は、中国、西欧、そして途中から参入した日本とのきわめて政治的な力関係のなかで行われたのは事実であるが、一面、租界といういびつな環境でしかなしえなかった先進的な西洋文化の受容という利点も持ち合わせていた。

## 2　亡命ロシア人の活躍：1920年代から40年代

　アヘン戦争後、英国、フランス両国の租界、のちにフランス租界と共同租界という2つの区域からなる「多民族都市、上海」は、いくつかの大きな世界情勢上の変化によってその民族構成、人口比が大きく変化した。

　租界誕生から租界解放にいたるまでのおよそ100年間を民族構成という視点

上海租界のなかの西洋文化　29

からみるなら、大きく3つの時期に分けて考えることができよう。

　まず租界誕生からロシア10月革命（1917年）までの第1期は、英国とフランスが租界の外国人の筆頭にある時代であり、租界を統治する工部局も英国人が主導権を握り、英国式の重厚なビルディングがバンドに林立し、フランス租界にはパリを模した街区がつくられた時期である。

　第2期以降はロシア革命（1917年）により大量の亡命ロシア人が租界に流入した1917年から1938年までである。1930年代に入り、日本の軍事活動が活発化するにしたがって、英、仏の人口は激減し、そのかわりにロシア本国やハルピンから逃れてきたロシア人が外国人人口の筆頭にあがるようになる。もちろん無国籍のロシア人が租界の政治に関与できるわけはなかったが、文化的にはロシア文化は着実に上海に根づいていった。

　第3期は、欧州におけるナチスの台頭により、ユダヤ人難民が大量に（およそ1万8000人といわれる）ビザが不要な上海に流入する1938年以降、日本敗戦までの時期である。この時期においては西洋人とは、主として白系ロシア人（ユダヤ系ロシア人を含む）と欧州からのユダヤ人難民であり、第1期とは租界の居住者の内実は大きく入れ替わっていた。

　以上のような外国人居住者の入れ替わりを示す数字をあげておこう。統計は実態とはズレがあり、とくに日本人のなかの短期、一時滞在者のようなケースにいたっては統計に含まれないので、数字はあくまでも参考として考えるべきものであろう。

租界の外国人及び日本人の人口[1]（1941年12月。日本人のみ1942年）

| | |
|---|---|
| ユダヤ系 | 3万1000人 |
| 白系ロシア人 | 2万9400人 |
| 英国人 | 6100人 |
| フランス人 | 3880人 |
| 他の国籍 | 1万2794人 |
| 小計 | 8万3174人 |
| 日本人 | 9万4768人 |

　亡命ロシア人が租界の文化に深く関与した分野として芸術音楽、バレエ、オペラ、その他のポピュラー音楽（ダンス音楽など）がある。本稿では音楽、それもポピュラーではなく、芸術音楽に限定して、ロシア人の関与を実証的に示し

30　Ⅰ　歴史の視座からみる中国のグローバル化

ていきたい。

## オーケストラへの関与

　すでに述べたように、上海には早くから工部局直属のブラスバンド、パブ
リックバンドがあり、それが後に工部局オーケストラ、Shanghai Municipal
Orchestra and Band へと発展していった。今日の上海交響楽団（Shanghai
Symphony Orchestra）はその前身のパブリックバンドから数えるなら130年以上
の歴史を有するが、その歴史は、新中国建国前（西洋人オーケストラ）とそれ以
後（中国人オーケストラ）とにはっきりと二分される。同楽団の『120年史』、『130
年史』や研究書には共通して、楽団の発展はイタリア人指揮者マリオ・パーチ
Mario Paci の力によるところ大であったことが明記されている。パーチは、23
年にわたる「パーチ時代」（1919～1942年）に、この東アジアの租界に本格的
なオーケストラをつくろうとした人物である。彼は欧州よりすぐれた演奏家を
上海に招聘した。その筆頭にあげられるヴァイオリニスト、アリゴ・フォアは、
1921年に上海に到着して以降、31年の長きにわたり上海にとどまり、コンサー
トマスター、およびパーチの後継者として指揮をとった。しかし、欧州からの
演奏家といってもその数は全体37名からみれば16名と半数以下であり（1919
年の楽団名簿）、楽員の多く（21名）はフィリピン人であった［汪　2007: 23］。
　この楽員構成が大きく変化するのが、ロシア革命後の亡命ロシア人の流入で
ある。楽団員の名前は、たとえば *China Hong List*（中国語『字林報　行名簿』）と
いう、上海の英字新聞社 *The North China Daily News and Herald* が定期的に発行
していた企業と住民（主として外国人）の名簿のなかに記載されている。
　筆者が閲覧したのは1935年版と1941年版であるが、とくに、1941年の名
簿は、同時期の演奏会プログラムに掲載された団員名簿とほぼ一致している。
指揮者のほかに50名の団員名があげられ、そのなかのおよそ30名がロシア人
であることが名前からみてとれる。『上海の亡命ロシア人音楽家』（俄僑音楽家
在上海）という著書のなかで、汪之成は次のように述べている。
　工部局オーケストラは1925年から1941年にいたるまで、楽団員数はもっと
も少ないときで43名、多いときで50名、平均して45名であった。管楽器か
らなるブラスバンドは平均して30名であった。すべての団員は一流の演奏家
であり、長年の演奏活動歴をもっていた。そのうちの約60％がロシア人であっ
た。1934年春を例にとれば、団員中24名がロシア人であり、のこりの21名
の内訳はイタリア、フィリピン、チェコスロヴァキア、オランダ、ポーランド、

アメリカであった ［汪 2007: 27］。

## 音楽院への関与

工部局オーケストラ団員は高給であり、この楽団に入団できる音楽家はエリート中のエリートであった。そのほかの多くの音楽家は通俗的な音楽を提供するホテル、レストラン、ダンスホールなどに雇われることになった。

オーケストラ全体の60％を占めるロシア人のなかでも、とくにすぐれた演奏家は、1927年に創立された中国初の西洋音楽専門教育機関である国立音楽院（英語名、National Conservatory of Music、現在の上海音楽学院）の教授として迎えられた。音楽院創設から10年のあいだに順次雇用された外国人教員は28名にのぼり、中国人教員13名に対して全体の3分の2を占めた。ピアノ、チェロ専攻の「主任」はそれぞれ、ロシア人ザハロフ（B.S. Zakharoff）、シェフツォフ（I.P. Shevtsov）であったことからも、音楽院が外国人教師の雇用に積極的であり、すすんで西欧(ロシア)の音楽専門教育システムを取り入れていたことがわかる。

このように、ロシアは19世紀に欧化政策のもと、モスクワ音楽院やペテルブルク音楽院でロシア人音楽家の育成に努めていたが、ロシア革命がおきたことにより、上海に多くの優秀な人材をもたらすことになった。もちろんヨーロッパに亡命した音楽家（その代表が作曲家、ストラヴィンスキー）の方が脚光をあび

表1 国立音楽院のロシア人教員名簿（汪 2007: 72-79; 周国栄 2010: 11-22）

| ピアノ | Zakharoff, B.S. | ペテルブルク音楽院卒業、同音楽院のピアノ教授 |
| | Aksakoff, S.S. | モスクワ音楽院卒業 |
| | Pribitkova, Z.A. | |
| | Margolinskii, G. | |
| ヴァイオリン | Antopolsky, E. | |
| | Gerzovsky, R.B. | |
| チェロ | Shevtsov, I.P. ※ | ペテルブルク音楽院卒業、イルクーツク音楽院の教師 |
| | Schiller, Ya. M. ※ | |
| 声楽 | Shushulin, V.G. | |
| | Levitina, E. | |
| | Selivanova, E.I. | |
| | Gravitskaia, I.G. | |
| | Slavianova, N. | ペテルブルク音楽院 |
| | Krylova, M.G. | |
| 理論・作曲 | Aksakov, S.S. | ピアノと兼任 |

※印は工部局オーケストラのメンバー。任期は1928～1934年であった。

32　I　歴史の視座からみる中国のグローカル化

ることが多いのだが、上海にも逸材が存在していたのである。

　音楽家たちの職場は租界のさまざまな場所にあった。交響楽団以外の小規模の楽団、ダンスホールの楽隊、無声映画時代（1920年代）には劇場付きの楽士といった具合に、租界の至るところにロシア人音楽家の姿が見いだせた［汪2007: 151-175］。

## 3　西洋音楽とそれをとりまく多言語状況

　冒頭でのべたように、音や舞台芸術は痕跡をのこさず消えてしまう性質のものである。その痕跡をもとめようとするなら、租界内で発行された新聞やプログラム、写真などを手がかりとするしかない。ここでは舞台芸術をめぐる「多言語を用いて書き記された資料」についてふれておきたい。

　1920年代から日本敗戦にいたるまでの時期、上海租界は「劇場都市」として急速に発展していくことになる。これは中国国内が戦乱に巻き込まれていくなかで、租界が真空地帯のように戦乱からのシェルターの役割を果たしていたからである。中国の伝統劇や新しく勃興する中国話劇も、ここ上海では上演活動が可能であり、多くの知識人が上海に集まっていた。劇場の数は1930年代に急速に増え、最多の劇場数として105の劇場が存在した。（もちろん、西洋、中国の演劇、芸術公演以外に映画上映を目的とした劇場も多く存在していた。）そしてそれらの劇場の公演を予告し、宣伝し、公演後の批評を掲載する新聞が多種類発行されていた。以下はとくに劇場文化に深く関わる新聞の代表的なものである。

### 外国語新聞

　外国語新聞は多言語にわたるため、それらの読解と分析は今後の課題であるが、少なくとも次にあげる外国語新聞各紙には劇場で上演された西洋音楽関連の記事が数多く掲載されている。とくに、筆者がフランス国立図書館および上海図書館徐家滙蔵書楼で閲覧した *Le Journal de Shanghai*（中国語名『法文上海日報』日刊、以下、*LJDS* と略す）は文化関連記事が充実しており、署名入り（Ch. グロボワ[2]が大半を執筆）の演奏会批評をはじめとして、西洋関係の演奏会を逐一予告、宣伝している点で注目される。

　　　外国語新聞（筆者が紙面を確認できたもの）
　　　*Le Journal de Shanghai*（フランス語、1927 ～ 1945 年）

*The North China Daily News*（英語、1864 ～ 1941 年、1945 ～ 1951 年）

*The North-China Herald* （英語、1850 ～ 1941 年）

*The China Press* （英語、1850 ～ 1941 年）

*Shanghai Zaria*（1925 ～ 1938 年）

*Slovo*（ロシア語、1929 ～ 1950 年、但し 1941 年 12 月に一時停刊）

*Shanghai Jewish Chronicle* （ドイツ語、1939 ～ 1945 年）

中国語新聞（日刊）

申報（1872 ～ 1949 年）

新聞報（1893 ～ 1960 年）


中国語新聞のなかの「小報」

（筆者が紙面を確認したなかで西洋音楽に関係する記事があるもの）

海報（*The Shanghai Post*、1924 ～ 1931 年）

晶報（1919 ～ 1940 年、隔 3 日刊）

瓊報（*le Jade*）


太平洋戦争中に停刊したロシア語新聞にも、上海で 1934 年 11 月に旗揚げした上海バレエ・リュス（ロシアバレエ団）をはじめとするロシア人がかかわる上演については充実した記事が掲載されている。

中国語小型新聞の「小報」（シァオパオ）も劇場情報の宝庫である。小報とは、文字通り、紙のサイズが小さく、1 ページないし数ページ程度の日刊、あるいは隔 3 日刊などの新聞で、その多くは刊行期間が短かく（短いものは 1 カ月で停刊）、新たな小報が出ては消えていく状況であった。その総数は確実には把握しがたいが、おそらく 1000 種は超えていたことがわかっている。

外国語新聞にしても小報にしても、当時の劇場文化を把握するためには貴重な資料的価値をもつ。ただし、これらの新聞媒体の研究は始まったばかりで、筆者もその全容をつかむにはいたっていない。しかし、これまでの先行研究で漏れ落ちていた外国語新聞を調査することで、プログラムが残っていない（つまり公式記録がない）演奏会の情報を得ることが可能である。

一例をあげよう。1943 年 2 月 19 日の *LJDS* の紙面にはひとつの演奏会の広告が出されている。ロシア音楽の演奏会であり、ショスタコーヴィチ[3]（1906 ～ 1975 年）の《ピアノ協奏曲第 1 番》（1933 年作曲）とハチャトゥリアン（1903 ～ 1978 年）の《ヴァイオリン協奏曲》（1940 年作曲）を中心としたプログラムに

I 歴史の視座からみる中国のグローカル化

写真1　1943年2月19日　LJDSに掲載された演奏会の広告

なっている（写真1）。このような同時代の作曲家をとりあげた演奏会は、たとえ、オーケストラをピアノ編曲で代用していたにせよ、アジアにおいて、「上海のみで可能な」演奏会であった。古典派やロマン派でなく、同時代の超絶技巧を必要とする20世紀音楽を演奏する一流の演奏家とそのような音楽を楽しむ成熟した聴衆が上海には存在していたことを証明している。ちなみに、日本で初演されたのは、ショスタコーヴィチの《ピアノ協奏曲第1番》（ソリストは松浦豊明）とハチャトゥリアンの《ヴァイオリン協奏曲》（ソリストはシゲティ）がともに1954年であり、いずれも外国人指揮者を招いての公演であった。日本人指揮者による初演となるとさらに時代が下ることになる。

この協奏曲において重要な役割をになうトランペットはドブロヴォルスキーが担当している。彼は上海交響楽団のトランペット奏者でもあった。

この演奏会のプログラムを仔細にみるなら、ショスタコーヴィチの《ピアノ五重奏曲》とハチャトゥリアンの《ヴァイオリン協奏曲》はともに1940年に作曲されたものであり、1943年に演奏されたという「同時代性」にはあらためて驚かされる。演奏者の名前にはユダヤ難民のオットーとヴァルター・ヨアヒムの名前が見えるが、オットーは後にモントリオール交響楽団ほかで演奏活動を行った世界的なレヴェルのヴィオラ奏者、作曲家であった。

この意欲的なプログラムに対して、同年2月21日のLJDS紙はグロボワの筆による、「コンテンポラリーなロシア音楽の演奏会」として演奏内容を絶賛する批評を掲載している。

最先端の音楽の演奏会を宣伝、広告、批評する外国語新聞の存在は、上海が当時のアジアの水準をはるかに超えた音楽都市であったことを実証してくれる貴重な一次資料である。

ショスタコーヴィチの作品はこれ以降、上海交響楽団の定期演奏会でもとりあげられている。1945年6月3日にはバレエ組曲《黄金時代》が、そして同月24日にはやはり《ピアノ協奏曲第1番》がピアニストにスザンヌ・デクレティ、トロンボーン奏者にドブロヴォルスキーを迎えて再演されている。

ちなみにこの1943年から44年にかけては、日本の朝比奈隆が客演指揮者として上海交響楽団の定期演奏会に登場している。これは楽団が日本軍部の支配下にあったからこそ可能になった特別な招聘であった。彼は大阪、京都で指揮の経験を積んではいたが、格段に水準の高い上海のオーケストラを指揮することで、日本では得難い経験をしたと証言している。そしてこの経験こそが彼の戦後の活躍を支える大きな財産となったのであった。朝比奈が指揮した曲目は、楽団にとっては新味のない、いわゆるベートーヴェン、ブラームスなど古典派からロマン派にかけての演奏会定番の「名作」であったが、それでも楽団員は送別の記念にショスタコーヴィチの《交響曲第7番》(1941年作曲)の楽譜をこの若い指揮者に贈ったという。朝比奈はこの楽譜を贈られてどのように感じたのであろう。それはともかく、これらの同時代作品が日本で初演されるのは戦後、1950年代であったわけであるから、1940年代、上海と日本では西洋音楽の受容の歴史と内実に大きなギャップがあったといえる。

さて、1・2節で述べてきたように、上海の西洋音楽は、英仏などの西欧、ロシア、ナチスの迫害を受けたユダヤ人という大きくは3つのグループが関わるものであった。

したがって、音楽に関連する文字情報も、英語、フランス語、ロシア語、ドイツ語そして中国語、日本語と多岐にわたる言語を用いて伝達されることになる。

租界第1期（1920年代まで）においては、西欧の言語（英語）のみで演奏会プログラムは作成されていた。音楽の享受層が西欧人である以上、中国語を用いる必要はなかったのである。

しかし、1930年代に入り、租界に対する日本の影響力が強くなるにつれて、しだいに日・英あるいは日・英・中の3カ国語のプログラムが作成されるようになってくる。日本が租界を掌握した1943年以降は、英語と日本語2カ国語並記というかたちがオーケストラの定期公演でも定着してくる。そのような情勢のなか、筆者が調べたなかでもっとも「多言語化された」プログラムは上海ロシアバレエ団（シャンハイ・バレエ・リュスと呼ばれていた）の公演プログラムである。このバレエ団は1934年11月に結成され、旗揚げ公演の演目は《コッ

36　I　歴史の視座からみる中国のグローカル化

写真2　プログラム表紙「上海俄国舞踊劇団　民国32年10月公演 Le Coqd'or золотой петушок（金鶏）」(1943年10月　ライシャム劇場)

写真3　《ペトルーシュカ》(1944年6月）プログラム表紙

ペリア》（ドリーブ作曲）であった。フランス租界のライシャム劇場（Lyceum Theatre）[4]を本拠地として公演を続け、上海交響楽団がバレエ音楽を演奏していることから、名実ともにロシア人によるバレエ作品が上演されていたのである。ちなみに初演時から間もないフランス語新聞の批評には、「スルツキー指揮のオーケストラ音楽はよろしいが、バレエは見せ物に過ぎない」などと酷評されている（Le Journal de Shanghai　1935年1月27日）。おそらく、この時期、バレエ団の団員（多くがハルビンからの移住者）は亡命生活のなかでバレエを専業とすることはかなわず、苦しい生活のなかから練習時間を捻出していたのであろう。その点、オーケストラは工部局お抱えの専業団体であるから、一定の演奏水準を保つことができていたと考えられる。その後の上海バレエ・リュス（ロシアバレエ団）は古典から19世紀の国民楽派、ついには20世紀のストラヴィンスキーにいたるレパートリーを上演する団体として、1947年まで上海で公演を続けた。

　もう一つの例として上海バレエ・リュスの4カ国語（中、日、ロシア、仏）のプログラム表紙を紹介しておきたい。演目はリムスキー・コルサコフ作曲の《Le Coq d'or（金鶏）》(1943年10月公演）である。

　表紙はカラー（赤を基調としたもの）で、中国語、ロシア語、そしてイラ

上海租界のなかの西洋文化　37

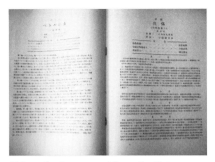

写真 4　《ペトルーシュカ》のプログラム
　　解説左：日本語「ペトルシカ」右：中国語「傀儡」

写真 5　《ペトルーシュカ》解説
　　左：ロシア語「Петрушка」右：英語「PETROUCHKA」

ストのなかにはフランス語で Le Ballet Russe（ロシアバレエ団）、演目名、《Le Coqd'or》が組み込まれている。このような多言語表記は多民族社会・租界ならではの現象であった。

　さらにもう一つの例をあげておきたい。ロシアバレエ団は結成からわずか 10 年で 20 世紀バレエをとりあげるまでに成長していた。《ペトルーシュカ》[5] （1944 年、Lyceum Theatre 蘭心大戯院）は、20 世紀に音楽上の革命を起こしたストラヴィンスキーのバレエ音楽で「東洋で初演」のだしものであった。プログラムの表紙には英語で PETROUCHKA と表記され、解説は最初に日本語で「ペトルシカ」と書かれ、次に中国語で「傀儡（辟脱魯虚卡）」、次がロシア語で「Петрушка」、最後が「PETROUCHKA」として英語で記されている。各国語で 1 ページずつの解説（バレエの筋書き）が掲載されているのは、劇場にくる観客が日、中、ロシア、欧米人と多岐にわたっていたことによるのであろう。このような多言語で記されたプログラムこそ、当時の多言語、多民族状況をイメージする助けとなってくれる。

### 演奏会の聴衆：西欧人から中国人へ

　1941 年 12 月の太平洋戦争開戦以後、日本軍の支配下に落ちた上海租界の公演プログラムから読み取れるのは、かつては租界内の西欧人にむけて行われていた演奏会が中国人向けの演奏会へと変容をとげていたことである。

　1942 年以降の上海交響楽団は日本軍支配下に置かれていたため、そのプログラムは英語、日本語、中国語で記され、曲目解説も同様に 3 カ国語で記されている。中国語のプログラムおよび解説が登場したことは、公演の聴衆の一定

38　Ⅰ　歴史の視座からみる中国のグローカル化

数が中国人であったことの証である。その上、独奏者に中国人を登用すること、あるいは中国人作曲家の楽曲をプログラムにとりあげるといった変化も30年代後半から40年代には見いだせる。

　このようにプログラムは如実に聴衆の民族構成を反映したものとなっていた。1945年、日本敗戦直前のプログラム（定期以外の特別な演奏会）のなかには、日本語と中国語だけのものも出始めていた。

　1944年から45年にかけての交響楽団定期演奏会のプログラムは、一層興味深い。英語と中国語の2カ国語で表記されているのである。英語でプログラムを示し、作品解説は中国語（陳昌寿が執筆、彼は陳歌辛という流行歌の人気作曲家でもあった）といった具合である。これは定期演奏会の聴衆が、欧米人と中国人であったことを如実に示している。

　工部局オーケストラに1人、また1人と中国人演奏家が参加するのもこの時期である。1927年にヴァイオリンの譚抒真が、1935年には王人芸ほか4名が臨時ではあるが演奏に加わっている。1938年には譚抒真ほか4名が正式な楽団員となっている。

　ソリストについては、たとえば1937年には、国立音楽専科学校でザハロフに師事した呉楽懿（ピアノ）が弱冠17歳で工部局オーケストラと共演をはたし、その後も共演の機会を得ている。40年代のプログラムのなかには呉以外にも中国人ソリストの名が見いだせる。一部ではあるが、40年代のプログラムからは次のような中国人ソリストの演奏会が開催されたことがわかる。


演奏会プログラム
中国人独奏者を迎えた上海交響楽団定期演奏会（プログラムより抜粋）


例1）　第21回定期演奏会　ピアノ独奏者として呉楽懿
　　　1943年3月14日　（日曜日）　午後5時30分
　　　ライシャム劇場
　　　指揮：アリーゴ・フォア教授
　　　ピアノ独奏：呉楽懿
　　　　　曲目　1　組曲ヘ長調　　ハイドン
　　　　　　　　2　交響曲第39番変ホ長調　モーツアルト
　　　　　　　　3　ピアノ協奏曲第1番変ロ短調　作品23
　　　　　　　　　　チャイコフスキー

例2) 第15回定期演奏会　独唱者（ソプラノ）として高芝蘭
　　　1944年2月27日　（日曜日）　午後5時30分
　　　ライシャム劇場
　　　　　曲目　1　交響曲第41番ハ長調「ジュピター」モーツァルト
　　　　　　　　2　ソプラノ独唱　カンツォーネ　アリア
　　　　　　　　　　（モーツァルトのオペラより）
　　　　　　　　3　バレエ組曲《バレエの情景》作品52番　グラズノフ

例3) 第23回定期演奏会　ピアノ独奏者として董光光
　　　1944年4月22日、23日（土曜日、日曜日）午後5時30分
　　　　　　　　1　序曲《コリオラン》　ベートーヴェン
　　　　　　　　2　《ピアノ協奏曲第1番》作品15　ベートーヴェン
　　　　　　　　　　ピアノ独奏　董光光
　　　　　　　　3　《夢想》作品24　スクリャービン
　　　　　　　　4　交響詩《フィンランディア》作品26　シベリウス

　西洋音楽の専門教育が始まってわずか10数年で、コンサートに出演し、大曲を演奏するソリストを育てることができたという事実は、この時期の音楽院の教育の充実と、やはり西洋音楽というものがグローバルに受け入れられる普遍性をもっていたということの証であろう。西洋楽器は訓練さえ正しく行えば、文化の壁をこえ文化的越境を比較的短期間で達成できる文化であった。
　このような1940年代にあって、作曲の分野で新たな動きが生まれてくる。それはやはり亡命者によってもたらされたものであった。

## 4　租界末期の前衛音楽：日本占領期（淪陥期）のユダヤ人作曲家

　1941年12月8日の太平洋戦争の開始後、上海が攻略されると、租界全体が日本軍の占領下におかれた。これ以降日本敗戦までを中国では「淪陥期」と称している。この時期が日本軍部による文化政策による暗黒時代だ、と断じるのは単純な見方である。日本軍部により文化方面にさまざまな制限や禁止が加えられたことは確かであり、多くの上海在住文化人が租界から逃れたという事実もある。しかし、この時期に文化活動がすべて停止、あるいは日本軍の意のま

40  I　歴史の視座からみる中国のグローカル化

まになったのではないことも事実である。とくに、芸術音楽やバレエについてはその公演を継続して行うことが租界行政にとってよりよい結果を生むと考えられていた。その軍部の文化行政を担当していたのが、陸軍情報部の中川牧三（声楽家であり、朝比奈隆を上海に招聘した人物）である。

　41年以前より租界に住む西洋人の民族構成が入れ替わっていたことはすでに述べたが、日本占領後は租界に居住する主たる西洋人といえば亡命者であり、それはロシア人とユダヤ人であった。したがって西洋音楽についていえば、演奏会においては一段とロシア色が強まり、楽団には優れたユダヤ人が入団することとなった。そのような時代の象徴ともいえる一人のユダヤ人音楽家（作曲家）についてふれておきたい。

　ベルリン出身の作曲家、W・フレンケル（Wolfgang Fraenkel）は1897年生まれであるから、1939年3月末か4月に上海に上陸したときには41歳であった。このことが何を意味するのか、当時のベルリンの音楽的状況を知っておく必要がある。

　20世紀初頭のヨーロッパは、それ以前の伝統的な芸術音楽（調性と機能和声を保持する）から「新しい音楽」（調性と機能和声の否定）へと空気が入れ替わった激動の時期であった。音楽の中心地がパリ、ロンドンなどであった時代から一転して、時代の最先端をいく都市は前衛的音楽の発信地であるウィーンとベルリンになっていた。なかでも芸術音楽において、「新ウィーン楽派」の登場は音楽史を塗り替えるものであった。それまでの長く続いた調性音楽の伝統からの離脱をはかるウィーンのシェーンベルクは1920年代に「12音技法」という作曲技法を確立し、彼の周囲にはベルクやヴェーベルンといった作曲家がこの作曲技法にもとづいた創作を行っていた。もとより、ウィーンや西欧から遠く離れた上海租界においてそのような前衛的な音楽が演奏されることもなく、租界の楽壇はやや古くさい保守的なレパートリーを演奏し続けていたともいえる（それでも同時期の日本に比べると、はるかにプログラムは多彩かつ先進性を有するものであった）。

　ウィーンにおいては、19世紀末のマーラーから新世紀のシェーンベルクへと音楽史は文字通り新しい時代へと動き出していた。

　両大戦間のワイマール共和国期のベルリンには当時の前衛的なアートを享受する環境があり、劇場、キャバレー（カバレット）などで演劇、詩の朗読、音楽の上演がさかんに行われていた。混沌と活気にあふれたベルリンはウィーンのシェーンベルクを呼び寄せ（作曲のマイスターコースを指導）、彼の音楽サーク

ルがベルリンにもつくられることになる。

　後に上海に亡命することになるフレンケルは裁判官であったが、（職業とはしないまでも）一流の音楽家であり、当然、この前衛都市の音楽状況のなかに身をおいていた。彼がベルリンにやってきたシェーンベルクの影響をつよく受けていたことは上海での活動をみれば一目瞭然である。ではフレンケルとはどのような人物であったのだろうか。ウッツの研究に依りつつ彼の足跡をたどってみよう [Uts 2004: 119-151]。

　ウッツの研究によると、フレンケルはベルリンでヴァイオリンとヴィオラを優れた教師から学び、ピアノと音楽理論を音楽院で学び、指揮をベルリンフィルの指揮者から学ぶといった高度の専門教育を受けていた。大学では法学を専攻し、ベルリンで裁判官の職についていた。音楽は、彼がナチスの圧制下で裁判官の職から追放されて以後、つまり1933年以後の職業となったのである。ユダヤ人の文化活動の範囲が縮小されるなか、彼はユダヤ人サークルのなかで指揮活動や作曲をおこなっていた。1938年11月9日、いわゆる「水晶の夜」についに彼もナチスに捕らえられ、強制収容所に送られた。音楽仲間の力で収容所を脱出したのち、多くのユダヤ人同様にビザが不要な唯一の都市であり、最後の避難地（Last Resort）と考えられていた上海を目指すこととなった。フレンケルと同様に上海を目指したユダヤ人はおよそ1万7000から1万8000名を数えたが、そのなかに数多くの音楽家が含まれていた。亡命者の総数に対して音楽家の比率が高いことについて阿部吉雄は次のように説明している [阿部 2007: 29]。

　例えば、ヨーロッパ系難民救済国際委員会による職業登録の統計では1940年6月までに上海で登録したユダヤ人5120名のうち260名が「音楽家」である。

　阿部は音楽家が職種としては「商人その他」の1100名に次いで2番目に多く、医師や「エージェント」を上回っていること、他の統計資料においても「各種音楽士」や「音楽家」、「歌手」、「音楽教師」の数が非常に多いことを指摘している。またその要因として、すでに上海租界に西洋音楽が根づき、相応の需要があったこと、そしてドイツで発行された移住先ハンドブックにおいても上海の項に「チャンスがあるのは（中略）、音楽家」と明記されていたからではないかと述べている。

　そして亡命ユダヤ人が職を得た具体的な場所として、「バー、キャバレー、ナイトクラブ、ダンスホール、コーヒーハウス」を阿部は挙げている。数百名もの音楽家が租界の音楽界になだれこむという状況では、誰もが希望する職を

得るわけにはいかず、芸術性のない娯楽のための通俗音楽を提供する状況に甘んじる必要があったのである。しかし、当時のベルリンは「ワイマール文化」と称される表現主義、抽象絵画、ジャズや映画といった文化が花開いた黄金の1920年代を経験していたわけで、そのような都市の空気を知るユダヤ系ドイツ人、なかでも亡命者のなかで最大多数派であったベルリン出身者は上海の娯楽施設にベルリンの退廃的な香りを持ち込んだかもしれない。

　ともかく、彼（彼女）らが同時代のヨーロッパの音楽の中心地、ベルリンやウィーンの音楽文化を極東の上海にもちこんだことは、戦争やユダヤ人迫害といったまさに「非常時」にしかありえない現象であった。

　ユダヤ人たちは一部の例外をのぞいて、日本軍がもうけた虹口（ホンキュウ）のゲットー（ユダヤ人隔離施設）に収容されることになるのだが、とくに能力のある音楽家には居住や職業の自由があったようだ。

　フレンケルについては、1931年より上海に住み、中国伝統文化と西洋音楽の融合を目指していた作曲家、アーロン・アヴシャロモフ（1894～19651年）が息子に宛てた手紙のなかで次のように述べている。「多くのオーストリアやドイツからの避難民音楽家のなかで、際立った音楽家は2人です。1人はヴァイオリニストのアードラーであり、もう1人は作曲家のフレンケルです。彼は一流であり、シェーンベルクの信奉者で、多くの作品を作曲しています。また、博学な人物で、オーケストレイションに巧みで、理論家でもあります。人柄もよく、グリーシャ（筆者注、G・シンガーを指す）を除けば音楽を真に語り合える唯一の人物です（1940年4月24日）」［Avshalomov 2002: 162］。

　フレンケルは、交響楽団に入るとともに、国立音楽院（すでに音楽専科学校と改称）の作曲と音楽理論の教師としても迎え入れられる。

　ユダヤ人の到来は、設立後すでに10年が過ぎようとしていた音楽院にとって、ロシア人教師に加えて、ヨーロッパの文化的中心地からやってきた音楽家を雇用するチャンスをもたらした。とくに、フレンケルの貢献についてはそれまでのロシア人とは一線を画する特筆すべきものがあった。

　というのも、ロシア人の貢献はなんといっても「演奏面」「演奏家養成」での教育的貢献であった。ピアノや弦楽器について、モスクワやサンクトペテルブルクの音楽院卒のすぐれた演奏技術をもつ音楽家たちが学院やプライヴェイトレッスンで中国人に本格的な演奏教育をほどこしたことは、その後演奏家として活躍する数々の演奏家を生み出すという結実をもたらした。

　ユダヤ人音楽家、とくにフレンケルは「作曲」という分野で、本格的な西欧

水準の教育を行った人物である。すでにのべたように、1930年代以前に、ヨーロッパでは芸術音楽界に大きな変革がもたらされていた。その渦中に身をおいていたフレンケルは、学院での教育において、いささかの手加減も加えなかったようにみえる。作曲法の習得はバッハの対位法やベートーヴェンらの古典派の和声といったオーソドックスな作曲技法を学ぶことに始まるが、その後、彼は古典的な作曲理論をこえた同時代の作曲技法をも「場合によっては」（学院の授業では基本的にはとり上げなかった）教えていた。弟子たちのなかでも、桑桐（Sang Tong、1923～2011年）は自らの創作に色濃くフレンケルの影響を残している。フレンケルが1947年に米国に旅立ったあとに彼の後任として作曲指導にあたったのは、12音技法サークルの中心人物、アルバン・ベルクの弟子であり友人でもあった、シュロス（Julius Schloß）であった（彼のような作曲家ですら上海ではなかなかポストが得られなかった。彼は赴任の翌年米国に亡命している）。新ウィーン楽派に連なる2人の作曲家に師事した桑桐は、早くも1947年に《夜景》（Yejing）という無調（調性をもたない）様式による楽曲を創作している。そして、これはアジアにおける最初の本格的な無調音楽の受容の証しとして記憶されることになる。フレンケルが中国の学生に対して真摯に教育者としての役割を果たしたことについては桑桐ら弟子の証言がある［桑桐1990; 桑桐ら2007］。

　この時点、つまり1947年の《夜景》発表のとき、上海はアジアで西洋音楽の最先端の受容をはたした都市であったといえるであろう。演奏家、作曲家ともにその数と水準において、戦争に疲弊した日本（東京や大阪）に先んずる人材を輩出しつつあった。

　上海の作曲界は、もちろんこのようなフレンケルの路線のみではなく、むしろ主流は欧米留学の経験をもつ中国人作曲家の系譜であった。たとえば、1930年、国立音楽院の作曲系の主任教授として迎えられた黄自（Huang Zi、1904～1938年）とその弟子たちが目指した「西洋音楽という普遍的様式を用いて中国の民族性を表現する」民族主義的創作活動があげられる。民謡や伝統音楽から音楽的素材を得て創作された数多くの作品は、新中国の時代に引き継がれ、中国人による西洋音楽の創作の方向性を示す模範となった。また1930年代以降、中国語の歌詞による歌曲創作で活躍したのも音楽院作曲系で学んだ中国人作曲家であった。丁善徳、賀緑汀、冼星海、劉雪庵らは芸術音楽のみならず、映画挿入歌などの通俗歌曲の創作にも積極的であり、いまなお愛唱される作品群がこの時期の租界から生み出されたことを見落としてはならない。

## 結論　音楽の先進都市、上海を再評価する

　これまでみてきたように、1920 年代から 40 年代にかけてのわずか 20 年という時間のなかで、上海租界はロシア人とユダヤ人の活躍によってアジアにおける「西洋音楽の先進都市」といえるまでの変容をとげた。マクロな視点から捉えるなら、彼らは「戦争や革命によって移動を余儀なくされ、亡命者として生きつつも、東洋という異国で新たな文化の担い手として教育者として大きな役割を果たした」と総括することができる。

　冒頭で述べたように、上海租界は街の外観とは必ずしも重ならない文化を内包していた。その文化とは、さかのぼれば帝政ロシアのモスクワ、ペテルブルクの都市文化であり、戦間期ウィーンやベルリンなどのドイツ語文化圏の芸術であり、いずれもそれらを上海に持ち込んだのは亡命者、難民であった。白系ロシア人の芸術家の多くがユダヤ系であったことを考えると、20 世紀の租界西洋文化の大きな部分がユダヤ系民族によって形成されていたといってもよいだろう。

　彼ら、彼女らは望んで上海にやってきたわけではなかったが、1920 年代から 40 年代後半にいたるまでの 20 余年間、四半世紀にわたり、平時ならば、ロシアや欧州の楽壇で活躍していたであろう高い水準の音楽家が、戦争という非常時ゆえに、上海に定住したという幸運を中国の人々は享受することになった。

　本稿で具体例としてあげた 40 年代の上海バレエ・リュスの公演や演奏会のプログラムは当時としてはきわめて「先進的」かつ意欲的なものであった。20 世紀音楽やストラヴィンスキーのバレエ音楽は今日においてもクラシックとは一線を画する「近代、現代作品」である。そういった作品を上演、演奏していた亡命者たちやその活動は、租界という多民族都市でこそ起こりえた文化現象であった。

　建国以前、音楽院に通う中国人学生たちは直接、彼らから欧州の高い水準の音楽の指導を受けることができた。早くもその結実として、1949 年の建国時には、優れた演奏家や作曲家を数多く擁していたのである。後の中国の西洋音楽界をリードする人材はほぼ上海から巣立っていったことはよく知られている。

　亡命者たちが教えた学生たちは 1949 年以後の新中国において西洋音楽をリードする人材となり、中国人による中国人のための西洋音楽、つまり「グローカルな西洋音楽」を創作し、演奏していくはずであった。しかし建国後の中国

は「文芸は革命に奉仕する」という共産党イデオロギーに支配され続けた。西洋音楽を上海で学んだ人材が活躍する場は限定され、長期にわたる「西洋音楽鎖国時代」が続くことになる。共産党イデオロギーのもとで他の西洋文化と同様に、80年代後半の改革開放の本格化にいたるまで、上海の洋楽文化は半ば封印されていたのである。もちろん、革命歌や、政治イデオロギーに支配された作品（たとえば『黄河大合唱』など）も西洋音楽の語法で作曲はされているが、今日の視点からみれば、音楽的、芸術的な水準としては稚拙なものであったといわざるをえない。

　建国後、反右派闘争のなかでたびたび「学院派」として批判の対象となった音楽学院であったが、とくに文化大革命時には上海音楽学院は格好の攻撃の的となり殉職者を多く出した（死者は15名にのぼる）ことが知られている。今日、学院内にもうけられた「校史資料室」には文革で命を落とした12名の教員の写真が掲げられている。

　文革終了後も学院がこの痛手から立ち直るには相当の時間がかかった。今から27年前、1987年の秋、筆者は、上海音楽学院を訪問した。当時の音楽学院に解放前の活気を感じとれるものはほとんどなかったと記憶している。街全体が精彩を欠いているにしても、音楽学院の状況は、教授ですら満足な住居もないといったさびれようであった。

　そして現在、長い沈黙を経て、音楽院は全国でも北京の中央音楽学院とならぶトップクラスの洋楽教育の拠点として、次々と敷地内に新たな高層ビルを建て、将来性ある演奏家や作曲家を輩出している。その存在感と躍進ぶりはアジアのなかでも際立つものである、といって過言ではあるまい。

　上海という街がかつての国際都市の風貌をとりもどしているのに呼応して、西洋音楽の教育、楽壇もその息をふきかえしているのである。

　ここまでみてきたように、その基盤をつくったのはロシア人とユダヤ人であり、民族の移動と離散が引き起こした文化接触と異文化受容とその定着の詳細なプロセスは西洋音楽を通して詳細にあぶり出されるのである。

　（本稿で使用したプログラム写真はすべて「上海交響楽団資料室」所蔵の資料を許可を得て撮影したものである。また、本稿で用いた資料の収集は、平成22〜23年度基盤研究C「両大戦間の大阪と上海における西洋音楽受容の比較研究」（代表者、井口淳子）、および平成23年度〜25年度科学研究費補助金基盤研究B「上海租界劇場文化の歴史と表象—ライシャム・シアターをめぐる多言語横断的研究」（代表者、大橋毅彦）によっ

46　I　歴史の視座からみる中国のグローカル化

て実現した。またこれらの資料調査は関係諸機関の協力なしにはなしえなかった。記して謝意を表したい。）

## 注

1)　［高綱 2005：31］。外国人人口の統計は資料によりかなり大きなばらつきがある。
2)　フランス租界の重鎮であり、西洋人子弟のための小学校校長をつとめ、長年にわたって *LJDS* の音楽批評欄を担当していた。中国音楽に関する著書がある。
3)　ショスタコーヴィッチ・ドミトリー　20 世紀を代表するソヴィエトの作曲家の1人。交響曲やオペラで知られるが、本稿であげた《ピアノ協奏曲第1番》（1933 年作曲）は自身のピアノ演奏により同年レニングラードで初演され、今日でもしばしば演奏される名曲である。《ピアノ5重奏曲》は 1940 年に作曲され、同年、作曲家自身がピアノを担当してモスクワで初演され、スターリン賞を受賞したものの論議を呼んだ作品である。
4)　1867 年に英国租界にアマチュア劇団専用の劇場として建設されたが、1930 年に現在の旧フランス租界茂名南路に第3代にあたる劇場が再建された。700 席あまりの、音響のよい西洋式劇場として租界の西洋芸術音楽やバレエの公演の中心地であった。今日も使用されている。日本語表記は当時の邦字新聞ではライシャムとなっている。
5)　ストラヴィンスキーにより 1910 ～ 1911 年に作曲されたバレエ作品。初演はフォーキンの振り付けにより、1911 年、パリで行われた。日本における初演は、第2次世界大戦後、上海バレエリュスのメンバーであった小牧正英によって 1950 年に行われた。

## 参考文献

英語

Bickers, Robert.

　　2003　*Empire Made Me: An Englishman Adrift in Shanghai.* London: Coleridge and White Ltd.

Iguchi, Junko

　　2013　"Osaka and Shanghai: Revisiting the Reception of Western Music in Metropolitan Japan" in *Music, Modernity and Locality in Prewar Japan: Osaka and Beyond* edited by Hugh de Ferranti and Alison Tokita, Surrey: Ashgate, 283-299.

Kranzler, David.

　　1976　*Japanese, Nazis and Jews: the Jewish Refugee Community of Shanghai,* 1938-1945. New York: Yeshiva Univ. Press.

Paci Zaharoff Floria

　　2005　*The Daughter of the Maestro Life: in Surabaya, Shanghai, and Florence*, New York, iUniverse.

Utz Christian

　　2004　"Cultural accommodation and exchange in the refugee experience: a German-Jewish musician in Shanghai" In *Ethnomusicology Forum*, Vol13-1.pp.119 -151.

Avshalomov Jacob and Aaron

 2002 *Avshalomovs' Winding Way: Composers Out of China - A Chronicle*, Xliblis Corporation.


中国語

井口淳子、榎本泰子、大橋毅彦、関根真保、藤田拓之、趙怡

 2013 「20 世紀 40 年代上海租界蘭心大戯院的芸術活動—以 *Le Journal de Shanghai*

   （法文上海日報）為主要史料」『音楽芸術』（上海音楽学院学報）2013 (1): 134 -141。

洛　秦

 2010 「音楽文化詩学視角中的歴史研究与民族誌方法」『音楽芸術』1 期：52-71。

洛秦主編

 2012 『海上回音叙事』上海音楽学院出版社。

馬長林主編、上海檔案館編

 2003 『租界里的上海』上海社会科学院出版社。

秦西炫

 2001 「回憶沃爾夫岡 弗蘭克爾」『音楽芸術』第 1 期：18-19。

桑　桐

 1990 「紀念弗蘭克爾与許洛士—介紹両位原我院德国作曲教授」0 期：14-19。

 1991 「《夜景》中的無調性手法及其他」『音楽芸術』第 3 期：56-63。

桑桐、陳銘志、葉思敏

 2007 「解放前上海音楽学院理論作曲専業的歴史回顧」03 期：24-39。

上海百年文化史編纂委員会

 2002 『上海百年文化史』上海科学技術文献出版社。

上海交響楽団建団 120 周年紀念画册編委会（陳陽主編）

 1999 『上海交響楽団 建団 120 周年紀念画册』。

湯亜汀

 2007 『上海猶太人社区的音楽生活（1850-1950, 1998-2005)』上海音楽学院出版社。

汪之成

 1993 『上海俄僑史』三連書店上海分店。

 2007 『上海俄僑音楽家在上海（1920's-1940's)』上海音楽学院出版社。

中国芸術研究院音楽研究所編

 1992 『音楽詞典　続編』北京：人民音楽出版社。

周国栄

 2010 『国立音専教学実践活動管窺』CNKI 上発表（修士論文）、北京：中央音楽学院。


日本語

朝比奈　隆

48 Ⅰ 歴史の視座からみる中国のグローカル化

1978 『楽は堂に満ちて』東京：日本経済出版社。

1985 『朝比奈隆　わが回想』東京：中央公論社。

阿部吉雄

2003 「上海のユダヤ人『移住者住所録』（1939 年 11 月）と興亜院華中連絡部の『上海ニ於ケル猶太人ノ状況（主トシテ歐洲避難猶太人）』（1940 年 1 月）」『言語文化論究』18: 111-127。

2007 「上海のユダヤ難民音楽家」『言語文化論究』22: 29-40。

2011 「資料調査 上海のユダヤ人難民新聞：『Shanghai Jewish Chronicle』（1939 年）の記事から」『言語文化論究』26: 155-170。

榎本泰子

1998 『楽人の都・上海—近代中国における西洋音楽の受容』東京：研文出版。

2006 『上海オーケストラ物語：西洋人音楽家たちの夢』東京：春秋社。

大里浩秋、孫安石編（神奈川大学人文研究所）

2006 『中国における日本租界—重慶、漢口、杭州、上海』東京：お茶の水書房。

大橋毅彦　趙夢雲、竹松良明、山崎眞紀子、松本陽子、木田隆文編著・注釈

2008 『上海 1944–1945 —武田泰淳『上海の蛍』注釈』東京：双文社出版。

岡野　弁

1995 『メッテル先生—朝比奈隆、服部良一の楽父・亡命ウクライナ人指揮者の生涯』東京：リットーミュージック。

高綱博文

2009 『「国際都市」上海のなかの日本人』東京：研文出版。

高綱博文編

2005 『戦時上海— 1937-45 年』東京：研文出版。

武田泰淳

1976 『上海の蛍』東京：中央公論社。

中丸美繪

2008 『オーケストラ、それは我なり—朝比奈隆四つの試練』東京：文藝春秋新社。

人間文化研究機構連携研究「日本コロムビア外地録音のディスコグラフィー的研究」プロジェクト編集

2008 『日本コロムビア外地録音のディスコグラフィー・上海編』同プロジェクト発行。

【資料】

上海交響楽団資料室所蔵「工部局管弦楽隊」プログラム及び資料集

東京藝術大学附属図書館所蔵「草刈義人寄贈資料」（1940 年代の音楽、バレエ関連資料）

外国語新聞

*Le Journal de Shanghai*

*The North-China Daily News*
*The North-China Herald*
*Shanghai Zaria*
*Slovo*

中国語新聞（日刊）
　申報
　新聞報

# 中国における火葬装置、技術の普及と労働現場の人類学
### 新たな技術を受容し、環境を再構成する人々に着目して

田村和彦

## はじめに

　今日の人類学的研究においては、グローバリゼーションを、多次元的に同時進行する、近代という時間空間に特徴的な現象として捉える見解であれ、繰り返し起こってきた現象の規模拡大と捉える見解であれ、「同質化と差異化」、「脱領土化と再領土化」、「グローカリゼーション」など、その複層性を視野に収めない研究はほぼないといってよい。本稿が関心を寄せる、現代社会における死の研究でいえば、ミシェル・ヴォヴェルのいう「お客様は死ぬだけで OK。後は我々にお任せ下さい」（1996〈1993〉）といった汎地球的な死の商業化と、それに伴うさまざまなサービスや商品の現地社会における多様化といった側面を取り上げる研究方向は、個別の報告としての価値は有しつつも、その方向性としてはむしろ既視感がある。

　一方で、グローバリゼーションという用語が経済領域から離陸して以降、そこに含まれるキーワードにおいて、技術をめぐる議論は不可欠なものとなっている。技術という概念自体が、文化に代表されるような、土着的で、固有で、社会個別的で、独特な概念に対置するものとして一般的に想定されることを考えれば、この点は興味深いと同時に、人類学者が扱ってきた対象はすでに土器の製法や衣服の加工など、その最初期から各種の技術の問題を包括していたことにも改めて気づかされる。一見すると相矛盾するような、社会を俯瞰するまなざしと、具体的で微細な現象に立ち会うことで思考を深める姿勢を併せ持つことを目指してきた人類学にとって、技術と死に連なる問題群は、まさに取り組まざるをえないテーマといえよう。しかし、中国を対象とする人類学的研究においては少数民族や特定の伝統的技能集団のもつ、狩猟や土器づくりといった相対的にシンプルな技術への高い関心、近年では非物質文化遺産研究のような「価値ある」と判断された対象への研究の集中が認められる一方、それ以外の一般的な組織や社会団体、労働といった問題を扱う研究はいまだに少ない状況にある。

52　I　歴史の視座からみる中国のグローカル化

　本稿では、殯儀館と呼ばれる追悼式会場に併設された火葬場で働く人々の作業現場を事例として、技術と仕事の構成に焦点をあてて人とモノの関係を考えてみたい。

　そのために、本稿では以下の構成をとる。まず、近代的な火葬が諸外国からもたらされたことを確認することで、現代中国における火葬がある種の技術とそれに伴う観念の受容であったことを示す。中国の火葬に関する先行研究の多くが、仏教の伝来に遡る火葬起源論や、1980年以降の人々の火葬の受容過程への研究に偏重していることから、現在の火葬が近現代時期における技術移入の結果であることは特に強調を要する。次に、改革開放以降の中国における火葬への人類学的アプローチが、火葬を受け入れる側への調査研究を中心としていることから、本稿では、火葬を執り行う上でのもう一方の主体である、現在の地方都市における火葬従業員を取り上げ、かれらの作業現場でみられた現象を考察することにする。

## 1　中国における近代的火葬の受容と普及

　初めに、近代的火葬の提唱と普及、中国への移入の過程を簡単に振り返っておこう。

　仏教の受容に伴う火葬の導入は、中国において古く遡ることができる。しかし、歴史家の指摘にあるように、仏教の受容にともなって一時中国で普及した火葬は、江南地域のように仏教が盛んな地域にあっても、徐々に埋葬という葬法へと変化していった。イデオロギーの徹底を図る勢力による義冢（前近代的公共墓地）の提唱が広められた地域であれ、寺院など本来火葬を指導する人々が義冢の管理をおこなうように変化した地域であれ、火葬そのものは下火となってゆく［川勝 1990, 1999］。清中葉の乾隆帝治世期以降は、その禁止が明文化され強力な罰則を伴ったことと相まって、漢民族にとって、火葬はきわめて特殊な葬法であった[1]［宮崎 1993〈1961〉］。この変化は、しばしば儒教的な価値観による社会秩序構築の過程と捉えられ、礼教に基づく土葬こそが遵守されるべき葬法となっていた、とまとめることができる。しかし、今日の中国社会では、とりわけ主要な都市では非常に高い火葬率を誇っている。この空白を埋めることから始めよう。

　本稿の注目する、近代的な火葬とはどのようなものを指すのか。一言でいえば、それは科学的かつ衛生的な新時代の遺体処理あるいは遺体を遺骨化するプ

ロセスとして標榜された火葬を指す。その起源には諸説があるが、ジョン・クラウディス・ラウドン（John Claudis Loudon）のユニバーサルな葬法としての火葬提唱や、イタリアのコレッティ（Coletti）、カスティオーネ（Castiglioni）教授による「公衆の健康と文明」論文での望まれる葬法論など、いずれも 19 世紀中葉から徐々にヨーロッパで関心をあつめた、カトリック教徒にとっては新たな思想であったといえる［Davies & Mates 2005］。ただし、この新たな葬法への関心は医学のプロフェッショナルの外部ではほとんど関心を持たれなかった。なぜなら、グレインジャーによれば、当時の火葬の提唱は、法的根拠の曖昧さとともに、新たな火葬が期待される技術を欠いていたからである［Grainger 2005］。

　公共衛生や医学といった科学的とされる知識に支えられた新たな火葬への期待は、ブルネッティ教授（Brunetti）方式によって作製された火葬設備が 1873 年のウィーン万国博覧会に出品されるという火葬史における大きな出来事を生み出した。翌年には、イギリスの外科医であり、埋葬改革論の主張者であったヘンリー・トムソン卿（Sir Henry Thompson）が、自宅に美術、科学、文学、医学などの分野の人物を招き、火葬宣言をおこない、参加者の署名を得る [2]［石井 2005］。この宣言をもとに、火葬の推進を大々的におこなう「イギリス火葬協会」（The cremation society of England）が成立することとなった［Davies & Mates 2005］。

　その後、1870 年代から 80 年代にかけてドイツやイギリス、アメリカ合衆国において火葬場が建設されていった。その背景には、この時期の社会問題として、都市の大衆居住区での伝染病伝播を予防するための公衆衛生の促進があった。火葬は、土葬に比べて、遺体を速やかかつ安全に元の構成元素へと還元する方法と考えられ、上述の社会問題への処方箋となると期待されていた。トムソン卿は、火葬の有効性を証明するためにイングランドのサリー州ウォーキングに火葬炉を設置し、1879 年には馬の遺体で実験をおこない、1885 年に初めて実際の火葬を実施することになる。実際には、信仰や法律上の問題から、火葬提唱者の活動した地域でも、火葬は急速に普及する葬法とはならなかったが、1923 年には火葬当局連盟が発足し、この新たな葬法は、徐々にイギリス全土に広がっていった。この新たな潮流のなかで、1938 年には国際火葬連盟が組織され、ヨーロッパを中心に 18 カ国が名を連ねるに至った［石井・八木澤 2007］。イギリス火葬協会設立の立役者であるトムソン卿があえてその著作を「近代的火葬」と題名したことに端的に表れているように、ここで提唱され、

54 I　歴史の視座からみる中国のグローカル化

今日へと至る火葬という新たな葬法が、医学や衛生といった近代的学知のなかで生み出された一連の運動であったことに注目しておきたい [Thompson 1899]。

## 2　火葬という葬法の中国への導入：上海、北京の事例から

　この科学的葬法を標榜する火葬は、中国においては早い段階から導入がすすめられたといってよい。中国の近代的火葬は、公共租界工部局によって、客死した外国人を対象として、1896年に静安寺向かいの外国人を対象とした墓地に商業性「火葬処」が設けられ、告別式会場とならんで遺骨保存室が設置されたことを嚆矢とする [上海民政志編纂委員会 2000; 朱 2001]。この「火葬処」は、1927年にガス燃料を用いた最新式の火葬炉へと変更され、1966年に撤去されるまで稼働を続けた [上海民政志編纂委員会 2000; 邵 2006]。この火葬炉がどの程度利用されたか定かではないが、欧州の礼拝堂風の建築、設置された墓地の性質からして、主に租界に居住した欧米人が利用者の中心であったことが推測される。1927年という比較的早い段階で火葬炉が導入された理由として、当時の科学的な説明もあろうが、当時の中国で死亡した場合、遺体の母国への搬送は困難であり、火葬による遺体の遺骨化が現地への埋葬以外の選択肢を準備することとなった点を見逃すことはできない。その結果として、本国でも利用の進まない施設であった火葬炉が、20世紀初頭の中国に現れたのである。1913年には、慈善団体である普善山庄によって、市内の行き倒れや遺棄された児童の遺体、「浮厝」（厝は、正規の埋葬、故郷への回葬を待って、家屋内や寺院廟宇、会館丙舎、寄柩所で保存された棺に納められた遺体を指し、「停棺」とも呼ぶ。引き取り手が不明あるいは遺族が放棄した厝を浮厝という）の回収と火葬が開始された。ここからも、当時の、一部の外国人や貧困層を対象とした特殊な遺体処理としての火葬の位置づけを示すことができる。その後、すでに乱立していた上海の殯儀館のなかにも同様の火葬サービスを設ける施設が登場したが、中華人民共和国成立以前の上海でもっとも著名なものは、中国語で「日本焼人場」「焚屍場」（のちに「西宝興路殯儀館」、「宝興殯儀館」と改称）と呼ばれた火葬場であった [薛 2000; 陳 2007]。その名が示す通り、この火葬場は、日本人居留民を対象とした施設であり、東本願寺上海別院や日蓮宗本圀寺の住職らが発起人となり成立した「法光株式会社」の運営する日本人墓地に併設されたものであった（写真1）。

　この火葬場は、1908年頃に火葬を開始し、在滬日本人の増加に伴い、より多くの火葬の必要が生じたことから1937年には火葬炉を増設している。同時

写真 1　上海西宝興路殯儀館に残された「大正甲子」(1924 年) の刻印がある狛犬（筆者撮影）

期に存在していた火葬施設の多くは、公墓や殯儀館に併設される施設内設備でありその稼働率は決して高くなかったが、「日本焼人場」では、遺体を遺骨化し、日本での埋葬を期して持ち帰ることを希求した日本人の慣行を中心に組織されていたため（利用率の高かった 1941 年の例では、大人 925 人、子供 490 人、西洋人 6 人を火葬し、そのほか 780 個の胎盤を焼却処分しているのに対し、墓地への遺骨埋葬は 15 件、遺体埋葬は 7 件のみとなっている［陳 2007］）、墓地の利用よりも火葬設備として有名であり、火葬場の代名詞として上海の人々に記憶されることになった[3]［包 2005; 王ら 2006］。

中華人民共和国が成立し、日本人が激減してからのちもこの火葬場は大きな活躍の場を与えられることとなった。とりわけ、市内の寺院や会館に山積する「浮厝」は、公衆衛生の側面からみて緊急の課題となっていたが、1951 年から実施された「浮厝」整理運動においては、宝興殯儀館のみで年間 28 万 2000 体以上の火葬をおこなったとされる[4]［陳 2003］。

上海のもつ、大量の外来人の流入によって急速に拡大した大都市という特殊条件は、上海市政府をして 1954 年に大規模な火葬宣伝運動を開始せしめることとなった。この国家の火葬提唱に先駆けてすすめられた火葬運動の高揚のなかで、現在の上海における火葬場を代表する龍華火葬場が建設される。一方で、小規模な私営の火葬施設の操業を停止していった。けれども、火葬が一般化しない当時の龍華火葬場は設立当初、もっぱら身元不明の遺体を火葬するのみであり、今日の上海にみる高い火葬率を実現するための社会的、設備的条件の整

56　I　歴史の視座からみる中国のグローカル化

備は、1950 年代後半に明確化される国策としての葬儀改革を待たねばならな
かった。

　興味深いことに、北京における近代的火葬の導入経緯も類似の沿革を経てい
る。上海と同じく、遺体の埋葬あるいは「停棺」を一般的な葬法としていた北
京でも、特殊な例として仏教徒の火葬を専門に扱う寺院内火葬処（化身窯）が
存在しており、北京では広済寺や拈花寺、慈慧寺に常設の火葬設備があったと
される。しかし、これらの寺院でとりおこなわれる火葬は、不老不死や世界の
中心を想起させる蓬莱山や須弥山に見立てた炉を用いた、線香による大量のマ
キへの着火や一連の宗教儀礼をおこないながらの進める火葬であって、1 体に
つき 2 日以上をかけるものであったことから、本稿の注目する近代的火葬では
なかったといえる。

　北京の場合は、上海における租界のような、直接諸外国の制度が人々の移動
を介して移設される仕組みがなかったため、新たな遺体処理装置としての火葬
炉は、もっぱら日本の影響を受けることとなった。それが、在留日本人の増加
にともない、朝陽門外東大橋に設置された「日本火葬場」（現在の東郊殯儀館の
前身）である［周 2002］。この火葬場は原則として日本人の火葬にのみ使用さ
れており、したがって、日本の降伏後はしばらく放置されていた。この時点で
の中国における殯儀館の観念によれば、火葬炉は必ずしも併設されるべき装置
ではなく、火葬はあくまで特殊な葬法でしかなかった［北平市人民政府 1947］。

　1948 年になると、中華民国北平市政府によって再利用が計画されたが、こ
の計画が実施される間もなく中華人民共和国の建国を迎えることになった。新
政権は、1949 年に「停棺」禁止を通達、1950 年に日本火葬場の補修利用を決
定し、1952 年に「日本火葬場」から「東郊火葬場」へと改名して事業を再開
することとなる。対外的に事業を開放したこの年、東郊火葬場では 142 人の火
葬を実行しているが、そのほかの火葬可能な地点、すなわち仏教寺院では、使
用頻度のもっとも高い慈慧寺で 94 人、広済寺で 13 人の火葬がなされている［周
2002］。その後、東郊火葬場へ火葬が集中し、火葬場の周辺地区が大使館街へ
と変容するなかで、東郊火葬場は 1960 年代に当初の朝陽門外東大橋から、郊
外へと移転せざるをえなくなった。この時期の火葬量は今日と比べて決して多
くはなかったが、僧侶を「化身」するための簡易な火葬炉しか持たない仏教寺
院の火葬場が次々に衛生基準や効率の問題から営業を停止するなかで、東郊火
葬場は北京の火葬を支え続けた。1960 年代に中国オリジナルの火葬炉が本格
的に操業を始めるまで、北京の火葬の 80% 近くをこの日本由来の火葬炉が担っ

たといわれている［北京市人民委員会 1964］。上海の事例と同じく、日本人の残した設備が接ぎ木的に利用された背景には、それが先進的な設備であったという眼差しと同時に、慣習の違いがもたらした産物の再利用という理解が可能だろう。しかし、この設備と技術の運用があって、中国の殯葬改革の柱の一つである火葬が継続していった点は再考されてよい。

この時期、火葬が、中華人民共和国にとって新たな国家の遺体処理にふさわしい形態となる契機である、1956 年 4 月 27 日の中央工作会議の合間に署名された「プロレタリア階級革命家による火葬倡議書」が公にされている。これは、中国の主要な葬法を土葬と火葬とし、そのうち土葬を耕作地の占有と木材の乱費、封建統治階級の礼法として退け、火葬をもっとも「合理的」かつ、一部の国家ではすでに普及した葬法と位置付け、火葬を希望する人物の署名を募ったものである［聶 2006］。この時期の重要な政策の 1 つが、農業合作化が議題であったことからもわかるように、この唐突ともいえる火葬推進の提唱は、耕作地に点在し農業の集体化、機械化の妨げとなる墳墓問題の解決が目的だったが、土葬への攻撃のなかで、議論は科学、文明、衛生といった言葉と結びつき、火葬の現代性へと膨らんでいった。毛沢東や朱徳、劉少奇、周恩来ら 151 人の高級幹部がその場でこれに署名し、その後、唯物主義的世界観と党の先鋒意識を含む倡議書の内容は、会議に参加していなかった幹部たちにも知らされていった。その過程で、火葬は「もっとも科学的、もっとも経済的、もっとも衛生的」な遺体処理とされ、封建迷信の打破や無神論的立場の表明と結びついて、普及が図られた[5]。

この火葬倡議書の提出では、当時すでに近代的火葬炉を保有していた、北京、上海、漢口、長沙以外の都市にも火葬炉を設置することが求められた。そのため、火葬設備の需要が高まり、社会主義陣営の技術による新型の火葬炉が希求されるようになる。北京の東郊火葬場では、1957 年から 58 年にかけて、旧日本式の火葬炉を改装し、チェコスロバキアから専門家を招聘することで、火葬炉の輸入と中国での組み立て作業を試みた。1958 年には、北京の西側に「西郊火葬場」（後に八宝山革命公墓の隣に移動、改称し、「八宝山殯儀館」となる）が設立され、ここでは北京ではじめての、中国人による火葬炉の組み立てがおこなわれた[6]。記録によれば、八宝山火葬場での初の火葬は、機械工業部部長であり国家技術委員会主任を務めた黄敬の、1958 年 2 月 10 日におこなわれた火葬という［白 2003］。こうして中華人民共和国の国策となる火葬について、設備面での端緒がつけられることとなった。

58　Ⅰ　歴史の視座からみる中国のグローカル化

　その後の中国各地への火葬の普及状況については、火葬炉の生産と普及から概観してみよう。

　1950 年代に火葬が目指すべき遺体処理の方向と位置づけられると、中国国内でも火葬炉を生産する必要に迫られた。この時期から、瀋陽の農耕機械歯車工場や煙台のミシン生産工場といった、機械製造技術をもった工場で、特注品として火葬炉の生産が始められている。1960 年代になると、都市人口に応じた火葬区（地域の死亡者をすべて火葬対象とする地域）の設定がすすめられ、中国各地に火葬場を設置する必要から、大量の火葬炉が作成されている[7]。上述のように、建国当初にチェコスロバキアの技術支援を受けた火葬炉が国内に設置されていたことを受け、この時期までに生産、普及した大量の火葬炉は、当時としては優れた東欧の火葬炉を模倣した「チェコ模倣式」あるいは「チェコ式」とよばれるタイプが中心であった。文化大革命とそれに続く社会混乱の時期が過ぎ、1981 年になると、民政部は瀋陽に火葬設備研究所を設立し、二次燃焼技術など日本の火葬技術を導入することで、中国初のオリジナル火葬炉を設計することに成功する。この火葬炉は、「チェコ模倣式」に比べて、燃焼技術や汚染物質の排出低下など多くの面で改善がみられ、当時の中国を代表する火葬炉のタイプとなった[8]。この時期には大量の火葬炉が製造されたが、中国全体の実際の配置をみると、地域による大きな偏りが認められる[9]。

　90 年代になると、フランスからの技術導入により、ターボ社の技術を搭載した火葬炉が開発され、中国各地の研究所の技術改良を加えることで様々な火葬炉が生産されるようになっていく。この時期に生産された火葬炉は、燃焼時間やコストの削減など火葬設備に大きな進歩をもたらした。今日では、殯葬改革の中心である民政部 101 研究所の設計した Z 2000 型と呼ばれる火葬炉が開発され、各地の主要な殯儀館で導入が進められている。この新型の火葬炉では、多くの作業にコンピュータによる制御が採用され、実際の作業もカラータッチパネルの操作となっており、火葬炉の現場では後述するようにしばしばこの最新型火葬炉を「全自動式」と呼んでいる。産学官の連携によりコンピュータ化を実現した結果、「火葬炉はコントロールできる要素が多くはないが、要素間は相互に連動しており、異なる遺体の火葬作業状況も一様ではなく、時に変化の幅は非常に大きい」とされ、ブルーカラーである作業員の経験に依拠していた火葬が、コンピュータの前に座って「軽くマウスをクリックし、簡単に起動ボタンを押せば」すべての火葬プロセスが完了するホワイトカラーの仕事へと変貌したとされる［上海殯葬文化研究所 不明］。

その後続機である MZ2000 型は、火葬炉機能のあらゆる面で国外の火葬炉と同様の水準に達したと評価されている[10][民政部 2006]。近年では、中国国際殯葬文化博覧会が毎年開催され、火葬炉はそのなかでも注目を集める商品として、ますます多くの技術交流がおこなわれるようになっている。

以上から、近現代中国における火葬場、火葬炉についてまとめると、次の点を指摘できる。今日の中国で普及する新たな火葬技術とそれにともなう観念は、20 世紀初頭から、帝国列強の進出や中国在住外国人の増加、当時の先進国からの医学や公衆衛生観念の輸入、他社会のもたらした設備の接ぎ木的利用、社会主義陣営における技術交流といった中国の外側との関係のなかで導入されたものであり、海外で提唱された観念と技術の受容の過程であった。

その意味では「はじめに」で指摘したような、中国を対象とする人類学が従来から注目してきた土着の、あるいは、いわゆる伝統的な技術とそれを支える体系ではないことは明らかである。それゆえ、数少ない現代中国の火葬研究は、それを受け入れる側からの視線でしか人類学的に言及されてこなかったといえる。しかし、ここで改めて考えてみたいのは、当時、地球規模で起こった新技術の発明と伝播は、火葬炉というモノや「科学、経済、衛生」といった言説とともに容易に国境を超えたのだろうか、という問いである。こうした事物起源や時間軸に沿った経過説明では見落としがちな何かに人類学は注目してきたのではないだろうか。実際に、今日の中国の火葬場で働いてみると、技術とのかかわりで生み出される現実がいわゆるシンプルなグローバリゼーションが唱えたような均質化へとは進んでいないことを確認できる。それは、技術が決して独立し、社会のなかでニュートラルな位相を与えられた特権的な存在ではないことに起因するのではないだろうか。

この思考は、床呂による、オジェへの反論と通底する。すなわち、オジェが「非一場所」の例として提出する国際空港は、国籍や出身、階級や文化を異にするさまざまな人々がたえず集合離散する場所であるわけだが、これに対して床呂は、視点を変えて空港を職場とする職員からみれば、空港という空間が同僚や上司との対面的相互作用の場所であり、仕事に関するノウハウや職場の人間関係に直結したローカルで固有の知識によって成り立つ場所であることを指摘する[床呂 2006]。そのうえで、床呂は、他分野の知見を流用することを厭わないフレキシビリティとミクロな社会的文脈の記述に強みを持つ民族誌的手法から人類学の空間論を検討しようとする。

そこで以下では、この導きに従って、モノや技術が人によってある場所で使

用されるという地点に立ち戻り、現代中国の火葬場における仕事のありかたを事例に検討を進めてみることにしたい。

## 3 殯儀館火葬室で仕事をするということ
### ：情報の共有化と環境の改変

　本節では、中国の中規模殯儀館で実際におこなわれている火葬の様子を考察の対象とする。事例に入る前に、簡単に調査地の背景を紹介しておきたい。

　ここで取り上げる殯儀館（以下、「A 殯儀館」と表記する）は、陝西省内の地域の人口が約 90 万人、そのうち火葬施設をしばしば利用することになる市域人口が 30 万人程度の、内陸部では一般的な地方都市に所在する。この地域では、1971 年に火葬化へ移行するための準備として殯葬管理所が設立され、1973 年より火葬場の建設が始められた。建材の調達などに困難をきたし、火葬場が完成するのは 1976 年秋を待つこととなり、創業当初は殯儀館全体で 11 人の職員からのスタートであった。この状況は、1970 年代に急増した中国各地の地方都市における火葬場建設状況と一致している。

　A 殯儀館を選択した理由は以下のとおりである[11]。第一に、この殯儀館が中規模殯儀館であり、各地の県レベルでの殯儀館を代表させることができる点にある。具体的には、館内の実務組織が 1990 年代まで業務班と火葬班の 2 種類のみの構成であり、多くの職員が仕事を融通しあいながら作業を進めていた。仕事の融通の例は「整容」（死化粧や簡単な遺体修繕、防腐処置を施す仕事）作業チームの不在に現れている。A 殯儀館では、大規模殯儀館で常駐することが必要とされる専門の「整容」班が設けられておらず、この作業は普段は火葬従業員や受付係が、交通事故など遺体の修復が必要な場合には追悼式司会や遺体輸送者運送係らが総出で協力することで処理している。こうした作業の未分化と融通のあり方はかつては多くの殯儀館でみられたが、省を代表するような「模範的」殯儀館では消滅しつつある。作業の細分化が進んでいない状況にあっては、職員同士で火葬に関する知識をある程度共有化し、作業が適度にオープンな状況にある点で本稿の目的にかなっている[12]。

　第二に、A 殯儀館では、調査期間中に火葬炉をめぐる大きな変化がみられたことがある。この殯儀館では、現在、火葬炉を 2 台所有しているが、これは 2004 年から 2005 年にかけて、旧来の「チェコ模倣式」から「半自動式」火葬炉へと、火葬設備の変更とともにもたらされたものである。この機器の変更は、

本来、火葬の手順や操作方法など多くの面で従来の技術の変更を強いるはずであった。A殯儀館を対象とすることで、設備と操作の変化に際して、火葬従業員がどのように対応したのかを示し、モノや技術が期待される当初の想定から移行するなかでみせる綻び（それはすなわちモノ自体が何らかの関係性を前提として含んでいたことを意味する）と、人とのかかわりのなかでその再定置が探られる様子に注目することができる利点がある。

　通常、殯儀館職員の仕事は、遺族やその代理人から連絡を受け、遺体を引き取ることから始まる。引き取られた遺体は、容姿を整える作業と、追悼式とを終えてから、火葬される。火葬の後に、遺骨が遺族に手渡され、そのあとの、殯儀館に遺骨を預ける、墓地を購入する、散骨するなどの選択が遺族の手にゆだねられる。いうまでもなく、火葬班の仕事は、この一連の作業のうち、直接的には火葬炉を操作し遺体を遺骨化することにあるので、勤務時間のほとんどは火葬炉操作室に待機しており、作業時間中は外に出ることはほとんどない。殯儀館全体からみれば、かれらの受け持つ仕事は、手順通り運ばれてきた遺体を受け取り、火葬し、遺骨を骨壺に収めて遺族の受け取り窓口へ届けることで終了する、葬儀を完成させるための部分に過ぎない。A殯儀館に勤務する火葬班の作業員は現在4人おり、2人ずつがチームを組んで、作業をしている。彼らは、「遍做遍学」と自称するように、1976年から火葬に従事してきた上司とともに作業を経験することで火葬技術を習得してきた[13]。遺体の火葬自体は、1体あたり45分から50分程度で終了し、火葬炉の操作を簡単にまとめれば、炉の温度上昇、遺体搬入、燃焼、温度調整、遺骨取り出し、冷却、収納、引き渡しという手順を踏むに過ぎない。この操作手順は2日程度でマスターすることができ、遺体の扱いにともなう手続きも1か月程度で覚えることができるといわれている。その意味では、ある種のルーティーンを予測することができるかもしれない。

　しかし、このような、火葬炉の操作を中心としたマニュアル的な知識だけでは殯儀館での火葬作業をおこなうことができないと、彼らに認識されている。実際の作業は、加熱と冷却を繰り返すという、機械には致命的であり、かつ火葬炉という性質上回避することのできない条件をふまえ、炉を少しでも傷めないよう効率よく運用し、レンガの蓄熱を読み、適切な間隔で二人目以降を受け入れることで燃料を節約し、遺体が施設内で滞らないよう追悼式の時間を予想するなど、日々おこなわれる手続きを状況から差配し（これを彼らは「見る」という）、調整を施すことがきわめて重要となる。

Ⅰ　歴史の視座からみる中国のグローカル化

写真2　A殯儀館で使用されている「殯葬サービスカード」（筆者撮影）

　一例を挙げよう。まず、遺体の燃焼時間を「見る」ためには、遺体についてある程度情報が必要とされる。死者についての公的な情報は、「殯葬工作サービスカード」とよばれるカードに記載され、このカードは遺体とともに各作業者に引き継がれてゆく（写真2）。
　この公的な情報は、氏名や性別、安置される場所や遺族連絡先などからなる。主に作業員が誤りなくすべての作業をおこなうため、また、遺族が作業状況を確認し事前の説明通りの料金に沿ったサービスを享受できるようにするための情報であり、火葬班の必要とする死者の個人情報は載せられていない。火葬班の職員からみれば、このカードが遺体と同時に伝達されるため、効率の良い火葬のための炉の保温と温加熱段階に間に合わないことになる。つまり、カードに代表される公的な作業手順では、前もって1日の作業を予測し、調整することができない、作業を「見る」ことができないといえる。そこで、火葬班は、職員食堂で朝食をとる際に、あるいは空き時間に事務室に出かけて煙草を吸うなどしながら、接待班から当日の遺体に関する情報を収集する。接待班には、遺体の受け入れに当たって遺族やその代理人からもっとも多くの情報が提供されていることから、この場では、遺体が病院の太平間（霊安室）から運ばれたか、

それ以外の場所からか、さらにおおよその死因や体型、年齢など必要と思われる情報を入手しておく。ここでの情報は、当日使用する火葬炉の知識と照らし合わせることで、実際の作業に反映されることができる有益な情報となる。よって、作業員としての練度が高まれば、これらの情報からその日の作業終了時間を予測することができるようになる、すなわち当日の作業を「見る」ことがうまくなる、と考えられている。それゆえ、このインフォーマルな情報から火葬終了時間を予測することはきわめて重要な要件である。なぜなら、A殯儀館が位置する地域では葬儀は正午までに終えねばならず、始業時間から毎日3体前後の遺体を火葬する必要があるからである[14]。もし火葬班の人物がこれらのおしゃべりの機会に、少し難しいという態度や言葉を表明すれば、接待班は追悼会の時間を厳守する、遅れそうな遺族、参列者に声掛けをするために走り回るなどの配慮を見せることもある。この臨機応変の即興性が確保されるためには、お互いの仕事についてある程度の知識を共有していることが必要となっている。

　このように、火葬班側からみれば、火葬従業員は独自の部屋を持ち、炉の操作に関する専門員として作業にあたるが、決して孤立しているわけではない。葬儀の流れのなかに自らの作業を位置づけるなかで、火葬作業そのものではない領域を取り込み、ほかの作業にあたる人々と協働して火葬を実現しているといえるのである。

## 4　炉の操作と「音を聞くこと」：身体化と環境を作り出すこと

　つぎに、火葬操作室での仕事を見てみよう。火葬炉の操作は、遺体搬入前の準備、遺体搬入、燃焼機関への点火作業、燃料調整操作、遺骨取り出し前操作に分類できる[15]。

　ひとたび、遺体を火葬炉に送り込むと、そこからの作業（これを「工況」という）は器具の操作を通じてのみ遺体と向き合うこととなる。遺骨化のための操作として、主要な可動装置のうち、間接的には噴射する燃料の量や燃料噴射の位置、送風、排気の調整があり、これらが遺骨化するために調整可能な範囲となる。直接的に燃焼に介入する手段としては、各種鉄鉤による遺体の位置調整があるが、炉の内部の温度は燃焼中800度以上あり、また、鉄鉤を操作する窓口を開放することで送風と排気、圧力調整に影響を及ぼす、燃焼時間帯によっては黒煙や有害物質があふれ出るため、この手段を実施できる機会は決して多

64　Ⅰ　歴史の視座からみる中国のグローカル化

くはない。燃焼中はある種のブラックボックスともとれる機械を操作して、さまざまな状態の遺体を燃焼し一様に遺骨化するためには、火葬炉の使用マニュアル以上の技術が必要となるのは前述したとおりである。

　では、Ａ殯儀館の火葬従業員はどのようにしてこの作業を成し遂げているのであろうか。

　先にあげた、燃焼時間を「見る」ことが、他班の仕事領域を取り込んで自らの仕事領域を作り直す協働的な営みであったのに対し、火葬炉の操作についてはむしろ自己の内部の再構築ともいえる面とみることができる。使用中は内部をほとんど目視することができないという機械に相対し（実際には作業小窓から一部を覗くことは可能だが）、かれらのとった手段は、作業の習慣化と工夫のなかで編み出した「音を聞く」という方法であった。実際の火葬の際には、燃焼時間や内部の燃焼具合、燃料の量や送風、排気の状況に応じて、それぞれの炉が特有の音を出す。その音を聞き分けることで、内部の様子を把握することができ、燃料の増加や送風の減少、消火など必要な操作をおこなっているのである。この、見えない内部を「可視化する」技術の体得は、火葬炉の操作マニュアルには記載されていないが、作業にあたる当事者には強く意識されている。調査開始以降、新たに火葬班に配属された作業員の作業練度が低い時期には、頻繁に作業窓を開けて内部を目視しながら次の作業への移行をおこなう様子が観察された。練度が高まるにつれて、作業窓を開けることは少なくなり、内部がイメージ通りであるかどうかを確認するためにのみ作業窓を開けるようになってゆく。この技術を体得すると、「見るより聞いた方がよくわかる」という[16]。実際に、作業小窓からは内部の全体の様子を一望することはできず、遺骨取り出し口と連動する作業窓を開けても、燃焼作業中は炎によって内部の様子を観察することは困難であるため、「音を聞く」ことが、火葬炉の操作のなかでも非常に重要な位置を占めている。

　加えて、目視の程度を減少させることは、危険回避にもつながる。かつては、副葬品のなかに、たとえば水分が多い果物などが紛れ込んで炉内部で破裂することがあった（現在はＡ殯儀館ではこうした副葬品は禁止され、遺体は棺には納められず直接火葬される）。現在でも、火葬炉において考えられる最悪の事態は爆発事故である。また、炉体から放射される熱の影響で、真夏の作業は身体的にも苛酷である。こうした理由もあって、火葬炉に張り付き、常時目視をしながら火葬をおこなうことからの解放は、作業員にとって重要な意味をもっていた。

　この、「音を聞く」ことで内部を把握するという身体知は、旧火葬炉（チェ

写真3　旧火葬炉を操作する火葬班従業員（筆者撮影）

コ模倣式炉、A 殯儀館では 1976 年から 2004 年まで使用）の時期に確立された技法であった（写真3）。

　このタイプの火葬炉がフルマニュアル方式であったことはすでに述べたが、燃料を供給するのにバルブのひねり具合いかんにかかっている、「加減」や「塩梅」といった身体依存度の高い機械を操作するなかで、機械との相互作用のなかで身体もまた多分に技術化されていった。A 殯儀館では、葬儀の現代化を目指して 2004 年から 2005 年にかけて火葬部屋の改築と半自動型火葬炉が導入されたが、旧炉で培われた身体は、興味深いことに、この自動化が進み快適となったはずの新型炉を飼いならし、自らに近づける方向へと作用した。

　そのもっとも端的な事例は、操作系統の移設である。新たに導入された半自動式火葬炉には、作業の過程と内部の様子をランプの点滅で表示するコントロールパネルが取り付けられている。このことによって、操作案内の手順に従ってボタンを押していくことで、遺体の遺骨化は熟練を要さずとも容易におこなえる仕事となった[17]。しかし、A 殯儀館の火葬班に属する人々は、このコントロールパネルを、内部の様子をわかりやすくする便利な仕組みとは考えなかったようである。むしろ、火葬炉に埋め込まれたパネルの操作は、あまりに炉に近すぎて、「音を聞く」ことが十分に使えなくなる、従来の身体知を妨げるものとみなされた。このパネル操作への不信感は、他の中小規模殯儀館でも聞かれた。その理由をまとめれば、設備設計で想定された操作のインターフェイスとして点滅式パネルは利便性が高いものであっても、作業員からみて、この仕組みが物理的な動作の様子をブラックボックス化してしまうことへの不安ということができる。内部の状況把握を最優先とし、炉の定期的なメンテナン

66　Ⅰ　歴史の視座からみる中国のグローカル化

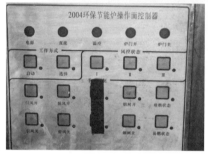

写真4　新たに導入された火葬炉の操作スイッチ(左上)。操作に必要な電気系は、建物壁面に移動されたため(右上)、もともと火葬炉に設置されていたコントロールパネルは無効化されている(左下)(筆者撮影)

スまで自ら請け負う火葬班の人々にとって、遺体を焼却することは作業の部分に過ぎない。つまり、新型炉の設計における利便性とは異なる側面から機械を捉えていることが考えられる。チェコ模倣式の操作感覚との付き合いのなかで火葬炉を運用してきた火葬従業員たちは、操作性以上に、炉の異常を感知することができ、常に炉の状態を把握管理することが可能な測定方法を求めている、といってもよい。そこで、A 殯儀館火葬班では、新型炉のこの「不具合」の解決策として、操作系統を改造し、コントロールパネルを無効化する一方で、負担を軽減し便利であると認められた操作系統の一部を音の聞きやすい、安全で放射熱を受けにくい場所へと移動させる方法を採択した(写真4)。こうして、新たな火葬炉は、作業員の働きかけを経ることで、A 殯儀館の火葬炉として位置づけられたのである。

　かつてハッチンスは、その示唆するところの多い論考のなかで、テクノロジーそのものが一般に考えられていたような認知能力の増幅器(amplifier)や代用物(surrogates)として作用するのではなく、人がテクノロジーの構造と相互作用をおこなうことで再構成されている点を強調した[Hutchins 1990]。A 殯儀館の新型火葬炉の場合であれば、点滅して内部状況を異なる次元で示すテクノロジー

中国における火葬装置、技術の普及と労働現場の人類学　67

写真5　火葬炉の作業に欠かせない自作鉄鉤数種（左）と人工関節から転用された遺骨粉砕器（右）

は一見すると認知能力の増幅器と考えられるが現場では否定され、慣れ親しんだ操作方法をより洗練させると思われた一部の操作系統のみが専門の人々の能力との関わりのなかで受容されたということができるだろう。

　このようなテクノロジーへの働きかけは、火葬炉のように複雑に組み合わされた機械でなくとも、道具や機器といったレベルでも観察することができる。たとえば、火葬炉の傍らには、炉内における遺体の位置修正など多目的に使われる重要な工具である鉄鉤がある。これは、専門の器具として販売されていた既製品を購入したわけではなく、従業員が鉄骨と鉄パイプを溶接し、個々の腕力や好みの長さによってつくりだした自作の道具である。また、骨灰を骨壺に収める際に用いられる粉砕器具は、火葬によって遺体から取り出された人工関節であり、これを再利用することで冷却した遺灰を骨壺に収めるという最後の工程を組み立てている（写真5）。

　遺族からみれば人工関節は、故人の一部であったモノであり、一般的な作業では廃棄すべき燃焼不可の鉄の塊に過ぎないだろう。事実、調査時に使用されていた2つの人工関節以外の、新たに獲得された人工関節はそのつど処分されている。けれども、火葬班の作業員は、自らの目的に従ってこのモノに意味を見出し、火葬作業に有用な道具として活用していた点が重要である。

　数種類の鉄鉤は可能な限り単純な形態をとることで用途を多角化している道具の例であり、後者の人工関節はすでに異なる環境で機能していたモノに新たな用途を与えた例だが、共通しているのは火葬というより大きな仕事のための「間に合わせ仕事」という点にある。人類学が扱うべき技術について早い段階

で重要な指摘を残したモースは、フランツ・ルーローの定義に基づいてこうした道具の定義をおこなっている［Mauss 1947〈2006〉］。これに従えば、A 殯儀館の火葬室という空間では、すでに使用目的を終えた人工関節という鉄の塊に過ぎない道具である「ツール」も、鉄の鉤と柄を溶接した工具である「インスツルメント」も、火葬炉という工業製品の一部として、知識に基づいて組織的に組み上げられた操作系統のスイッチも、人との関係のなかで意味を与えられ、それぞれが連動して火葬という一連の作業を行っているということができる。このように、作業の現場でみられる、実際の火葬を可能としている技術や道具、環境への働きかけは、廃物の利用や道具化といった次元から、機械の性質に合わせた身体能力の拡張、機械の操作系統の改造といった次元までさまざまなレベルでみられる。それらを組み合わせることで、A 殯儀館での火葬という遺体処理は成立していた。

　もちろん、A 殯儀館の職員が示す状況への身体的傾向とそれに基づく環境への作用が、中国における火葬技術として常に最良のものであるとは限らないことも指摘せねばなるまい。もし 2004 年に導入された新型火葬炉が半自動式ではなく、カラータッチパネルによる操作を前提とする全自動式であったならば、従来の社会環境構造との隔たりが大きいため、上述のような簡単な改造で環境を既存の身体知に引き寄せることは困難であったと思われる。ただし、その場合には、おそらくは新たな火葬炉との向き合い方を、現在とは違った形で作り上げていったことであろう。そして、その適応のあり方もまた、過去の身体の運用法や知識に基づくそれである以上、異なる知的背景をもつ者、たとえば火葬炉の設計者や監督部門の役人からは最適な営為とは映らない可能性を秘めている。しかし、順調に火葬がおこなわれ、問題が起こらないかぎりは、当事者からその運用方法が不都合とみなされることはない。火葬班の人々にとって重要なことは、繰り返し述べてきたように、炉の状態を維持し、燃料使用量などに目配りしながら効率性を保持しつつ、個々に条件の異なる遺体を適切に遺骨化することなのである。


　おわりに


　本稿は、グローカリゼーションという問題の設定に対して、技術という側面から考察を進めてきた。前半部では、現代中国における火葬という技術が、土着の技術体系からの内発的発展としてではなく、近代化の過程で他社会から取

り込んだ観念や装置との関係のなかで捉えることが適切であることを示した。そこでは、公共衛生という、ヨーロッパ近代医学のなかで生まれた概念が遠く海を隔てた中国にもたらされ、実際の人の移動にともなう現象を媒介としながら受容されていった様子を概観した。この新たな火葬という技術は、その後も国外からの技術提供や国内での刷新を経て、今日の中国に広く普及することとなった。火葬を語るうえでしばしば用いられる科学的あるいは普遍的といった形容を裏づけるような、あたかも新たな技術が地域や人々の属性を超えて浸透していく状況を見ることができた。異なる表現でいえば、技術は翻訳可能なものとして扱われるような側面を跡づけてきたことになる。

　その一方で、実際の火葬がおこなわれている現場へ目を転じると、火葬技術の普及が、ある技術がその属性を元のままに位置のみを置き換えられるといった単純な現象ではないことに気づかされる。ある種の要素が全体になんら影響を与えることなく置換されるという技術についての発想は、総体的な思考を求めてきた文化人類学においてはなじまない。モノと相対する方法としての技術は、作業の現場でさまざまな反応を引き起こしながら形成されていた。ここでの技術は「作業を見る」「音を聞く」など翻訳困難な側面として立ち現われてくる。ただし、この技術をめぐる両側面は、双方がそれぞれに独立しすれ違うような関係ではなく、常に人による関係性の創造のなかで成立していることが重要である。最後に、この視角を踏まえて、火葬に関する技術を、火葬炉という機械やその操作技術にのみ限定せず、人とのかかわりのなかで改めて捉えなおしてみると、次のようにまとめることができるであろう。

　少なくとも火葬という一連の作業は、19世紀の欧州に起源をもち、現代中国の国策として上級機関からもたらされたものであり、必要な設備もまた外部から調達することで実施の可能性が保証されていた。その一方で、日々の火葬は、情報の共有を下敷きとした毎回の作業の微細なチューニングや作業環境、身体の改変と適切化、モノに意味を見出す、見立てるといった、作業員の積極的な働きかけによって構築されていた。火葬班の人々によって運用される技術は、新型火葬炉の改造に見られるように、モノが内包しているある種の前提を否定し、自らの獲得した身体の傾向性に寄り添わせてしまうことを引き起こすこともある。また、人工関節の再利用のように、本来の用途とは異なる次元からモノを位置づけることで新たな意味を付与することも確認された。仮にこうした現象を新たな標準の普及と土着化、グローカリゼーションと呼ぶことができるのであれば、それは新しい現象ではないかもしれない。けれども、人間の

70 I 歴史の視座からみる中国のグローカル化

日常生活を組み立てている状況を考えるうえで、きわめて重要な視点であろう。

注

1) もっとも、よく知られるように、清王朝の主体である満州族は、遺体処理については火葬を採用していた。しかし、歴史的には、入関後、『明律』の継承や、とりわけ乾隆帝の時期から積極的な火葬の禁止へと移行する。このように、葬法の変化は、この後も感情や合理性、経済性で装飾された理由から繰り返し改革が提唱されるが、基本的にはその時期のより規範的であると考えられたところのモデルの受容であると考えられる。それが、当時の満州族からみた儒教思想の受容であり、のちの中華民国における西洋を経由した「科学的葬法」の提唱開始であり、中華人民共和国期に強力に推し進められる無神論と結合した、「科学、経済、衛生」をスローガンとする火葬運動であったと考えられる。このような、いわば「文明化の過程」ともいうべき葬法の変化については、稿を改めて論じることとするが、この視野に立つことで、火葬技術の導入をある種のグローバリゼーションと並行して論じることが可能となる点について確認しておく。

2) 石井によれば、ここでおこなわれた宣言は以下のような文面であった。

ここに署名せる我らは、現在の死者埋葬慣習を非とし、これに代え、過程において生者の感情を損なうことなく、遺体を速やかに本来の構成元素に戻し、全く無害なる遺灰を呈すべき一方式を要求するものである。将来、よりよき方式が見出される日まで、我らは通称火葬で知られたる方式の採択を要求するものである［石井 2005: 47］。

3) 1950 年代以前の正規の火葬場としては、前述の静安寺公墓付設火葬場（のちに万国殯儀館に編入、1966 年使用停止）のほか、法蔵寺化身窯（仏教徒を対象とした炉で、1956年使用停止）、海会寺火葬場（1950 年正規開業、仏教徒用から一般利用に転じたのち1970 年使用停止）、大同火葬場（1951 年開業、1956 年使用停止）がある［上海民政志編纂委員会 2000］。静安寺公墓付設火葬場を除いていずれも仏教徒専門施設であり、短命で終わることも、火葬場としての西宝興路殯儀館の位置づけを高めることとなった。この位置づけを踏まえ、1951 年には、市民への通知として、西宝興路火葬場のみで火葬が可能であると告知されている。

この宝興殯儀館の火葬炉は、修繕を繰り返し、上海の火葬率向上に貢献してきたが、1999 年に操業を停止し、現在では追悼会専用の施設になっている。

4) もっとも、上海の葬儀事業を先導してきた人物の一人、朱金龍によれば、当時の火葬は行き倒れの人物の遺体を処理する「集体火葬」（集団火葬）と、華僑や仏教徒、開明的な人物の火葬に用いられた「個別火葬」（個人火葬）に分類できるという［朱 2001］。西宝興路殯儀館に持ち込まれた大量の浮厝の火葬が、陳のいうように過酷な重労働を休みなく続けた従業員の努力によって成し遂げられたと思われると同時に、市内で処理された浮厝の数量からは、当時は「集体火葬」による遺体処理が広くおこなわれた可能性も否定できない。

中国における火葬装置、技術の普及と労働現場の人類学　71

5) こうした 20 世紀前半の葬儀改革、とくに「科学」性をめぐる議論には、今日の葬儀改革の地平からは、「革命」と「近代化」に由来する、一定の困難を含みこんでしまうことになる。すなわち、葬儀改革をめぐる枠組みが外来的な要素に彩られているという問題である。追悼式の会場である殯葬館やそこで用いられる線香に代わる花輪、伝統的な喪服である孝服にかわる腕章などがそれであり、この問題は、現代の葬儀改革関係者には熟知されている［陸 2003］。ただし、外来的要素を緩和し、中国独自の方法を創造するという近年の議論においても、火葬の技術、設備の外来性に関する問題はほとんど意識されていない。

6) ただし、西郊火葬場の採用した輸入火葬炉初号機は、当時の最新式である電気火葬炉であり、故障しやすく、消耗部品の生産や輸入が困難であることから、すぐに使用停止となり、1961 年には再び一般的な炉へと変更されている［周 2002］。現政権の推進する火葬運動について、その設備面の起源が日本に関係するという居心地の悪さもあって、今日では、中国を代表する火葬施設として、北京の八宝山殯儀館、上海の龍華殯儀館を取り上げることが一般的となっている［左 2004 など］。
　　なお、1980 年代には、各地の火葬場は従来告別式を行う会場であった「殯儀館」へと名称を改めている。

7) 政策上は、1965 年の葬儀改革の基本枠組みが提示された段階から各地で火葬炉を設置する必要性は説かれていた。具体的には「内務部関於殯葬改革工作的意見（摘要）」（1965 年 7 月 22 日）にて、火葬の大々的推進と、人口規模に応じた火葬炉の建設を指示し、翌年には「関於火葬場建築及設備問題的座談紀要」（1966 年 4 月 1 日）、「内務部印発民政司関於火葬場建築及設備問題的座談紀要」（1966 年 4 月 14 日）にて、具体的な火葬場の位置や火葬炉の構造、配置などを指示している（民政部 101 研究所 :2001）。これらの文字記録は各地の担当部署に配布され、葬儀改革および火葬場建設のガイドラインとなった。しかし、当時の混乱状況のなかで作業は十分に進められず、陝西省各県を例にとれば 1970 年代初頭に着工されるケースが多い。これが全国的傾向であるとすれば、1970 年代に大量の「チェコ模倣式」火葬炉が製作されたということができる。
　　文化大革命時期にもっとも強力に推し進められた火葬政策は、1978 年に火葬場数のピークを記録したが、文革終了が宣言されて以降 10 年間にわたって 78 年の数を上回ることはなかった［中国国家統計局社会統計司 1994］。これは、一般に運動形式による火葬への狂乱が文革終了とともに退潮したと考えられ、各地の簡素な火葬場が閉鎖されたためと思われるが、民政部門はこれを思想の緩みと位置付け、この間に火葬施設の現代化を図っていった。この動向と新型火葬炉の開発と普及は軌を一にしている。

8) 火葬炉研究の第一人者の一人である八木澤壮一によれば、戦後の火葬炉をめぐる日本との関係は、1980 年の八宝山殯儀館による中国側からの技術交流の企画から始まり、1 年に及ぶ八木澤本人の視察や日本葬送文化研究会の訪中、国務院の要請による 1991 年の日本火葬技術移転交渉などの過程を経ているという［八木澤 2010］。

9) 殯葬改革を主導する民政部によれば、火葬政策の立て直しを図った 1985 年時点で、殯

72　Ⅰ　歴史の視座からみる中国のグローカル化

儀義改革の発祥地であり人口密度の高い沿岸部では、山東省 132 か所、江蘇省 96 か所
の火葬場が設置されていたが、内陸部の、本稿がとりあげる陝西省では、19 か所の火
葬場しか普及していなかった［民政部 1985］。

10）しかし、火葬炉の専門家であり、中国の火葬炉の操作法に関するテキストを分析した
武田、八木澤によれば、この最新式火葬炉は集塵装置がないなど、公害防止対策が十分
でないとみなされている［武田・八木澤 2008］。

11）現地での調査期間は、2001 年から 2010 年まで毎年夏季に 1 週間程度であり、初期に
はインタビューと観察、2007 年からは作業の補助に参加する形で参与観察をおこなった。

12）たとえば先に紹介した上海西宝興路殯儀館では、日本時代の火葬場では 1 ～ 2 人が常
時火葬に携わる程度だったが［陳 2007］、筆者が調査を開始した段階では（2000 年）、
館全体で 184 人の従業員を抱え、火葬や「整容」ら技術職員だけでも 53 人が在籍して
いる［上海 2001］。一方で、ここで取り上げる A 殯儀館ではこれら技術職員をすべてあ
わせても 13 人程度しかいない。

13）学習の機会として、定期的におこなわれる先進的殯儀館での実習と理論学習の機会、
および業界雑誌や教本による学習も可能である。しかし、前者は火葬炉という設備に大
きな差異があり、学習内容を現場に反映させることが難しい。雑誌や教本はほとんど読
まれず、現場の作業員の関心が薄いといえる。そのため、全国の火葬班の専門職員の経
験を蓄積し、ネットワーク化するような契機はみられない。

　また、ここでいう火葬の学習は、かならずしも熟練者から未熟者への技術や知識の移
行や、未熟者が作業を身体に刻んでいくという過程にかぎらない。調査期間のなかでも、
未熟者の発案で従来にはない道具や方法を採択することがみられ、また、後述するよう
に新たな炉の設置時期には、ともに新型炉の操作を試行錯誤の上で学ぶなど相互行為が
観察された。作業当番の日にどの作業をおこなうことになるかは、当日の作業相手によっ
て調整されている。

14）この地域では、死亡から埋葬までを「3 日」でおこなうことになっており、かつての
土葬では、最終日の正午までに埋葬を終えるという慣行があった。火葬もこの慣行の影
響を受け、特別な事情のない限り、正午までに遺骨を受け取ることが遺族により求めら
れている。現在の殯儀館では火葬班も含めてサービス業としての側面を強めており、こ
うした要求に応えるためには、燃焼時間を短縮することが考えられるが、一方で炉の保
護や燃料の効率使用、排気での有毒物質の削減を考えると、遺体搬入の時間を読み、適
度に保温された炉の状態で使用することがもっとも有効であると考えられている。

15）上述のように、現在 A 殯儀館で使用されている炉はディーゼル軽油燃料による火葬
炉である。ディーゼル軽油式は中国の火葬炉の 90％以上を占めるといわれており、そ
の点でもごくありふれた火葬炉であるということができる。

　これら燃焼機能、炉体構造は、後述するオートメーション状態（全自動コントロール、
半自動コントロール、手動式）や、火葬目安時間、燃料消費量、汚染物質廃棄基準と合
わせて記号化され、火葬炉の性能を示す表示に用いられる。

中国における火葬装置、技術の普及と労働現場の人類学　73

16) 筆者への説明のため言語化された表現では「ゴーゴーという音にチンチンという音が混じれば燃料バルブをやや閉める」、「ゴーゴーではなくボウボウだと、送風を絞って様子を見る」、「澄んだ音が出ないときに作業窓を開けると黒煙がこちらに吹き出す」、「重い音が長いと噴射口を調整する」などである。

17) 火葬作業が容易になったという表現は誤解を招くかもしれないので補足したい。火葬自体の過程は自動化がすすめられており、それに付随する作業のいくつか、たとえば専用フォークリフトや有害物質排出の少ない軽い素材の棺桶の開発により遺体を火葬炉に送るという重労働は、大規模殯儀館を中心に軽減されつつある。しかし、殯儀館全体のなかでも整容、火葬は重労働に属し、なおかつ火葬に従事するという精神的な負担は、現在の中国において非常に大きいと言わざるをえない。


**参考文献**

英語

Davies, Douglas J. & Mates, Lewis H.

2005　*Encyclopedia of Cremation.* Ashgate Pub Co.

Grainger, Hilary J.

2005　*Death Redesigned-British Crematoria History, Architecture and Landscape.* Spire Books Ltd.

Hutchins, Edwin

1990　The Technology of Team Navigation. In Jolene Galegher, Robert E. Kraut (ed), *Intellectual Teamwork : Social and Technological Foundations of Cooperative Work*, pp.191-220.　L. Erlbaum Associates.

Mauss, Marcel（Schlanger, Nathan ed.), Lusseir, Dominique（訳）

2006 (1935/1947)　Technology Manual of Ethnography. *Techniques, Technology and Civilisation*, pp.97-140. Durkheim Press（初出 M. Mauss, *Technology Manuel d'Ethnographie*, Payot, second edition, 29-83）

Thompson, Henry

1899　*Modern Cremation: Its History and Practice to the Present Date with Information Relating to All Recentry Improved Arrangement Made by the Cremation Society of England.* Smith Elder and Co.


中国語・日本語

石井良次

2005　「イギリス火葬協会の誕生と年次大会（2005 年）について」『火葬研究』9：47-48、火葬研究協会。

石井良次、八木澤壮一

74　Ⅰ　歴史の視座からみる中国のグローカル化

2007　「イギリスにおける火葬場および火葬炉などの変容について」『火葬研究』11：
　　　　36-39、火葬研究協会。

王綏鑫、陳岳良、張祖高、関維常、陳婷婷／方虹（整理）

2006　「那時、我們如此推行火化」朱金龍主編『殯葬文化研究』39 期：30-34、殯葬文
　　　　化研究編集部。

川勝　守

1990　「東アジア世界における火葬法の文化史—三～十四世紀について」『九州大学東
　　　　洋史論集』18 号、九州大学文学部東洋史研究会編。

1999　「明清以来、江南市鎮の共同墓地・義理塚の社会文化史—蘇州・嘉興・湖州・
　　　　杭州四府を中心として」『大正大学研究紀要』（人間学部・文学部）84：12-
　　　　23、大正大学出版部。

左永仁

2004　『殯葬系統論』北京：中国社会出版社。

上海殯葬文化研究所編

2001　『2000 年上海市殯葬服務中心殯葬文化年鑑』上海殯葬文化研究所。

上海殯葬文化研究所／朱金龍主編

不明　「為了涅槃中的緑色—小記上海宝龍火化機械研究所創業過程」『飛思風采：上海
　　　　市殯葬服務中心創建文明行業新風録』上海殯葬文化研究所。

上海民政志編纂委員会編

2000　『上海民政志』上海社会科学院出版社。

邵先崇

2006　『近代中国的新式婚喪』北京：人民文学出版社。

朱金龍

2001　「上海殯葬業的沿革」朱金龍主編『2001 年上海市殯葬服務中心殯葬年鑑』、
　　　　pp.353-367、上海殯葬文化研究所。

周吉平

2002　『北京殯葬史話』北京燕山出版社。

薛理勇

2000　「上海喪儀的変遷」施福康主編『上海社会大観』、pp.159-164 上海書店出版社。

武田至、八木澤壮一

2008　「中国に於ける火葬炉の理論と操作マニュアルについて」『火葬研究』12：20-
　　　　23、火葬研究協会。

中国国家統計局社会統計司編

1994　『中国社会統計資料（1993 年版）』北京：中国統計出版社。

陳岳良

2003　「撫今追昔話宝興」朱金龍主編『殯葬文化研究』23 期：32-33、殯葬文化研究
　　　　編集部。

陳祖恩

2007 『尋訪東洋人―近代上海的日本居留民（1868-1945）』上海社会科学院出版社。

床呂郁哉

2006 「変容する〈空間〉、再浮上する〈場所〉―モダニティの空間と人類学」西井涼子、田辺繁治編『社会空間の人類学―マテリアリティ・主体・モダニティ』、pp.65-90、京都：世界思想社。

聶嬊媛（整理）

2006 「50 年風雨歴程、鋳就輝煌今朝―全国推進火化情況概述」朱金龍主編『殯葬文化研究』39 期：15-19、殯葬文化研究編集部。

白国琴編

2003 『従旧婚喪嫁娶到新礼儀風俗』成都：四川人民出版社。

北京市人民委員会

1964 「北京市民政局関於停用火葬場另建新火葬場請示」（一九六四民辦、李字第八〇号文書）。

包全大（口述）／陳婷婷（整理）

2005 「上海殯葬単位的変遷」朱金龍主編『殯葬文化研究』32 期：86-87、殯葬文化研究編集部。

北平市人民政府

1947 「制定北平市殯儀館設置暫行規則暨北平市公墓及火葬場設置暫行規則」（府秘二字第三十三号文書）。

ミシェル・ヴォヴェル／富樫瓔子訳

1996 「死の歴史―死はどのように受けいれられてきたか」東京：創元社（1993, *L'heure du grand passage chronique de la mort.* Paris: Gallimard）。

宮崎市定

1995 「中国火葬考」礪波護編『中国文明論集』、pp.221-254 東京：岩波書店（初出は1961 『仏教史学論集：塚本博士頌寿記念』塚本博士頌寿記念会編）。

民政部

1985 「民政部関於貫徹執行『国務院関於殯葬管理暫行規定』的通知」、民（八五）13 号、2 月 26 日。

民政部 101 研究所編

2001 『中華人民共和国殯葬工作文献匯編』北京：民政部 101 研究所。

民政部職業技能鑑定指導中心編

2006 『遺体火化師（基礎知識五、四、三級技能）』北京：中国社会出版社。

八木澤壮一

2010 「中華人民共和国における殯葬事業の経過と現象について―中国殯葬事業発展報告の発刊と中国との交流を契機に」『火葬研究』14: 34-37、火葬研究協会。

陸章灝

76  I　歴史の視座からみる中国のグローカル化

2003　「関於『簡辦喪事』到『文明喪事』的思考」『上海国際殯葬服務学術研討論文集』、
　　　pp.43-46、上海殯葬文化研究所。

　このほか、上海市檔案館、北京市檔案館、陝西省檔案館所蔵の資料を閲覧させていた
だいた。記してお礼申し上げる次第です。

附記
　本稿は、2011年に提出したものであり、その後の有用な議論（『文化人類学』77巻1
号など）を反映させることができなかった。この点については、いずれ稿を改めて検討
したい。

# 銅像のジェンダー
### 社会主義的身体表象に関する考察

高山陽子

## はじめに

世界中に存在する銅像の多くは男性像である [1]。女性像はニンフや女神という形で建てられていたが、フンラス革命後、自由や平等を表す新しい象徴となっていった。その代表は、パリのエトワール凱旋門のマリアンヌである（写真1）。凱旋門のレリーフ「義勇兵の出発」におけるマリアンヌは、翼を広げ、大きく口を開けて叫びながら剣を掲げている。このレリーフは後に「ラ・マルセイエーズ」と見なされるようになった［アギュロン 1989: 57］。

一方、男性の銅像は、より大きく、より力強くあることが求められ、戦死者を英雄として顕彰する役割を担っていた。全体主義下においては、人間の身体は国家のメタファーであると解釈され、頭が手足を支配するように、政府は人々を支配すると考えられた［Clark 1997：71］。さらに、身体は人種イデオロギーを示すものとみなされ、多くの裸体が作られた［ゴロムシトク 2007: 480-481］。こうした裸体像のモデルになったのは労働者や兵士であった。ドイツのブレーカー（Arno Breker、1900〜1991年）による「覚悟」(1939年) は、広い肩と細い尻、厚い胸板を持つ男性の裸体であり、官能性を払拭するために硬質の素材が用いられた。ヨーゼフ・トーラク（Josef Thorak）の「戦友」は、二人の裸の男が足を肩幅に開いて立つ像であり、1937年のパリ万博のドイツ・パビリオンの正面に置かれた。アウトバーン建設記念として模型が作られたトーラクの「労働記念碑」は、5人の裸の男が大きな石塊を動かそうとしている。こうした労働者の肉体は、ナチズムの生産力信仰および業績主義を表していた［田野 2007: 197］。

1937年のパリ万博にはもう一つ、時代を象徴するモニュメントが設置された。それは、ムーヒナ（Vera Mukhina、1889〜1953年）とイオファン（Boris Iofan、1891〜1976年）が製作した「労働者と女性コルホーズ員」であった。ソ連パビリオンに出展された高さ24mのこのモニュメントは、エッフェル塔をはさんで、ドイツ・パビリオンの「戦友」と対面していた。ソ連の労働者は上半身裸で槌を掲げ、女性コルホーズ員はスカートをなびかせ、鎌を掲げている。

78　I　歴史の視座からみる中国のグローカル化

写真1　パリ　凱旋門（2010年9月撮影）　　　写真2　瀋陽　毛沢東像台座（2011年8月撮影）

ともに槌と鎌を掲げた方の足を大きく前に踏み出し、反対の腕を後に大きく反り返らせるポーズは、労働者の肉体を躍動的に描く上で最適であり、1941年の最初のスターリン賞に選ばれた［ゴロムシトク 2007: 442-443］。

　スターリンによって1934年に公式に始まった社会主義リアリズムは、1940年代、中国に導入され、1950年代に造形芸術の分野において広まった。そして、それまで中国にほとんど存在しなかったパブリック・アートとしての銅像が作られるようになった。「労働者と女性コルホーズ員」と同じポーズを取る労働者の銅像が1970年、瀋陽に登場した［写真2］。

　毛沢東像を囲む56人の兵士と労働者の中で、一組の男女が国章を高く掲げている。この群像では多くの女性が男性と同じように武器を持ち戦いに備えている姿が描かれている。セクシュアルな対象でもなく、また、神格を有する存在としてでもない形で、女性の像が公共の場に登場したのは画期的な出来事であった。本稿では、中国における公的な空間の登場および身体表象の変化が銅像にどのように影響を与えてきたかを踏まえ、銅像のジェンダーについて考察する[2]。

## 1　「巾幗英雄」

　19世紀末、康有為や梁啓超、譚嗣同らが男女平等を唱え、女性解放運動が始まった。彼らが行った戊戌の政変は失敗に終わり、譚嗣同は処刑されたが、女性解放の思想は社会に大きな影響を与え、本格的な女子教育へとつながった。20世紀に入り、陳独秀や李大釗、胡適らの知識人たちによって始められた五・四運動は、女性革命家の出現を促した。男装の麗人として知られる秋瑾（1875〜1907）や、井岡山でゲリラ活動に参加し、後に毛沢東と結婚した賀子珍（1909〜1984）、ハルビンで活動した趙一曼（1905〜1936年）などが登場した。彼女

たちが憧れたのは、ムーラン（花木蘭）のような「巾幗英雄」（頭巾をかぶった英雄）、すなわち、女傑であった。日中戦争が始まると、ムーランや李自成の軍隊に参加して戦った紅娘子、金軍と戦った将軍韓世忠の妻梁紅玉などの女傑は、人々の愛国心を掻き立てる上で効果的であると考えられ［Hung 1994: 77］、カレンダーやポスターの題材に選ばれた。「巾幗英雄」が寓話性を持っている点では、フランス革命後のマリアンヌの登場と類似していた。

　中でもムーランの影響力は非常に大きかった。ムーランは「木蘭詩」において国を救う親孝行の男装の麗人として歌われ、唐の白楽天は絶句「戯題木蘭花」（戯れに木蘭の花に題す）において、木蘭の花を見ると男装の麗人を想い出すと歌っている。明代になると、ムーランを主人公にした雑劇「雌木蘭替父従軍」が作られ、清代初期の歴史小説『隋唐演義』にはムーランと妹の又蘭が登場した。20世紀に入ると、『花木蘭』や『木蘭従軍』などの題目で何度も映画化されてきた[3]［張 2011: 88］。これらの作品では、年老いた父親の代わりに戦場へ赴いたムーランが多くの功績を上げ、皇帝からの褒美を断り、家族の待つ故郷へ帰る姿が描かれている。故郷に帰り女性の服装をしたムーランを見て、12年間ともに戦った戦友たちは、大いに驚くというシーンで物語は終わる。ムーランは、中国版ジャンヌ・ダルクであるといわれるものの、ジャンヌ・ダルクのように異端として処刑されることはなく、「木蘭詩」においても現在の映画においても、親孝行で愛国心にあふれる女性として描かれている。

　アモイに生まれた秋瑾は、浙江省紹興で幼少時代を過ごしたあと留学生として1904年7月、来日した。日本語講習所で勉強する一方、浙江同郷会と湖南同郷会に出席し、革命活動に勤しんだ。1905年9月、孫文率いる中国同盟会に入会し、浙江分会の会長となった。秋瑾は、実践女学校の校長の下田歌子（1854～1936年）と面識を持つと、実践女学校に入学したものの、まもなく退学し、文部省が1905年11月に公布した「清国人ヲ入学セシムル公私立学校ニ関スル規程」（清国留学生取締規則）に反発し帰国した。帰国後、蔡元培と叔父の単以南の紹介で、紹興の南潯鎮渓女学堂に就職したが、モーゼル銃を携えて馬で通勤したことで、紹興の保守的な人々の非難を受け、まもなく女学堂を退職した。女学堂も閉鎖し、校長を務めていた徐自華（1873～1935年）は、妹の徐蘊華とともに秋瑾の女性解放運動を支援するようになった。1907年に上海で『中国女報』を創刊し、女性の自立を訴えた。再び、紹興へ戻った秋瑾は、徐錫麟（1873～1907年）らの創立した大通師範学堂で教鞭をとりながら、武装蜂起の準備を始めた。1907年7月6日、徐錫麟は武装蜂起に失敗し、処刑された。

80　Ⅰ　歴史の視座からみる中国のグローカル化

同年 7 月 13 日、秋瑾も大通師範学堂で捕らえられ、7 月 15 日未明、軒亭口（現在の解放路）で処刑された。同日、徐自華と許嘯天によって秋瑾の遺体は西門外に埋葬されたが、死んだら岳飛の近くに葬ってほしいという生前の秋瑾の願いに従って、1908 年、西湖の西泠橋に葬られ、風雨亭が建てられた。しかし、1981 年に現在の西湖の西泠橋東に定着するまで、西湖湖畔や紹興、長沙など 5 度にわたって秋瑾の墓は移動し、1959 年には風雨亭が破壊された［永田 2004］。

　軒亭口の処刑場には 1933 年、コンクリート製の秋瑾烈士記念碑が建てられた。蔡元培は、徐錫麟は西郭に、陶成章は東湖に祀られているにもかかわらず、秋瑾が祀られていないのはきわめて礼を欠くことであるとして、記念碑を作るべきであると碑文に記している。多くの人の希望に従って処刑された軒亭口に記念碑が、拘留された場所に風雨亭（現在の府山公園内）が建てられた [4]。

　秋瑾の活動は 20 世紀の女性たちに大きな影響を与えた。後にハルビンで処刑される趙一曼は、幼少期に「鑑湖女俠」（秋瑾の号）の話を好んだ［王 2 路（編著）2006：18］。四川省宜賓出身の趙一曼は、1929 年、共産党に入党し、宜昌や南昌、上海などで工作員として働いた。東北抗日戦線に赴き、師団の指揮官となったが、1935 年、関東軍に捕まりハルビン特別警察庁で拷問を受けた。趙一曼は、脱走したものの、再び捕えられ、1936 年 8 月 2 日、珠河県（現在の尚志市）で処刑された。死後、趙一曼の生涯は「巾幗英雄」の一人としてしばしば映画化された。

## 2　近代都市と銅像の誕生

　19 世紀後半、上海の租界に英雄および偉人を顕彰する銅像が建てられた。『上海軼事大観』の「銅像小志」には、パークス（Harry Parkes、巴夏礼）、プロテ（Auguste Léopold Protet、卜華徳）、李鴻章、ハート（Robert Hart、赫徳）の 4 体があったと記されている。この 4 体のうち最も古いのは、1870 年、フランス租界の警察署中庭に建てられたフランス海軍提督のプロテ像である。1890 年にイギリス外交官のパークス像が、1913 年に税務官のハート像がそれぞれバンドに建てられた。北洋大臣などを務めた李鴻章の像は、1906 年、徐家匯の李公祠に建立された［陳 2000: 121］。プロテとパークスの像は偉人顕彰像としてそれぞれ本国によって建立されたが、李鴻章の像はドイツのクルップ社が贈ったものであり、ハートの像は 40 年余り税関で働いた功績を称えるために作られた［遊 2011: 33-40］。

銅像のジェンダー　81

　20世紀になると、中国人自身によって銅像が建立された。1924年2月16日、上海の延安東路に高さ6.6mの欧戦記念碑（通称、平和の女神）が落成し、1935年11月3日、老西門近くに陳英士記念塔が建てられた[5]。杭州では、1929年の西湖博覧会の際に、陳英士記念碑と北伐陣亡将士記念塔が建てられた。陳英士の騎馬像は1929年6月6日の西湖博覧会開幕と同時に落成した。湖浜公園の第3埠頭に設置された像の除幕式には、朱家驊（国立中央大学校長、1893～1963年）が献花し、中央委員の褚民誼（1884～1946年）、工商部長の孔祥熙（1880～1967年）らが参列した[6]。

　1920年代から30年代にかけて、上海や杭州、蘇州、南京など江南の都市では都市開発が進んだ。道路が整備され、病院や学校、劇場、西洋式の公園、百貨店が立つ商業地区が設置された。西湖を擁する杭州はとりわけ上海からの観光客で賑わった。城壁が撤去されるとそこに第1から第5までの近代的な公園が建設された。さらに、図書館や運動場、東西と南北に延びる道路が建設され、1918年には現在の杭州解100の前身となる国貨陳列館が開館した。1930年代になると、狭い通りはビルの立ち並ぶ西洋風の街区へと変貌した［Wang 1999: 112-119］。

　このように多くの西洋文化が流入した杭州で、1929年、西湖博覧会が開催された。この博覧会開催の目的は、「振興国貨、挽回利権」（国産品の振興、利権の回復）であり、生糸商人たちが博覧会開催を牽引した。それは、1851年、ロンドンで開催された国際博覧会に彼らが中国から最初に参加したためであった。上海の生糸商人、徐德瓊（徐栄村、1822～1873年）がロンドン国際博覧会に「栄記湖絲」を出展した。他方、清政府は、1867年のパリ万博に招待されたが、正式に出展することはなく、1904年、セントルイス万博でようやく中国博覧館を開設した。中国国内では、1910年、南京で3ヶ月におよぶ南洋勧業会が開催され、200人の観客を集めた。南洋勧業会の反響は大きく、1928年、浙江省政府は「西湖博覧会準備に関する提案」を出し、準備委員会が設置された[7]。1928年10月27日から1929年5月13日まで、準備委員会は14回開催され、1929年6月6日の開幕式に漕ぎ着けた。137日の博覧会開催期間にのべ2100万人が来場した。西湖湖畔の会場には、革命記念館、博物館、芸術館、農業館、教育館、衛生館、絲綢館、工業館、特種陳列所、参考陳列所、瀘杭甬路局陳列処、交通部電信所陳列処、航空陳列処の全13施設が建てられた［馮 2004: 21-56］。

　林風眠（1900～1991年）は、芸術館の主任に任命された。林風眠は、劉海粟（1896～1994年）や劉開渠（1904～1993年）らと同様に海外留学を経験してい

た。彼らの留学を支援したのは蔡元培であった。蔡元培は、中国に西洋美術および美術教育を本格的に導入するため、多くの若い芸術家を留学させた。劉海粟は、1911 年に中国初の美術専門学校である上海図画美術院を創設し、蔡元培が設けた特約著作員としてフランスに留学した。林風眠は帰国後、国立北京芸術専門学校の校長兼教授を経て、1928 年に設立された杭州国立芸術院の初代院長兼教授となった [呂 2007: 186-191]。国立芸術院に就任した林風眠を待っていたのは、西湖博覧会の芸術館の主任の任務であった。彼は、留学中、1925年のパリ国際装飾芸術・現代産業博の審査員を務めた経験があったため、出展作品の選別から作品の配置や建物の外観にいたるまで指示を出した [馮 2004: 112]。芸術館には、孫文の立像や古代から現代までの書や青銅、油絵など数1000 点の作品が展示された [8]。

　また、劉開渠はフランス留学中、常書鴻（1904 ～ 1999 年）、呂斯 100（1905 ～ 1973 年）、曽竹韶（1908 ～）らとともに、「中国留仏学生パリ芸術学会」を組織した。彼らは、西洋彫刻に関する論文を執筆しながら、多くの作品を中国に紹介した。劉開渠は 1933 年に帰国し、杭州芸術専科学校彫塑系主任に就任した。彼は、美術教育に専念するとともに、1934 年、淞滬戦役陣亡将士記念塔の建設に携わった。この塔は、1932 年 1 月 28 日の上海事変で犠牲者となった国民革命軍陸軍第 88 師の 1421 名を追悼するためのものであった。記念塔には、台座に「抵抗」「冲鋒」「継続殺敵」「紀念」の 4 つのレリーフと、碑身に「陸軍第 88 師淞滬抗日陣亡将士記念塔」の題字が刻まれた [9]。

　西洋美術を学んだ芸術家たちにとって、伝統的な国画は極端に平面的・線的であるゆえに、形状を描写する技に欠けているものであった。彼らは、精確な造形性を持つ建築や彫刻を通して、ものを立体的に描写すべきであると考えた [劉 2008: 131]。次々と銅像が建立されていった上海では、パブリック・アートとしての銅像を通して、身体を立体的に捉える人々のまなざしが形成されていくのと同時に、死後、銅像を建ててもらって人々から仰瞻されたいという欲求が生まれていったのである [遊佐 2011: 125]。

## 3　社会主義的身体表象

　1950 年代、中国に招かれたソ連の芸術家たちによって社会主義リアリズムが伝えられると、各地に「革命烈士」を英雄として顕彰するための銅像が建てられた。造像のモデルとして選ばれたのは、偶像化された歴史上の女傑から、

同時代の模範的な革命烈士や労働者へと移行した。そして、陳英士像のような
ブルジョワ趣味を匂わせる騎馬像は姿を消し、仁王立ちで腕を高く掲げる労
働者や兵士の像や、斜め半身に構えた筋骨隆々の烈士像が現れた。同時に、19
世紀末から20世紀初頭にかけてロシアや日本などが建立した銅像が撤去され
た。撤去された像としては、大連の大島義昌像や後藤新平像、長春の西公園（現、
勝利公園）の児玉源太郎像などが挙げられる。

　1954年、「ソ連経済および文化建設成就展覧会」が北京で開催された。この
博覧会では、1万1300点以上のソ連の品々が、重工業館や農業館、出版物・
職業教育館など16の建物で展示された［陳林1954］。南文化館に展示された美
術品は、油絵102点、彫刻28点、版画150点、計280点に及んだ。ムーヒナ
とイオファンの「労働者と女性コルホーズ員」は、ホール中央に展示され、ソ
連美術の社会主義リアリズムの創作様式と民族特色を具えた「不朽の傑作」で
あると賞賛された［柏生1954］。そして、ソ連の彫刻は、「高度な思想と生き生
きとした感動を与える力を持つ」［劉開渠1954］ため、中国の芸術家たちはこ
れを学ぶべきであるとさまざまなメディアで伝えられた。

　特に注目されたのは、公的な空間における英雄顕彰モニュメントであった。
20世紀初頭から彫刻や油絵などの西洋芸術が導入されてきたが、伝統中国に
おいては、西洋でアポロやビーナスなどの彫像が置かれた場所には、もっぱら
太湖石が占めていたため［Hay 1994: 68］、公園や広場、駅などの公的な空間を
飾る彫像などのモニュメントは不足していた［江豊1954］。そのため、天安門
広場のような巨大な広場の設置を計画するときに、広場を彩る革命英雄の銅像
が必要とされた。誰をどのように英雄として表現するかが模索された。1959
年に竣工した北京の天安門広場の人民英雄記念碑と全国農業展覧館の「慶豊収」
は、その1つの形を示した。

　人民英雄記念碑の美術工作組の主任となったのはフランス留学経験のある劉
開渠であった。人民英雄記念碑は、パリの凱旋門の「ラ・マルセイエーズ」や
ソ連の社会主義リアリズムの影響を受けながらも、毛沢東の「人民英雄永垂不
朽」という題字を中心に据えるという伝統的な中国の記念碑の様式を保ったモ
ニュメントとなった。劉開渠は、モニュメント北面の「勝利渡長江、解放全中
国」「支持前線」「歓迎人民解放軍」のレリーフを作成した。ともにフランスに
留学していた王臨乙（1927～1997年）は「五卅運動」を制作し、滑田友（1901
～1986年）は「五四運動」、曽竹韶は「虎門銷烟」を担当した。

　「慶豊収」は、魯迅美術学院彫塑系の教員および学生らが制作した18人の農

84　I　歴史の視座からみる中国のグローカル化

民と4頭の馬を刻んだ一対の彫像である。この像に描かれた人物は皆、6頭身ほどで腕や脚、首がきわめて太い。馬上の男性は上半身裸で太鼓のばちを持ち、もう一方の馬上の女性は鐃鉢（中国式のシンバル）を高く掲げている。公共の彫像という新しい形式において農民の姿を描いたこの時代特有の作品であるといわれている［鄒 2002: 114］。

　1970年、瀋陽の紅旗広場（現、中山広場）に建設された毛沢東像は、「毛沢東思想勝利万歳」と呼ばれている[10]。全体の高さは19m、毛沢東像の高さは10・5m であり、56人の兵士と農民に囲まれている。正面から向かって左側は、「井崗山的星火」（1927 ～ 1936年）、「抗日烽火」（1937 ～ 1945年）、「埋葬蔣家王朝」（1946 ～ 1949年）、右側は「社会主義好」（1949 ～ 1957年）、「3面紅旗0歳」（1958 ～ 1965年）、「無産階級文化大革命勝利0歳」（1966 ～ 1969年）の計6つの彫像群が台座を飾っている。1976年、毛主席記念堂の広場に建設された兵士と農民の像は、この像をモデルにしている。

　重心を前に置くポーズは、1960年代から70年代の社会主義モニュメントにしばしば用いられた。これには、社会主義思想を身体で表すという意味が込められていた。両腕を高く前へ伸ばすポーズは毛沢東への忠誠心を表し、片足を半歩前に出し、膝を曲げ体重をかけ、肘を水平に前方へ突き出すポーズは毛沢東の指導下で前進するという意味を表した。さらに、片手を斜め上に伸ばし、その先を見る目線は、共産主義社会の明るい未来像を見ていることを示していた。このような社会主義的な身体技法は、革命模範劇の形式が定まるとともに固定化され、社会主義思想を身体で表現する重要な方法と考えられた［劉 2004: 144-145］。

　劉胡蘭（1932 ～ 1947年）は、雷鋒と並ぶ文革期のアイドル的な烈士であった。山西省分水県雲周西村に生まれた劉胡蘭は、1947年1月12日、国民党軍に逮捕され、村の廟で殺害された。このとき殺害されたのは、劉胡蘭のほか6人がいたが、彼女のみが英雄として新聞に取り上げられ、全国にその名を轟かせた。劉胡蘭は死後すぐに歌劇化されたが、1954年に北京の天橋劇場で演じられた際には、生前は共産党員候補で村婦女秘書だった身分が、女共産党員となり、国民党に内通する農婦や祖母、裏切り者の女同志が登場するなど、いくつかの変更が加えられた。それらの変更によって、劉胡蘭の共産党に対する忠誠心や勇敢さが際立ち、女英雄としての存在感が増加し、新中国の象徴となった［関 2005: 258-265］。

　劉胡蘭は、歌劇化されただけではなく、油絵や彫像、プロパガンダ・ポスター

写真 3　西湖　秋瑾像（2011 年 11 月撮影）

にも描かれた。馮法祀は 1957 年、『劉胡蘭』という油絵で廟の前で殺害される前の劉胡蘭を描き、王朝聞は 1955 年、劉胡蘭の立像を制作した。1960 年代から 70 年代、劉胡蘭は、ポスターなどの媒体を通して広く知れ渡る過程で、着用していた服の色が濃紺から赤へと変わり、立ち姿は半身で足を肩幅に広げ、斜め上をきつく睨むようになり、おかっぱの髪の毛を風にたなびかせるようになった。このポーズは、見る者に仰瞻することを強いるような構図である。

　劉開渠が「主要な彫刻の創作は英雄の典型的な姿を創造することである」と述べたように［鄒 2002: 116-117］、英雄を仰瞻する方法として、広場や公園などの銅像は最適であった。社会主義リアリズムは、宗教画などの伝統的なモチーフを使いつつ、英雄崇拝を刷りこむための芸術様式であった。ムーヒナとイオファンの「労働者と女性コルホーズ員」や、巨大なレーニン像、スターリン像などの銅像は社会主義リアリズムの典型的な作品であるが、その特徴の 1 つは、巨大な台座であり、全体を仰ぎ見るための広い空間を必要としたことであった。大きな広場は大規模な式典を行う舞台でもあった。広場を通って英雄の銅像にたどり着くまでにかかる長い時間は、銅像にカリスマ性を与えた。これは、社会主義国において、巨大なモニュメントが立つ広場が革命聖地のような空間になっていく過程と重なっていった。こうして、銅像やプロパガンダ・ポスターを通して、英雄を「仰ぎ見る」という眼差しが定着していったのである。

写真4　紹興　秋瑾旧居（2011年11月撮影）

写真5　上海　孫文像（2009年3月撮影）

## 4　身体表象の現代化

　1980年代、各地で革命記念館や革命烈士像が修復される中で、秋瑾や趙一曼、賀子珍、宋慶齢などの女性像が作られた。

　辛亥革命70周年を記念して、1981年8月27日、浙江省政府によって西湖の西泠橋に秋瑾の墓が再建された。台座に孫文による「巾幗英雄」の題字を持つ高さ2・5mの大理石の秋瑾像が作られた［写真3］。その際、各種の記念行事が行われ、秋瑾が革命のシンボルであることが公的に認められた。秋瑾の墓とともに、徐錫麟や章炳麟、陶成章らの墓も再建された。像の周辺は当初、コンクリートで覆われていなかったため、雨が降ると泥だらけになった。

　『浙江日報』のある読者が、観光客の中には、像の周辺が汚いのでそのまま通り過ぎてしまったり、写真を撮るために像の上にまで登ったりする人がいることを指摘し、芝生を植えることを提案した。これを受けて、杭州市園林管理局は、像周辺の鉄柵を撤廃して、階段を設置し、ヒメツゲを植えた[11]。

　1987年、全国政治協商会議主席の鄧穎超（1904～1992年）は、「秋瑾女烈、堅強不屈、英勇就義、永垂不朽」（女傑秋瑾は、堅強かつ不屈で、勇敢に死に、永遠に不滅である）と詠んだ。そして、1997年7月、紹興の秋瑾記念碑の東側に秋瑾記念広場が作られ、高さ2.3m、台座1.2mの大理石の秋瑾像が建てられた。

　秋瑾の旧居は、1957年に一般公開され、1980年代には秋瑾記念館となった。秋瑾旧居の入り口には「全国重点文物保護単位　秋瑾故居　中華人民共和国国

務院　1988 年 1 月 13 日公布　浙江省人民政府　立」のプレートが埋め込まれている。中に入ると、秋瑾の白い胸像とその後ろに「巾幗英雄」の文字が掲げられている。その隣には「秋瑾故居概況」として秋瑾の簡単な生い立ちと建物の説明が書かれている。入り口の建物を過ぎると、第 2 の建物には会議室、和暢堂、食堂、寝室兼書斎がある。寝室兼書斎には秋瑾のマネキンが座っている［写真 4］。

　第 3 の建物は秋瑾の兄夫婦の寝室、第 4 の建物は両親の寝室、第 5 の建物は台所となっている。台所を過ぎると、裏庭が広がっている。その先には 2 つの陳列館があり、写真や文書が展示されている。こうした人物記念館の構造は、小松和彦が指摘するように日本の人物記念館とよく似ている。小松によると、人物記念館の中には人物の顕彰碑や記念碑、肖像画、写真、彫像があり、その人物の「偉業」を記したパネルやジオラマなどがあるという。この構造は墓と墓誌を巨大化・現代化したものである、と指摘する［小松 2002: 18］。

　旧居が人物記念館としてリニューアルオープンしたのは 1980 年代以降である。その際、入り口あるいは入り口前の広場にしばしば銅像が建てられた。上海の孫中山記念館は 2006 年にリニューアルされ、入り口前に銅像が置かれた［写真 5］。

　孫文の銅像は、北京の中山公園の立像をはじめとして近年各地に立てられているが、これらの銅像と 1929 年の西湖博覧会において展示された銅像を比べると、近年のものは格段に頭部が小さく、手足が長くなっていることがわかる。西湖博覧会の孫文像は 6 頭身ほどであったが、近年の像は 8 頭身になっている。孫文と同じく、各地で目にすることができる魯迅の像も同様に 8 頭身で優雅に座っているものが多い［写真 6］。

　ハルビンの趙一曼像も手足が長く頭部が小さい銅像である［写真 7］。この像は、1986 年、ハルビンの一曼街の一曼公園に建立された[12]。この公園は、かつて趙一曼が監禁されたハルビン特別警察庁の建物の近くに作られた。この建物は、1928 年、図書館として建設されたが、1933 年、日本軍によってハルビン特別警察庁として占有された。1947 年、趙一曼や李兆麟（1910 ～ 1946 年）、楊靖宇（1905 ～ 1940 年）、朱瑞（1904 ～ 1948 年）などの烈士を追悼するため東北烈士記念館として一般公開された。また、井崗山革命烈士陵園の賀子珍像も華奢な身体を示している。井崗山革命烈士陵園は、1987 年、井崗山革命根拠地設立 60 年を記念して開園し、烈士記念堂および烈士記念碑、彫塑園、碑林が含まれる。彫塑園には毛沢東や朱徳、陳毅、賀子珍など 19 人の像が設置された［写真 8］。

88　Ⅰ　歴史の視座からみる中国のグローカル化

写真6　西湖　魯迅像（2009年3月撮影）

写真7　ハルビン　趙一曼像（2006年8月撮影）

写真8　井岡山　賀子珍像（2007年8月撮影）

写真9　上海　宋慶齢像（2009年3月撮影）

　他方で、伝統的な技法も見直されている。宋慶齢の像は、上海の宋慶齢陵園に1984年1月27日、落成した［写真9］。この陵園はもともと万国墓地で、内山書店を開いた内山完造夫婦もここに埋葬されている。宋慶齢陵園の入口正面には、鄧小平による「愛国主義、民主主義、国際主義、共産主義的偉大戦士宋慶齢同志永垂不朽」の題字が刻まれている。ここから北へ進むと、宋慶齢の大理石の坐像がある。この大理石像の建立計画は、1982年5月から始まり、32件の応募があった。劉開渠や沈柔堅らが審査にあたった結果、5人の彫刻家

（張得蒂・郭其祥・孫家彬・張潤塏・曽路夫）に制作を担当させた。制作にあたっては、中国の伝統美術と西洋美術を織り交ぜた手法が用いられ、劉開渠はしばしば製作現場を訪問したという。

　1990年代に入ると、公園や広場の整備が進み、「雨後の筍」のようにモニュメントが建設された。これらは都市彫刻あるいはパブリック・アートと呼ばれ、環境との親和性が重視されている［馬 2007: 2］。それまでの革命記念碑と部分的に重なるものと異なるものが存在する。1996年には、全国重点文物保護単位の「革命遺跡及革命記念建築」が「近現代重要史跡及代表性建築」となり、革命という言葉が近現代史という言葉に置き換えられた。パブリック・アートの設置には、空間が先に存在する場合と、埋立てなどで空間そのものを新たに作り出す場合がある。作品や作家を選ぶのは、主に地方政府の担当者である。政府主導でパブリック・アートが設置される際には、従来の英雄顕彰碑の様式が見られるが、他方で、地域の伝統や人々の日常を描いた像が多く設置された。近年の若い世代の製作者らは、時代の特徴あるいは精神を表すようなものを作ろうとしている［Young 1999: 38-39］。

　パブリック・アートという概念は、1983年、中国美術家協会が「全国重点都市における彫塑建設の進行に関する建議」を提出したことを契機に、全国城市彫塑規画組彫塑芸術委員会が都市彫刻計画を推進する過程で広まっていった［鄧楽 2000］。文革期の芸術が中国の現代芸術に与えた影響は非常に大きい［Jiang 2007: 7］と指摘されるように、1980年代および90年代の中国では、公的な空間に人物像や巨大なモニュメントを設置することは自明のこととなっていた。

　公的な空間にモニュメントが登場したのは、19世紀後半であった。上海の租界に建設されたモニュメントは各地に広がり、やがて1929年の西湖博覧会に際して陳英士記念碑が登場した。これは、博覧会開催や都市計画の中で誕生した公園という近代的な空間に存在する銅像という点で、当時の人々にとってはきわめて新鮮なものであったと想像される。この時期に作られたモニュメントの多くは戦争や文革の際に破壊され、この数年の間に修復されている。ただし、多くのモニュメントはかつてと同じ大きさではなく、西湖の北伐将士陣亡将士記念塔や淞滬戦役陣亡将士記念塔のように縮小されて再建される傾向がある。その背景には、道路の拡張や区画整理によって銅像を設置する公的な空間そのものが縮小したという物理的な理由と、巨大な銅像は時代に合致しないという社会的な理由があると考えられる。台座の大きさは顕彰する人物の威信に比例することが多く、巨大な台座に立つ人物はそれだけ仰ぎ敬うことが無意識

写真10　西湖　白居易像（2011年11月撮影）

に要求される。同じ空間に同じモニュメントが建っていても、台座を含めたその大きさによって空間が持つ政治的なメッセージは変ってくる。グローバル化が進む現在では、1950年代から70年代における英雄顕彰の空間および社会主義モニュメントではなく、ローカリティを示す銅像が好まれるのである。それらの銅像には盛大な式典を行う広い空間は存在しないが、写真撮影できるくらいの空間は設けられている［写真10］。人々の目線よりやや高い銅像には台座がなく、それが銅像に親しみやすさを与えているのである。

## おわりに

1989年5月30日、天安門広場に自由の女神像を模した民主の女神像が建てられた。よく知られているように、アメリカ独立100周年を記念してフランスから贈られたニューヨークの自由の女神像はマリアンヌをモデルとしている。マリアンヌが自由や平等を象徴する寓話的な像としてフランス各地に建立されたように、白亜の女性の像は抽象的で、非攻撃的あるいは平和的な存在と見なされた。こうした白亜の像＝女性の像というイメージは至るところで確認できる。井崗山革命烈士陵園に建つ19の像のうちほとんどの男性像は黒に近い素材が用いられている中で白亜の賀子珍はひときわ目を引く像である。西安の楊貴妃像の白さは、楊貴妃の艶かしさを醸し出す効果を持つ［写真11］。

中国から長崎平和公園に寄贈された乙女の像も白く、表情は乏しいが、体の線はきわめて女性的である[13]［写真12］。長崎平和公園には各国から寄贈された像があるが、その多くは白い母子像である。

1980年代以降登場した女性の銅像には、かつてのような社会主義的身体技法は用いられていない。1960年代、ポスターや絵葉書に描かれた趙一曼は、

写真12 長崎 乙女の像（2009年3月撮影）

写真11 西安 楊貴妃像
（2008年8月撮影）

　銃を持った腕を水平まで上げ、眉間に皺を寄せ、髪を風になびかせ、荒野で戦う一匹狼のような表情をしている。ところが、1986年の銅像にその険しさは見られない。東北烈士記念館において、趙一曼は、英雄として戦ったことだけではなく、母として最後まで子供のことを想っていたことが語られる。また、井崗山烈士陵園の賀子珍の像も穏やかな表情で、少女の面影も見られる。井崗山のガイドは、賀子珍が非常に美しかったために毛沢東に愛されたことをことさらに強調する。

　ただし、博物館や記念館において生前の母性や愛らしさが語られるからといって、銅像にそれが反映されているわけではない。秋瑾や趙一曼、賀子珍の像の表情は中性的で、ポーズにも特徴がなく、高い理想を秘めているようには見えない。その没個性や空虚さは、男性の像は個別的に描かれるが、女性の像は没個性的に描かれる［Warner 1985: 12］という指摘を思い起こさせる。

　付け加えるならば、女性烈士の没個性は近年に限った現象ではない。1960年代から70年代にかけて、プロパガンダ・ポスターに多くの女性労働者や女性紅衛兵が描かれたが、彼女たちは、社会的・経済的に自立した個々の女性としてではなく、社会主義建設という役目を担うステロタイプ化されたものとして描かれた。毛沢東に対して献身的に尽くす若く健康的な女性たちは、毛沢東の存在に裏付けられた権威を誇示するように毛沢東語録を掲げている［Evans 1999：70］。自立ではなく、社会主義建設に協力することが求められていた女性たちの状況は、ソ連においても同様であった。第2次5ヵ年計画が進められて

92 Ⅰ 歴史の視座からみる中国のグローカル化

いたソ連において、地下鉄工事や鉄塔工事に従事する「女性ヘラクレス」のような女性労働者が描かれたが、実際に活動の中心だったのは男性であり、女性は「主婦活動」に専念することが求められた［Clark 1997: 89］。

　女性兵士は、戦闘力としては二流であり、その劣等性は過剰な自己犠牲によって挽回できると見なされた。女性たちの自己犠牲は、正規の戦闘力である男性たちに奉仕するためのものであった［上野 2004: 48-69］。秋瑾は、男性と同じように自ら先頭に立って蜂起軍を組織し、辛亥革命の先駆者として顕彰されても、女性としての自己犠牲から生まれるヒロイズムを十分に具現化することはなかったかもしれない。自己犠牲のヒロイズムを明確に示したのは、若くして処刑された劉胡蘭であった。また、父のために戦ったムーランや子供を思い続けた趙一曼のような女性英雄には、家父長制社会において家族に尽くす母や娘の伝統的な価値観が多かれ少なかれ投影されていた。勝利に向かって猛進する男性英雄と同じような女性英雄は存在しなかった。

　銅像は、死者を永続的に人々の記憶に残すことができる媒体である。男性の銅像の場合、死者の個別性を想起させるものが多いが、女性の銅像の場合、自由や平和などの抽象概念あるいは寓話性を想起させる。公的な空間が持つ政治的、社会的な意味は時代によって変化するが、銅像のジェンダーは長い時間をかけても劇的に変化することはない。

注
1) 本稿では、大理石やコンクリートなど銅を用いていない像でも、公共の場に置かれた人物像を銅像と呼ぶ。日本語の記念は中国語では「紀念」であるが、本稿では固有名詞を含めて「記念」と記す。
2) 若桑みどりは、東京の公共彫刻に女性の裸体像が多いことを指摘し、その理由を以下のように分析している。それは、戦後の貧困な文化行政がもたらす政治理念の欠如である。つまり、首都にどのような公共彫刻がふさわしいかという具体的な議論がないまま、作品のみが発注され、製作されてきた。その結果、市民的な共同体意識を喚起するような作品がないと指摘する。外的な空間を占めるのは、硬質素材で作られた男性像であり、内的な空間には軟質素材で作られた女性裸体像が多い［若桑 2012: 406-417］。こうした傾向が中国にも当てはまるか否かは今後の課題としたい。
3) 張小青は、戴錦華(2006)などのこれまでのムーラン研究を概観しながら、「木蘭詩」とディズニー映画『ムーラン』(1998 年)、中国映画『花木蘭』(2009 年)の違いを異性愛と愛国という側面から分析している。「木蘭詩」ではムーランの恋愛に関わる記述が存在しないにもかかわらず、『ムーラン』と『花木蘭』ではムーランの恋愛が中心的テーマになっ

ている。男装は、ムーランの女性性を逆説的に強調する役目を果たすと指摘する。

4) 碑文より。碑文は、民国19（1930）年に記された。

5)「戦勝記念碑開幕誌盛」『申報』（1924年2月17日）。陳英士（陳其美、1878 ～ 1916年）は浙江省呉興出身。1906年、中国同盟会に加入し、1911年、上海蜂起後、滬軍都督となった。中国革命党に加わり、袁世凱討伐にあたるが、1916年5月18日、袁世凱の刺客により暗殺された。欧戦記念碑は、ハート像やパークス像と同様に日本軍によって撤去され、また、陳英士記念塔は1950年代に取り壊された。パークス像の跡地には陳毅の銅像が建てられ、現在の陳毅広場となった

6)「陳英士先生銅像掲幕典礼―参預者五千余衆」『民国日報』1929年6月8日。

7) 1924年、最初に西湖博覧会の開催を提案したのは、浙江督弁の盧永祥および省長の張載陽であり、李思浩が主任に任命された。しかし、同年、盧永祥と江蘇督軍の斉燮元の間で戦争が起こり、そこへ福建督軍の孫伝芳が斉燮元を支持して参戦したため、盧永祥は敗北した。そのため、博覧会開催は暗礁に乗り上げた。

8) 孫文の像は、1929年に日本滞在中の孫文と交流のあった梅屋庄吉によって寄贈されていた。この像は、広州の中央陸軍軍官学校（黄埔軍校）の大礼堂前に設置され、1930年10月4日、除幕式が行われた。「総理銅像掲幕典礼」『民国日報』（1930年10月4日）。孫文の像は、この他に南京の孫文記念館、広州の中山大学、アモイの国父記念館に設置された。

9) この塔は1969年に破壊され、2003年、杭州市政府によって再建された。台座の装飾は簡素化され、全体的に縮小された。再建には、中央美術学院の沈文強教授が設計を担当した。

10) この広場はかつては奉天大広場と呼ばれ、日露戦争記念碑（明治三十七八年戦役記念碑）が置かれていた。広場は、東京駅を真似て作られた奉天駅（現、瀋陽駅）から北東に延びる道路と結ばれており、ヤマトホテル（現、遼寧賓館）が広場に面していた。

11)「秋瑾、徐錫麟等烈士陵墓重新修建」『浙江日報』（1981年8月31日）、「建議在秋瑾墓鋪上草皮」『浙江日報』（1982年4月1日）、「秋瑾墓区已換新貌」『浙江日報』（1982年5月29日）

12) 作者は、黒竜江省出身で、ハルビン芸術学院彫塑系で学び、現在はハルビン工業大学教授の楊世昌（1939～）である。「赫哲姑娘」「冬網」「紅羅女」などの作品がある。

13) この像は潘鶴、王克慶、郭其祥、程允賢によって製作された。江西省南昌出身で、中央美術学院彫塑系で学んだ程允賢（1928 ～ 2005年）は、井崗山革命烈士陵園の賀子珍の像の製作も担当している。


## 参考文献

英語

Clark, Toby

    1997   *Art and Propaganda in the Twentieth Century: the Political Image in the Age of Mass*

94　I　歴史の視座からみる中国のグローカル化

*Culture.* New York: Harry N. Abrams.

Evans, Harriet

　　1999　"Comrade Sisters": Gendered Bodies and Spaces. In Evans, Harriet and Donald, Stephanie (eds.), *Picturing Power in the People's Republic of China: Posters of the Cultural Revolution*. Lanham, Md.: Roman & Littlefield Publishers.

Hay, John

　　1994　"The Body Invisible in Chinese Art?" In Angela Zito and Tani E. Barlow (eds.), *Body, Subject and Power in China*. Chicago: The University of Chicago Press.

Hung, Chang-tai

　　1997　*War and Popular Culture: Resistance in Modern China, 1937-1945*. Berkeley: University of California Press.

Jiang, Jiehong

　　2007　Burden or Legacy: From the Chinese Cultural Revolution to Contemporary Art. In Jiang Jiehong (ed.), *Burden or Legacy: From the Chinese Cultural Revolution to Contemporary Art*, pp.1-32. Hong Kong: Hong Kong University Press.

Shi, Mingzheng

　　1998　From Imperial Gardens to Public Parks: the Transformation of Urban Space in Early Twentieth-Century Beijing. *Modern China* 24(3): 219-254.

Young, John T.

　　1999　*Contemporary Public Art in China: a Photographic Tour*. Hong Kong: University Washington Press.

Wang, Liping

　　1999　Tourism and Spatial Chang in Hangzhou, 1911-1929. In Joseph W. Esherick (ed.), *Remaking the Chinese City: Modernity and National Identity, 1900-1950*. Honolulu: University of Hawai'i Press.

Warner, Marina

　　2000（1985）*Monuments and Maidens: the Allegory of the Female Form*. Berkeley: University of California Press.


中国語・日本語

アギュロン、モーリス

　　1989　『フランス共和国の肖像―闘うマリアンヌ 1789―1880』京都：ミネルヴァ書房。

晏　妮

　　2005　「伝説のヒロインから国民の表象へ―『木蘭従軍』の受容の多義性をめぐって」『映像学』74：5-29。

上野千鶴子

　　2004　「女性革命兵士という問題系」『現代思想』32(7): 48-69。

江　豊

　　1954　「美術工作的重大発展」『人民日報』（1954 年 10 月 11 日）。

王賢明・厳善錞

　　2000　『新中国美術図史― 1966 ～ 1976』北京：中国青年出版社。

小松和彦

　　2002　「人物記念館―その起源・思想・構造を探る」『ＩＳ』（ポーラ研究所）87：17-
　　　　　20。

ゴロムシトク、イーゴリ

　　2007　『全体主義芸術』東京：水声社。

佐々木一惠

　　2008　「夢と憫察―中国革命の中の“新女性”」石塚道子・田沼幸子・冨山一郎（編）
　　　　　『ポストユートピアの人類学』、pp.215-239、京都：人文書院。

関　浩志

　　2005　「英雄の形象化とその変容―新中国成立前後の劉胡蘭像を中心に」『中国　社会
　　　　　と文化』20: 257-271。

柏　生

　　1954　「美術作品的宝庫―紹介蘇聯経済及文化建設成就展覧会中美術作品」『人民日報』
　　　　　（1954 年 9 月 30 日）。

孫元超編

　　1981　『辛亥革命四烈士年譜』北京図書館出版社。

鄒躍進

　　2002　『新中国美術史（1949—2000)』長沙：湖南美術出版社。

戴錦華

　　2006　『中国映画のジェンダー・ポリティクス―ポスト冷戦時代の文化政治』東京：
　　　　　御茶ノ水書房。

田野大輔

　　2007　『魅惑する帝国―政治の美学化とナチズム』名古屋大学出版会。

趙大川編著

　　2003　『図説首届西湖博覧会』杭州：西冷印社。

張小青

　　2011　「男装する愛国ヒロインの演出―『ムーラン』と『花木蘭』における男装の発
　　　　　覚シーンをめぐって」『論叢クィア』4: 87-108。

陳伯熙

　　2000（1924）　『上海軼事大観』上海書店出版社。

陳　林

　　1954　「蓬勃発展敵蘇聯文化教育事業―紹介蘇聯経済及文化建設成就展覧会中的文化
　　　　　館」『人民日報』（1954 年 9 月 30 日）。

96  Ⅰ  歴史の視座からみる中国のグローカル化

永田圭介
　　2004　『競雄女侠伝——中国女性革命詩人秋瑾の生涯』大阪：編集工房ノア。
馬時雍編
　　2008　『杭州的城市彫塑』杭州出版社。
遊佐　徹
　　2011　『蝋人形・銅像・肖像画——中国近代における身体と政治』東京：白帝社。
劉開渠
　　1954　「向蘇聯彫塑芸術学習」『人民日報』（1954 年 10 月 15 日）。
劉文兵
　　2004　『映画のなかの上海——表象としての都市・女性・プロパガンダ』東京：慶應義
　　　　　塾大学出版会。
劉瑞寛
　　2008　『中国美術的現代化——美術期刊與美展活動的分析（1911—1937）』北京：三聯書店。
呂　澎
　　2007　『20 世紀中国芸術史（上）』北京大学出版社。
若桑みどり
　　2012　『イメージの歴史』東京：ちくま学芸文庫。

新聞記事
　　「戦勝紀念碑開幕誌盛」『申報』（1924 年 2 月 17 日）
　　「陳英士先生銅像掲幕典礼－参預者 5000 余衆」『民國日報』（1929 年 6 月 8 日）
　　「総理銅像掲幕典礼」『民国日報』（1930 年 10 月 4 日）
　　「紀念劉胡蘭遇殉 10 周年」『人民日報』（1957 年 1 月 14 日）
　　「紀念秋瑾殉国 50 年」『人民日報』（1957 年 7 月 16 日）
　　「秋瑾、徐錫麟等烈士陵墓重新修建」『浙江日報』（1981 年 8 月 31 日）
　　「彩色寛銀幕影片《秋瑾》在杭開拍」『浙江日報』（1982 年 9 月 25 日）

ウェブサイト
　　鄧楽
　　「城市公共芸術規則」（2010 年 4 月 16 日）http://www.diaosu.com.cn/planing_info.
　　　　asp?NID=1544

# キャンベラの「中国城」を生きる孔子・チャイナフード
越境するグローカル化の中国表象への試み

## 高 明 潔

## はじめに

### 考察対象について

　本考察の対象である「中国城」とは、オーストラリアの首都特別区である
キャンベラ中心部にあるウーリー・ストリート（Woolley street）を言う[1]。キャ
ンベラはオーストラリアの6つの自治州とノーザンテリトリという自治地区を
統轄する首都特別区として、性質上、アメリカのワシントンと同じような独立
した行政区画になっている。現在、キャンベラ市区は7つの地区に分かれてい
る。7つの地区とは、北から南への順番で、ガンガーリン（Gungahlin）地区、
ベルコンネン（Belconnen）地区、北キャンベラ（NorthCanberra）と南キャンベラ
（SouthCanberra）を合わせたキャンベラ・セントラル（Canberra central）地区、ウェ
ストン・クリーク（Weston Creek）地区、ウォーデン・ヴァレー（Woden valley）地区、
タガーアノン（Tuggeranong）地区、それに図に示されていないが2010年に設置
したばかりのモロンゴ・ヴァレー（Morongo valley）地区のことである[2]（図1）。
　それぞれの地区には複数のサバーブが区画されている。サバーブは日本の都
市部の近隣住宅区に当たると考えられている［野邊 1996］。中国城＝ウーリー・
ストリートは、キャンベラ・セントラル地区の南キャンベラのディクソン
（Dickson）というサバーブにある（図2）。
　本稿では、一般的に、既存在来名称のウーリー・ストリートを使用し、中国
城という具体的な事象を議論する場合にのみ「中国城」という言葉を用いるこ
ととする。紙幅の制限で、以下では、上記のような一度示された地名の英字表
記は2度目以降は省略する。また、固有名詞や事態を示す以外では、オースト
ラリアというカタカナ表記ではなく豪州と表記する。
　これまでに筆者が把握している限りでは、キャンベラの市政においてウー
リー・ストリートを「中国城」として公の表記をすることはない。また地元の
非中国系の人々がこのストリートをチャイナタウン＝「中国城」と呼ぶことも
ない。一般的には、中国城のことを「ディクソンだろう」、また「ウーリー・

98　Ⅰ　歴史の視座からみる中国のグローカル化

図1　キャンベラ中心部

〔出典：The location of Canberra within the オーストラリア首都地域の地図。
白地の部分がキャンベラの市街地で、アミの部分がキャンベラ周辺の自然保護地域〕

図2　ディクソンdickson─ウーリー・ストリートの衛星平面図

ストリートはとくにアジア系のエスニック料理や食料品店が集中しているが、チャイナタウンではない」という反応である。それは、キャンベラにはチャイナタウンが存在しないという意図である。しかしながらその一方で、キャンベラの華人や華僑を初めとする中国系出身者や留学生は、英語ではウーリー・ストリートをチャイナタウンと呼び、中国語では「中国城」で表している。中国語系の新聞記事では「唐人街」と表す場合もあるが、「中国城」の方が一般的である。「中華街」や「華人街」と呼ぶことはない。筆者が初めて「中国城」という言葉を耳にしたのは、東南アジア出身の華人から教えられたものであった。

　このように、筆者は、ウーリー・ストリートをめぐる二元的な認識、つまり、実際にこのストリートを訪れた際、外なるキャンベラ、内なる中国という二元的な風景に出会い、関心を持つようになった。これが本稿をまとめた背景である[3]。

**本稿の視点として**

　筆者が理解している「グローカル化」(glocalization) とは、「グローバル化

（globalization）とローカル化（localization）が同時に、しかも相互に影響を及ぼしながら進行する過程ないし現象」をいう［上杉 2010: iv]。そして、本稿でいうグローカル化の視点とは、グローカル化の事態を考察するにあたり、グローバル化とローカル化を同時に視野に入れることをいう。本稿の議論はこのような視点のもとに、以下のような人類学分野の仮説と関連づけた上でなされたものである。

　「現在、グローバリゼーションについて、人類学独自の理論は見当たらないが、スウェーデンのハナーツ（U.Hannerz）による「global ecumene（地球大の居住世界または文化接触の場）やマクロ人類学の提唱は注目を集めている」［桑山 2002: 54-55]。「グローバリゼーションは——人、モノ、カネ、情報が世界をかけめぐり、新しい文化が生まれている」。「今日、モノ、カネ、情報の移動とともに、社会の境界は薄れ、文化は社会を超えて享受される。人々は生まれ故郷を離れ、都市へ向かい、そして国境を越える。その結果、ボーダーレス化や、グローバル化などといわれる事態が進行する。（中略）こうした状況においては、人類学者は従来のように文化を伝統的な生活の様式や閉じた意味を象徴の体系として研究することはできない。……つまり、地球規模の関連において文化を観察していく必要があるのだ」［山下 2008: 208-209]。

　これらの仮説とグローカル化の視点に基づいて、筆者は、グローカル化が移動により喚起される現象であるとすれば、グローバル化とローカル化が同時かつ相互に影響を及ぼしながら動態的に進行する様相を、国境を越えた文化接触の場において把握すれば、グローカル化という現象をリアルに理解することができ、またマクロ人類学の実践としても意義があろうと理解する。このような理解のもとに、本稿はキャンベラのウーリー・ストリートを「中国城」と呼ばれる事態を越境するグルーカル化の中国表象と関連づけ、その特徴を考察してみたい。それを踏まえてマクロ人類学の実践の必要性についても少し触れてみたい。

## 1　ウーリー・ストリートの構成と「中国城」との関連づけ

### キャンベラ中心部の構成とその特徴

　キャンベラ中心部は南キャンベラと北キャンベラに大きく2つに分けられている（図1）。境はその間にあるバーリーグリフィン湖（Lake Burley Griffin）である。この湖は川をせき止めて造った人造湖であり、キャンベラ全体の設計を担ったアメリカの建築家ウォルター・バーリーグリフィンの名前にちなんだもので

ある。ここでは、筆者自身の観察から見てとったキャンベラの構成とその特徴を下記のようにまとめてみたい。

　南キャンベラは、国会議事堂があるキャピタル・ヒル（Capital Hill）を中心に、その周辺にオーストラリア民主主義博物館（旧国会議事堂）、国立美術館、連邦高等裁判所、国立図書館、クエスタコン（国立科学技術センター）、キャンベラ唯一の５つ星ホテル、ハイアット（Hyatt Hotel Canberra）、異なる建築様式で建設された各国の大使館や英国風の家などが集中している。キャンベラ駅も南キャンベラにある。全体として、南キャンベラの７割以上の面積で広大な庭付きの平屋住宅が並んでいる。南キャンベラは豪州の政治や文化を代表する施設が集中していることから、政治的な空間であるように見てとれるが、７割以上は住宅地として利用されていることから、生活的な空間としても見てとれる。

　一方、北キャンベラは、ノースボーン・アベニューという大通りによって東側と西側に分かれている。西側には、文化的な空間として、国立博物館、国立映像・音響資料館、それに国立大学のキャンパスがある。国立大学からつづいでいるのはオーストラリアン・ナショナルボタニックガーデンという湿帯雨林やユーカリ林などが広がる自然保護区であり、それとをつなぐのはブラックマウンテンである。この地域は文化的な空間であるように見てとれるが、マンションなどの集合住宅がモザイク状に点在している風景も見てとれる。

　ノースボーン・アベニューの東では、シティセンターという大規模ショッピングモールをはじめとして、劇場や飲食店、住宅区やキャンベラで最大規模のカジノであるカジノキャンベラやオリンピックプール、キャンベラ最古で最大規模の教会セント・ジョン・ザ・バプティスト教会、その隣にはアンザック・パレード広場とそれとをつなぐ豪州戦争記念館などがある。それ以外の地域は、南キャンベラのように広い庭付きの平屋住宅やアパートが並ぶ、住宅地からなっている。ウーリー・ストリートは、この北東に位置しているディクソンというサバーブにある。筆者は、東側の地域を歴史的・消費的な空間と見ると同時に、その７割以上がそれぞれの住宅地からなるサバーブによって構成されている実態から、生活的な空間としても見てとれた。

　このような構成実態から、筆者は、産業がほとんど見られないキャンベラ中心部は、首都の機能を重視した上で建設されたと同時に、むしろその住民の生活を保障するための生活的機能・消費的機能を重んじる、という特徴を見てとった。キャンベラ中心部が「田園都市」と一般的に認識されているのは、その７割以上の面積に生活的な空間とする植林やガーデンを重視した庭付きの住

宅地が広がっているからであろうと思う。

　また、すべてのサバーブの住宅地には、学校や地域センターのほか、地域住民の日常生活を維持するため、それぞれのサバーブの名前を冠して呼ばれているショップという消費施設が整備され、それらのショップエリアには、コンビニエンス・ストアや飲食店、雑貨屋や八百屋、薬局や郵便局などが揃っている。そして、大規模か中規模のスーパーマーケットを中心にして売店や飲食店が集中する消費センターもサバーブの中に、またはその間に整備されている。スーパーマーケットが固有名称とサバーブの名前とを合わせた上で示されていることもある。例えば、ウーリー・ストリートの隣では、ウールワースディクソン・スーパーマーケットがあり、その名前はスーパーマーケットの固有名称とサバーブの名前とを合わせて示されたものである。さらに、一部の消費センターはサバーブの名前をつけてローカルセンターとして利用される場合もある。このように建設されているショップや消費センターは、それぞれの地区の住民の日常生活に欠かせない存在となっている。

　2006年に行われた国勢調査によれば、32万の人口を有するキャンベラで、海外系からの移民が22％を占めている。移民集団の中でもっとも多いのは中国、つづいてインド、ベトナム、マレーシア出身者であり、またマレーシア出身の移民のほとんどは中国系である。これら東アジア、東南アジア出身者が話す言葉は、イタリア語やギリシア語などとあわせると、市合計人口の5割近くを占める[4]。

　筆者は、キャンベラの人口の2割以上を占めている移民集団もキャンベラという生活的な空間において、出身国の文化を日常的生活範疇に根付かせた上で、キャンベラに多元文化的な風景、あるいはグローバル・エスノスケープ（Global ethnoscape）といわれる事態をもたらしたと考える。グローバル・エスノスケープとは「ボーダーレス化やグローバル化などといわれる事態が進行する中、この地球上を流動する人々（観光客、移民、亡命者、外国人労働者など）によって織りなされる風景」ということである［山下 2008: 208-209］。

　ウーリー・ストリートも、移民集団を含むキャンベラの人々の実生活に関係する生活的・消費的な要素によって織り成されたグローバル・エスノスケープであり、それは次のようなものである。

## ウーリー・ストリートの構成

　〔図3〕は、筆者が現地で手書きした図や撮影した写真および地図と衛星写

図3 Woolley Street/中国城の構成〔現場で手書きの図と衛星写真、マップにより筆者作成〕

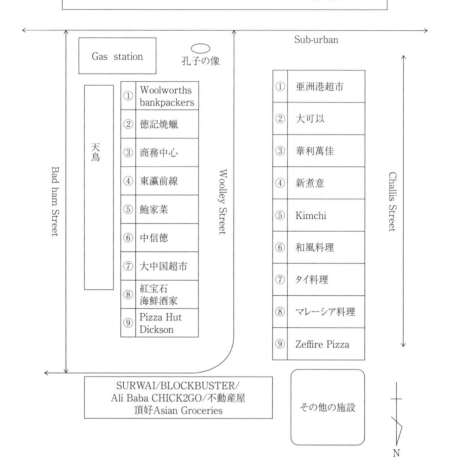

真を参考に作成したものである。

　ウーリー・ストリートは三つの中規模のストリートに囲まれている（図2）。はっきりとした入り口の標識はない。図2の下方にある、左右に通じる通りがケープ・ストリート（Cape street）であるが、その途中から上方向へ伸びる通り

写真1　ウーリー・ストリートの入り口の孔子の像

がウーリー・ストリートである。ウーリー・ストリートの入り口と一般化されたのは、この東側の道路脇に孔子の像が建てられており、これがランドマークとされているからである（写真1）。

　ウーリー・ストリートの形をみると、J文字を逆さにしたような形をしている。ウーリー・ストリートが突き当たるケープ・ストリートには、タイやベトナムやマレーシアなど東南アジアの人々が経営している食料品店が並ぶ1つの建物があり、その屋根に大文字で「CAPE STREET CENTRE」と書かれている。これらの店はアジア系の消費者によく利用され、この一帯のグローバル・エスノスケープを構成する一部となっている。

　ウーリー・ストリートの両側にはそろって2階建ての建物が建てられている。1階では食料品店と飲食店などが並んでおり、2階の大部分も1階と同様で店舗として利用されている。また、ウーリー・ストリート幅は20mほどであり、通りの両側は店を利用する人々の駐車スペースとして利用されている（写真2）。

　以下、ウーリー・ストリートの東西両側における店の構成を順番にみていこう（図3）。

I 歴史の視座からみる中国のグローカル化

写真2 ウーリー・ストリートの入り口から見た中国城

〔ウーリー・ストリートの西側〕

洋風料理店—Sub-urban。入り口はケープ・ストリートに向かい、店の建築の東側の壁や窓はウーリー・ストリートに面している。

「亞洲港超市」—中国人が経営するコンビニエンス・ストアで、中国大陸や台湾、香港、日本、韓国の食料品を扱っている。2010年に開業され、比較的に衛生状態のよい店と、買物客（非中国系やアジア系の客を含む）に評価されている。日本食品とされているは台湾・香港製のものばかりである。

中華料理店—「大可以」。中国人が経営し、シドニーの中華街にある「大可以」の系列店である。

食料品店—「華利萬佳」は中国人が経営するコンビニエンス・ストアで、中国系の食料品やアジア系の人々向けの野菜を販売している。

中華料理店—「新煮意」。中国人が経営している南方系の中華料理店である。

韓国料理店—「Kimuchi」。韓国人が経営している。

日本料理店—「kagawa Japanese- 香川和風料理」。日本人と中国人が共同で経営している。

インド料理店—「Taj Agta」、インド人が経営している。

マレーシア料理—「Rasa saying」、マレーシア出身の華人が経営している。

イタリア料理—「Zefflre Pizza」。

〔ウーリー・ストリートの東側〕

Woolworths bankpackers

写真3 東瀛前線の内部

中華料理店—「德記燒蠟」は広東人が経営し、スモークダックを販売している。
「首都商務中心」は中国人向けの旅行専門店。首都はキャンベラのことをいう。
「東瀛前線」は雑貨店である。商品には日本の化粧品や記念品をはじめ、韓国の化粧品やDVDやCDなどが販売されている。中国語では「東瀛」は日本をさす言葉であるが、ここでは東アジアの代名詞として使っているという（写真3）。
「鮑家菜」は中国人が経営している中華風の海鮮料理店である。
「中信徳」は中国人が経営している散髪屋である。
「大中国超市」は中国人が経営している食料品や生活用品を販売する雑貨店。食料品には日本産のもの、例えば梅酒や清酒も販売されている。生活用品は中国産の中国風のものばかりである。
「紅宝石海鮮酒家」は成竜（映画俳優ジャッキー・チェン）の投資により建てられ、香港人が経営するバイキング海鮮料理店。外観的な雰囲気としては他の店よりやや高級感が溢れている。
「Pizza Hut Dickson」はイタリア風ピザ店である。
「天鳥」は東側の裏側、即ちバダム・ストリートに面している。中国人が経営する中国食料品店である。

〔ウーリー・ストリートの北側〕
ウーリー・ストリートがバダム・ストリート（Badham street）とカーブしていく場所に立つ建物には、不動産屋、ムスリム料理店 Ali Baba CHICK2GO、

BLOCKBUSTER、欧州の生活用品店 SURWAI といった店が入っている。そして、同じ建物であるが、入り口がウーリー・ストリートではなく、東のバダム・ストリートに向いた「頂好 top goods Asian groceries」という中国人が経営している食料品店があり、中国の食品を中心に韓国や日本の食品やアジア系の人々向けの野菜などを販売している。この店は固定客が多く、ほかの店と比べて白人系の客も比較的に多く、人気がある店と評判である。

ウーリー・ストリートの東側にあるバダム・ストリートを渡ると、ウールワースディクソン・スーパーマーケットを中心に銀行や生活用品店や雑貨屋などの施設や洋風の飲食店を揃えているエリアに入る。このエリアとともにウーリー・ストリートはディクソンというサバーブの消費エリアの中心となっている。このエリアの隣にある無料駐車場は、ウーリー・ストリートに通う人々も利用できる。このエリアと比べると、ウーリー・ストリートは日中は若干閑散とした雰囲気であるが、夜にはエスニック料理を楽しむ人々で賑わいをみせる。

## ウーリー・ストリートと「中国城」との関連づけ

市中心部のキャンベラセンター周辺の繁華街を初めとして、すべての住宅地に設けられているショップや消費センターなどの施設とその周辺でも、いたるところに、中国人や韓国人やベトナム人、インド人などが経営するアジア系の飲食店やイタリア料理店などが散在している。しかしながら、ウーリー・ストリートほどエスニック料理店、中華料理店が集中するエリア、または通りはない。ここでは、12 軒の料理店のうち、中華料理店は 5 軒（西側の③と⑤番、東側の②、⑤、⑧番）あり、ほかの国の料理店と比べるともっとも集中している。そして、中華料理の店を経営しているのは皆中国人であり、そのうち、中国人と共同で経営しているアジア系の料理店もある。

また、市中心部のキャンベラセンター周辺の繁華街を初めとして、住宅地に設けられているショップや消費センターなどを含め、アジア系の食料品を扱う専門店が並ぶエリアは皆無に近い。ウーリー・ストリートは東南アジア系の食料品店も含め、キャンベラにおいてアジア系の食料品店が集中するエリアとなっている。5つのアジア系の食料品販売店（西側の②、④番、東側の⑦、⑩番、北側の「頂好」）は、すべて中国人が経営するものである。

そして、食料品店で扱われる商品もこの通りが中国城と呼ばれる事情に関係している。すなわち、「亞洲港超市」や「東瀛前線」や「大中国超市」などは、日本や韓国、東南アジア系の商品や食料品も揃えているが、8 割以上の商品は

中国のものである。東南アジア系が経営している店においても、出身地の食料品だけではなく、中国産のものも販売している。これらの経営者はいずれも主に英語を用いて接客しているが、標準の中国語と出身地域の言葉、例えば広東語なども操っている。

次にウーリー・ストリートの消費者の構成比から、このストリートにおけるグローバル・エスノスケープに見る中国城という事態をみてみたい。

アジア系のエスニック料理を楽しむのは、非アジア系（すべての白人を指す）の人々は7割から8割、中国人留学生を含むアジア系の人は2割から3割という比率である。これはキャンベラの人口構成比に等しい。客は、エスニック料理店が集中するウーリー・ストリートは選択肢が多いので、いいということである。

食料品を購入する客は、アジア系の人々が7割から8割を占め、さらにその中でも8割は頻繁に通ってくる中国人留学生である。それに対し、地元の非アジア系の人は2割から3割で、飲食客の構成比とは正反対になる。それは出身の異なる人々の食生活＝文化的な属性に関係し、つまりその食料品を使用した料理をつくれるかどうかという現実によるものであろう。また、食料品店の商品の値段が安いので、中国人留学生の経済的な都合にも合う。東南アジアの華人出身者は、買い物にケープ・ストリートの南側にある東南アジアの人々が経営している食料品店と、ウーリー・ストリートの食料品店の両方を利用する。

以上、ウーリー・ストリートの構成実態から「中国城」と呼ばれる事態との関連を考察した。これを踏まえて、次は、越境するグローカル化の中国表象を「中国城」という事態に焦点をあてて見てみたい。

## 2　越境する中国表象

### 「中国城」という名前を用いる理由

筆者は、ウーリー・ストリートが華僑や華人を含む中国系の出身者によって「チャイナタウン」、あるいは「中国城」と呼ばれるようになったのは、これまで述べてきたように、ウーリー・ストリートの実際の構成にあると考える。地元の豪州出身者を除くと、筆者周辺の日本人と韓国人をはじめ非中国系のアジア出身の研究者や外来の欧米人の中国研究者それぞれによって、ウーリー・ストリートがチャイナタウンであるかどうかについての見方は異なっている。ここで、中国城という呼称を用いる理由を、ウーリー・ストリートの経営者を含

めて地元の中国系の人々の考えを整理してみたい。

　第一にウーリー・ストリートの料理店の飲食店や食料品店の経営者には香港人を含む中国人が最も多く、8割を占めていること。元来、ウーリー・ストリートは、キャンベラのほかの通りと比べて、香港や広東の出身者が経営する中華料理店が集中していた。それらの店の規模が次第に拡大された上で、その一部を1990年代後半に渡豪した出身地が異なる中国人移民に賃貸したり、譲り渡したりした上で、現在のような風景を呈するに到っている、ウーリー・ストリートは外観的には100年前に建設されたメルボルンとシドニーの中華街のそれと異なったが、中国人の活動を主体とする点は共通である。

　第二に孔子の像が建てられていること。メルボルンとシドニーの中華街のように、ウーリー・ストリートの入り口で「中華街」という「牌楼」(屋根付きのアーチ形の建物) を建てたかったが、費用がなかった。入り口の孔子の像は、2010年にキャンベラ華人協会の寄付によって建てられたものであり、中国駐豪州の大使が除幕式を行ったこともあった。メルボルンとシドニーの中華街には孔子の像を建てることはないし、中国政府は孔子を現代中国の象徴として世界規模で紹介しているので孔子の像が建てられたこの通りも中国城と呼ぶべきである[5]。

　そして、ウーリー・ストリートが何をもって中国系の人々から「城」として呼ばれているかを関係者に確認してみた。ディクソンの住宅地では、キャンベラの田園都市のイメージを維持するために、高層ビルのような建物はない、公共施設の大部分も2階建てのものが多いので、ウーリー・ストリートも周囲を高層建築に囲まれることはなく、またモール式のショッピング施設もない。しかし、周囲の3つの通りと、道沿いの2階建ての建物が城壁のようになって、このストリートを独立した一角のように囲んでいるから、とのことである。([図3]参照)。関係者が言う3つの通りとはウーリー・ストリートの南側のケープ・ストリート、東側のバダム・ストリート、西側のシャリス・ストリート (Chalis street) である。

　「中国城」の中国人経営者とその移住史はかつての華人系のそれとは異なっているが、一定の地に集まって中華料理店や食料品店を経営することに変わりはない、しかし「中華街」や「華人街」ではなく「中国城」という呼称でウーリー・ストリートを表すことになったのには、キャンベラ華人協会が中国政府の文化輸出政策に応えて、中国の歴史や文化を象徴する孔子と、ウーリー・ストリートに現れている中国的要素をうまく利用して、孔子の像を建てたことが

最も重要な要因であろう、と筆者は考える。

## 中国人経営者にみる「中国城」の特徴

ウーリー・ストリートの構成から、ウーリー・ストリートの中華料理店や食料品店の経営者の大部分は 1990 年代以降に渡豪した人であるものの、中国の食文化と関係している点は「中華街」や「華人街」の中国系の移民と変わらないことが分かる。とりわけ、初めて中国城を訪れる人々に田舎くさいという印象を与え、また店の衛生状態に不安をもたせながらも、それを受けいれさせる経営者の現況、即ち、実際にそこで生活している中国系経営者の現況も、越境するグローカルの中国表象＝「中国城」を成す要素としてみることも可能である。その端的なものは数人の経営者の話からも伺える。

〔A 氏、女性、40 代後半、広東出身〕

1990 年代初期に広州からきて、現在は豪州の国籍を取得し、移住者としてキャンベラに定住している。最初は、シドニーで小さな魚屋を開いて魚を販売し、息子を大学に進学させるために懸命に貯金をした。その後キャンベラに引っ越して店を開いた。英語がうまく話せないので、また、豪州では中国人は主流社会に入ることは難しいので、店舗経営しかできない。子供は大学に通っているが、時間があるときには手伝ってくれる。販売するものはシドニーから仕入れたものだ。

以前は、豪州へ移住するためには、アイエルツ（IELTS）の 4 つの科目の成績をそれぞれ 4 点取れば合格だった。しかし最近、「鬼佬」（豪州の白人に対する広東系中国人の呼び方）の移民政策は厳しくなり、アイエルツの 4 つの試験科目でそれぞれ 8 点を取らないと移民許可を出してくれない[6]。

市内で開業すれば客は多いが、経営管理面で高いコストがかかる。また、客にとってこちらに来るのは便利だ、市内のシティセンターやその周辺の繁華街を利用するためには駐車料金がかかるが、中国城には駐車スペースがあり、また周辺の駐車場も無料で利用することができる。また我々が販売する食料品は市内より安く、買い物客、とくに収入が低い層や留学生には有利だろう。店の賃料は毎週 80 ドルで、毎年 1㎡あたり 480 ドル支払っている。

このストリートはもちろん中国城だ。我々はこのように思う。そうでないと孔子の像は建てられないだろう。中国城と呼ぶのも別に問題はないだろう。シドニーの中華街はここよりはるかに賑やかだが、ここは静かでよい。

110    I　歴史の視座からみる中国のグローカル化

写真4　中国の食器

　豪州では、中国人は競争力がない、社会的な地位も低い。中国国内の名門大学の卒業者もここの飲食店でコックをするしかない。私は以前中国にいたときに政府部門に勤めたが、中国の教育環境に不安を持ち、子供の将来のために豪州にやってきた。子供は現在大学での勉強を楽しんでいるから、我々もこの現実を受け止めるしかなく、今の状態に満足している。この店はうちの家族のものであるから、経営は楽だ。うちの店には中国人や留学生の客が多く、中国人でない客や白人も皆常連客だよ。きたばかりの若い中国人留学生もよく話しを聞きにくる。

〔B氏、男性、40代後半、浙江出身〕
　この店は家族が経営するものだ。1990年代後半にシドニーにきたが、あそこには中国人はあまりにも多すぎるから、キャンベラに引っ越してきた。ここにきて十数年たった。ほかの中国人のように、自分の店をもつことは何よりのことだ。ここにやってきたのは、子供の将来を考慮したことはもちろんだが、政治宣伝ばかり重視し、環境汚染や貧富の差が広がる中国国内の政治に対する不満があるのも事実だ。
　どこでも生きられるなら、中国内より豪州の方がよい。ここでは納税する必要があるが、年間収入が1万8000豪ドルに満たない場合は免税される。
　中国人の地位はどこにいても同じだ。中国国内でさえ庶民だったら何の社会的地位もないだろう。ここを中国城と呼ぶのはもちろんよいが、呼ばなくても関係ない。店の販売品はシドニーの親戚が仕入れたものだ。キャンベラの中国

人は少ないし、購買力も低い。客のほとんどは留学生なので、安い品物を仕入れるしかない。従って、中国国内では高級な輸入品が流行しているが、うちでは中国の庶民が使う日常用品を揃えている（写真4）。ただし、中国人ばかりではなく、台湾や香港などアジア系の人々、ときには白人もここにやってくることは楽しいことだ。白人はここでの中華料理を楽しんでいるが、どの料理店の料理も同じで、本場の中国料理に比べられない。

〔C氏、女性、50代前後、北方出身〕
　ここには中国人が集まっているから中国城と呼んでもよい。孔子の像を建てても建てなくても関係ない。中国の食料品店はここに集中しているので、中国人も皆ここにやってくるからだ。この店はうちの家族が経営するもので、ほかの店よりやや広いのは、資金があったからだ。2年ほど前に開業したが、通りの入り口に位置しているから、客はよくやってくる。中国人以外にももっと多くきてほしいので、また若い世代の中国人留学生を集めるため、衛生条件を重視した。市内で開業する場合、ここと同じぐらいの面積だったら、借り賃は倍以上かかる。うちの家族も移民の身分で定住しているが、キャンベラでは役場や学校や専門的な業者以外、飲食業に関係するサービス業がもっとも多いので、店を開くことはなによりだろう。大学に通う子も手伝ってくれて人件費もかからない。
　大陸の中で中国人がもっとも多く集中しているのはシドニーかもしれないが、キャンベラへ定住しにくる中国人もだんだん多くなってきた。このストリートに東南アジア出身の華僑や華人もやってくる。中国の留学生がもっとも多い。留学生は毎年きて、滞在も安定しているので、彼らだけでも客の資源は中断することはないだろう。

　この3名の中国出身の経営者の話を通して、その共通部分は自らの現実を中国やアジアの食料品を販売することに関係づけている点にある、と分かる。その中でB氏は比較的に中国の政治や社会問題に対して批判的見方をもっているようであるが、自ら扱っている中国食料品や庶民用の食器を販売することに、またローカルの中国料理の味を知ると自慢する態度は他の2名と同様で、一個体としての彼と越境する中国の食文化との間の相互作用の関係を物語っている。このような相互関係はほかではなく、グローカル化の中国表象をリアルに示しているのであろう。

## 中国人消費者に見る「中国城」の特徴

　次に、とりわけウーリー・ストリートの消費者層を構成する中国人留学生のグループおよび外来の中国人に見た「中国城」の特徴を取上げてみたい。

　2001年から現在まで、十数万人以上の中国人学生が豪州に滞在し、外国人留学生総数のトップを占めている。国際規模の金融危機が広がり、豪ドルも高くなっている一方、2012年現在、豪州に留学する中国人学生は昨年より7割も増加したと報告されている[7]。キャンベラでは、1万人以上の学生を有するオーストラリア国立大学、8000人あまりの学生を有するキャンベラ大学に、中国人留学生はそれぞれ3割強と2割強を占めている。このように中国人留学生がキャンベラに集まっている背景には、豪州の経済政策の一部として実行されている国際教育政策が関係すると筆者は考える。すなわち、教育部門は豪州の経済を支える重要な業種であるゆえに、留学生を受け入れることに力を入れている。その結果、中国からの留学生がもっとも多く受け入れられている。今年（2012年）7月には、中国の9つの名門大学の校長代表団が豪州を訪問し、地元の著名な「8校連盟」との間に両国における学生の共同育成について交流を行った。8校連盟はさらに多くの中国人学生の留学を望んでいる[8]と報道されている。

　このような政策的背景をもとに渡豪しキャンベラにやってきた中国人留学生は、その生計が一部奨学金によったり、中国の家族からの仕送りやアルバイトなどの手段で保証されたりしているが、一定の期間滞在するので、キャンベラ中心部で住宅を購入することもでき、車で学校に通う学生も少なくない。なかには、家族や親戚の援助で市中心の繁華街にモダン・ファッションの店を経営する学生もいる。筆者は、その数が安定し滞在期間も保証され、一定の消費者グループを形成している留学生の日常生活における需要は、生活的・消費的機能を重視するキャンベラ市中心部の消費環境作りに大きく関わっていると考える[9]。

　筆者が実際に話を聞いたところによると、彼らの消費生活と中国城との関わりは貧富の差という経済能力とは関係なく、何軒もの中華料理店や食料品店が並び、食料品の種類や値段の選択肢が多いウーリー・ストリートは、彼らの食生活の習慣を保障し主な食料品を得るための安価な消費エリアである、と分かる。また、オーストラリア国立大学のキャンパスにも中国の食料品を販売する店が設けられているが、ディクソンにはオーストラリア国立大学の学生寮が

キャンベラの「中国城」を生きる孔子・チャイナフード　113

写真5　ウーリー・ストリートの中国人観光客

5棟あり、それらを最大限に利用しているのは中国人留学生である。従って、ディクソンに居住する中国人留学生にとって、ディクソンにあるウーリー・ストリート以上に食料品を購入するのに便利なエリアはないということになる。

　このように、一定の人数や一定の滞在期間を保証されている中国人留学生による教育投資や日常生活的な消費は、豪州の経済構造＝資金・人・資源とどのように関係されているのか、別の視点による考察が必要であると考えられるが、少なくとも、ウーリー・ストリートの食料品店の中国系の経営者がいうように、「中国から毎年学生がやってきて、滞在年数も一定しているので、店を開くことには損がない。商品も安いし、きたばかりの学生や英語がうまく話せない中国人同士には便利だ」とのことから、固定客となる中国の留学生の消費活動は、ウーリー・ストリートが中国城とよばれる背景に大いに関係していると考える。

　次に、仕事でキャンベラに短期滞在する中国出身の関係者もウーリー・ストリートの主な消費者となっているように思われる。それは、故郷の料理を作るために必要なものを求めて、この通りにまで買い物にくることが一般的になっているからである。筆者もその一人である。ウーリー・ストリートへの考察を含め、筆者は来店のたび、売店や飲食店の衛生状況や食料品の賞味期限に不安を持つ。また、中国城と言うが、街路全体の規模は日本の神戸や横浜の「中華街」に及ばず、店の規模も中国本土の県や鎮レベルのそれと差がないが、店には必要な食料品が揃っているからよく通っている。短期滞在のある中国人研究者は、「中国城の実態はやや寂しく思うが、毎日洋食を食べるわけでもなく、中国の料理を作るためにはここでしか食料品が手にはいらず、来ることを楽し

んでいる」と話していた。このような日常生活に関する中国の出身者の現実や感想自体も「中国城」というグローカルの中国表象を織り成す一部であろう。

　なお、中国の旅行会社が企画したシドニーからキャンベラへの日帰り観光のプログラムの一つとして、観光客や団体旅行者も、キャンベラの中国城＝ウーリー・ストリートを訪れる。国会議事堂周辺の見学を主として、ウーリー・ストリートの中華料理屋で昼食を取るという。旅行会社も観光客もともに中国から来たものであり、「中国城」で中華料理を食べたり、孔子の像の前で記念写真を撮ったりする風景は印象的である（写真5）。

　中国人留学生を含む中国出身の消費者の背景や経済能力や消費基準はそれぞれであるが、その日常的消費の対象がともに出身国の料理や食料品である点、また中国の観光会社に取り込まれた企画などは、ウーリー・ストリートが「中国城」と呼ばれる背景と無関係とはいえず、彼らとウーリー・ストリートとの関わりは、この通りを「中国城」として表象するものにほかならないであろう。


　おわりに

## キャンベラの「中国城」を生きる孔子・チャイナフード

　以上、ウーリー・ストリートの構成実態を踏まえた上で、中国城をグローカルの中国表象として考察した。それらと本稿の仮説を踏まえ、越境するグローカルの中国表象の特徴ならびに関連する課題について、以下のように議論を試みてみたい。

　第一に、筆者はグローカル化といった事態は、人やモノの移動により喚起される現象であると理解している。それに関連して、キャンベラのウーリー・ストリートは多元文化的・生活的・消費的機能を有している文化接触の場として、グローバル・エスノスケープ空間と理解している。そのような風景は、人やモノの移動によってローカルの場所性を喪失した人々がエスニック・ローカルの文化の担い手として、エスニック・ローカルのモノを再生産または再利用する中で、それらとの間に相互の関係を再構成した上でともに生きられるような事態によって現してきたものにほかならない。

　そのような事態の中には、ローカルの中国文化が越境した形で経済的な現象としてグローカル化される一つの局面を含んでいる。すなわち、中国人が経営する食料品店が、そうした食料品を求める中国人やアジア系の消費者に低価格で提供すること、中国の都市部の人々や富裕階層に好まれる洋風のものでもな

キャンベラの「中国城」を生きる孔子・チャイナフード　115

写真6　キャンベラ市中心繁華街のアジア食料品のコンビニエンス・ストア。経営者は韓国人。

ければ、新たに開発された中国製品でもなく、伝統的・庶民的な食器をその嗜好に合う消費者に提供するなどはそれである。と同時に、筆者には、このような越境した形で経済的な現象とされるローカルな中国文化は、グローバル資本とどのような接点があるのか、というような課題が残される。

　第二に、チャイナフードと孔子は、ローカルの場所性を喪失しウーリー・ストリートにおけるグローバル・エスノスケープ空間を構成する一風景となっていると同時に、中国のローカルの要素を表象している。「中国城」に生きる孔子やチャイナフードのような現象はグローバル化における越境する中国のトランスナショナリズムでもある、と位置づけることができると考える。

　ウーリー・ストリートの中国人移民の現実は、移住先の諸分野に渡る政策に保証される社会諸関係的秩序によるものでもあろうが、越境する彼らと中国の食文化という要素との間に相互関係を再構成する活動がなければ、「中国城」という内なる中国的空間を構築するに到ることもできないといえよう。すなわち、ウーリー・ストリートは従来の「中華街」とは異なる風景を有していても、またそこに活動している新しい中国人移民の移住背景はかつての華人の移住史と異質な部分があったにしても、この通りを「中国城」として形にしたのは、従来の「中華街」や「華人街」と同様に、中国人移民が自らの都合や現実を中国の食文化と結びつけた相互関係によったものにほかならなかったと考える。チャイナタウンというのは、中華料理との相互関係によって形成されたフードタウンであるということはすでに議論されており［Chen 2011: 182-197］、筆者は

キャンベラの「中国城」も例外ではないと思っている。

　それと同時に、キャンベラの「中国城」と従来の「中華街」と異なる点は、「中国城」が中国の食文化と孔子を文化輸出の代表とする中国の新しい流れとの相互作用関係によって現れた事態であるというところにある。例えば、ウーリー・ストリートの中国人が経営する飲食店や食料品店はみな関帝を祀っている。関帝は守護神、福の神や財神として祀られているのだが、この通りを一つの「中国城」としてまとめて外部に示しているのは関帝ではなく、その入り口に立つ孔子である。中華料理店や食料品店がウーリー・ストリートに集中することは、孔子（の像）がこの通りの表に現れる裏付けではあるが、孔子の像がなければ、この通りを「中国城」という空間として外部に示すことはできない。ウーリー・ストリートを「中国城」として表象しているのは、孔子（の像）とチャイナフードとの相互関係によるものにほかならない。

　このように、ローカルの場所性を喪失し越境した人とモノとの相互作用関係と、キャンベラの華人協会の寄付と中国駐豪州大使による除幕式という流れを通して現れた孔子（の像）を、「一般に、グローバリゼーションは国や政府を単位としない点で国際化と異なるが、ネーション（文脈によって民族・国民・国と訳される）の越境を意味するトランスナショナリズムとは、重なり合う部分が多い」［桑山 2002: 54］という人類学的アプローチと関連してみると、孔子もチャイナフードも時空を超えたグローカル化の意義を持ち、その意義はとりわけグローバリゼーションにおける、越境する中国のトランスナショナリズムを象徴する点にあろうと考える。

　以上、中国本土のグローカル化の様相ではなく、越境するグローカル化の中国表象をキャンベラの「中国城」に焦点をあてて議論を試みた。現在、ウーリー・ストリートは「中国城」として公認されていないが、「中国城」が実際にキャンベラに存在するのは、ローカルの場所性を喪失した人とモノと歴史との間の時代錯誤的相互作用に表象されるグローカル化の中国表象の一つの局面であるといえよう。ここでいう時代錯誤的相互作用とは、ウーリー・ストリートの中国移民が20世紀後半に渡豪したものの、100年前の中国移民と同様に自らの運命を中国の食文化と関係させたこと、2500年前の孔子を21世紀の「中国城」に登場させてその象徴としたことをいう。

　このような局面はローカルの中国文化の中にある一定の要素に意義を付与していると考えると同時に、先進的な科学技術を持たないとしても、あるいは大規模文化産業が現れていなくても、また競争力がまだまだ弱くても、今後、中

国人の移動の加速化や普遍化に伴って形成される新しいチャイナタウンの手本になる可能性があると想定できる。このような事態に照らして、筆者は従来の移民研究の視点と関連し、グローバルな移動を視野に入れる動態的なグローバル・エスノグラフィーの必要性の意義を実感した[10]。

最後に、筆者はウーリー・ストリートに現れる中国人が経営する食料品店の店名や商品、それにキャンベラ市中心の繁華街にある韓国人が経営している食料品店の店名や商品を、ともに漢字で「亜細亜食品」と表記することを通して、東アジア的なトランスナショナリズムはどのようなものかについて、「中国城」という事例をもとに、マクロ人類学の立場から、文化の概念の再定義や再構築への考察の必要性を実感している[11]（写真6）。

［謝辞］本考察を行うにあたり、筆者に多大な協力を下さったオーストラリア国立大学アジア太平洋言語・文化・歴史学院（Australian National University The School of Culture, History and Language）の Ph.D.Li.Narangoa 教授、PhD. Thomas David Dubois フェロー、Ms. に感謝の意を表したい。

## 注

1) 1911 年まで、オーストラリアの首都機能は暫定的にメルボルンに置かれた。しかし、メルボルンとシドニーとの間で首都を誘致しようとする競争が起きたために、地理的にシドニーとメルボルンの中間にあたるキャンベラが首都として選定され、首都機能をキャンベラに移転させつつ、首都としての建設が始められ、現在に至る。

2) WWW:http://en.wikipedia.org/wiki/Parliamentary_Triangle,_Canberra による。

3) 筆者は、韓敏を代表とするこの共同研究「中国における社会と文化の再構築：グローカリゼーションの視点から」において、内モンゴルの牧畜業地区の都市景観に現れるグローバル化について考察する予定だった。そしてその作業を行っていたのだが、海外研修でキャンベラに滞在することになり、「中国城」に出会い、急遽変更して本稿を起草することになった。内モンゴル牧畜業地区の都市景観の考察は、本考察と比較するために再開するつもりである。

4) http://en.wikipedia.org/wiki/demographics_of_Canberra による。

5) 孔子の像は 2010 年に「キャンベラ華人協会：Canberra Chinese Community」が山東省嘉祥杏華石彫廠から購入し、ウーリー・ストリートに贈呈したものだった。像の礎には、漢字で協会会長を始め、この像を購入するために寄付をした協会会員の名前、最後に英文で「Canberra Chinese Community」を刻んでいる。この像の除幕式は大規模ではなかったが、中国駐豪州大使によるものだそうである。多元文化社会とするキャンベラでは孔子の像が建てられることに大きな議論や反響が起きることはなかったという。

118 I 歴史の視座からみる中国のグローバル化

6) 豪州における移民を希望する者に対して行われるアイエルツ（IELTS、中国語では雅思という）の4つの科目は、ヒアリング能力、読む能力、書く能力、話す能力を測るためのものである。それぞれにいくつかの選択肢を与えている。

7)『Oriental city』（東方都市報）に掲載されている「駐澳大利亜大使陳育明接受澳会計師公会（CPA）総裁転訪全文」（中国駐オーストラリア大使陳育明が豪州会計師公会（CPA）総裁の訪問を受け入れ全文）による。（『Oriental city』（東方都市報）第149期、17-18面、09/08/2012 を参照。

8) 豪州8大学は1999年に立ち上げられたエイト（Go8）のグループという。一般教育及び職業教育や研究を包括するオーストラリア国立大学、シドニー大学、メルボルン大学、クィーンズランド大学、アデレード大学、ニューサウスウェールズ大学、モナシュ大学、西オーストラリア大学によって結成された一流大学の連合体である。Go8 は国の社会、経済、文化、環境の幸福と繁栄のために、メンバーの大学の貢献度を高めること、知識を世界規模で広げるために学生世代を保全するためにメンバーの大学の貢献度を高めること、グローバル化が展開する中、グローバルとローカルの課題に対応するための豪州の能力を強化すること、ワールドクラスの高等教育に参加するために豪州の学生に機会を拡大することなどを目標とする。主に学生の相互交流、全国シンポジウムの開催、政府への政策提言を行う（http://www.go8.edu.au/go8-members による）。
　　中国の名門大学と Go8 の間の具体的な交流内容について注7）を参照。

9) キャンベラにおける中国人留学生の消費について、中国当代社会研究中心主席の田森は、豪州政府の招聘により5回にわたって豪州社会の視察を行った。そして、豪州の教育体制についての著書『大洋州探秘』の第七章「教育問題」において詳細に議論されている。豪州の高等教育の輸出方針と留学生の消費について、「外国人留学生の消費は決してオーストラリアの経済には重要性をもたないことはない」と述べている〔田森　1998：96〕。筆者は、本稿を完成した段階で田森氏の著作を見たが、本稿のようなミクロの考察が彼の先行研究を僅かでも実証することができれば幸いに思う。

10) この視点は山下晋司によって、グローバル・エスノスケープに関連して以下のように提起されている。「（小見出し：グローバル・エスノグラフィー）こうしたことはこれからの民族誌的研究にとって重要なポイントである。かつて山下晋司は国家を視野に入れた動態的民族誌を提唱したが、今後は人々や文化のグローバルな移動を視野に入れた動態的民族、すなわちグローバル・エスノグラフィーが実践されていく必要があるだろう。……」〔山下：2008：208 — 209〕。

11) 本稿をまとめている最中に、日本と中国や韓国との間にこれまで抱えてきた領土問題が再び表面化し、さらには予測できなかった衝突も起きた。それを心痛むほど見守るしかできない中、キャンベラに現れた、日本・中国・韓国の食料品をともに経営する相互関係にみられる食文化レベルの東アジア共同体のような、あらゆる分野にわたる人間共同体を結成するための「文化のマクロ人類学」による考察・実践が必要となると思う。

## 参考文献

英語

Chen Yong

2011 Food Town: Chinatown and the American Journey of Chinese Food. In Vanessa Künnemann and Ruth Mayer (eds.), *Chinatowns in A Transnational World: Myths and Realities of An Urban Phenomenon*, pp182-197. New York: Routledge.

Ma Eric

2002 Translocal Spatiality. *International Journal of Cultural Studies* 5(2): 131–152. (edited by Mike Featherstone, Scott Lash and Roland Robertson. London: SAGE Publications)

Robertson, Roland

1992 *Globalization: Social Theory and Global Culture*. London: Sage Publications.（ロバート ソン、ローランド『グローバリゼーション：地球文化の社会理論』阿部美哉訳、 東京大学出版会 1997）

Vanessa Künnemann and Ruth Mayer

2011 *Chinatowns in A Transnational World: Myths and Realities of An Urban Phenomenon*. New York: Routledge.


中国語・日本語

愛川－フォール紀子

2010 『文化遺産の「拡大解釈」から「統合的アプローチ」へ—ユネスコの文化政策 にみる文化の「意味」と「役割」』東京：CENTER FOR GLOCAL STUDIES 成 城大学民俗学研究所グローカル研究センター。

綾部恒雄編

2002 『文化人類学　最新術語 100』東京：弘文堂。

伊豫谷登士翁編

2002 『思想読本（8）グローバリゼーション』東京：作品社。

上杉富之

2010 「刊行に寄せて」愛川－フォール紀子著『文化遺産の「拡大解釈」から「統合 的アプローチへ」』iv、成城大学民俗学研究所グローカル研究センター。

上杉富之、及川祥平編

2009 『グローカル研究の可能性—社会的・文化的な対称性の回復に向けて』 CENTER FOR GLOCAL STUDIES 成城大学民俗学研究所グローカル研究セン ター。

2011 『共振する世界の対象化に向けて—グローカル研究の理論と実践』CENTER FOR GLOCAL STUDIES 成城大学民俗学研究所グローカル研究センター。

桑山敬己

120　Ⅰ　歴史の視座からみる中国のグローカル化

　　2002　「グローバリゼーション」綾部恒雄編『文化人類学　最新術語 100』pp.54-55、
　　　　　東京：弘文堂。
太田　勇
　　1998　『華人社会研究の視点―マレーシア・シンガポールの社会地理』東京：古今書院。
胡鞍鋼主編
　　2002　『全球化挑戦中国』(GLOBALLZATION CHALLENGING CHINA) 北京大学出版社。
Spence（史景遷）北大講演録／廖世奇、彭小樵訳
　　1990　『文化類同与文化利用―世界文化総体対話中的中国形象』北京大学出版社。
周建渝編
　　2009　『城市文化与人文視野』香港：香港中文大学香港亜太研究所。
田　森
　　1998　『大洋洲探秘―澳新社会透視』(INSIGHTS INTO AUSTRALIAN AND NEW-
　　　　　ZEALAND SOCIETIES) 杭州：浙江人民出版社。
堀　武昭
　　1998　『オーストラリアの日々―複合多文化国家の現在』NHK ブックス 542　東京：
　　　　　日本放送出版協会。
野邊政雄
　　1996　『キャンベラの社会学的研究』岡山：行路社。
前川啓治
　　2004　『グローカリゼーションの人類学―国際文化・開発・移民』東京：新曜社。
馬傑偉編
　　2009　『中国城市研究探索』香港中文大学香港亜太研究所。
山下晋司、船曳建夫編
　　2008　『文化人類学　キーワード』〔改訂版〕東京：有斐閣。
楽黛雲、李比雄主編
　　2006　『跨文化対話 dialogue transcultural』鳳凰出版伝媒集団、蘇州：江蘇人民出版社。

Ⅱ　文化行政からみるナショナル・地域の文化遺産

# グローカル化における祝祭日の再構築
## 中国の端午節の文化変容を事例に

謝　荔

　近年、祝祭日に関する法律の改定が社会的に注目されてきた。1990年代以降、法定休日の制度の再編成がそれまでの休日の生活スタイルや祝祭日の文化事象を激変させつつある。「民族国家の暦」における祝祭日の改定をめぐって議論が盛んに展開され、議論が重ねられた結果、2006年に春節、清明節、端午節、七夕節、中秋節、重陽節などの祝祭日およびそれに関連する習俗が第1回の国の無形文化遺産リスト（国家級非物質文化遺産名録）に登録された。それに引き続き、2008年に新しい祝祭日に関する法律「全国年節及記念日放假辦法」が施行され、そこには清明節、端午節と中秋節といった「伝統的な祝祭日」が新たに盛り込まれるようになった。

　改革開放後、祝祭日の民俗行事が農村地域をはじめ、家族・親族やコミュニティのさまざまな社会集団に担われて復興してきた。ここ数年は、それに加えて、各地の都市でそれまで行われていなかった祭礼行事が新たに開催され、あるいはもともとの民俗行事に新たなイベントが付与されてきている。こうした現象は一見して、中国という地理的内部空間での経済の成長や社会の変化に基づいた「伝統」の再興や再創造の過程と解釈できそうに思える。しかし、祝祭日を変容させていく祝日の考案や変化の過程において、その背景となったものには中国社会外部の要因が絡んでおり、現在のグローバルな文化的状況はそれに大きな影響を与えていると考えられる。

　無形文化遺産保護の国際的取組みは、2003年に採択され2006年に発効したユネスコの「無形文化遺産の保護に関する条約」によって本格化したといわれる。これをきっかけに、世界諸国で無形文化を保護すべき遺産という認識が広がった。無形文化遺産の分野は口承による伝統及び表現、社会的慣習、儀式及び祭礼行事など広範囲にわたり、すでに登録された物件として祝祭日の儀式及び祭礼行事も含まれる。韓国の江陵端午祭（The Gangneung Danoje Festival）、中国の端午節（The Dragon Boat festival）、7カ国（アゼルバイジャン、インド、イラン、

キルギス、パキスタン、トルコ、ウズベキスタン）による共同申請で登録されたノールーズ（Novruz, Nowrouz, Nooruz, Navruz, Nauroz, Nevruz）がその例である。

　中国の端午節に関していえば、汨羅江に身を投じた屈原を祭祀・記念するという広域にわたってみられる主流の伝説はあるものの、歴史人物の伍子胥を記念するために始まったとされる言い伝えも数多くあり、地域によって端午節の起源伝説や祭礼行事が必ずしも一様ではない。湖南省汨羅市、湖北省の秭帰県と黄石市、江蘇省蘇州市の四つの地域の端午習俗がそれぞれの地域の特性を認めながら中国文化部によってまとめられて「端午節」として国の無形文化遺産リストに指定された。さらに、2009年にこの四つの地域が共同して「The Dragon Boat Festival」の名称をもって申請を行い、一括してユネスコの無形文化遺産として登録されるに至った。それと同時に、国レベルから地方レベルまでの無形文化を「国家級・省級・市級非物質文化遺産名録」として制度化した国の文化政策の動きをうけて、地方政府が祝祭日の「伝統的な」文化の要素や「地域的なるもの」の意味づけを掘り起こして強調したり新たな形のイベントを企画したりするなど、当該地域の祝祭日の祭礼行事を無形文化遺産リストに登録申請し、地域文化の「ブランド」として創出していく試みもみられる。

　ユネスコの無形文化遺産保護条約を「グローバルレベルのユネスコの文化政策ないし戦略」と見なし、そうした文化政策のグローバル化に対応した締約国での活動をローカル化、すなわち「グローバルレベルの文化政策・戦略の「現地化」という意味でのグローカル化」として捉えることができるとする知見［上杉 2011］にのっとるならば、ユネスコから発せられた文化政策ないし戦略は世界規模の流れの中で各地の文化と相互作用を起こしながら「無形文化遺産の保護に関する条約」に加盟した中国の文化状況を変えており、中国における国や地方の動きはこうした文化状況に積極的に対応し、国と地方政府という二つの異なるローカルなレベルでの実践が存在すると言える。

　中国にみられる文化面のグローバル化とローカル化の同時進行現象は、韓敏が指摘したように、グローバル化の刺激を受けながら、中国化・民族化・地域化といったローカル化の過程であり、グローバル化によって世界が均一的な文化を再編成しつつ、自分らしさ、地域性、エスニシティ、ナショナリティ、ルーツ、真正性などを意識し、再構築していこうとするグローカル化の中で立ち上がっていく動きとして理解することができる［韓 2010, 2011］。こうした背景のもと、祝祭日の再構築をめぐる動態的変化は中国内部の社会変化だけでは十分に捉えられない傾向が生じている。本稿では、現代中国社会の外部と内部の文化的な

グローバル化における祝祭日の再構築　125

関係性を視野に入れ、法定祝祭日の再構築のプロセスに現れるグローバルなものとローカルなものとの相互作用の現象について考察を試みたい。

　本稿では、中国社会における祝祭日の再編成の具体的なプロセスを概観し、新たに設けられた「伝統的な祝祭日」の中で、特に端午節に関連する文化事象に注目し、浙江省嘉興市政府主催の祭礼行事「中国・嘉興端午民俗文化祭」（中国・嘉興端午民俗文化節）の事例を中心に検討する。筆者は 2010 年 2 月に蘇州市で、2010 年 6 月に汨羅市で資料収集を行い、また 2010 年 6 月と 2011 年 6 月に開催された中国・嘉興端午民俗文化祭に参加した。現地調査での観察を含め、新聞記事、テレビのニュースや関連番組などのマスメディアの報道、嘉興市で開催された端午節の文化をテーマとした国際シンポジウムの研究成果に焦点をあてて議論を進めていく。

　なお、中国語で「節」という言葉は主に季節の節目を示す「節気」、祝祭日や公共の記念日を意味する「節日」、祭礼行事を指す「国慶節」、「端午民俗文化節」などの意味合いをもつ。ユネスコ無形文化遺産の分野のうちの「social practices, rituals and festive events」（日本語訳は「社会的慣習、儀式及び祭礼行事」）という項目は、2011 年に施行された中国の無形文化遺産法の中で「伝統礼儀、節慶等民俗」と訳され、民俗行事や公的なイベントを含むと思われる。中国には、記念日としての「節日」、労務管理の一環として定義された休日および休暇「假日」、特定の民俗行事を伴う「節」など、さまざまな「節假日」があるが、本稿で考察の対象となるのは、中国の祝祭日に関する法律「全国年節及記念日放假辦法」に規定された伝統的な祝祭日に限る。公休日に指定されていない祝祭日や少数民族地域の祝祭日はここでは除外する。

## 1　暦、祝祭日をめぐるグローバルな社会的・文化的状況

### 祝祭日の枠組みである暦のグローバル化：改暦の動き

　祝祭日は社会時間の枠組みである暦の最も重要な機能とされ、その制定が依拠する暦は、時を表示する道具や時の計測システムとして、また、社会生活を営むための道具、暮らしと密接に結びついた経験的なものとして人びとの生活のリズムを規定するものである［ブルゴワン 2001: 118］。通時的にみれば、現在、世界的に通用しており、数多くの人びとの日常生活に密接に関わっている太陽暦の西暦（中国では、正式には「公暦」、一般的には「陽暦」とよばれる）は 16 世紀にローマ教皇グレゴリウス 13 世が命じた暦法改革により制定され、1582 年か

ら施行されはじめたグレゴリオ暦である。グレゴリオ暦はカトリックの国々で真っ先に採用され、次第にプロテスタントの国々に広まり、16世紀以降の西欧勢力の拡大による非西欧地域の植民地化に伴い世界中に広まった。さらに、19世紀からの近代化の波が押し寄せると、西暦への改暦が次々と行われ、グレゴリオ暦は世界の標準暦、国際関係と経済の枠組みとなった。こうして世界中の情報機器で西暦が用いられ、時の計測が画一化し、グレゴリオ暦が世界の標準として定着するようになったが、他方、東方正教の国ではユリウス暦、イスラム教圏の国々ではイスラム暦、中国では太陰太陽暦（「農暦」、「陰暦」、「旧暦」）など、自らの信仰や文化に根ざしている暦を使い続けて西暦と併用する動きもある。ここに、近代における暦の変革をめぐって、西暦のグローバル化と、自らの文化の暦を維持しようとする、相反する二つの方向性がみられる。

中国では中華民国元年の1912年よりグレゴリオ暦が「国暦」として採用された。しかし、太陰太陽暦（清代の時憲暦）を完全に廃除すべきであるとする国民政府の方針に対して民衆は強く反発し、政府と民間の対立を引き起こして改暦は挫折した。1934年、南京国民政府は強制的に「旧暦」を廃除する方針を取り消し、その結果、西暦と太陰太陽暦が併用されるという暦の使用における二重構造となった[1]。そして、この2種類の暦の併用は中華人民共和国成立以降も引き継がれ今日に至る［左 2006; 高 2006a, 2006b］。

ブルゴワンによれば、政治的または宗教的共同体は自分たちのリズムで時を利用し、自らの集団記憶をあずかる暦を持っている。民族の固有の年中行事を刻み込んだ暦は「強力なアイデンティティのよりどころ」となっており、集団を結束させ、成員間の絆を強め、他の集団との違いを明確にする」とされる［ブルゴワン 2001: 106］。中国では、改暦によって国際社会の政治・経済状況に対応しようとする一面もあるとともに、封建制から脱却しようとする志向もあった。しかし、農業生産や年中行事などの社会生活を決める指針として機能してきた太陰太陽暦（中国暦）の廃止に対する人びとの猛反発は、社会変化に際して自らの暦の伝統を維持しようとする民衆の意志を反映したものであり、その結果、当時のグローバルな状況に対応しながらも、自らの文化のアイデンティティを保持していくように西暦と農暦を使い分けるところに辿り着いたのである。

## 今日のグローバルな文化的状況
### ：ユネスコの無形文化遺産制度と無形文化遺産としての祝祭日の祭礼行事

共時的にみれば、今日では、祝祭日をめぐる文化状況はグローバル化によっ

て大きな変化が生じている。国境を超える情報、ヒトの接触・交流の広がりが、一方では文化の均質化を促し、他方では、同時に世界に多様な文化があることにも光を当て文化の多様性への意識を刺激し、その大切さの認識を高めた［青木 2008］というグローバル化の全般的な状況の中で、ユネスコの無形文化遺産保護条約の成立・発効と無形文化遺産の登録は締約国の文化政策に大きな影響を与えている。

　無形文化遺産（Intangible Cultural Heritage）とは、慣習、描写、表現、知識及び技術並びにそれらに関連する器具、物品、加工品及び文化的空間であって、社会、集団及び場合によっては個人が自己の文化遺産の一部として認めるものを指し、「口承及び口頭表現」、「芸能」、「社会的慣習、儀式及び祭礼行事」、「自然及び万物に関する知識及び慣習」、「伝統工芸技術」といった分野を含む［世界遺産総合研究所編 2006: 7]。1989 年、ユネスコ総会で「伝統文化とフォークロアを保護するための勧告書」を採択し、1999 年、無形文化遺産に関する国際規範の作成が採択され、2001 年にその規範を条約とすることが決まった。そして 1990 年代から、グローバル化の時代において多様な文化遺産が文化の没個性化、武力紛争、観光、産業化などによって消滅の危機や脅威にさらされていること、世界遺産が西欧偏重しがちで有形遺産のみを対象とするのに対し、もう一方の軸を立てて、失われやすく保存を必要とする第三世界の文化を守り活用すること、冷戦の終結後に文化的アイデンティティの肯定、文化の多様性の保存を図っていく上での活力として無形文化遺産が果たす重要な役割への認識が高まったことを背景に、2003 年 10 月 17 日、第 32 回ユネスコ総会で「無形文化遺産の保護に関する条約」が採択されるに至った［愛川 2005: 48]。

　ユネスコを中心とした地球規模での文化・自然の多様性の保護・保存戦略に対応して、一部の締約国では国家による世界無形文化遺産への登録申請が進められている。そのうち、特定の祝祭日が「社会的慣習、儀式及び祭礼行事」としてユネスコの「人類の無形文化遺産の代表的なリスト」に登録された物件が数件みられる。最初のケースが韓国の江陵端午祭（2005 年登録）である。中国の端午節（2009 年登録）とノールーズ（2009 年登録）がこれに続いた。また、中国チャン（羌）族の新年祭「羌年」（Qiang New Year festival 2009 年登録）が 2008 年の四川大地震の翌年に「緊急に保護する必要がある無形文化遺産のリスト」に登録された[2]。

　ノールーズは春分の日を新年の始まりとして祝う祭りである。イラン文化遺産・手工芸・旅行業協会（The Iranian Cultural Heritage, Handicrafts and Tourism

Organization）の説明によると、ノールーズは広大な地域にわたって、天文学の計算に基づいて決められた日である3月21日頃に行われる。ノールーズは例えば神話、数多くの民話や伝説などさまざまな伝統に関わっているが、祝祭には食事、歌と踊りなどほとんどの地域に共通する要素がある一方で、儀式は焚き火を飛び越える慣習（イラン）、綱渡りや騎馬、格闘のような伝統的な競技（キルギス）など、地域によって異なる[3]。ユネスコの遺産登録の申請は、国を単位に行うのが一般的であるが、ノールーズの祝祭は特定の地域や国の境界を越えて存在しており、ユネスコの世界文化遺産の登録申請にあたっては、ローカルな地域同士が国境を越えて結びついて7カ国により共同提出された。こうした文化的状況はユネスコによって認められ、また、2010年に国際連合総会はこの日を「ノールーズ国際デー」として正式に承認した[4]。

　江陵端午祭について、ユネスコの公式サイトの説明によれば、朝鮮半島の太白山脈の東部に位置する韓国の江陵および周辺地域で4週間にわたって行われる祭りで、聖酒の醸造から始まり、山神や共同体の守護神を祀る儀式や、伝統的な音楽、官奴仮面劇、さまざまな道楽を含む。江陵端午祭の特徴の一つとして儒教・シャーマニズム・仏教的な儀礼の共存が挙げられ、神々を祀る儀式を通じて地域が自然の災いから守られ、人びとの暮らしが繁栄・幸運となると信じられている。韓国最大の青空市場は今日の江陵端午祭の主な要素となり、地元の製品と工芸品が販売され、競技、ゲームなどが行われるという[5]。当該物件は2005年に「人類の口承及び無形遺産に関する傑作の宣言」に登録され、2008年に「無形文化遺産の代表的な一覧表」に統合された。

　韓国では1896年に西暦に改暦されたが、中国暦の太陰太陽暦が社会時間の枠組みとして長く使用され、現在でも陰暦として西暦とともに併用されている。陰暦の端午前後に行われる江陵端午祭が2005年に真っ先にユネスコの無形文化遺産に登録されたことをめぐって、中国では大きな議論が起こった。後に詳述するが、その葛藤を契機の一つとして、中国では祝祭日の制度や文化政策に新しい局面が展開されるようになった。文化政策・戦略が世界的規模で拡大するという環境の中で、グローバルな文化動態に連動し、新たな「文化」の「見直し」及び「創出」が生成する現象を、すなわちローカルレベルとグローバルレベルで互いに影響を及ぼしあって「共振」した「グローカルな現象」が生じているという［上杉 2011: 95］。こうした「ユネスコの文化政策ないし戦略」は端午節をはじめ、ここ数年中国社会の祝祭日をめぐる文化事象の変容に影響を与えた重要な要因であると考えられる。

## 2 「我們的節日」：中国の祝祭日の再編成

### 祝祭日の再編成：中国内部の社会変化と祝祭日に関する法律の改定

　伝統的な祝祭日の見直しや再編成の動きは、一方では、中国の経済発展、労働法における休日制度の変化、「民族伝統文化」への再評価に起因し、他方では、ユネスコ無形文化遺産条約というグローバルレベルの文化政策・戦略に連動していると思われる。以下では、祝祭日に関する法律の改定の背景となる社会的・文化的な要因についてこの二つの側面から検討してみる。

　祝祭日は、「公的な祝典や儀式が行われる定例の日で、一年間の地域の生活カレンダーのなかで、国家や地方自治体によって公休日に指定されている。年によって移動する祝祭日もあるが、基本的にはカレンダー上の日付として毎年同じく決まっているために、現代社会生活における年中行事の枠組の一つとなっている。原則的には非労働日とされ、慣習的伝統や制定の意義に対応する儀式・行事が行なわれ、また特定の食物を共に食べる、仮装する、贈り物をする、墓参りをする等々の、特別な行為がなされることが多い」とされ、その意味づけは多層的である［佐藤 2009: 858-859］。その中には、自然の季節と人間の生産活動のリズムとが結びついて生み出されたもの、宗教などに由来するもの、イデオロギー的配慮、国際的・政治的性格をもつものに大きく分けられる。具体的には、(1) 農業社会における 1 年の生活のサイクルが生み出す区切り、(2) 宗教の社会への浸透とともに生み出された解釈、すなわち宗教の教義に基づく祝祭日や慣習の再解釈、(3) 国家がその正統性や公共性を宣揚するために記念日を設定するなど近代の公共組織による意味づけ、さらには一定の国際的な拡がりをもつものが含まれる［佐藤 2009: 858-859］。

　中華民国に入って、太陽暦（グレゴリオ暦）に改暦するとともに新しい祝日が制定され、民国時代を通して祝祭日の新設、増設、削減、統合が繰り返し行われた。民国元年の祝日には公暦 1 月 1 日の民国成立日、3 月 29 日の革命先烈記念日、5 月 9 日の国恥記念日などがあり、孫文の誕生日および逝去記念日、国際婦人デー、4 月 4 日の子どもの日（児童節）、メーデー（労働節）、5 月 4 日の学生運動記念日、8 月 27 日の教員の日（教師節）、木を植える植樹節（清明日）が増設された［張 2006: 318］。一方、太陰太陽暦である農暦の祝祭日にちなむ休日として、旧暦の元旦である春節、端午である夏節、中秋である秋節、冬至である冬節も提案された［伍・阮 2000: 67］。1930 年に開催された国民党中央執

130 Ⅱ 文化行政からみるナショナル・地域の文化遺産

行委員会第 100 回常務会議で可決された『革命紀念日年表』をみると、記念日は国家の記念日「国定紀念日」と国民党の記念日「本党紀念日」に分けられ、休日となる国家の記念日として、中華民国成立記念日、国慶記念日（10 月 10 日）、革命政府記念日、国民革命軍誓師記念日、総理生誕日、総理逝去記念日、革命先烈記念日、孔子生誕記念日がある［左 2006: 292-293］。

　中華人民共和国の建国直後には、1949 年 12 月 23 日に政務院によって『全国年節及紀念日放假辦法』の法規が公布された。これをみれば、新年、春節、植樹節、国際婦人デー、メーデー、青年節、児童節、中国共産党創立記念日、人民解放軍建軍記念日、教師節、国慶節がある。すなわち、農暦に基づく伝統的な祝祭日は春節だけで、上述の（1）に当てはまる。そのほかはすべて西暦の祝日で、そのうち、（2）に相当するものは見当たらず、（3）の国家の正統性や公共性を宣揚するために設定された記念日（青年節、児童節、中国共産党創立記念日、人民解放軍建軍記念日、国慶節）や、国際婦人デーと 5 月 1 日のメーデーのような一定の国際的な拡がりをもつものがみられる。また、こうした祝祭日の中で、すべての公民の法定休日となるのは新年（1 日）、春節（農暦正月 1 日から 3 日までの 3 日間）、メーデー（1 日）、国慶節（10 月 1 日と 2 日の 2 日間）に限られていた。唯一の伝統的な祝祭日として法律に盛り込まれている春節については、文化大革命の最中の 1967 年 1 月に、革命の情勢に適応させるために（「為了適応革命形勢」）その休みを取り消すといった内容の通達が国務院から出されたことがある。春節に休みを取らずに生産活動を行う、いわゆる「革命的な春節」を過ごすという政府の主張やスタイルは、文化大革命が終息するまで続いた［高 2006a: 8］。

　改革開放以降、経済の発展に伴い、労働法における休日制度に変化が生じ、1995 年 5 月 1 日から週休 2 日制度（双休日工作制）が導入された[6]。「休閑時代」という言葉で表現されるように、祝祭日のレジャー旅行が次第にブームになり、もともと 1 日または 2 日間の法定休日であった 5 月 1 日のメーデーを中心に、その前後の週末の 2 日休暇を振替えて、事実上一週間にわたる大型連休（「黄金週」）や国慶節の大型連休の休日制度が、人びとに多くの休暇を提供することで、中国社会内部の産業の発展および消費を引っ張る（「拉動内需」）という意図のもとで制定された。1949 年の『全国年節及紀念日放假辦法』をもとに、1999 年 9 月 18 日に国務院によって改定・公布・施行された法定祝祭日・記念日の第 1 回修正法案、つまり中華人民共和国国務院令（第 270 号）の『全国年節及紀念日放假辦法』は端的にそれを表わしているものである。1949 年に定

められた公民の休日に照らしてみると、メーデーの休みは1日から3日間へ、国慶節の連休は2日間から3日間へとより長く設定されるようになったことがわかる。そのほか、公民の休日が土曜日または日曜日となった場合、平日は振替休日とするということも新たに付け加えられた。

　休日や収入の増加に後押しされ、長期休暇を利用する旅行という形のレジャーが盛んになるという新しい動きが出現した。一方、改革開放後、農村地域や地方の町において、民間の廟会、春節、端午節などの祝祭日に関連する民俗行事が自発的に復活し、活発な様相を呈している。その中で、消費を刺激し内需を拡大することによって経済発展の促進を優先する考え方に対して、伝統的な文化の見直しという文脈から祝祭日の改定をめぐる議論が盛んになされてきた。現行の祝祭日について提起されたのは、中華人民共和国建国後、西暦が民国時代に引き続いて実施されており、祝祭日にはメーデー、国慶節など政治的なものが多く、また、児童節、国際婦人デー、青年節、中国人民解放軍記念日である建軍節など一部の公民に適用する記念日があるとはいえ、社会生活全般においては春節のみが法定の祝祭日であり、その他の民族の伝統的な祝祭日は取り入れられないままであるという問題であった。ここで、中国国内の研究者・有識者の見解を代表すると思われる二つの議論を取り上げてみる。

　まず一つは「文化の自覚」に基づいて現代社会の祝祭日の問題点を整理し、とりわけ近年法定休日が増加したにもかかわらず、民衆が民俗行事を行う公共時間は制度上設けられていない現状を改善すべきであるとする、中国民俗学者たちからの問題提起および提案である。中国民俗学会が中央文明辦公室の中国伝統祝祭日文化に関するプロジェクトを引き受け、数多くの研究を行い、マスコミにおいても議論を展開してきた。その研究成果として、例えば国際シンポジウム「民族国家的日暦：伝統節日与法定假日国際研討会」が開催され（2005年2月　写真1）、そのシンポジウムの研究発表をまとめた『節日文化論文集』（2006年）や『春節』・『清明節』・『端午節』・『中秋節』を書名とする中国民俗文化叢書（2006 ～ 2008年）、『中国節典―四大伝統節日』（2008年）などが刊行されている。

　「文化の自覚」(Cultural Consciousness)は1997年に社会人類学者の費孝通によって提起された概念である。費によれば、文化の自覚とは特定の文化に生きる人びとが自文化の起源、形成過程、特徴、発展の方向などを客観的に認識することであり、「文化の復古」でもないし、全面的に西洋化するという主張でもない。その目的は新しい社会変化に適応し、主体的に新しい時代の文化を選択すると

写真1 「民族国家の暦:伝統的な祝祭日及び法定休日」国際シンポジウム（北京 2005年2月 筆者撮影）

ころにあり、自文化を認識し、接触する他文化を理解してはじめて、文化の多様性の状況の中に自文化の位置づけができるとしている［費 1998: 52-53］。これを受け、高丙中らは自文化に自信を持って自文化の起源やプラス・マイナスの両面を冷静に見直し、他文化との交流という前提で自文化を客観的に再認識するという観点から、近代国家以降の祝祭日の制度における問題点を整理した。とりわけ春節、清明節、端午節、中秋節、重陽節の際の重要な民俗行事については、それらを実践することが可能な公共時間が設けられていない現状を指摘し、それを踏まえて祝祭日の制度の改定について五つの提案をした［高 2006a: 1-16］。

　(1) 全国的な祝祭日と記念日を再編成し、革命の歴史の持続性を顕彰すると同時に中華民族の長い伝統への尊重を示すこと。(2) 春節の休日を1〜2日前にずらし、人びとに移動や旧正月の準備の時間を与える。清明・端午・中秋・重陽を法定祝祭日に取り入れ、メーデーと国慶節の大型連休の一部を清明節と中秋節に振り分けること。これらの重要な祝祭日に里帰りの休暇を与えれば、休日を利用して内需を牽引する経済面の要望を満たすことも、民衆の文化生活に必要な時間を確保することもでき、文化における歴史的な連続性を保持する政府の正統性も強化されることになる。太陰太陽暦に基づいて決められる移動休日によって混乱が生じる恐れがあるという意見もあるが、世界的にみれば、イスラム教の国にも一部の西洋の国にも移動休日があり、多くの国の経験を検討しても問題がないことは明らかである。(3) 先烈記念日と植樹節を祝祭日に

定め、清明節と併せて連休にし、春のピクニック・墓参り・植樹の行事の便宜をはかること。（4）省・自治区・直轄市が地方的な祝祭日および記念日を実施することを容認すること。（5）全国的なアンケート調査を実施し、具体的な改定案に賛同するかどうかを確認すること［高 2006a: 15-16］。

　この提案では、革命の歴史を示す記念日の意義が十分に配慮されているとともに、伝統的な祝祭日である清明節、端午節、中秋節と重陽節にその行事の実践を確保する公共時間を付与すること、すなわち伝統的な祝祭日を法定休日として増設する社会的・文化的な意義が強調されている。また、この提案をまとめるにあたって、台湾や香港において春節・清明節・端午節・中秋節が法定休日として定められていることや、太陰暦が使用されているイスラム教の文化、太陽暦が使用されているが、復活祭のように月の運行によって毎年日付が異なる移動休日をもつキリスト教文化圏、中国の太陰太陽暦が併用されているアジアの他の国の伝統的な祝祭日といった文化的状況について幅広く検討がなされた。言い換えれば、ただ自文化の伝統の再認識に関心が払われるだけでなく、グローバル化の状況における祝祭日の多様な文化のあり方や設定の現実的な可能性も注目・加味された。

　中国民俗学会会長を務めた劉魁立は、北京で開催された国際シンポジウム「民族国家的日暦：伝統節日与法定假日国際研討会」で、祝祭日の意義について、祝祭日は休日（假）ではあるが、休日以上の重要な意味をもつもの、つまり、社会集団の調和した人間関係の接着剤、歴史・文化の伝統の蓄積および表現、民族文化を表象するものであり、文化・民族・国家のアイデンティティを表わしていると主張し［劉 2006: 2］、また、伝統的な祝祭日に行われる儀式や祭礼行事がもつ多様な社会的機能について、「それは盛大に行われる民族文化活動として、民衆の芸能を展示する良い機会であり、文化的な意味を内包する休日を通じて現代社会の生活の速いリズムを調整することができる。コミュニティ内部の協力や結束力が行事を通じて発揮され、家族ないし社会内部の調和・団結が促進され、道徳や精神力が培われる」と述べ、法定休日に伝統的な祝祭日を取り入れるという祝祭日の制度の再編成の重要性を訴えている［劉 2008: 2-3］。

　もう一つの重要と思われる議論は、中国人民大学総長を務めた経済学者の紀宝成と、清華大学休日制度改革プロジェクトチームの代表者で、経済学者である蔡継明を中心に、テレビやインターネット上のフォーラムでの発言などの形で展開されたものである。それは以下のように要約することができる。（1）

134　Ⅱ　文化行政からみるナショナル・地域の文化遺産

一部の伝統的な祝祭日を国家の法定休日として確立すること。伝統的な祝祭日は文化的な要素を内包しており、中華民族の伝統文化を発揚し、民族の凝集力を強化し、調和社会を構築していくうえで重要な役割を果たしている。香港・マカオ・台湾では伝統的な祝祭日が法定休日である。(2) 現行の祝祭日の再配分。メーデーと国慶節の二つの大型連休を取り消し、その休日の一部を清明・端午・中秋・重陽節に割り当ててそれぞれ 1 日休日とし、また休日を 1 日増やし、旧暦大晦日(「除夕」)を休日とすると提案した。(3) 伝統的な祝祭日に土日の休日をつなげて連休を設けたり、有給休暇の制度を推し進めたりする。

　紀宝成は全国第 10 期人大代表として、2004 年 3 月、第 10 期全国人民代表大会第 2 回会議で法定祝祭日の検討を議案として提起し[7]、清明節・端午節・中秋節の 3 つの伝統的な祝祭日を国家の法定祝祭日に指定してそれぞれ 1 日休日とし、春節の前日の旧暦大晦日を休日とすることを提案した。また、蔡継明は政協委員でもあり、彼を代表者とする清華大学休日制度改革プロジェクトチームによってまとめられた提案は、中央政府の「国家発展和改革委員会」に提出された。こうした祝祭日に関する問題提起と具体的な改定案がマスコミの報道やインターネットを通じて人びとに知られ、大きな反響を呼び起こした。2007 年に祝祭日に関する法律の改定法案が「人民網」、「国家発展和改革委員会」の公式サイトに公表されると、伝統的な祝祭日の増設に賛成するが、メーデーの大型連休「五・一黄金週」の取り消しに反対する声がいろいろ出た[8]。

　このような議論が重ねられた結果、現行の法定祝祭日は春節しかなく、伝統的な文化の要素が不十分であること、長期休暇をとる人が春節やメーデー、国慶節に集中することにより交通渋滞、観光地の混雑といった事態を招いていることなどの問題点が政府によってまとめられた[9]。

　2007 年 12 月 14 日付で中華人民共和国国務院令(第 513 号)が公布され、2007 年 12 月 7 日に開かれた国務院第 198 回会議において可決された祝祭日及び記念日に関する第二回改定法案(『国務院関於修改《全国年節及紀念日放假辦法》的決定』)が 2008 年 1 月 1 日より施行された[10]。この改定法案によれば、公民の祝祭日の中で、元旦と国慶節の休日は現状を維持し、春節は 3 日間が休日となり、旧暦大晦日から始まるとする。メーデーの 3 日間の休日は 1 日に短縮し、清明節・端午節・中秋節の休日が新たに増設され、それぞれ 1 日の休日とする。また、新設された上記の祝祭日に関しては、土日を平日振替休日に置き換え、その祝祭日にくっつけて 3 連休を作ることが認められている。こうして、改定後の法定祝祭日は 1999 年のそれと比べると、年間祝祭日数が 1 日増えて計 11

グローカル化における祝祭日の再構築　135

日間となった。メーデーの大型連休が取り消されるかわりに、伝統的な祝祭日が法定祝祭日として加えられ、事実上、春節と国慶節は長期休暇の形を維持し、清明節、端午節、中秋節は振替休日を含めて3連休となるという形で決着したのである。

## ユネスコの無形文化遺産保護条約：祝祭日の再編成に影響する外部の要因

　労働法上の週2日休暇制度と内需の牽引を狙いとした大型連休制度の導入は人びとの休暇の過ごし方という生活様式に変化をもたらした。こうした社会的な要因のほか、「民族伝統文化」の特徴をもつとみなされる、伝統的な祝祭日の文化的意義を認識する「文化の自覚」もまた祝祭日の再編成を促す文化的な要因であった。法定祝祭日への見直しの動きに関しては、さらに中国社会を取り巻くグローバルな文化的状況に注目する必要がある。民俗学者と経済学者らの議論において、伝統的な祝祭日の文化が十分に伝承されてこなかったため、それに対する関心が失われつつあり、欧米の祝祭日を祝うスタイルを真似する「過「洋節」」が流行していること［劉魁立 2008: 5］や、欧米社会の祝祭日の慣習がマスメディアを通して中国社会、特に都市部の若者層に影響を与えており、現代社会の端午節などの祝祭日の行事はそうした祝祭日の文化要素の影響を受けて、都市部では大衆消費が中心となり、商業的に利用されたり変えられたりしていること［孫 2006: 3-5］、クリスマス、感謝祭、父の日、母の日などの欧米の祝祭日の文化と価値観を媒介にして大量の欧米のブランド商品が中国の市場に流入してきたこと[11]への懸念が表わされている。

　言うまでもなく、バレンタインデーやクリスマスなど西洋の祝祭日に際し、その宗教的な要素が除外され、関連商品を中心に消費するような形で他文化の祝祭日の慣習を自らの生活の一部として取り入れるのは中国だけでなく、アジアの他の国にもみられる現象である。テレビ局が開設され、インターネットで映像が配信され、他文化の人びとの暮らしぶりをまざまざと見ることができるようになり、新奇なものに憧れて自文化と異なる祝祭日の慣習についての情報を入手することも可能となった。中国では1980年代からのテレビ、1990年代からのインターネットの発展がこの傾向に拍車をかけ、さまざまな異文化との接触が日常的となった。これは日常生活レベルにおけるグローバル化が進んでいる結果といえるであろう。上記の議論もそれを批判するのではなく、自文化の祝祭日の価値に対する理解の欠乏または無関心を懸念しているのである。

　文化の面のグローバル化の状況において、無形文化としての祝祭日に関する

法律の改定に、より大きな影響を与えた中国社会外部の要因としては、ユネスコのグローバルレベルの文化政策が挙げられる。2008 年に施行された祝祭日に関する法律に盛り込まれた端午節はその端的な事例である。「人類の口承及び無形遺産に関する傑作の宣言」やネスコ総会で採択された「無形文化遺産の保護に関する条約」によって、世界諸国で無形文化が保護すべき遺産としての認識を得るようになり、「無形文化遺産の保護に関する条約」の 6 番目の締約国である中国もその一つである。そうした状況の中で、2004 年、韓国が江陵端午祭を「人類の口承及び無形遺産に関する傑作の宣言」に申請・登録したことは中国の祝祭日文化の伝承・保護の問題意識に大きな波紋を広げ、中国国内では議論が大きく飛び交った。

　議論は、中国の祝祭日である端午節を外国が横取りして先に無形文化遺産を登録しようとすることへの批判、中華民族の伝統的な祝祭日を守らなければならないという呼びかけ、韓国の江陵端午祭と中国の端午節の異同と関連性についての検討、東アジア地域の文化資源として共有するものであるといったような考え方などをめぐって展開された [12]。この論争に対し、自国に起源を持つ伝統文化を外国が横取りして先に遺産登録しようとするのは文化侵略であるという非難には、文化ナショナリズムが露呈しているという指摘もある［櫻井 2006: 131］。また、韓国の人類学者の金光億は、祭祀対象、多様な行事の内容、開催期間などからみて、江陵端午祭は「農暦五月五日に祝われる他の地域の季節性の祝祭とは違い、多様な民間宗教、伝統的な競技、遊戯、娯楽と民俗芸能から構成され、山神に対する儒教的な祭祀儀礼から始まり、シャーマンの儀式とそれに続く仮面劇でハイライトを迎える。祭礼は農暦五月を通じ 1 カ月にもわたって持続的に行われる」。要するに、「江陵端午祭は中国にみられる端午節とは異なるものである」と説いた［金 2007: 110-111］。

　さまざまな見方があることはともかく、韓国では 1960 年代にいち早く文化財保護法を確立し、江陵端午節が 1967 年にすでに国の重要無形文化財第 13 号に指定・保存されているのに対し、中国では民俗文化およびその伝承・保護が疎かにされてきて、いまだに民族・民間文化保護法が制定されていないといった問題に危機感をいだき、それを反省したうえで、緊急措置を取って無形文化の保護対策に取り組まなければならないという点においては認識がほぼ共通していた。中国の無形文化遺産制度の確立や、伝統的な祝祭日の意義などを含む「文化の自覚」の問題が提起された背景のもとに、伝統的な祝祭日は「一つの媒体として、また複合的な文化表現として、無形文化遺産の枠組みにおいて中

心的な地位に位置づけられる」と説かれ、その位置づけについての議論はつね
に無形文化遺産保護の制度の制定に関連させて行われてきた。

　無形文化遺産の保護・伝承に関する制度が確立される前の数年間の状況をみ
ると、中国は2003年から「中国民族民間文化保護プロジェクト」を稼働させ、
2004年にユネスコの採択した「無形文化遺産保護条約」に正式に加盟し、民
族民間文化の調査、整理、記録などを駆け足で行ってきた。2005年12月に国
務院は『文化遺産保護強化に関する通達』（国発［2005］42号）を公布し、「保
護を主とし、緊急措置をとることを優先する。合理的に利用し、伝承・発展さ
せていく（「保護為主、搶救第一、合理利用、伝承発展」）というガイドラインを打
ち出し、その通達の第4項「無形文化遺産の保護を積極的に推し進める」の（4）
の部分には「無形文化遺産リストの登録制度を設立する」ことが明記されてい
る。これをもって文化遺産の保護事業への取り組みが本格的に始まったとみな
されている。

　2006年、国・省・市レベルの無形文化遺産リスト「国家級・省級・市級非
物質文化遺産名録」の登録制度が確立し、さらに、2011年2月に『中華人民
共和国非物質文化遺産法』が第11期全国人民代表大会の会議で承認され、6
月1日に施行された。この流れの中で、法定祝祭日に伝統的な祝祭日である清
明節、端午節、中秋節が加えられる形に再編成されるのに先駆けて、2006年5月、
春節、清明節、端午節、七夕節、中秋節、重陽節が中国文化部により認定さ
れ国務院によって承認された第1回国の無形文化遺産リスト（「国家級非物質文
化遺産名録」）に指定された（国発［2006］18号）。それに続いて、元宵節は2008
年に第2回国の無形文化遺産リストに登録された。さらに、第1回国の無形文
化遺産リストの拡大リストには、地域文化の特徴が顕著に現れているとされる
祝祭日の行事が追加登録された。2011年、第3回国の無形文化遺産リストに
香港特別行政区の中元節（「潮人盂蘭勝会」）が加えられ、その拡大リストには前
回と同様に、地域文化の特徴をもつとされる祝祭日の行事、例えば山西省介休
市の清明節（「介休寒食清明習俗」）や浙江省嘉興市の「嘉興端午習俗」などが追
加登録された[13]。

　韓国の江陵端午祭の無形文化遺産登録に対する見方もこの時期に変化がみら
れた。中国に起源をもつ端午節の全体的な特徴ないし地域ごとの特徴を把握し
たうえで、韓国の江陵端午祭がもつ地域的な文化要素と全体像を紹介する端午
節特集番組がCCTV（国営テレビ局）で放送されるなど、余裕をもって理解で
きるようになったと見受けられる。

138　Ⅱ　文化行政からみるナショナル・地域の文化遺産

このように、グローバルな文化動態に連動したローカルレベルの動きとして、中国では「無形文化遺産保護条約」に加盟した後に、端午節をはじめ祝祭日に関連する「民族民間文化」が無形文化遺産として位置づけられ、その保護・伝承を強化する政策と法律が次から次へと制定・施行されるようになった。言い換えれば、祝祭日に関する法律の改定、その結果として清明節、端午節と中秋節の三つの伝統的な祝祭日がメーデーの大型連休に取って代わって中国の法定祝祭日に編入されるに至ったプロセスには、「文化の自覚」を推し進めようとする外部の要因もあったと考えられる。

## 3　祝祭日と地域文化アイデンティティの再構築
　　：「嘉興端午民俗文化節」の事例

　ここまでユネスコの無形文化遺産条約の締約国として国というローカルレベルでの中国政府の対応を述べてきた。次に、「非物質文化遺産」の概念や国レベルのほか、省・市レベルの「非物質文化遺産名録」登録制度が導入されることでもう一つの意味のローカルレベルでの地域社会の動きについて、浙江省嘉興市の近年のイベント「嘉興端午民俗文化節」を事例として検討する。

### 中国の端午節の地域性への認識
　前に述べたように、端午節は国の無形文化遺産リストに登録された際に、申請者が中央政府の「文化部」の名義になっているが、湖北省宜昌市と秭帰県（屈原故里端午習俗）、黄石市（西塞神舟会）、湖南省汨羅市（汨羅江畔端午習俗　写真2）、江蘇省蘇州市（蘇州端午習俗）の四つの市・県の習俗が明記されている。ユネスコの無形文化遺産「The Dragon Boat Festival」を登録申請した際にも、その四つの地域が共同で申請を行い、一括して中国の端午習俗として登録された。しかしながら、一口に端午節と言えば、屈原を祭祀・記念する祭礼行事が現代中国社会において端午節の主なテーマとして一般的に広く知られ、端午節をめぐるディスコースの主流（「主流話語」）として定着しているにもかかわらず、実際には屈原伝説とは異なり、伍子胥祭祀に龍舟競漕の起源をたどる説話というような地域的な要素が内包される行事も存在している。地域によって伝説や行事が必ずしも一様ではなく、端午節の起源の問題をめぐって「端午節は屈原祭祀に由来するのか、それとも伍子胥祭祀に由来するのか（「端午姓屈還是姓伍」）といった論争が交わされることがあったほどである。その結果、「文化

写真2 「端午節の源、龍舟競漕の里」と書かれた看板(湖南省 汨羅市・汨羅江の畔 2010年6月 筆者撮影)

共享」すなわち端午節の地域ごとの文化の多様性を認めることが共同申請の前提であるとされた[14]。ユネスコの無形文化遺産の申請登録にあたって、ノールーズの事例にみられるように、特定の文化が特定の地域や国の境界を越えて分散して存在しているという文化的状況が認められているのである。

ユネスコの公式サイトでは「The Dragon Boat Festival」に関する記述に変化がみられる。端午節の共通した文化要素と地域による相違に関する部分の違いの要約は以下の通りである。

(1) 端午節は毎年農暦5月5日に行われる中国の伝統的な行事である。端午節は悪霊払いの慣習から多様な祭祀儀礼、競技、健康管理(病気予防)などの行事に発展してきた。その主な内容は戦国時代の最も偉大なロマン詩人である屈原を祀り、呉の国の伍子胥を記念し、入口のドアに蓬と菖蒲を掛け、雄黄酒を飲み、粽を食べ、龍舟競漕をし、厄払いをすることである[15]。

(2) 端午節は農暦5月5日に始まり、とりわけ中国の長江の中下流地域で祝う。端午節の行事は地域によって異なるが、共通した特徴として、地域の英雄を祀る儀式、龍舟競漕、柳の射撃(射柳)などの競技、粽、卵、雄黄酒などで祝う宴、演劇、歌などを含む民俗芸能と結びつけられている。祭祀・記念される人物は地域によって異なり、湖北省と湖南省では屈原を、南中国では伍子胥を、雲南省の傣族地域では岩洪窩を祭祀する。参加者は端午節の期間中に花の香りがする風呂(菖蒲湯)に入ったり、五色の服を着たり、家の入口に蓬・菖蒲を掛けたり、窓に切り紙を貼りつけたりすることによって厄払いを行う[16]。

こうした観点は近年、中国で蓄積されてきた端午節に関する研究成果に基づ

いたものであろう。中国における端午節の共通した文化要素とともに、地域ごとの伝説や祭祀対象があることが記述のポイントであると思われる。「各地域に存在する慣習についてその多様な発展を奨励すべきである」[高 2004: 28]といった認識が次第に広がり、端午節の地域性・多様性を認めるという流れを受け、浙江省は省レベルの無形文化遺産制度を確立し、2006 年から省レベルの無形文化遺産リストの指定をスタートさせるとともに浙江省に現存する祝祭日の民俗行事の調査・指定に力を入れてきた。嘉興地域の端午節はその一つであり、2008 年、「嘉興端午習俗」として第 3 回浙江省レベルの無形文化遺産リストに登録され、浙江省文化庁から「浙江省民族伝統節日保護基地」にも指定された。「嘉興端午民俗」はさらに、2011 年 6 月に公布された国の無形文化遺産リストの拡大リストに追加登録されるに至っている。

## 「南湖船文化祭」から「嘉興端午民俗文化祭」へ

　嘉興はもともとユネスコ無形文化遺産リストに登録された中国の端午節の四地域として数えられていないが、国および浙江省の無形文化遺産制度の導入をきっかけに、「端午民俗文化」を地域文化のブランドにしようとする施策がなされている。嘉興は浙江省の北東部にあり、北で蘇州市、北東で上海市に接しており、南は杭州湾に面し、太湖水域に属する水郷の都市である。現地の言葉で「呉根越角」と表現されるように、春秋時代の呉の国と越の国の境界エリアに位置する。端午の時期に行われる龍舟競漕の由来について、呉と越の両地域では、それぞれ呉の武将である伍子胥または親孝行をした曹娥の死を祭る説話と、越王勾践が水軍を訓練し呉の軍隊を打ち破った説話が伝承されていると指摘され[黄 2011: 39]、また、近年嘉興地域で採集された端午の龍舟競漕にまつわる民間故事からは、嘉興では伍子胥の物語も越王勾践が端午節の龍舟競漕の名義で水軍を訓練した言い伝えも語り継がれていることがわかる[嘉興市文学芸術界企画 2010]。

　文化大革命によって中断を余儀なくされていた端午節の龍舟競漕などの競技が改革開放後、嘉興市周辺の農村地域で自発的に復活した。これと対照的に、嘉興市区の南湖で過去 10 年ほどの間に行われてきた市政府主催のイベントは異なる趣旨のものである。嘉興市では、2000 年から「南湖船文化祭」（南湖船文化節）を 3 回開催したことがあり、その主な行事である飾られた船の水上パレード、蓮の花の飾り灯籠、「踏白船」などを通じて「舟文化」と「水郷文化」といった地域文化の特徴を表現するのが狙いであった。とりわけ第 3 回「南湖

グローカル化における祝祭日の再構築　141

船文化祭」には、中国共産党の誕生地としての南湖の「紅色文化」、有名な歴史人物の「名人文化」、「水郷文化」と「民俗文化」の資源をさらに利用するとともに、「更着意於突出民俗性」すなわちイベントにおける民俗文化の要素の重要性が強調されはじめた。2003 年に「南湖船文化祭」が「中国・嘉興江南文化祭」に名称変更され、民俗活動の上演、学術シンポジウム、経済貿易交流などの行事が取り入れられた [17]。大きな変化がみられたのは、「嘉興端午習俗」が浙江省レベルの無形文化遺産リストに登録され、「浙江省民族伝統節日保護基地」に指定された 2008 年の翌 2009 年である。文化祭のテーマおよび主なイベントは端午節の民俗を中核に、「嘉興端午民俗文化祭」の形で展開されるようになったのである。

　2009 年から 2011 年の「嘉興端午民俗文化祭」(嘉興端午民俗文化節)については、すでに別の論考で述べたので、ここではそのポイントのみを記しておく。2009 年 5 月 26 日から 30 日にかけて第 1 回「2009 中国・嘉興端午民俗文化祭」が「端午節の町嘉興へようこそ」(過端午、到嘉興)をテーマに開催され、全国龍舟競漕試合および第 3 回中国大学生龍舟選手権大会、民俗展示パレード、「中国民俗文化当代伝承浙江論壇(嘉興)」などのイベントが行われた。嘉興端午民俗文化祭全体の趣旨は、「米の栽培が行われた新石器時代の馬家浜文化、稲作文化、粽の文化などの文化資源を掘り起こし、嘉興を端午節の伝統的な民俗文化の集大成の展示場に作り上げ、嘉興の文化的な魅力を明らかにし、嘉興市の対外影響力を広げる」というものであった。文化祭の開催中、歴史名勝の壕股塔近辺で端午節の祭龍行事(「神龍祭」)を初めて復活させた。

　2010 年 6 月と 2011 年 6 月に開催された「2010 中国・嘉興端午民俗文化祭」と「2011 中国・嘉興端午民俗文化祭」は中国文化部と浙江省政府の主催、嘉興市政府の運営に変わり、地方政府主催のイベントから国レベルのものに昇格した。また、2010 年に嘉興は中国民俗学会と嘉興文学芸術界連合会によって「端午文化研究基地」に指定されている。2010 年 6 月 13 日から 17 日まで開催された「2010 中国・嘉興端午民俗文化祭」では、「端午祭祀」(端午祭)のイベントが付け加えられたことが最も注目に値する(写真 3、4)。端午節を控え、南湖のほとりに直径 40m の祭龍儀式用の祭壇が造られた。それと同時に、嘉興で由緒のある「七寺八塔」の一つである壕股塔の寺院が伍子胥を祀る伍相祠に改築され、伍相祠に見合うように伍子胥像、伍子胥説話をモチーフとした浮彫が造られ、塔の内部には伍子胥関連の詩が飾られた。こうしたイベントの増設からは、祭祀儀式の空間および行為を確立し端午民俗文化祭に取り入れること

写真3 2010 中国・嘉興端午民俗文化節におけるパレード「民俗表演大巡游」(嘉興 2010年6月 筆者撮影)

写真4 2011 中国・嘉興端午民俗文化節における伍子胥祭祀儀式「伍相祭」(嘉興 2011年6月 筆者撮影)

によって、「5月5日に「伍君」を迎える」という当該地域の言い伝えや歴史文献の記録をよりビジュアルかつ明確に表現し、嘉興地域の端午節に行われる龍舟競漕は伍子胥を記念するための行事であり、つまり嘉興の端午節で最も特徴的なことが伍子胥祭祀であるということをアピールしようとする地方政府の意図を読み取ることができる［謝 2012］。

「2011 中国・嘉興端午民俗文化祭」は「嘉興の端午、中国の趣」をテーマとし、中国の端午文化における嘉興の位置づけ、すなわち呉越地域の文化を示す嘉興の地位を固めるという狙いが込められている。過去に開催された2回の嘉

興端午民俗文化祭より、伍子胥の歴史的・文化的伝承の価値をさらに強調し、外部に対して「伍子胥と嘉興、伍子胥と端午」の影響力を広げようとすることと、多くの市民参加を引きつけるために縁日の市「子胥廟会」を開くことの2点が全体的に目指すところであるという。2010年の1回目の「伍相祭」に続き、伍相祠では中国国内および海外の伍氏の後裔が集まって伍子胥を祀る儀式を行った。政府によって組織され民間人が実行したこの儀式において、山門の外では獅子舞が上演され、伍相祠の境内では太鼓を叩いて線香を焚き、牛・羊・豚の供儀を供え、祭文を読み上げるという式次第で進められた。

　嘉興市に先駆けて伍子胥祭祀の儀式を復活したのは呉の国の都であった蘇州市である。景勝地の盤門で1988年に伍相祠が再建され、1996年に造られた伍子胥の彫像がみられる。地元の新聞によると、2006年に「蘇州端午習俗」が国の無形文化遺産リストに指定されてから、2007年の端午節を祝う際に蘇州市滄浪区政府主催の初めての公的な伍子胥祭祀儀礼が行われ、蘇州市政府、滄浪区政府、伍氏の後裔と各界界の代表者がそれぞれ伍子胥像の前で生花の籠を供えて伍子胥を祀ったと報道されている[18]。蘇州の端午節は、春秋時代の呉の国の名将伍子胥を祭ることから始まり、現在では蘇州市の年に1度の盛大なイベントへと変化した。イベントや民俗行事は龍舟競漕、薬草を採り、蓬や菖蒲を入口に飾り、古くからの絹織物文化が反映される装身具の着用、伝統的な行事の中心的な内容を構成する粽作り、端午の祝宴が挙げられるとされている[19]。

　嘉興端午民俗文化祭では、活動開始とともに、地域文化ブランドとしての嘉興の端午文化を作り上げることが明確な目標として設定された。ユネスコ無形文化遺産に登録されている中国端午節に含まれる蘇州端午習俗や蘇州市の端午節イベントにみられる要素との共通点を強調したり、民間故事で語られている越王勾践水軍訓練（越）のような伍子胥説話（呉）と対立するモチーフを切り離し、伍相祠を新築して「伍相祭」を新設したりするなど伍子胥祭祀を全面的に端午民俗文化祭に取り入れて嘉興の端午節の地域性を鮮明に打ち出そうとした。

## グローバルな文化政策と地域文化アイデンティティの再構築

　嘉興市政府主催の文化祭が「舟文化」、「水郷文化」、「紅色文化」、「民俗文化」を経て「端午民俗文化」に辿り着いた過程をみると、「非物質文化遺産」つまり無形文化遺産の概念や文化の多様性の観念が次第に広がっていった中国国内の社会的・文化的状況の変化を示すと同時に、国および浙江省の無形文化遺産制度の文化政策に向けて、当該地域の端午節にまつわる伝説や民俗行事の要素

を抽出し「嘉興端午文化」を意識的・明示的に創造していった嘉興市政府の文化戦略であると捉えることができる。

　伍子胥祭祀儀式のほか、嘉興の粽の文化的意義が前面に打ち出されたのも特筆すべき事象である。粽は端午節に欠かせない食品で、市民の粽手作り大会は嘉興端午民俗文化祭に登場するイベントの一つである。民国時代に開業した嘉興の老舗「五芳斎」の粽が中国で広く知られており、「五芳斎」に因んだ地元の二つの有名企業はそれぞれ南湖で行われる競漕のスポンサーとして出資するだけにとどまらず、嘉興の端午節の民俗を展示する「嘉禾民俗体験館」、「嘉興粽文化博物館」の建設に力を注いだ。2010 年 6 月、筆者は「嘉興粽文化博物館」の責任者から博物館の設立について聞き取りを行う機会を得て、いくつかの事情を知ることができた。この博物館では粽の歴史、五芳斎の発展および変化、嘉興をはじめ中国および世界各地の粽を説明する展示がみられ、店で粽を食べたり購入したりすることができ、端午の日は見学が無料となる。博物館の建設が企画された段階において、人びとに嘉興の粽の歴史を理解してもらい、粽の文化を伝承していくという企業経営者の構想と、「嘉興の粽（を）、一枚の（地域文化の）名刺」にするという嘉興市政府の政策とは期せずして一致したため、市政府から支持と許可を得たのである。粽をテーマとする中国初めての民間博物館として、「嘉興粽文化博物館」は 2009 年 5 月 18 日の開館以来好評を博し、さらに非営利の粽レストランや販売店が増設され、2010 年 6 月 1 日にリニューアルオープンした。

　こうした伝統的な食品の無形文化遺産としての文化的付加価値に対する新たな認識がさらに「粽子文化祭」の開催という形で実践されている。2005 年に、第 1 回中国粽文化祭（「中国粽子文化節」）が中国食品協会、浙江省工業協会と嘉興市人民政府の共同主催、地元の粽製造の企業の運営によって行われ、「五芳斎粽の製造技術」は「嘉興端午習俗」とともに第 3 回浙江省レベルの無形文化遺産に指定され、2011 年に国の無形文化遺産リストに登録された。

　嘉興端午習俗と地域社会のアイデンティティについて研究を行った劉朝暉らは、「嘉興端午習俗」の無形文化遺産登録はその文化の地域性よりも、むしろ地域社会が文化のアイデンティティの結束力を固め、地域興しの使命を果たそうとすると言ったほうが適切である、と指摘している［劉・陳 2011: 294］。無形文化遺産の保護を推し進めるグローバルな文化政策の影響はもとより、国レベルから地方レベルまでの無形文化遺産申請登録の制度は政府主導の形をもって、地域文化への「文化の自覚」すなわち地域文化のアイデンティティに対す

る意識を強めているように思われる。もともと自発的に行われていた端午節の民俗行事に地方政府が文化行政の面から関与し、「南湖船文化祭」を「嘉興端午民俗文化祭」の形に改変し、蘇州と共通した伍子胥祭祀などの文化要素を積極的に取り入れるなどして、屈原祭祀を端午節の中核とする他地域との差異化を図り、「嘉興端午習俗」を地域文化のアイデンティティを表象するものとして作り上げたのである。

## むすび

　中国の祝祭日に関する法律の改定は、外部のグローバルな文化の動きの刺激を受けながら、自らの伝統的文化に対する再認識・再評価という「文化の自覚」のもとで行われた。その結果、伝統的な祝祭日の清明節、端午節と中秋節が国の法定休日に取り入れられ、「民族国家の暦」が再構築された。そのプロセスにおいて、伝統文化、民俗、そして何よりプラスの評価が込められた「非物質文化遺産」といった概念が、ユネスコの無形文化遺産条約というグローバルな文化政策の存在を下支えする価値として中国の国ないし地方の文化政策に組み込まれていった。中国の無形文化遺産の継承・保護の制度が確立し、国の文化戦略として機能するようになると、伝統的な祝祭日がまず「民俗」として国の無形文化遺産リストに指定され、次にグローバルな文化政策の中心的かつ権威をもつ存在であるユネスコに対して発信し始めた。中国の端午節は一方では中国らしさを表象するわれわれの祝祭日（「我們的節日」）としてユネスコの無形文化遺産に登録され、他方では国内の地方文化行政に浸透し、地域文化のアイデンティティの強化、さらに観光、地域づくりの資源にも活用されている。

　ユネスコの無形文化遺産に登録されていない「嘉興端午習俗」が浙江省の民族伝統節日保護基地と省レベルの無形文化遺産リストに指定されたことに伴い、当該地域における稲作の遺跡、米を原料とする粽の老舗の生産技術、蓬や菖蒲などの飾り、龍舟競漕の競技、祭龍の儀式などが一括りにされて「端午民俗文化」とみなされるようになった。とりわけ伍子胥にまつわる伝説や祭礼行事は「地域的なるもの」として位置づけられ、屈原伝説を中心とする他地域の端午節との差異化を促し、その結果、地域文化の価値を高める要素となった。そして、その地域性により国の無形文化遺産に追加登録されるに至った。嘉興端午民俗文化祭の開催によって、端午節の文化的な意義や価値が創造され共有される場が新たに形成されたと考えられる。

写真5　蓬・菖蒲の束を買ってきた女性（嘉興・月河歴史街区
　　　2010年6月　筆者撮影）

　このように、端午節の場合は、さまざまな相互作用や意味内容の変化を引き起こしつつも、どこか「中国的なるもの」という意味づけをもって、さらに中国社会の内部でどこか「地域的なもの」という意味づけをもって表象され再構築されている点にも特徴が見いだせる。現代中国における祝祭日の改定や端午節の意味づけに関する文化事象は、中国社会内部の出来事としてはそれを捉えきれないことが明らかである。ここには、ユネスコをはじめとする国際社会での情報の流動とその相互的影響・関係のもたらす文化の動態、すなわちグローバル化の作用が大きく働いていると言っていいであろう。言い換えれば、これらのローカルレベルとグローバルレベルでの文化事象は、同じ時期に生じて相互に作用し影響を及ぼしあうグローカルな現象と言える。中国の祝祭日が再構築されたこと、中国の端午節がユネスコの世界無形文化遺産に登録されたこと、嘉興の端午習俗が中国の国レベルの無形文化遺産リストに追加登録されたことは、外部のグローバルな社会・文化動態に連動した「伝統文化」の見直しと再評価として捉えることが可能である。
　無形文化遺産としての新たな「端午民俗文化」は、国または地方政府の主導によって端午民俗文化祭の形で展開されている。もともと外部の価値観によって左右される儀式やイベントではなく、その地域に生きる人びとが重視する行事の価値認識や当事者が希求する継承・保護のあり方について検討する必要がある。民俗行事の伝承主体の問題について筆者はすでに別稿で論じたが、無形文化遺産指定における研究者の役割などの課題が残されている。2011年11月に杭州で開催されたシンポジウム「当代中国の非物質文化遺産保護の行動に関

グローカル化における祝祭日の再構築　147

する研究：政策、実践と理論の反省」ではその問題が提起され議論がなされた。
その研究の更なる進展を期待したい。

注
1)「臨時大統領の暦に関する公布令」によれば、政府は（1911 年）12 月までに暦を制定し
　て公布し、新旧暦を兼用するとある。1928 年になると、内政部から国民政府に、北京市
　内の各政府機関、学校、団体が国暦に規定された休日以外の、旧暦の節気に基づく慣習
　による休暇を一律に禁止すること、旧暦の祝祭日に関わる娯楽や行事への指導・改善を
　実施し、例えば、旧暦元旦の行事を国暦の新年の正月に移すことを命令することなどを
　提案した。しかし、1934 年に、南京国民政府は強制的に旧暦を撤去することを停止し、「旧
　暦の祭日に対して、公務機関以外には民間の慣習に干渉し過ぎてはいけない」とした［中
　国第二歴史檔案館編 1991: 18-19; 1999: 424-426］。
2)　チャン族の新年「羌暦年」については、例えば松岡正子 1994「チャン族の『羌暦年』：
　理県蒲渓郷大蒲渓村の事例を中心として」、松岡正子 2005「『国民文化』とチャン族の『羌
　暦年』」http://www.iccs.aichi-u.ac.jp/archives/report/005/005_12_08.pdf、「羌暦年と国民文化」
　http://www.iccs.aichi-u.ac.jp/archives/report/027/027_06_05.pdf（2012 年 8 月 22 日閲覧）など
　を参照されたい。
3)　イラン文化遺産・手工芸・旅行業協会（The Iranian Cultural Heritage, Handicrafts and
　Tourism Organization）の説明による。http://www.unesco.org；「無形文化遺産保護事業の事
　例レポート：イラン：ノウルーズ（新年祭）とイラン政府」http://www.accu.or.jp/ich/jp/
　training/casestudy_pdf/09_10/case_study_report_iran.pdf（2012 年 8 月 20 日閲覧）
4)　パンギムン国連事務総長「ノウルーズを世界中で祝おう」、2011 年 03 月 23 日付 Jam-e
　Jam 紙、http://www.el.tufs.ac.jp/prmeis/html/pc/News20110327_104625.html（2012 年 8 月 30
　日閲覧）
5)「The Gangneung Danoje Festival」、http://www.unesco.org/culture/intangible-heritage/33apa_
　uk.htm（2012 年 8 月 31 日閲覧）
6)　1994 年 2 月 3 日に公布され、同年 3 月 1 日より施行された『国務院関於職工工作時間
　的規定』（国務院令第 146 号）では、隔週週休 2 日制度が定められた。翌 1995 年、改定
　された『国務院関於修改《国務院関於職工工作時間的規定》的決定』が同年 3 月 25 日
　に公布され、同年 5 月 1 日より施行された。
7)「北京の紀宝成代表、法定祭日の検討を議案として提起」、チャイナネット 2004 年 3 月
　14 日、http:/// www.china.org.cn/japanese/106150.htm（2009 年 7 月 13 日閲覧）
8)　祝祭日に関する法律の改定案が「人民網」、「新華網」、「国家発展和改革委員会」といっ
　た政府の公式サイトおよび「新浪」や中国最大のポータルサイト「捜狐（SOHU）」など
　に公表され、それについてのアンケート調査が実施された。大型連休の取り消しに関す
　る賛否両論の調査結果はサイトによって異なる。陳揚・郭暁燕「“五一”黄金週被取消」
　http://news.xinhuanet.com/politics/2007-11/11/content_7048624.htm（2008 年 2 月 13 日閲覧）；

熊焱・周健森「取消五・一長假、部分市民不爽」、北京晩報 2007 年 11 月 12 日。中国政府の公式サイトの記事「発展改革委就国家法定節假日問題回答記者問」http://www.gov.cn/zwhd 12/17/content_835623.htm（2012 年 9 月 11 日閲覧）

9) 張毅・周英峰「国家為什麼要对法定節假日進行調整？」人民網 2007 年 12 月 18 日。http://society.people.com.cn/GB/41158/6660485.html（2012 年 9 月 8 日閲覧）

10) 新華社「国務院辦公庁発出通知明確 2008 年部分節假日安排」http://www.news.xinhuanet.com/life/2007-12/18（2008 年 9 月 5 日閲覧）

11) 清華大学假日制度改革課題組：黄金週有四大弊端「建議増加伝統節日為法定休息日」http://society.people.com.cn/GB/1063/6493372.html、2007 年 11 月 07 日（2011 年 10 月 15 日閲覧）

12) 劉暁峰 2011a、2011b の論考においてもこの問題を取り上げている。

13)「国務院関於公布第二批国家級非物質文化遺産名録和第一批国家級非物質文化遺産拡展項目名録的通知　国発〔2008〕19 号」、中国政府公式サイト「中央政府門戸網站」http://www.gov.cn/zwgk/2008-06/14/content_1016331.htm

14) 楊奇旋・顧雯婕「蘇州汨羅争為端午申遺」、2005 年 8 月 17 日、http://www.jfdaily.com（2011 年 8 月 20 日閲覧）

15)「The Dragon Boat festival」http:// www.unesco.org/culture/ich/en/RL/00225 （2010 年 6 月 30 日閲覧）

16)「The Dragon Boat festival」http:// www.unesco.org/culture/ich/en/RL/00225 （2012 年 8 月 30 日閲覧）

17)「第三届船文化節：第一届南湖船文化節活動回顧」、「重墨渲染民俗文化―訪市委宣伝部副部長、第三届南湖船文化節組委会辦公室主任張穎傑」http://www. jxcnt.com；『中国嘉興江南文化節 China Jiaxing South Changjiang River Culture Festival』http://www.artsbird.com（2011 年 8 月閲覧）

18) 徐燕「蘇州端午首祭伍子胥　対紀念屈原的説法形成挑戦」http://www.hellotw.com/whsk/mnxy/200707/t20070701_257745.htm 中国新聞網 2007 年 6 月 20 日；顧秋萍・単成志「数万市民争睹“端午風情”」、揚子経済時報 2007 年 6 月 20 日）

19)「端午節（蘇州端午習俗）」http://www.szfwzwh.gov.cn　蘇州非物質文化遺産信息網（2008 年 5 月 23 日閲覧）


**参考文献**

中国語

費孝通

　　1998　「反思・対話・文化自覚」馬戎・周星編『田野工作与文化自覚』（上）、pp.38-54、北京：群言出版社。

高丙中

　　2004　「端午節的源流与意義」『民間文化論壇』第 139 期：23-28、中国民間文芸家協会、

北京：学苑出版社。

2006a 「文化自覚与民族国家的時間管理」中国民俗学会・北京民俗博物館編『節日文化論文集』所収、pp.307-322、北京：学苑出版社。

2006b 「文化自覚と中国における祝祭日と休日制度の改善」『文明21』17：1-14 、愛知大学国際コミュニケーション学会。

黄　涛

2011 「端午節在当代社会的伝承危機與重建構想」中国民俗学会ほか編『尋覓中国端午文化魂脈—中国端午習俗国際学術研討会（嘉興）論文選』、pp.33-39、杭州：浙江大学出版社。

嘉興市文学芸術界企画

2010 『嘉興端午習俗民間故事』杭州：西冷印社出版社。

金光億／周培勤訳

2007 「全球化時代地方文化之再生産」李銀河編『七夕・民俗・情感文化—"七夕・東方情感文化"国際論壇論文集』、pp.100-113、北京：中国広播電視出版社。

劉魁立

2006 「序」、中国民俗学会・北京民俗博物館編『節日文化論文集』、pp.1-2、北京：学苑出版社。

2008 「序言」劉魁立ほか編『中国節典—四大伝統節日』、pp.1-8、合肥：安徽教育出版社。

劉魁立ほか編

2008 「民族伝統節日与国家法定假日」『中国節典—四大伝統節日』、pp.1-6、合肥：安徽教育出版社。

劉暁峰

2011b 「端午節的文化辺界—在東亜文化枠架与非物質文化遺産之間」中国民俗学会ほか編『尋覓中国端午文化魂脈—中国端午習俗国際学術研討会（嘉興）論文選』、pp.166-175、杭州：浙江大学出版社。

劉朝暉・陳翠玲

2011 「"地方"何在？—従嘉興端午習俗看地方認同的力量」中国民俗学会ほか編『尋覓中国端午文化魂脈—中国端午習俗国際学術研討会（嘉興）論文選』、杭州：浙江大学出版社。

孫正国

2006 『端午節』北京：中国社会出版社。

謝　茘

2012 「端午節儀式活動伝承主体的社会変化—以中国嘉興市端午民俗文化節与日本相模原市児童節為例」『文化遺産』2012 年第 03 期、広州：中山大学非物質文化遺産中心。

伍野春・阮栄

2000 「民国時期的移風易俗」『民俗研究』2000 年第 2 期、済南：山東大学。

150 Ⅱ　文化行政からみるナショナル・地域の文化遺産

張　勃

2006 「従我国伝統社会官方与節日的関係看当下語境中官方対伝統節日的積極干預」中国民俗学会・北京民俗博物館編『節日文化論文集』、pp.307-322、北京：学苑出版社。

中国第二歴史檔案館編

1991 『中華民国史檔案資料彙編』第2輯、南京：江蘇古籍出版社。

中国第二歴史档案館編

1991 『中華民国史档案資料彙編』第5輯第1編、南京：江蘇古籍出版社。

中央文明辦調研組編著

2006 『我們的節日』北京：学習出版社。

左玉河

2006 「従"改正朔"到"廃旧暦"─陽暦及其節日在民国時期的演変」中国民俗学会・北京民俗博物館編『節日文化論文集』、pp.284-306、北京：学苑出版社。


日本語

愛川－フォール・紀子

2005 「代々継承されてきた文化的表現や知識を未来に伝える『無形文化遺産保護条約』がもたらす精神と意義を考える」」『ユネスコ世界遺産年報2005』No.10、社団法人日本ユネスコ協会連盟、pp.48-49、東京：社団法人日本ユネスコ協会連盟。

青木　保

2008 「モデルなき時代　波つかめ」（グローバル化の正体@文化）朝日新聞2008年3月10日付。

ジャクリーヌ・ド・ブルゴワン／南條郁子訳

2001 『暦の歴史』大阪：創元社。

古田陽久、古田真美

2012 『世界無形文化遺産データ・ブック2012年版』広島：シンクタンクせとうち総合研究機構。

韓　敏

2010 「中国のグローカル化の人類学的研究」『民博通信』129：18-19、大阪：国立民族学博物館。

2011 「グローカル化の中の中国社会」『民博通信』133：26-27、大阪：国立民族学博物館。

松岡正子

1994 「チャン族の『羌暦年』─理県蒲渓郷大蒲渓村の事例を中心として」竹村卓二編『儀礼・民族・境界：華南諸民族「漢化」の諸相』東京：風響社。

2005 「『国民文化』とチャン族の『羌暦年』」、http://www.iccs.aichi-u.ac.jp/archives/report/005/005_12_08.pdf（2012年8月22日閲覧。）

劉暁峰
　　2011a 「端午節の文化境界」王敏編『転換期日中関係論の最前線―中国トップリーダー
　　　　　の視点』東京：三和書籍。
櫻井龍彦
　　2006 「せめぎあう中国と韓国の歴史・文化ナショナリズム―高句麗と端午節をめぐ
　　　　　る２つの事件から」中京大学社会科学研究所中国の文化と社会研究プロジェク
　　　　　ト編『中国研究論集』、pp.130-167、東京：白帝社。
佐藤健二
　　2009 「祝祭日」小島美子ほか監修『祭・芸能・行事大辞典（上）』、pp.858-859、東京：
　　　　　朝倉書店。
世界遺産総合研究所編
　　2006 「世界無形文化遺産データ・ブック2006年版」広島：シンクタンクせとうち総
　　　　　合研究機構。
上杉富之
　　2011 「近代的『文化』概念への挑戦―日韓の「海女文化」の創出とユネスコ世界文
　　　　　化遺産への登録運動」上杉富之・及川祥平編『共振する世界の対象化に向けて
　　　　　―グローバル研究の理論と実践』、pp.92-102、東京：成城大学民俗学研究所グ
　　　　　ローカル研究センター。

# 項羽祭祀の伝承とその文化遺産化
## 安徽省和県烏江鎮の「3月3覇王祭」

韓　敏

## はじめに

　項羽（紀元前 232 ～紀元前 202 年）は、江蘇省宿遷に生まれた、秦末期の楚の武将である。24 歳で挙兵し、27 歳で秦を滅ぼし、中原を統一し、自ら覇王と称して「西楚」（紀元前 206 ～紀元前 202 年）という国を建て、その都を徐州に定めた。その後、劉邦との天下争いに負けて、31 歳安徽省和県烏江鎮で自害した。項羽は中国において史上最強の武将と見なされ、その無双の武勇、虞姫[1]との悲壮な愛、愛馬の烏騅との強い絆は、人間味のある英雄として多くの人々を魅了し、さまざまな評判と伝説を生み出してきた。彼の出生地や滞在したことのある地域において様々な口頭伝承が伝えられ、項羽は英雄、菩薩、地方の守護神として崇められている。一方、歴代の政治家や文人たちは詩歌や文章を書いて、政治や軍事の戦略で項羽を評価している。

　項羽に関する従来の研究は、主に歴史学の視点から行われてきた。例えば、1979 年から 1992 年の間に、中国では項羽に関する 60 本近くの研究論文が発表され［呉・戴 2005: 206-214］、そのテーマは主として、①歴史における項羽の位置づけ、②失敗の原因、③人材の使用と人格をめぐる項羽と劉邦の比較、④戦場と自刎の場所に関する史実の四つに分けられる。

　近年の項羽研究は依然として歴史学からの視座による研究が主流であるが、戦場や自刎の場所の史実に関する研究が増えている。1985 年に安徽省定遠県の中学校教師である計正山が「項羽究竟死於何地」を『光明日報』に発表し、項羽が死亡した場所は、安徽省和県の烏江鎮ではなく、安徽省定遠県の東南だという説を提起し、学会に大きな議論を引き起こした。2007 年、『紅楼夢』の著名な研究者である馮其庸が定遠説を再度提起した。2008 年、安徽省和県作家協会主席、和県項羽与烏江文化研究室主任の金緒道が編集した『一個不容置疑的史実』が刊行され、歴史文献資料を用いて定遠説に反論した。同年、安徽省和県政府、和県項羽と烏江文化研究所が、中国史記研究会、安徽師範大学文学院などと連携して、和県で項羽学術シンポジウムを共催した。その成果であ

る『烏江論壇―項羽学術研討会論文集』［安・朱 2009］には、43 本の論文が収録され、そのうちの 18 本が自刎の場所をめぐるものであり、残りは、項羽の人格、項羽と司馬遷の『史記』の関係、京劇、淮劇、評劇、話劇、舞踊劇、映画テレビ、絵画・音楽という現代舞台における項羽のイメージに関する論文であった。項羽の自刎の場所をめぐる 18 本の論文の内容からは、近年の歴史学界における項羽に関する史実と場所性をめぐる議論の熾烈化と、学界と地方政府の連携がうかがわれる。「項羽の死亡した場所は、学術よりも歴史の文化資源にかかわるので、よって、安徽省の定遠県と和県両地域の反応が迅速、かつ強烈である」［張 2009: 541］と言及されている。このように、地域の史実をめぐる官学連携の学術討論の動きは、純粋な学術の論争というより、文化遺産の申請登録、歴史の文化資源化、観光化と深く関連するものであり、直接、地域の文化力につながり、地域間の文化競争に影響するものであると指摘しておきたい。

　上記のような史実と地域性を軸とする議論がある一方、項羽をめぐるさまざまな現象を「覇王文化」としてみる動きもみられる。2005 年に刊行された『覇王文化探求』という論集の中で、項羽は帝王事業を成し遂げることができなかったが、彼の生涯は、人々にさまざまな異なる見解や多様な思考を引き起こし、一種の覇王文化現象を形成したと編者が指摘している［馬 2005: 1-2］。編者の馬維国は安徽省和県政府の幹部であり、余暇の時間を利用して、項羽に関する多くのエッセイを書いた。「西楚覇王の項羽がこの地で壮烈な死を遂げ、彼の人生と品格は 1000 年にわたり、さまざまな論争と怨念を引き起こしてきた。編集したこの本の完成で、私は一人の文化人としての責任を果たした」と彼は言う［馬 2005: 226］。

　上記の項羽研究は、いずれも歴史学と文学の視座を軸にするものであり、人類学の視点から項羽現象と地域社会との関連性に触れるものはまだ現れていない。本論文は、人類学の視点から項羽という人物がどのように記憶され、地域社会においてどのように祀られているのかを考察するものである。人類学では、文化の分類として、文献記録のある洗練された文化と、文字記録のない民衆文化との 2 区分は普遍的であり、重要である。この 2 区分はレッドフィールドの大伝統（世界宗教や漢字文化など広域文化、学校や寺院における少数の知識人のものである）と小伝統（各地の地域文化、多数の庶民のものである）とある程度重なり合い、この二つが重層的に影響しあう。2000 年前の項羽が、文字媒体となった大伝統と口頭伝承・祭祀に表現される小伝統の中で、どのように今日まで伝

項羽祭祀の伝承とその文化遺産化　155

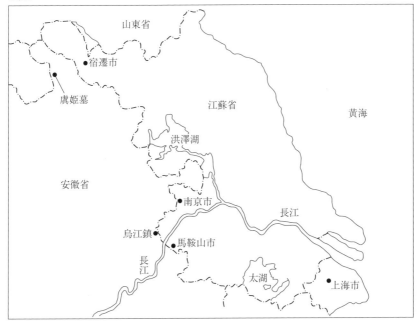

地図1

承され、二つの伝統がどのような関係をもつのかを明らかにする。

　本論文のもう一つの目的は、民間の祭祀活動に焦点をあて、グローバル化時代における項羽祭祀の文化遺産化と制度化の実態とその問題点を取り上げることである。調査対象となるのは、2007 年安徽省非物質文化遺産の「民俗」として認定された「和県覇王祠 3 月 3 廟会」である。この祭りは、項羽を記念するために地元民衆が毎年旧暦の 3 月 3 日から 3 日間にわたり自発的に行ってきて、1000 年近くの歴史を持っている。
　筆者は 2008 年 8 月に安徽省霊璧県にある虞姫の墓とその周辺地域、2009 年 3 月に項羽の自刃した地である安徽省和県烏江鎮の覇王祠、同年 7 月に江蘇省宿遷市の項羽故里、そして 2010 年 8 月に安徽省和県烏江鎮と覇王祠で地元当局の幹部、旅遊局、ガイド、地元の知識人と一般人、観光客と参拝者の間で聞き取り調査と文献調査を行った[2]（図1）。以下の3節において、国史、地方誌、碑文、詩歌などの文献資料とフィールドワークにより得たデータに基づき、グローバル化時代における項羽祭祀の伝承とその遺産化の過程を分析する。

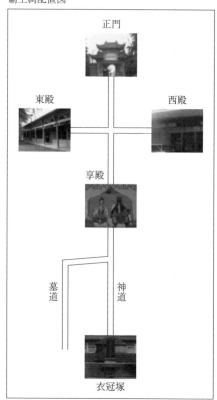

覇王祠配置図

## 1　烏江における項羽の記憶とその祭祀

　烏江は長江が安徽省巣湖市和県を流れる部分の名前であり、長江沿いの渡し場の名前でもあり、また秦末の行政単位である郷の下にある治安と郵便伝達の機能を持つ機構「亭」の名前でもある。今から2200年前に「四面楚歌」の中、垓下の戦いで敗れた項羽が、愛馬の烏騅を烏江亭の亭長に譲り、最後を迎えた場所である。

　明代の地方志『和州志』によれば、項羽は和県県城からの東北20kmの烏江（長江北岸）において自害した。その直後に人びとがその場所に廟をたてて祀るようになった。人々はそれを項亭と呼ぶ。また、唐代の上元3年（762年）覇王

項羽祭祀の伝承とその文化遺産化　157

祠が建てられ、唐玄宗の開元時期(713～741年)に李少監陽氷[3]による篆書の「西楚覇王霊祠」という6文字の扁額がかけられたことも記録されている［唐・齋 1985: 592-597］。現在、地元の人々の間では「覇王廟」と呼ばれている。

　司馬遷は『史記・項羽本紀』の中で項羽を帝王として扱ったので、後世の人びとも項羽を帝王扱いするようになった。それにより、覇王祠は、享殿、衣冠塚、神道と墓道によって構成されている（図2）。享殿のまん中には項羽の青銅製の全身像が立っていて、祭祀活動を行う際の中心的な場所である。その後ろ、一番奥にあるのは、項羽の墓である。享殿から衣冠塚まで通常は皇帝が用いる神道と地下の墓道が作られている。

　項羽と覇王祠のことは、地方志の中で記載されている。明・正統6年『和州志』［朱・陳 1985］、清・光緒27年（1901年）に高照が編纂した『直隷和州志』と『和県志』（1995年）など、歴代の地方官吏によって編纂された地方志にはいずれも詳細に記述されている。また、民間における項羽祭祀の様子も歴代の地方官僚と文人の詩歌、碑文、地方志に記録されている。たとえば、唐代の李山甫の詠んだ詩、「項羽廟」は次のようである。

　　　為虜為王尽偶然、有何羞見漢江船。
　　　停分天下犹嫌少、可要行人贈紙銭。［閻・張 1997b: 7］
　　　勝者になるか、敗者になるかは、すべて偶然。
　　　どうして烏江を渡ることに心に恥を感じるのか？
　　　天下を分けても物足りず、さらに通行人に紙銭を強制するのか？

　これは、項羽廟を通った時に詩人が、紙銭を焼いている人々を目にして、敗者の項羽を風刺するために書いたものである。また宋代の龔相が書いた「項羽亭賦」（付録1）の中には、秦末期に亡くなった項羽が1000年も経った宋代でも地元の人びとによって廟祀されていることが記述されている［閻・張 1997a: 7］。元代、和州の地方行政官であるモンゴル人の不蘭奚が書いた碑文「覇王廟記」（1388年）の中にも、項羽が1000年も祭祀されていること、その祭祀によって災難や大病が避けられること、民に御利益をもたらすことができると書かれている（付録2）。20世紀初期において、旧暦の3月3日は地元の人びとが覇王の檀木の雕像を担いで巡回し、銅鑼や太鼓の音が響き渡る。どの家も香を燃やして爆竹を鳴らして、とてもにぎやかである。廟の縁日の際、伝統的演劇などが上演され、各地から行商人が集まってきて遊覧客のために露店を並べたが、

写真1　建国前の烏江鎮覇王祠（烏江鎮の範学勤氏提供）

1966年以後にはそのようなことはなくなった［和県地方志編纂委員会 1995: 686］。

　覇王祠の日常の運営と管理に関しては、上記の記述から、歴代の和州や烏江県の公費によって修復されていたことがわかる。明代の『和州志』に記載されている「守廟僧」［唐・齋 1985: 598］によれば、覇王祠の管理と運営は寺院の僧侶に委託され、僧侶が覇王祠に常住していたようである。また、同じ明代の汪佃が書いた「重修覇王廟記」の中で、「元妙観の、雲得清等の道士らに覇王祠を管理することを命じた」という文言があり、覇王祠の管理が地方官によって当時の道教施設である元妙観の道士らに委託されたことがうかがわれる［闇・張 1997a: 23］。

　覇王祠は、何度も戦乱に遭遇し、破壊された。筆者が現地調査で出会った、烏江鎮出身で、定年退職した地元の小学校の元教師範学勤氏が書いた手記によると、「清末、1864年の秋、太平天国のある黄姓の頭目が100人ぐらいの部下を率いて、まず覇王祠を焼いて、その後、広聖寺、範氏祠堂、烏江半辺街跑馬楼も焼いた…」［範 2010: 1-2］。

　中華人民共和国建国前の覇王祠（写真1）について、現在烏江鎮在住の数人のインフォーマントの話によると、建国初期の1956年まで、覇王祠には18羅漢や多くの菩薩像が残り、8～9人ぐらいの僧侶と尼が住んでいた。彼らは自分たちの畑をもっていて、自分たちで芋やカボチャなどの野菜作りもしていた。現在、観光スポットになっている「旗の竿台」[4]の近くにある井戸は、かつて僧侶と尼たちが飲用水として使っていたそうである。

　中華人民共和国建国後、社会主義革命や集団化が進むにつれて、覇王祠に住

んでいた数人の僧侶と尼たちは他の宗教施設の聖職者と同じように、強制的に「還俗」させられ、故郷に戻されたという。文化大革命時期に覇王祠内の塑像が破壊され、残された建物は当時の「烏江農業中学校」として転用された。当時、20歳ぐらいだった範氏が、「覇王塑像を焼いた日のことを私はいまでも鮮明に覚えている。あれは1967年8月20日のことだった。和県の紅衛兵造反派が、覇王祠に入って、覇王祠とその前にある鳥居型の石門を打ち壊し、覇王の衣冠塚も掘り出し、最後に、享殿にある白檀の覇王塑像を焼いた。これらを見て、私は、家に帰って涙を流しながら日記をつけた」と筆者に語った。

　1982年、当時の中国共産党総書記の胡耀邦が安徽省視察の際に、覇王祠が学校として使用されているのを聞いて、修復の指示を安徽省の指導者たちに下した。1984年11月末、和県人民政府が100元を投資して、覇王祠を修理し、1985年にそれを一般公開した。そして1986年に安徽省重点文物保護単位と認定された。その後、安徽省和県文化局（のちの文化旅游局）を中心に覇王祠の観光化が進められ、1997年から覇王祠の入場有料化が始まった。

　3月3覇王祭のような地域の年中行事としての祭祀のほかに、地元の仏教信者による月2回の覇王祠の参詣や地域の一般人によるお正月の初詣も行われている。毎年大晦日には、深夜12時を過ぎると、人びとが覇王祠に集まってきて、お正月の初詣を行う。1番の線香がもっとも効き目があると見なされ、人びとが1番の線香を競ってあげる。また、毎月の1日と15日にも信者が朝早くから覇王祠に集まってきて、線香をあげて、爆竹を鳴らし、お礼参りをし、新たな願をかける。筆者の2009年3月27日（旧暦3月1日）における参与観察と聞き取り調査の様子は次の通りである。

　この日、朝5時〜8時までの間におよそ61人の参拝者が来て、一人あたり2元の入場料を支払い、5元で2束の線香を購入し、「焼平安香」——平安祈願の線香を挙げた。管理人の話によると、普段も1日大体50〜60人ぐらいの「香客（常連の参拝者）」が来ている。普通の入場料は15元であるが、常連の参拝者の場合、かなり安くなる。61人の参拝者のうち、女性が3分の2強を占めている。80歳の人が6人、70歳の人が10人、40〜60歳の人が40人、40歳以下は5人いた。また、参拝歴からみれば、長い順から60年、20年、16年と4〜5年である。以下に、3人の参拝者のケースを紹介する。

　Aさんは、この日1番の線香をあげた80歳の老婦人である。参拝歴は20年である。5km離れた村からきている。子供が烏江鎮で靴の修理をやっている

ので、子供の家で前泊して、今朝5時過ぎに朝食も食べずに覇王祠に到着し、6時に参拝が終了した。いつものように、入り口で入場券と2束の線香を買って、覇王の塑像、墓の前など一通り線香をあげてきた。

「うちは農家をやっている。いまでも家で水稲と胡椒を栽培している。60歳の時から覇王祠に来るようになった。それまでは、仏教の聖地である九華山に焼香して行っていたが、年をとると、距離が遠く感じるようになり、近くの覇王廟に来た。今日、覇王菩薩に今年の豊作、家内安全、孫たちの勉学がもっともっと実るようと、ご加護をお願いした。実は、1番上の、大卒の孫娘はいま麻酔師の職業についている。あの子が中学校のころ、私はよい高校に入れるように必死に祈っていた」と老婦人はうれしそうに語った。家では、項羽の像ではなく、観音様に毎日線香をあげ、家内安全を祈っている。老婦人は項羽のことを菩薩と呼んでおり、彼女にとっては学業・豊穣などを加護してくれる存在である。

Bさんは、覇王祠巡礼チームのリーダーで58歳の女性である。覇王祠の参拝歴は16年である。その日、6カ月の孫を含む7人をつれて、馬鞍山市から朝7時、バスと船に乗って8時に着いた。夫と息子は労働者である。孫をつれて覇王祠に焼香にきたのは、2回目である。以前、馬鞍山市の小九華山に行ったことがある。家では数多くの菩薩を祀っている。一行は享殿、項羽と虞姫の偶像のある東殿と墓の前を順番にまわり、線香をあげ、跪いて礼拝をした。祈願の内容を聞いたら、「家内安全、事故などが起こらないように頼んだよ」と答えた。彼らは、覇王祠を去る前に、享殿の前で2束の爆竹を鳴らした。毎回来たときには必ず爆竹を鳴らすと言っている。

Cさんは覇王祠の近くに住んでいる60代の男性で、4、5年前から覇王祠に来て線香をあげるようになった。かつて烏江鎮地元の農薬製造工場の従業員だった彼は、5年前に怪我をして目が見えなくなったが、線香をあげて目の回復を祈願し続けた。いまは見えるようになっている。「私は、以前九華山や普陀山などの仏教聖地に行っていたが、項羽は『人王』であり、特別に効き目がある」と語っている。

以上の3つの事例からわかるように、項羽は、家内安全、豊穣、学業成就、病気退治などの機能をもつ、御利益の菩薩と神様として祈願されていることがわかる。また、農業と漁業を兼業しているこの地域では、項羽は、豊作祈願の対象だけではなく、漁民の安全、水上運輸、商売安全も守ってくれる神様でもある。ツアーガイドの話によると、項羽が烏江のほとりで自害したので、民間

項羽祭祀の伝承とその文化遺産化　161

では、項羽のことを「水仙王」とも呼んでいる。

　水仙王は、中国では海神の一つであり、貿易商人、船員、漁師などが信奉する。地域によって信奉される水仙王が違ってくる。一般的に治水で有名な夏王朝の禹が水仙王としてよく祀られるが、ほかに、秦末の項羽、伍子婿、屈原、馬祖、唐代の王勃、李白などの英雄、忠臣と才子も水仙王とされている。水仙王とされる人は、いずれ水と関係のある歴史人物である。項羽が烏江鎮とその周辺の人びとに水仙王として崇拝されたのは、彼が烏江で亡くなったからである。

　こうして地元の人びとに祀られている項羽は、地域の守護神と見なされ、時代とともに、さまざまな霊験伝説が生み出されている。前述した元代、和州の地方行政官による覇王廟記（1388 年）のように、1000 年にもわたって地元の人びとは、災難や大病の退治を果たすことができ、民に御利益をもたらすことができると信じて祭祀してきた。20 世紀になると、人民公社時期の1958 年、洪水救済の話がよく知られている。筆者が現地で出会った古老の話によると、その年に揚子江が氾濫し、烏江鎮では、大きな足跡の形をした場所だけは浸水しなかった。あの大きな足跡は項羽が霊験を顕わした場所だったので、われわれはみんなそこに集まって助かったと言う。このように、項羽と地元の人びとの関係は、祭祀と加護で結ばれているのである。

## 2　文字媒体の項羽記憶と表象

　項羽は、司馬遷の『史記』、陸賈の『楚漢春秋』などの多くの国史の中で記述されている。最も詳しいのは『史記・項羽本紀』といえよう。この伝記から、「四面楚歌」、「鴻門の宴」（罠の仕掛けられた宴会）、「雌雄を決す」（勝負・優劣をはっきりとつける）、「破釜沈船」（決死の覚悟で出陣する）、「膝行而前」（膝頭でにじり寄ること、高貴な人に対する畏敬を表す）、「項庄舞剣、意在沛公」（項荘が剣の舞をしたのは沛公を殺す意図からだ、ねらいは別のところにある）、「所向披靡」（風が向かうところは草木がなびく。力の及ぶところすべての障害が排除される）、「抜山蓋世」（山を引き抜くほどの強大な力と、世を覆い尽くすほどの気力がある。威勢がきわめて盛んなさま）など、多くの故事成語が生まれ、いまでも日常的に使われている。また、「鴻溝」（大きなみぞ、隔たり）、中国将棋盤の中央の「楚河・漢界」（自陣、敵陣が分かれる部分）も項羽と劉邦の楚漢の戦いによるものである。

　国史や地方志のほかに、歴代の政治家や文人たちも多くの詩歌を書いて項羽の戦略、成敗の原因、人格などについてさまざまな評価をおこなってきた。唐

162　Ⅱ　文化行政からみるナショナル・地域の文化遺産

代から清代までの項羽・虞姫に関する詩歌は、およそ72篇に上っている。その中で、項羽の戦略を批判的に捉えた詩歌の中で有名なのは唐代の杜牧の「題烏江亭・七言絶句」である。

　　　勝敗兵家事不期　　包羞忍恥是男児
　　　江東子弟多才俊　　捲土重来未可知

　　　勝敗の行方は、軍人だって予測がつかない。
　　　恥を包み、恥を忍んで、再起を図ってこそ真の男子といえよう。
　　　項羽の本拠である江東には優れた子弟が多いから、
　　　力を蓄え、地を巻くような勢いで、重ねて攻めのぼったなら、
　　　その結果は分からない。

　項羽がもし死に急がず、生き延びて再起を図ったならば、天下を狙えたかも知れないものを、という杜牧の感嘆である。政界の波に翻弄され、つらい思いをした杜牧は、項羽への同情と、敗北したからといって全てを投げ出してはならぬという自戒を、この七言絶句に紡いだ。現在の中国でも日本でもよく使われている「捲土重来」の成語はこの詩から出たものである。
　また、中華人民共和国建国直前、毛沢東が書いた「七律・人民解放軍占領南京」（1949年4月）もよく知られている。

　　　鍾山風雨起蒼黄、百万雄師過大江。
　　　虎踞竜盤今勝昔、天翻地覆慨而慷。
　　　宜将剰勇追窮寇、不可沽名学覇王。
　　　天若有情天亦老、人間正道是滄桑。

　　　鍾山の風雨　蒼黄を起こす
　　　百万の雄師　大江を過る
　　　虎踞り竜盤るとて　今は昔に勝れるよ
　　　天を翻し地を履さんと慨而慷
　　　宜しく　剰る勇をもちて窮寇を追え
　　　名を沽らんとて　覇王に学ぶべからず
　　　天もし情あらば　天もまた老いん

人間の正しき道は　是　滄桑なり　［武田・竹内 1965: 254］

　終わりの二句に、革命や歴史の非情さ、残酷さを見すえる毛沢東のゆるがない態度が現れている。劉邦と天下を争い、天下の覇権を当然収めるべきところにあったが、「仁者」であるという評判をえようとして劉邦に情をかけ、思いきって天下をとろうとしなかったのが、項羽の失敗の大きな原因であった。この句は、要するに、「徹底的に敵を叩きつぶせ、間違ってもいい格好をして、仁を施し、その結果悔いを歴史に遺すようなことにするな」ということになろう。当時、中国を南北に分割して、長江より南を国民党、北は共産党が治めるという意見があった。毛沢東は、歴史の決定的な転換点にあたって、項羽の戦略の得失を批判し、国民党と決戦して天下をとろうとする意志を表明したのである。
　一方、項羽の人格を評価する詩歌の中で代表的なのは、宋代の女性詩人の李清照の「夏日　絶句・烏江」である。

　　　生当作人傑、死亦為鬼雄。
　　　至今思項羽、不肯過江東。

　　　人間は生きている間、人傑になるべきである。
　　　たとえいつか死ぬ時になっても、鬼中の英雄になるべきである。
　　　今になっても、私は昔の項羽のことを懐かしく思ったのだ。
　　　彼はすくなくとも、死んでも、江東へ戻らないという気迫があったのだ。

　この詩は、紀元前の項羽の物語を借用して、異民族の金に侵略され南方に逃れる宋王朝の皇帝と官僚たちの腐敗と不甲斐無さを批判諷刺したものである。項羽は秦の暴政に対して立ちあがり、その強力な戦闘力により勝利し続けたが、最後に垓下で劉邦に敗れる。その際、追い詰められた項羽は逃げようと思えば逃げられたが、逃げては、決起した時に江南から連れてきた8000人の若者の父母に会わせる顔がないといい、自刎する。死んで英雄となった項羽の行為を表に出して、憤慨する気持ちを強く表現した詩である。
　このように2000年の王朝・国家興亡の歴史の中で、歴史家、政治家、文人たちは、往々にして戦略、武勇、人格から項羽を歴史的人物として評価している。とくに時代の変わり目に、項羽は常に時の為政者に教訓の鑑あるいは武勇の英雄の鏡として引きあいに出される。項羽の生き様に対して、批判、賛美と

164　Ⅱ　文化行政からみるナショナル・地域の文化遺産

同情の議論が絶えることがなかったことは、後代の人びとが自らの人生の起伏や王朝の興亡を項羽の壮絶な生き様に投影し続けてきた証拠である。それに対して、民衆の間では、項羽が神格化され、家内安全、豊穣、学業成就などを加護する御利益のある菩薩、「人王」として祀られ、定期的な祭祀儀式を通して記憶されている。

## 3　グローバル化時代の文化遺産保護と項羽祭祀の遺産登録

　上記のような地域の祭祀活動が、近年になって、地域の無形文化遺産として注目され、安徽省の無形文化遺産として登録された。覇王祠3月3廟会に対する安徽省和県政府の文化行政の変化は、文化遺産をめぐるグローバルな変化や中国政府の文化戦略の転換によって起こっている。

　文化遺産保護の先進国である日本において、民俗文化財が保護の対象となったのは、1950年の『文化財保護法』制定においてであった。この文化財保護法により早い時期から国内の有形・無形の文化遺産の保護を実施した日本は、他国に先駆けたものといえる。

　グローバル化の進展に伴い、世界各地で慣習、民俗、技法などの消滅の危機が叫ばれるようになった。2001年、ユネスコは「文化の多様性に関するユネスコ世界宣言」を公表し、2003年にパリで開催されたユネスコ総会、第32回会期において「無形文化遺産保護条約」が採択された。その「条約」の中で「無形文化遺産」とは、慣習、描写、表現、知識及び技術並びにそれらに関連する器具、物品、加工品及び文化的空間であって、社会、集団及び場合によっては個人が自己の文化遺産の一部として認めるものと定義されている。この無形文化遺産は、世代から世代へと伝承され、社会及び集団が自己の環境、自然との相互作用及び歴史に対応して絶えず再現し、かつ、当該社会及び集団に同一性及び継続性の認識を与えることにより、文化の多様性及び人類の創造性に対する尊重を助長するものである。「無形文化遺産」は、具体的に（1）口承による伝統及び表現（無形文化遺産の伝達手段としての言語を含む）（2）芸能（3）社会的慣習、儀式及び祭礼行事（4）自然及び万物に関する知識及び慣習（5）伝統工芸技術、の五つの分野において明示される。

　中国は、「無形文化遺産保護条約」が採択された年の翌2004年に「世界無形文化遺産保護条約」に正式に加盟することになった。その前後に中国文化部の指導で一連の活動がくり広げられた。2003年から「中国民族民間文化保護プ

項羽祭祀の伝承とその文化遺産化　165

ロジェクト」を発動させ、民族民間文化の整理、調査、記録等の仕事を迅速に
行うようになった。世界レベルの無形文化・遺産申請と同時に、国内において
県、市、省、国レベルの無形文化遺産の申請登録を同時進行した。

　2005年12月に国務院は『文化遺産保護の強化に関する通知』を公布し、こ
れをもって、中国は本格的に文化遺産保護事業に取り組み、全国規模で無形文
化遺産の調査を始めた。各地の調査と申請の結果、2006年5月に中国初の国
家レベルの無形文化遺産リストを公布した[5]。中国でいう、無形文化遺産は、
庶民の生活と密接にかかわり、代々に伝承され、非物質的な形態で表れている、
さまざまな伝統文化の表現形式である。たとえば、民俗活動、演技芸術、伝統
知識と技能、及びそれと関連する器具、実物、手作業製品等と文化空間のこと
である。

　このようにグローバルな動きの中、文化遺産に関する中国政府の文化行政が
盛んに行われるようになったと同時に、地方政府も中央政府にならって、県・
市・省各レベルの文化遺産の調査と登録を積極的に行うようになった。2005年、
安徽省和県政府が東南大学旅游学院と連携して、覇王祠廟会について、文化遺
産登録申請のための調査を行い、申請書、企画書などを準備したうえで申請し、
2007年に和県の「覇王祠3月3廟会」は安徽省無形文化遺産として登録された。
無形文化遺産として認定された内容は、主に①線香をあげ、礼拝をし、家内安
全、繁盛、風調雨順などの祈願を行う祭祀活動、②廟会の間に行われる民間の
演劇、竜舞、旱船などの芸能、③祭の間の市場である［和県人民政府 2007: 4］。
このように、覇王祠廟会の遺産登録は政府主導と官学連携によって実現された
ものである。また安徽省文化庁が編集した『安徽省首批非物質文化遺産名録図
典』の中で、覇王祠廟会は次のように紹介されている。「覇王祠3月3廟会は、
ばらばらな祭祀活動から始まり、唐代初期になって、次第に一定の規模のもの
を形成し、複数の王朝を経て、今日までつづいている。旧暦の3月3日から始
まり3日間つづく。その間、参拝者と見学者が多いため、次第に多くの行商人
や農業副産物を売買する地元の農民も集まるようになった。同時に、竜舞、獅
子舞、旱船舞踊、地方劇などの民間芸能も盛んに行われている［安徽省文化庁
2008: 152］。

　次に、筆者が観察した覇王祠廟会（2010年3月29日、旧暦3月3日）の実態を
紹介する。
　祭りは、和県文化旅游局が主宰したものである。朝から県政府の幹部たちが

166　Ⅱ　文化行政からみるナショナル・地域の文化遺産

写真2　覇王祠の入り口で病気予防や人権パンフレットを配布する烏江鎮政府の幹部とそれを受け取る人びと（2009年、筆者撮影）

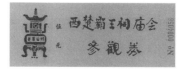 

写真3　左：3月3祭りの間の入場券
　　　　右：普段の覇王祠入場券　（2009年、筆者撮影）

やってきた。また、10数名の烏江鎮政府の幹部たちも祭りの会場の入り口で文化、科学、1人っ子政策、司法、病気予防、家庭内暴力防止や出稼ぎ農民の人権保護などのパンフレットを配布したり、コンサルタンティングを行ったり、血圧の検査などもしたりする（写真2）。

　祭礼の間の入場券は普段の入場券（写真3の右）の3分の1の値段、5元となる（写真3の左）。7万2000平方メートルの覇王祠の中は、1万人近くの老若男女の参拝者と見学者であふれた。

　以下、祈願・祭祀活動、民間芸能と市場の順に覇王祭りを記述し、分析する。

**祭祀活動**

　朝から老若男女が遠方から覇王祠にきて、5元の入場料を払って、中に入る。まず、項羽の塑像が祀られる享殿前にある大きな香炉で線香に火をつける。

写真4　覇王祠の敷地内で摘んだナズナを手にする地元の女性たち（2010年、筆者撮影）

香炉の煙を体に当てる人も数多くいた。

　その後、享殿に入り、中にある項羽塑像に線香をあげてから、跪いて拝む。一部の人がさらにそこで籤を引く。75歳の張氏という男性がそばで解説する。覇王祠の管理人と記念品の店主の話によると、この男性は江蘇省江浦県に住んでいて、月に数回覇王祠に参拝に来ている。覇王の霊が自分についていると言って、家で依頼者の腰痛、頭痛などの病気を治したりもする。15年以上も半身不随の患者を治したこともある。人びとは、張氏のことを「覇王師傅（師匠）」、「老覇王」と呼んでいる。この日の籤は張シャーマンがもってきたものである。

　その後、人びとは神道を通って、衣冠冢の前に線香をあげる。家内安全、無病無災、豊穣祈願、風調雨順、魔除けなどの祈願を行う。一部の女性たちや年配者の男性たちが敷地内の小池に集まってきて、池の水で顔、腕、足などを洗っている。覇王祠の水が覇王祠香炉の煙と同様に呪力があるものと見なされ、洗うと体の痛みがとれると信じられている。

　また、人びとは健康祈願のために、廟や墓周辺のナズナを採り、持ち帰って、料理して食べる（写真4）。日本では、春の七草の一つであるナズナは、田畑や荒れ地、道端など至るところに生えている。野菜が乏しい春の初めに不足しがちな栄養素を補うという効能もあるが、この地域では、3月3日のナズナは、邪気を払い万病を除くものとして食べる風習がある。料理方法として、主としてナズナと卵を炒めるか、餃子やスープ、和え物にも使う。

　この日にまじないの力のあるナズナを食べることによって、腰痛、頭痛、足

写真5　覇王祠の外にある市場（2009年、筆者撮影）

の痛みがとれ、1年中病気せずに済むか、持病を治すことができるとされている。覇王祠のものは特別に効果があると信じられている。ナズナの健康効果を高めるために人びとは、採ったナズナを覇王祠の香炉の煙でいぶす。また、この日は、ナズナの花を採り、髪に挟む女性だけの風習もある。ナズナをめぐる習慣は、安徽省以外に、近隣の江蘇省、湖北省、湖南省にも見られる。

　覇王祠の前の煙で体を撫でたり、ナズナをいぶしたり、覇王祠の池の水で体を洗ったりする行為は、項羽の神格化とフレーザーの『金枝篇』で分類されている感染呪術の信仰にもとづいたものである、と筆者は考えている。すなわち、菩薩と神格化されている覇王祠の線香の煙・ナズナ・池の水は、一般の煙、ナズナ、水とは違って、項羽の霊魂が宿っているので、それらに接触することで、項羽と同じように超自然的な力を得られることができる。そしてたとえその場を離れても、その超自然的な力は依然として作用すると信じられている。こうした感染呪術の現象は、筆者が調査した近年の毛沢東に関する民間信仰と似ている［韓 2005: 499-550］。

## 民間芸能

　3月3覇王廟会は、祭祀と民間芸能の二つの部分から構成されている。この二つの部分は、和県政府の規制により、入るのには入場料の必要な覇王祠の敷地内で行われている。

　敷地内の広大な空き地の一角に和県政府によって舞台が作られ、現代的な音響設備が備えられている。その日の舞台は、和県営廬劇団[6]（別名、巣湖市芸術団）

項羽祭祀の伝承とその文化遺産化　169

写真6　覇王廟会でみやげものを買う人（2009年、筆者撮影）

が請け負っているので、団員たちが現代舞踊、漫才、コントなどを披露する。それに対し、現代的音響設備を備えた政府の舞台から離れた空き地では、民間人による伝統芸能が披露されている。県営劇団でも民間人でも、いずれも陽気な雰囲気を演出している。この日は「覇王別姫」のような悲しいものを演じないのがしきたりである。

その伝統芸能は、烏江鎮の地方劇である「倒七戯」（別称盧劇）、竜舞、模型の船を腰に結びつけて歌いながら踊る跑旱船、扇子の舞、天秤棒の舞、ヤンガー（秧歌）などであり、いずれも烏江鎮老年芸術団の人々がやっている（写真5）。彼らには県政府からその日の弁当代が支給されている。さまざまな民間芸能の中で、竜舞はもっとも注目される存在である。竜舞団の団長を努めたのは、70歳を過ぎた程氏である。烏江鎮に生まれ育だった彼は、小さいときから大人たちの竜舞をみて、憧れを持ち、自然に覚えるようになり、18歳のときには一人前になり、竜舞をするようになったという。

### 市場の売買

祭祀活動と民間芸能が覇王祠の敷地内で行われているのに対して、市場の売買活動が覇王祠の外側で行われている。30人ぐらいの商売人が集まってきて、食べ物、玩具、アクセサリー、縁起物のストラップ、ナズナ、鼠とりの薬、靴や車輪を修理するためのさまざまな接着剤などを販売している。占いをする人もいる。市場の売買活動は、覇王祠の敷地外に限定されている（写真6）。

170　Ⅱ　文化行政からみるナショナル・地域の文化遺産

　上記の筆者の観察による現在の祭りの様子を、文献記録および聞き取り調査による中華人民共和国建国前の祭りを経験した者たちの語りと比べると、以下の連続性と非連続性が見られる。

　まず、民衆による慰霊と供養の線香、芸能、家内安全、繁盛、風調雨順などの祈願を行う祭祀活動の内容に関しては、あまり変化が見られない。項羽は依然として民衆に神格化されている。

　祭祀内容と比べて、祭祀活動の形と行われる場所は変化があった。町の古老たちの語りによると、過去の３月３日には、祭祀活動は、覇王祠に限られず、項羽神像の烏江鎮町内の巡幸も行われていた。覇王菩薩が町を巡幸する時には、人びとは、食卓を家の外に出して、供え物を用意し、通り過ぎた覇王の塑像に向かって焼香していた。また大人たちは竜舞をしていたという。巡幸用の項羽像は文化大革命のころ、地元の紅衛兵たちによって焼かれてしまい、これ以降項羽神像の巡幸は回復されていない。現在の祭祀活動は敷地内に限定されている。また、廟会の有料化と関連して、露天市場も敷地外に置かれている。

　もちろん、政府の参与により、音響設備や現代的な娯楽文化行事の要素が増加し、より多くの年齢層の人びとが参加するようになったのも事実である。

## 考察と結び

　項羽とその歴史に関する記憶は、文字媒体の大伝統と民間信仰の小伝統によって支えられてきた。文字媒体の大伝統においては、項羽は歴代の皇帝、政治家、知識人によって伝記、地方志、詩などの形で記述され、戦略、成敗の原因、人格などについてさまざまな評価がなされている。それに対し民衆の間では、項羽と虞姫の夫婦愛、愛馬の烏騅との絆、武勇、仁の人格などが、儀礼や成語、物語などの口頭伝承の形で表象され、御利益のある仁皇帝、菩薩、水仙王などとして神格化されている。代々受け継がれてきた覇王廟の祭りは、英雄に対する民衆の記憶のかたちであり、また民衆の願望を表象する場でもある。中国の英雄系譜の中で、関羽、包公、岳飛のように、英雄、のちに神として信奉される例が多く見られる。彼らは庶民から一定のキャラクターが与えられ、それにふさわしい効力を持つとみなされる。関羽が「忠義」、包公が「公正」の象徴であるように、項羽は「仁」、「武勇」の象徴とされている。これらは、いずれも人びとの求めている人間の理想像や儒教的価値を表現するものであり、中国的英雄たちの共通点でもある。

項羽祭祀の伝承とその文化遺産化　171

　グローバル化時代の無形文化遺産保護運動の波にのって、「和県覇王祠3月3廟会」は地域の文化遺産として見なされ、和県政府と大学との連携行動によって安徽省の無形文化遺産に登録された。和県覇王祠3月3廟会は、この登録により、文化行政のレベルにおいて地方政府に重視され、地域の伝統的文化に対する再認識・再評価という地方政府の「文化の自覚（Cultural Consciousness）」のもとで行われている。また、遺産登録の申請主体が和県文化局のためか、「和県覇王祠3月3廟会」という無形文化遺産の「代表的伝承人」は和県文化局局長となっている。

　社会人類学者の費孝通が提起した「文化の自覚」の主体は、本来地域の行政を含む特定の文化に生きる人びとのことであり、自文化の起源、形成過程、特徴、発展の方向などを客観的に認識することを意味するものである［費 1998: 52-53］。しかし、筆者の聞き取り調査において、和県や烏江鎮の民衆の間で3月3覇王祭りが安徽省の無形文化遺産に登録されたことはほとんど周知されていない。彼らにとって、3月3覇王祭りは受け継がれてきた習慣であり、誇るべき「文化遺産」ではない。政府による祭りの場の管理によって、音響設備や現代的な娯楽文化要素の増加が見られ、より多くの年齢層が参加するようになったが、一方、祭祀、芸能と市場は分離される現象が起きていることも事実である。2003年にユネスコ総会で採択された「無形文化遺産保護条約」において、「無形文化遺産」は、慣習、描写、表現、知識及び技術並びにそれらに関連する器具、物品、加工品及び文化的空間であって、社会、集団及び場合によっては個人が自己の文化遺産の一部として認めるものと定義されるものであり、無形文化遺産の保護の対象は、当然、伝統的慣習だけではなく、それが行われる文化的空間まで含まれる。ところが、現在の覇王祭りで見られたように、祭祀、芸能と市場が分離されている現状では、本来の祭りの文化的空間とは、ずれが生じており、このまま放置されると、民間文化の萎縮化が導かれる可能性がある。よって、政府主導の3月3覇王祭りの管理と運営が、地域の人びととどう連携するのか、また文化的空間をも含む慣習をどう保護するかが今後、注目される。無形文化遺産保護の鍵は、地域の行政のみならず、その文化を伝承する主体である地元の人びとの参与と彼らの文化の自覚によるところが大きい。

　最後に、和県政府は、覇王祭りの遺産登録と毎年の祭りの運営に力を入れているが、祭りの重要な部分を占めている伝統芸能の保護と伝承をあまり重視していないようである。また、伝統芸能の担い手である烏江鎮老年芸術団の団長とメンバーたちにも老齢化が進み、芸能の伝承が心配されている。さまざまな

172　Ⅱ　文化行政からみるナショナル・地域の文化遺産

地元の伝統芸能の後継者を育成することは官民にとって急務であるといえる。

## 注

1) 秦末期西楚覇王、項羽の妻（？～紀元前202年）。虞美人ともいう。虞を姓とされ、正確な名前ははっきりしてない。中国語の「美人」は後宮での役職名であるとともにその容姿を表現したものである。垓下の戦いで初めて「有美人姓虞氏 常幸従」（劉邦の漢軍に敗れた傷心の項羽の傍にはいつも虞美人がおり、項羽は片時も彼女を放すことがなかった）と紹介されている。虞姫の出身地について、江蘇省常熟市の虞山の麓にある虞渓村、安徽省沭陽県顔集郷、浙江省紹興県漓渚鎮塔石村の三つの説がある。

2) これらの四つの現地調査は、いずれも科研「中国の非物質文化遺産、鐘馗画と項羽祭祀の伝承と資源化に関する人類学的研究［挑戦的萌芽研究2008-2010］の助成により実施した。

3) 李少監陽氷は、李白の叔父にあたる人物であり、唐代一の篆書の巨匠と言われている。

4)「民間の伝説によると、項羽が残兵を連れて、烏江のほとりまで来たときに、烏江の亭長が、旗を倒し軍鼓の打ち鳴らしをやめて、部隊は音を消してひそかに河を渡るようにと勧めたが、項羽がそれを断った。しかも、項羽が「項王の旗」を目立つところに挿して漢の兵隊と決戦する意思表明をした。現在、そこには、「旗の竿台」という観光スポットが作られている。

5) 全部で518件が登録され、内容は、一、民間文学（31件）、二、民間音楽（72件）、三、民間舞踊（41件）、四、伝統戯劇（92件）、五、曲芸（46件）、六、雑技・競技（17件）、七、民間美術（51件）、八、伝統技能（89件）、九、伝統医薬（9件）、十、民俗（70件）の10種類に及んでいる。

6) 盧劇の「盧」は、安徽省省都の合肥の古い名称「盧州」から来ている。盧劇は「倒七戯」とも呼ばれ、130年の歴史をもつ。主に安徽省中南部地域の合肥、その周りの六安市、巣湖、蕪湖などで演じられてきた。2006年5月に中国国家級非物質文化遺産名録に登録された。

## 参考文献

中国語

安徽省和県文化旅游局
　　2008　『走進和州』和県：安徽省和県新聞出版局。

安徽省文化庁編
　　2008　『安徽省首批非物質文化遺産名録図典』合肥：黄山書社。

安平秋、朱愛民主編
　　2009　『烏江論壇—項羽学術研討会論文集』西安：陝西人民出版社。

蔡善康
　　2008　『巣湖文化全書　民俗文化巻』巣湖：東方出版社。

範学勤

　　2010　「烏江廣聖寺概述」（手稿）烏江鎮。

費孝通

　　1998　「反思・対話・文化自覚」馬戎・周星編『田野工作与文化自覚』（上）pp.38-54、北京：群言出版社。

金緒道

　　2008　『1 個不容置疑的史実』和県：和県項羽与烏江文化研究室。

和県地方志編纂委員会編

　　1995　『和県志』合肥：黄山書社。

和県人民政府

　　2007　『和県覇王祠 3 月 3 廟会申報国家級非物質文化遺産代表作申報材料』和県：和県人民政府弁公室。

馬維国編

　　2005　『覇王文化探究』和県：半枝梅文学会。

　　2010　『烏江攬勝』北京：中国文史出版社。

寧業高、孫泉

　　2008　『大楚剣魂』長沙：湖南文芸出版社。

文化部非物質文化遺産司

　　2009　『非物質文化遺産保護法律文献匯編』北京：文化部。

呉仰湘、戴安華

　　2005　「1979 年以来国内項羽研究概述」馬維国編著『覇王文化探究』和県：半枝梅文学会。

閻鉄山、張業山

　　1997a　『覇王祠歴代碑文選』和県：和県文化局。

　　1997b　『覇王祠歴代詩詞選』和県：和県文化局。

　　1997c　『覇王祠軼聞録』和県：和県文化局。

　　1997d　『覇王祠楹連』和県：和県文化局。

張大可

　　2009　「項羽『烏江自刎』学術討論総述」安平秋、朱愛民主編『烏江論壇—項羽学術研討会論文集』西安：陝西人民出版社。

中国芸術研究院・中国非物質文化遺産保護中心編

　　2007　『中国非物質文化遺産—普査手冊』北京：文化芸術出版社。

朱沉、陳均等（明・正統 6 年）

　　1985　『和州志』台北：成文出版社。


日本語

韓　敏

　　2005　「毛沢東の記憶と神格化—中国陝西省北部の「三老廟」の事例研究にもとづいて」

174　Ⅱ　文化行政からみるナショナル・地域の文化遺産

　　　　『国立民族学博物館研究報告』29(4)：499-550　大阪：国立民族学博物館。
桜井竜彦、阮雲星、長谷川清、周星、長沼さやか、松岡正子
　2011　「開発と文化遺産」『中国21』vol.34、愛知大学現代中国学会編、名古屋：風媒社。
司馬遷著、稲田孝訳
　1968　「項羽本紀」『史記』pp. 84-100、東京：平凡社。
武田泰淳、竹内実
　1965　『毛沢東―その詩と人生』東京：文芸春秋新社。
文化庁
　2001　『文化財保護法50年史』東京：ぎょうせい。


付録1

宋・龔相「項羽亭賦」

余令烏江之明年　職閑訟稀　得以文史自　娯　于是　詢考境内　遺跡　将欲験古察風俗恨其兵火之余　故老灰滅　無復在者　而前人遺跡　往往化為榛莽狐狸之区矣　独項王亭去古寝遠　于邑為近　余毎登眺焉、一日　携客至其上　読唐李徳裕所為賦叙　謂楚漢興亡基乎応天順人也　然　砅　否砅　余嘗謂三代以后　蓋有不仁而得天下者　若夫魏晋之興皆仮唐虞称禅代　大率懐姦飾詐　纂窃取之　其実逼奪　下至劉裕　蕭道成之流　如蹈一轍覆宗滅祀　延及無辜　可為流涕　若楊堅　朱温直盗賊爾　固不足道也　豈非所謂不仁而得天下者哉　夫項王之起　年二十四　不階尺土　自　奮邱壟　二年而平秦　覇天下　廃立王侯　政由一己　雖所為有異于高祖　然以曹操　司馬懿而視王　真畏人也　余又覧観山川　想追騎雲集王以短兵接戦　英勇不衰　謝亭長　顧呂　馬童之時　其視死生為何如　雄烈之気凛凛而在、邑人庙祀至于今不怠者、豈以王之亡秦興漢之功大而得失自我、不為姦詐纂窃、真磊落大丈夫也哉：故余作賦以辨之　大抵君子論人　或責以備　或推以恕　非苟然者　余豈敢与衛公異也　其賦曰　括蒼龔相　暇日　与客登項王之亭　顧覧遺跡　喟然嘆曰　嗚呼盛哉　二世之末天下思叛　勝　広一夫　雲起従乱　当是時也　燕　斉　趙　魏　莫不立王　梁起会稽　亦从民望　得孫心于民間　為人牧羊　立而奉之　鼓行咸陽　雖再破秦軍　而秦軍尚強　梁既死於定陶　王怨秦而必亡章邯　引而渡河　趙且暮以氣降　彼陳餘之擁兵　迹逡巡而莫敢当　王乃震怒皆裂　乃排宋義　晨朝誅之　莫不讋悸　毀金釜以湛船　示三軍之死志　果破秦軍而殺蘇角　絶甬道而虜王離　呼声震天而動地　山陵日　月　為蔽虧　諸侯人人懾恐　膝行轅門而莫敢仰窺　章邯挙軍以降焉　諸侯将以兵而従之　入関不留　衣錦東帰　裂地主約而王将相　天下利柄惟我所持　何其盛也哉　及斉　趙先畔　漢以兵東転　戦滎陽　陥死摧鋒　漢雖屡北　謀无不同　迫垓下之囲方急　始信楚人之多従　于是慷慨悲歌　潰囲南出　臨江不渡　留雕報徳　又何慮也　客曰　子知楚漢之得失乎　在在于兵　而在于得人　不在于強弱　而在于民心之浅深　当其屠咸陽　殺子嬰　火宮室　坑秦兵　弑義帝于郴陽　更主約之不平　漢皆反是　約三章而去苛法　拒牛酒而恐費民　封府庫　論郡邑　而不私其財　期在于変秦　況蕭　張佐其謀　韓　彭将其軍　無系書之弗用　推赤心而示人　此楚漢之得失也　曾何盛憊之足言哉　龔子曰　子知其一　未知其二　古今

成敗 得失是非 其間紛紛 蓋不容喙 略請較之 其敗者未必皆非 其成者 未必無可議也（略）。

[閻・張 1997a: 5-10]


## 付録２

元・不蘭奚「重修西楚霸王廟記」（1388 年）

距烏江県治東南三里曰 "項亭"、陟培楼而上数十歩、廟區曰："英恵"、即 "西楚霸王霊祠" 也、仆碑二、乃唐李少監陽冰篆額六大字、筆法遒勁、宋張史（欠一字）懌記、指意厳格確、来者覧読忘倦；又碑一、画王半像、園袍短帽、戟髯重瞳、碑陰則宋県令龔相賦也。昔唐李德裕登眺賦叙燼于兵、載之郡志、嗟夫！由漢而下、革十五代、城郭宮陵榛莽、独王血食斯土、一千百余年祀、遐瞻迩敬、勿替蒸嘗、豈不出扑秦之焰、徳被望民、攉金之鋒、功堅珉石、暗鳴山岳動、叱咤風雲生、古今一人而已耶。礼能御大災、捍大患、徳施於民則祀之、不特福当時、迄今和人遇潦乾、祈祷順序、罹瘴疫、叩則灌蘇、蔭麻无故、如在其左右。"英恵" 一為額、奚忝焉。余以至元戊寅（1338 年）叨恩守和、兼戎旃之寄、暇日因道県境、瓣香祠下、目庭宇之圮缺、夫梁棟之陀陊、僅撃両壁支一柱、凌雨颺、凛凛、欲圧、象一眼豌昧、佛称威霊、心焉恂憋、召者保詢之、謂前守廟僧掊金谷遁去、因仍廃葺役、　煩費重、民徒于瘠者什九、力弗克荷。余聞而謂曰：皇元光統、海隅澤傅顕幽、名山大川、丞受螭典、余司千里土、缺崇明祀、坐視宴埃之覆、人謂我何！爰輟已俸、疏此為郡邑、勧悃興情、落筆恐后、合不行賞、咄嗟辦集。遂取材於産、并挙而陶、凡梓者悉售於江南、而倍其常買、三時不害、翕率来工、晨作申休、供犒有節。吉日良時、卜而協之、俾県達魯花赤阿刺渾（蒙古族）総之郡、昭顕校尉管軍総把葛晟、相之毘里、士民之愿者分董之、余則時一再至諗其程而労之。建儀門七架三間、東西廡五間、増爽塏、接露台。東西昇以級之、正殿九架三間、鼎絵圭章、式昭王度侍臣左列、有翼有厳、陋磁壁牖、杭席匜一盥、罔漏厥微、固垣牖、浚塡井、植断碣、直関鈕、撤而一新、無復曩年因循比也。継是祝於斯游于斯曰：美哉輪、美哉奐、顧不韙与：始于壬午之孟冬、落于癸末之仲春、乃奠桂漿、潔薦牲牷、宅馭安霊、愉愉穆穆、是役也。歳阜艮比、政簡訟稀、中和所召一、且作且嬉。固曰：鬼神非人実親、黟徳是依。吾亦欲使邦人永思（欠二字）之攸帰、命射蜑於右以讔之。歳在閼逢涒灘夏五吉日、昭勇大将軍管領河間等路軍馬万戸鎮守和州路総管府達魯花赤不蘭奚記、将仕郎前烏江県尹郭資書。

（[閻・張 1997a]『覇王祠歴代碑文選』pp. 14-15　和県：和県文化局）

# 中国における無形文化遺産をめぐる
## グローカリゼーションの一側面
### 広東省珠江デルタの「中山咸水歌」を例に

長沼さやか

## はじめに

　中国においては 2005 年ごろより、無形文化遺産に対する関心が急激に高まっ
てきた。その背景には、観光開発という経済的目標のほかに、漢族や少数民族、
さらにはその上位概念である「中華民族」を特徴づける「民族文化」に対して
コントロールを試みる国家の政治的意図が介在している。このように、世界と
結びついた観光経済や、文化をめぐる国家政策といったマクロな動きが看取で
きる一方、地域社会では、無形文化遺産を観光資源として消費する地方政府や
企業、無形文化遺産の担い手となって表象する人々、あるいは日常において無
形文化遺産と直接の接点を持たずに生活している人々などが存在する。本稿で
は、ローカルにおけるさまざまな主体が、無形文化遺産というグローバルな動
きとどのように向き合っているのかに注目し、中国における無形文化遺産をめ
ぐるグローカリゼーションの一側面を描き出してみたい。事例としてとりあげ
るのは、「中山咸水歌」[1] の名で 2006 年に中国の国家レベルの無形文化遺産に
登録された広東省珠江デルタの水上居民の民謡である。

## 1　グローバル化の設定

### 中国における観光業の発展

　経済発展が加速する中国においては、都市部を中心に観光産業の成長がいち
じるしい。筆者が研究フィールドとしている広東省珠江デルタ地域[2] を例に
とるならば、広州市など都市部の繁華街やビジネス街、ホテルやレストランと
いったところでは、国内外のパッケージツアーを宣伝する旅行会社の広告を頻
繁に目にする。
　中国南部の沿海地域に位置する広東省は、2010 年 11 月にアジア競技大会を
開催した省都の広州市や、2011 年 8 月にユニバーシアードを開催した経済特

178　Ⅱ　文化行政からみるナショナル・地域の文化遺産

図1　中山市周辺

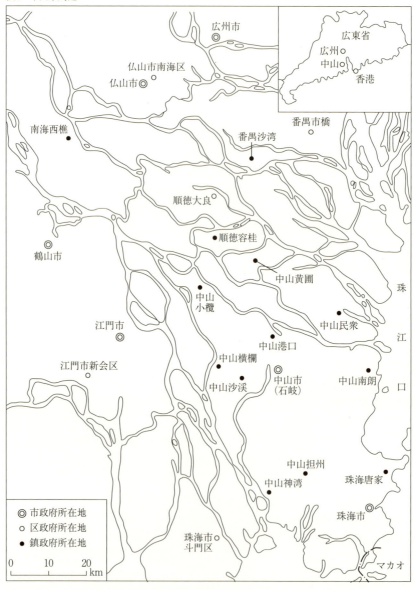

区・深圳市などで知られ、中国の高度経済成長を象徴する地域の一つとして衆目を集めている。これらの都市はいずれも広東省内を流れる大河・珠江がつくりだした広大な平野・珠江デルタの範囲に位置している。珠江デルタ地域には、このほかにも経済特区の珠海市や工業都市として知られる東莞市、中山市などがあり、広東省内でも特に豊かな地域として発展を続けている。これらの地域では、余暇や余剰収入を娯楽に費やすことが可能な中間所得層が増加しており、こうした人々を対象に安価で手軽なパッケージツアーを提供する旅行会社が増えている。

　今日このように活発化する中国の観光産業は、市場経済政策が導入された改革開放以降に発展のきざしを見せ始めた。韓敏によれば、「1984年に政府が新しい観光資源の開発、国際・国内観光の同時重視、地方や個人の観光への投資の促進、企業経営への転換などを含む改革案を承諾すると、中国の観光事業は急激に発展した」という［韓 1996: 169］。その後、国内観光においては革命聖地の観光地化や、華人を対象とした故郷めぐりツアーなどが登場してきた［韓 1996: 171-175］。

　また、少数民族地域において国家が1980年代から大きな関心を払ってきたのが、民族文化を観光資源として利用するエスニック・ツーリズム（民族観光）である。これについては、経済開発が立ち遅れた地域において貧困問題の改善のために実施した貴州省や広西チワン族自治区、海南省の事例や［曽 1998, 2001; 鈴木 1998; 瀬川 1999］、国境を接する東南アジアと結びついて国内観光客を引きつけながら発展してきた雲南省タイ族自治州の事例［長谷川 2001, 2006］などが報告されている。これらの研究が注目したのは、民族をめぐる国家の政策と、民族エリートを中心とする「伝統文化」をいかに表象するかを講じる人々の思惑が交錯するなかで、文化的要素が取捨選択され、「民族文化」やエスニック・アイデンティティが再編されてゆく過程であった。

　一方、中国の観光業に対する海外からのインパクトの一つとしては、ユネスコの世界遺産認定をあげることができる。ユネスコは1972年、歴史上、学術上、芸術上、顕著な普遍的価値を有する「文化遺産」と、鑑賞上、学術上、景観上、保存上、顕著な普遍的価値を有する「自然遺産」を保護・保存するために、「世界の文化遺産及び自然遺産の保護に関する条約」を採択した。これにともなって世界遺産リストを作成し、登録した世界遺産の保護支援について取り決めをおこなった。1985年に中国が正式にこの条約に加入して以降、1987年に北京・故宮などの6件が世界文化遺産としてリストに登録された。また、1992年に

180　Ⅱ　文化行政からみるナショナル・地域の文化遺産

表1　CNKIにおける無形文化遺産関連文献の検索結果（2012年1月16日検索）

| 年 | 文献総合検索 | | 定期学術刊行物 | | 国内主要新聞 | | 年鑑 | |
|---|---|---|---|---|---|---|---|---|
| | 非物質文化遺産 | 民間文化 | 非物質文化遺産 | 民間文化 | 非物質文化遺産 | 民間文化 | 非物質文化遺産 | 民間文化 |
| 2011 | 7,812 | 1,089 | 2,471 | 286 | 4,826 | 689 | 102 | 7 |
| 2010 | 11,806 | 1,406 | 2,559 | 298 | 6,774 | 863 | 1,067 | 36 |
| 2009 | 10,634 | 1,161 | 2,125 | 299 | 6,012 | 614 | 1,415 | 135 |
| 2008 | 5,458 | 1,103 | 1,680 | 288 | 1,436 | 515 | 1,364 | 159 |
| 2007 | 3,098 | 1,007 | 1,093 | 288 | 0 | 484 | 1,314 | 152 |
| 2006 | 1,606 | 1,001 | 742 | 282 | 0 | 456 | 496 | 156 |
| 2005 | 334 | 788 | 149 | 231 | 52 | 255 | 29 | 132 |
| 2004 | 254 | 528 | 93 | 219 | 107 | 179 | 11 | 51 |
| 2003 | 210 | 442 | 87 | 191 | 107 | 108 | 3 | 37 |
| 2002 | 79 | 237 | 31 | 145 | 45 | 27 | 1 | 15 |
| 2001 | 11 | 145 | 5 | 88 | 4 | 9 | 0 | 7 |
| 2000 | 0 | 138 | 0 | 102 | 0 | 5 | 0 | 6 |
| 1999 | 0 | 144 | 0 | 121 | データなし | データなし | 0 | 12 |
| 1998 | 0 | 85 | 0 | 64 | データなし | データなし | 0 | 1 |
| 1997 | 0 | 94 | 2 | 74 | データなし | データなし | 0 | 3 |
| 1996 | 0 | 71 | 0 | 54 | データなし | データなし | 0 | 7 |
| 1995 | 0 | 61 | 1 | 39 | データなし | データなし | 0 | 6 |

は四川・九塞溝など3カ所が世界自然遺産として登録された。世界遺産となった名勝旧跡は世界中のメディアで紹介され、国内外から数多くの観光客を引き寄せた。

## 無形文化遺産をめぐるグローバル化

　さらに2003年11月、ユネスコは新たに「無形文化遺産の保護に関する条約」（以下、無形文化遺産条約と省略）を採択した。その条約の第2条において、無形文化遺産とは次のように説明されている。

　「無形文化遺産とは、慣習、描写、表現、知識及び技術並びにそれらに関連する器具、物品、加工品及び文化的空間であって、社会、集団及び場合によっては個人が自己の文化遺産の一部として認めるものをいう」[3]

　中国は2004年12月、世界で第6番目にこの条約を承認したが、それ以前から国内では「民間文化」（folk culture）の保護に対する関心が高まっていた[4]。

　表1は、中国最大のインターネット文献検索サイト「中国知網CNKI」[5]において、無形文化遺産を意味する中国語の「非物質文化遺産」と、これに類する語彙である「民間文化」をキーワードに検索をおこなった結果をまとめたも

のである。CNKIに収められているのは、中国国内の定期／不定期の学術刊行物、博士学位論文、優秀な修士論文、学術会議論文、新聞記事、特許、歴史文献資料などである。まず、これらすべてを含むデータベースである「学術文献総庫」（以下、総合検索と称する）において、政府など公共機関が毎年発行する「年鑑」に限定した検索をおこなった。また、総合検索の下位ディレクトリである「中国学術期刊網路出版総庫」（定期学術刊行物ネットワーク検索）と「中国重要報紙全文数据庫」（国内主要新聞検索）においても同キーワードで検索をおこなった[6]。年鑑は政府、定期学術刊行物は学界や研究者、国内主要新聞は一般市民の注目度をそれぞれ明らかにするために設定した。単純なキーワード検索ではあるが、ある程度の傾向は示せているように思う。

　この表から看取できるのは、「非物質文化遺産」というキーワードがユネスコの無形文化遺産条約採択の2003年前後から多く現れはじめ、2010年にもっとも頻出している点である。ちなみに、上海万博がおこなわれた2010年に限定し、万国博覧会を意味する中国語の「世界博覧会」、または「世博」をキーワードに検索を実施したところ、総合検索で2533件、定期学術刊行物で795件、新聞で456件、年鑑で692件がヒットした。上海で一定期間だけ開催した万博と、2003年から全国各地で認定・保護がすすめられている無形文化遺産を一律に比較することはできないが、すべての項目の検索結果において後者が前者を大幅に上回っている事実から、無形文化遺産への注目度の高さを推し量ることは可能だろう。

　一方、「民間文化」については、1990年代から主として学術刊行物において使われてきたことがわかる。また、2003年1月には国家文化部、財政部、民族事務委員会と中国文学芸術界連合会が合同で「中国民族民間文化保護プロジェクト」を開始し、保護拠点の選定や法令の制定などに着手した。翌2004年4月8日には、各省・自治区・直轄市に対して「文化部・財政部の中国民族民間文化保護プロジェクト実施に関する通知」を発した。同年12月、正式にユネスコの無形文化遺産条約に同意してからは、これらのプロジェクトは「非物質文化遺産保護プロジェクト」へと引き継がれた。このことは、表1で政府機関が発行する年鑑において「非物質文化遺産」の使用頻度が2006年以降に急増していることからも見て取れる。

　さらに2005年、中国国務院は各省・自治区・直轄市に対して第1次国家レベル無形文化遺産の申請を募り、翌2006年6月に518件の選出・登録を発表した。2008年6月には、第2次国家レベル無形文化遺産に510件を追加登録した。

登録されたのは昔話、伝説、劇、音楽、舞踊、工芸、民謡、雑技、年中行事など幅広いジャンルに及んだ。

表1が示す文献検索結果では、各省を通じて第1次の申請と登録がおこなわれた2005年から2006年にかけて、「非物質文化遺産」、または「民間文化」をあつかった文献が急増していることが看取できる。さらに、第2次の申請と登録がおこなわれた2008年前後には、それまで「民間文化」という表記が一般的だった新聞においても「非物質文化遺産」と表記する記事が増加し、国家が認定した「非物質文化遺産」が民間レベルに浸透する機会となった。

### 民族と文化をめぐるポリティクス

以上のような文献の動向のみならず、実際の観光業の現場からも無形文化遺産の需要の増加が報告されている。たとえば、広西チワン族自治区・三江トン族自治県のトン族村落における観光の産業化過程を分析した兼重努は、当該地域における2002年から2007年までの動向の特徴の一つに「物質文化中心型から非物質文化重視型」への変化を挙げている〔兼重 2008: 149〕。

このように、無形文化遺産は、近年の中国においてもっとも注目を集めるトピックの一つである。有形文化遺産でも自然遺産でもなく、無形文化遺産にこれほど需要が集中している背景には、民族や文化をめぐるポリティクスが深く関与している。1980年代から少数民族地域ではじめられたエスニック・ツーリズムについて、その先進開発地域であった貴州省の事例を報告した曽士才は、エスニック・ツーリズムに注目する国家の意図が辺境地域の経済開発と「中華民族」のアイデンティティ創出の二つにあると指摘している〔曽 2001: 88〕。無形文化遺産をめぐる国家の意図にもまた同様の含意があるといえる。たとえば、「文化部・財政部の中国民族民間文化保護プロジェクト実施に関する通知」（前掲）の前文には以下のようにある（筆者訳出）。

わが国の各民族人民は長い歴史の発展過程において、豊かで多彩で悠久の民族民間文化を創造してきた。それは中華文化の根本かつ重要な構成要素であり、中華民族の精神と感情の重要な担い手であり、国家統一と民族団結を維持する基礎、世界へとつながる架け橋でもある。わが国の民族民間文化はグローバル化と現代化の衝撃に直面しており、生存環境は急激に悪化し、多くの貴重な文化遺産が消滅しようとしている。保護プロジェクトの実施は一刻の猶予もならないのである」〔中華人民共和国文化部 2004〕。

中国における無形文化遺産をめぐるグローカリゼーションの一側面　183

　これを見るに、民間文化とは民族文化を前提とした概念であり、その一部であることは疑いない。ユネスコの条約に同意した後、その名を「非物質文化遺産」と改めた現在でも意図するところは同じであり、国家がお墨付きを与えた正統な民族文化を通じて各民族を統合し、中華民族全体のアイデンティティ高揚につなげることが最重要課題として掲げられているのである。
　ところで、2006年の第1次国家レベル無形文化遺産に広東省から申請・登録されたものに「中山咸水歌」がある。中山とは広東省珠江デルタ下流域に位置する中山市のことである。また、咸水歌とは広東省一帯の水辺に暮らしていた水上居民の民謡といわれている。次節では、水上居民と咸水歌がどのような人々と民謡であるかを記述した後、これをめぐる中山市および珠江デルタにおける近年の動向を詳述する。

## 2　水上居民と咸水歌

### 漢族社会の周縁
　水上居民という語彙は、中華民国期（1911～1949年）に広州市政府が使いはじめた行政用語である。口語では「蛋家」や「水上人」という名が一般に知られている。これらの語彙は、文献上では船上生活者や漁業従事者を意味するものと理解されている。しかし、広東珠江デルタにおいては、単に生活様式や生業のみで水上居民について語るのは十分ではない。
　広東省の政治・経済の中心地域である珠江デルタは、広東省と広西チワン族自治区を流れる大河・珠江の河口に広がる堆積平野である。片山剛によれば、この地に江南デルタ発祥の低湿地開発が伝わったのは、宋代（960～1279年）以降であるという［片山 2008］。それ以後、珠江デルタでは堆積地の干拓・陸地化が進んだ。そうして造り上げた土地の多くは、中華民国期以前には父系出自集団・宗族の所有となっていた。宗族の人々はまとまって村落に定住し、漢文化の発祥地である中原（黄河中流域）にさかのぼることのできる祖先をともに祭祀し、由緒ある一族の証明としてきた。一方、水上居民は移動可能な簡素な小屋や船などに暮らし、宗族が所有する土地を転々としながら季節労働をしていた。そうした生活から一族の起源を語るすべを持たず、親族組織を基本とした祖先祭祀や年中行事もおこなってこなかった。それゆえに宗族の人々は水上居民を非漢族と見なしていた。「蛋家」という呼称は、素性の分からない水

上居民を宗族の側が侮蔑して呼んだ名であった。

　宗族との関係において非漢族とみなされていた水上居民は、中華人民共和国成立後の1950年代に「民族識別工作」の対象となった。民族識別工作とは、多民族国家建設を目指す中国共産党がおこなってきた民族政策で、自称・他称などの民族名称、言語や歴史、文化的な特徴にもとづき、中国各地に居住する人々の民族の属性を決定したものである。これを経て水上居民は、言語や風俗習慣が陸上居民とほとんど変わらないことや、水上居民としてのアイデンティティや「われわれ意識」がないことを理由に漢族に認定された。また、同じく1950年代から実施された土地改革や集団化政策により、それまで流動的な生活をしていた水上居民はしだいに村落に定住した。こうして宗族の人々との経済格差や生活様式の違いは消失した。しかし、その後も水上居民は「もとは少数民族であったが、長きに渡って自然に漢族と同化し、徐々に民族としての特徴がなくなった」ものと解釈され［黄・施 1995: 291］、非漢族との連続性をもって語られることが多い。政策上では漢族とされながらも、認識の上ではなお漢族社会の周縁におかれているのである。

　そうした状況は、珠江デルタを含む中国東南地域が漢族社会のフロンティアであったことと関係している。中国東南地域では、宗族の概念や組織にもとづいて生活することが、非漢族と一線を画し、由緒正しい漢族を名乗る有効な手段であった。水上居民とは、宗族の人々が築いてきた漢族社会を外側から縁取りする「他者」の概念なのである［長沼 2010a: 247］。

## 中山咸水歌

　咸水歌は直訳では「塩水（海）の歌」という意味である。1920年代に民俗学者らがおこなった水上居民に関する調査報告［鍾編 1929; 陳 1946; 伍 1948］を見ると、咸水歌は「白話」という標準広東語が話される珠江デルタ地域において、水上居民が歌っていた男女の愛情を内容とする歌のことであった。しかし、現在では中国南部各地の水上居民が歌う民謡すべてを咸水歌と総称する傾向にある。同様の傾向は、「蛋家」という呼称にも認められる。広東語が通用する地域において水上居民は蛋家と呼ばれるが、方言の異なる福建にこの名はなかった。しかし、1920年代の調査報告において、福建の水上居民をも蛋家と記述するなど混同があった［謝 1929］。また、広東語は中国南部でもっとも通用範囲が広い言語である。そのため、「蛋家」や「咸水歌」という語彙がしだいに一般化し「水上居民＝蛋家」「水上居民の民謡＝咸水歌」という見解が定着し

たものと考えられる［長沼 2010a: 206-208］。

　咸水歌はかつて生活のさまざまな場面において、人々が感情のおもむくまま即興で歌った歌であった。内容は男女の愛情、生活の苦しさ、あるいは気楽さなどである。歌の特色は各地の広東語方言の音律に左右されるため、地域ごとに多種多様である。であるにもかかわらず、珠江デルタ下流域に位置する中山市坦州鎮の咸水歌のみが、「中山咸水歌」として第1次国家レベル無形文化遺産に登録されたのにはいくつか理由がある。

　第一に、中山市坦州鎮は中山市文化局が1970年代から咸水歌の保存・収集活動をおこなった地域であった。なぜなら、坦州鎮一帯には中華人民共和国成立以前から海抜の低い堆積地「沙田」が広がっており、そこでは多くの水上居民が干拓や農業労働に従事していた。咸水歌はそうした水上居民の間で娯楽として流行していた［呉 2008: 13-14, 31-34］。

　中山市や坦州鎮において、咸水歌の文化的価値が認められたのは1970年代以降のことであった。中華人民共和国成立後の1950年代から、鎮政府は男女の関係や愛情をテーマとした咸水歌を歌うことを禁止する一方、その独特の音律を政治思想の宣伝のために利用した。人民公社時代（1958～1980年）には各村に「民歌隊」（民謡隊）を配置し、農民の歌い手たちを集めてプロパガンダのために歌詞を書き換えた咸水歌を歌うよう指示した。こうした状況がおよそ20年も続いたことから、旧来の民謡の歌い手が絶えてしまうことを憂慮した中山市文化局の有志が、1972年から坦州鎮において咸水歌の収集活動をおこないはじめた。1969年から1987年まで中山市文化局に勤めたという男性（1939年生）が活動の中心人物であった。この男性は中山市の別の鎮で生まれ、水上居民の出身ではなかったが、坦州鎮で咸水歌を聞いてこれに興味を持つようになり、保存活動をはじめた。

　改革開放後の1979年、鎮政府は咸水歌を再評価し、その年の10月1日（建国記念日・国慶節）に農民の歌い手たちを集めて「水上歌会」という競演会を主催した。それ以後、1990年代までは数年おきに競演会を開催し、鎮内のみならず中山市内からも歌い手を招いた。市文化局も1990年代から2000年代にかけて、農民歌手が歌った咸水歌を収録したＣＤやＤＶＤを発行するなど、収集・保存活動を続けた。

　そして、2003年に中央政府主導の「民間文化保護プロジェクト」が始まると、坦州鎮はさらに積極的に宣伝活動を展開し、中山市政府もこれを賛助した。2005年、坦州鎮は市と省を通じて咸水歌を国家レベル無形文化遺産に申請し

た。同年、坦州鎮は数年おきに開催していた競演会を、毎年の国慶節に開催することとした。さらに市の賛助により歌い手たちは市主催のパーティや演芸会、テレビなどに呼ばれ、咸水歌を披露する機会が増えた。こうした活動が実を結び、2006年には「中山咸水歌」が第1次国家レベル無形文化遺産に登録された。さらに2008年には、国家文化部により坦州鎮の咸水歌歌手（男性、1939年生まれ）が国家レベル無形文化遺産の伝承人に認定された。

## 3　無形文化遺産をめぐるローカルな動き

### 無形文化遺産の保護活動

　国家級無形文化遺産の申請に向けて、坦州鎮は具体的に次のような保護活動を実施していった。まず、2005年には坦州鎮政府の建物の1室に、坦州鎮咸水歌歴史陳列館をオープンした。咸水歌歴史陳列館では、坦州鎮における咸水歌の特色や1950年代から1980年代にかけての民謡歌手の活動、1990年代以降の咸水歌保護活動とテレビなどのメディア登場、研究者の坦州鎮訪問の履歴、著名な民謡歌手の経歴などをパネル展示で紹介していった。咸水歌の歴史について説明するパネルでは、明末清初期の広東出身の詩人・屈大均の随筆である『広東新語』巻12「詩語」「粤歌」の「蛋人亦喜唱歌」（蛋人もまた唱歌を好む）の部分を引用し、坦州鎮で歌い継がれてきた咸水歌の歴史の長さを強調していた。また、沙田の農村で使われた民具の展示や、かつて婚礼で咸水歌を歌っている様子を記録した映像の上映もおこなっていた。しかし、資料が充実しているにもかかわらず、筆者が訪れた2007年3月当時、陳列館は鎮内でもあまり知られておらず、訪れる人はほとんどいなかった。

　また2007年当時、坦州鎮では「坦州蛋家人民俗博物館」（仮称）の建設を計画していた。その計画の第一歩として民謡歌手や咸水歌の作詞者を集め[7]、展示物に関する意見を出し合う会議に筆者も立ち会った。展示物の案として鎮政府側が提示したのは、当時すでに陳列館に展示しているもののほか、かつて沙田の住居であった稲わらと土でつくった小屋の模型や、交通手段であった竿で操る小船、生業である農業や漁業に用いられた道具、年中行事の習俗に関する説明などであった。なお、この計画の責任者は鎮政府幹部のA氏であった。A氏自身は水上居民ではなく、鎮内の客家村の出身であった[8]。

　また、2006年9月から鎮内の小学校に民謡クラブをつくり、子どもたちに咸水歌を学習させる活動も始まっていた（写真1）。坦州鎮では、咸水歌の歌い

中国における無形文化遺産をめぐるグローカリゼーションの一側面　187

写真1　小学校の民謡クラブで咸水歌を歌う子どもたち（坦州鎮、2007年、筆者撮影）

手が40歳代後半から70歳代と高齢化しているうえに人数も10名に満たず、後継者が不足しているという状況にあった。将来的には鎮内全小学校の音楽の授業で咸水歌を教えるほか、各行政村に民謡チームをつくり後継者を育成する計画であった。なお、これらの教育政策を推進する鎮政府幹部も鎮市街で生まれ育った人で、水上居民出身ではなかった。このように坦州鎮における咸水歌の保護活動は、水上居民出身ではない政府幹部らが中心となって進めていた。

**水郷文化の観光資源化**

　無形文化遺産としての保護を坦州鎮政府が展開する一方、中山市政府は咸水歌に観光資源としての期待を寄せてきた。そうした文脈において、市の大部分を占める沙田の風俗習慣である「水郷文化」の一部として咸水歌を紹介するようになった。その例として、中山市北部の民衆鎮に建設された「嶺南水郷」というテーマパークについて紹介しよう。
　「嶺南」とは広東省、広西チワン族自治区と海南省を合わせた地域を指す。「水郷」とは水源が豊富な地域、転じて珠江デルタに広がる沙田を意味している。このテーマパークでは、沙田の生活様式や風俗習慣である水郷文化を参観、体験することができる。
　中山市街から嶺南水郷までの公共交通機関は路線バスのみであり、到着するまでに1時間半以上を要する。民衆鎮の市内からの交通に限定しても、車で郊外へ15分ほど走らなければならず、交通の利便性はそれほど考慮されていない。当地は民間企業が土地を借り上げ、2000年にオープンした。約35km$^2$の敷

写真 2　「水上婚家習俗」で咸水歌を披露する女性（中央）
（中山市民衆鎮「嶺南水郷」、2007 年、筆者撮影）

地には、かつて沙田で人々が暮らしていたとされる竹、稲わらで葺いた簡素な小屋や、交通運搬手段であった小船、船着場が再現されていた。また、構内には展覧館が建てられている。展覧館では、中華人民共和国成立後の沙田農業開拓にまつわる写真、当時使われた木製の農具、農閑期に使ったエビ籠などの漁具が陳列されており、改革開放以前の様子を偲ぶことができた。また、野外には周囲にある天然の河流から水路を引き込み、そのうえに舞台をつくっていた。舞台では飾りつけた小船で花嫁を迎えに行く「水上婚家習俗」という演目が上演されていた。演目のなかでは咸水歌を歌う場面もあった（写真 2）。また、構内には地元特産の食材を使用した料理を提供するレストランもつくられていた。構内で働くのはおよそ 80 名で、事務職の 7 名をのぞくと、すべて地元の村から雇用された人々であった。

　2007 年 10 月からは「嶺南水郷」において、中山市旅游局（観光局）が主催する「嶺南水郷旅游文化節」が開催されるようになった。この催しのメインは「水郷運動会」で、カヌー競争、池で動物を捕まえる競争、バナナ担ぎ競争などがおこなわれ、地元の人々が参加した。期間中は中山市街や広州市、深圳市など都市部から観光客が来場した。これ以外の時期にテーマパークを訪れるのも、広州市や深圳市など広東省内の都市部からの観光客である。中山市内をめぐる団体観光ツアーの訪問地のなかに嶺南水郷が組み込まれており、このほかには南朗鎮にある孫文の生家を改装した記念館や、三郷鎮にある大規模な骨董市場などを訪れることになっている。このように、嶺南水郷では都市生活者を対象とした観光ビジネスを展開している。ここでは、都市生活者が往時の生活やシンプ

ルな農村生活、純朴な農村生活者に見出すノスタルジーが水郷文化の観光資源的価値を見出しているようだった。

　では、政府や観光業者が無形文化遺産の保護と観光資源化を推進しているのに対して、地域の人々の反応はどうなっているのだろうか。

## 地域の人々の反応

　政府や観光業者の計画がある一方で、市民の咸水歌に対する注目度はあまり高くない。それには咸水歌がかつてマイノリティであった水上居民の民謡であるといういきさつが関係している。このことは、次に紹介する筆者の友人B氏の語りにも現れている。

　B氏はかつて中山市文化局に勤務し、中山の歴史と風俗に関する書籍を出版したこともある文化人である。B氏の父は中山市沙渓鎮出身の医者であった。B氏自身は、高級中学（日本の高等学校に相当）に在学していた1968年から1976年までの8年間、「農村知識青年」として中山市南部の水上居民の定住村落で生活した経験がある。B氏は、政府が咸水歌を宣伝してはいるものの、実際に水上居民出身の人はあまり咸水歌を歌いたがらないといい、その理由を以下のように語った。

　　B氏（男性、1949年生、中山市石岐区在住）の語り
　　「水上人（水上居民）はかつて、文字がなく文化がなかったから地位が低かった。けれど現在は、地位が上がりました。水上人の若い人は咸水歌を歌えない、もしくは歌いません。なぜなら、咸水歌は昔、文字や文化がなかった水上人の間で発達した民謡であるから。歌えば水上人であると人に知られてしまいます。だから、水上人だということを知られたくない人は、咸水歌を歌わないのです」（2007年3月20日、B氏とB氏の知人の女性、筆者の3人で中山市石岐区内のレストランにて昼食をとりながら）。

　一方、政府と関わる機会の多い民謡の歌い手たちは、咸水歌への期待を肯定的に受け止めている。筆者は2007年3月に咸水歌の歌い手にインタビュー調査をおこなう機会を得た。当時、40歳代から60歳代までの男女約10名が、アマチュア歌手として活動していた。このうち、直接会うことができたのは7名（男性3名、女性4名）で、さらにそのなかの6名（男性3名、女性3名）に詳しいインタビュー調査をおこなうことができた。歌い手たちは本業に従事する

傍ら、市や鎮の共産党宣伝部が主催する民謡競演会に参加したり、鎮内の小学校の民謡クラブで歌を教えたりしていた。ほとんどの人が農業を生業としていたが、なかには中学教師をしていた人もあった。インタビューに応じてくれた6名のアマチュア歌手は、3名の女性も含めてすべて坦州鎮の沙田の農村の出身であった。

　歌い手たちの話では、咸水歌が無形文化遺産となってから自分たちは継承者として厚遇されるようになったという。筆者のインタビューに同席した鎮政府の幹部は歌い手たちを「老師」（先生）と呼び、一人一人の功績や歌のすばらしさを褒め称えていた。また、歌い手の一人であるC氏は、咸水歌が注目されてからの具体的な変化を次のように語った。

　C氏（女性、1959年生、坦州鎮在住）の語り
　　「咸水歌が注目されるようになって、私たち水上人（水上居民）の地位もずいぶん上がりました。（咸水歌を歌いに）どこに行ってもみんな「阿姨」（おばさん）といって声を掛け、とても熱心に迎え入れてくれます。石岐（県城）に行ってもそうです。坦州鎮でもそうです。私たち水上人はずっとばかにされていました。それが変わってきたのは改革開放後になってからです。それ以前は本当に地位が低かったのです。だから今は本当に良かったと思っています」（2007年3月21日）

　しかし、待遇の変化を実感しているのは歌い手に限られており、沙田の人々すべてが「文化の継承者」として再評価されたわけではないことは、市民の関心がそれほど咸水歌に向けられていないことからも窺い知れる。それは沙田が従来「文化」から隔たった場所と見なされてきたからである。

　沙田とは堆積地を意味する一般名詞でもある。その意味ではデルタ全域が沙田といえるが、珠江デルタにおいては比較的遅い時代に農業開発が始まった地域に限定してこう呼ぶことがある。これに対して、明代に干拓され陸地化してから数100年が経過している地域は「民田」と呼ばれる。民田には宗族の人々が古くから定住する村落が存在する。歴史学者の劉志偉が指摘するように、民田の宗族は明清時代から開発途上にあった沙田を掌握し、そこで水上居民を使役し干拓にあたらせ耕地と権力の拡大をはかってきた。つまり沙田は、民田の権力者から経済的・政治的な支配を受ける関係にあった［劉1999］。また、文化的にも民田が「伝統」である一方で、沙田は「伝統がない」、「文化がない」

地域とされてきた。そうした見方は現在でも支配的である。

　珠江の河口部に位置する中山市は、北部の一部地域と市街地、および中部の丘陵地帯をのぞけば、ほぼ全域が沙田である。沙田の村落は古くても形成から100年程度しか経過しておらず、宗族組織も発達していない。暮らしているのは、沙田開拓のために数世代前の祖先の時代によそから移り住み、のちに定住したという来歴の人々がほとんどである。なかには中華人民共和国成立後に集団化政策により村がつくられた場所もある。このような沙田では、人々が古くから生活を営んできた民田と村落の形態が異なっている。

　香港の新界で調査をおこなったD・フォールは、単一、または複数の宗族が暮らす村落のいずれにおいても、祖先を祀る祠堂のほかに、土地公（土地神の祠）や神々の廟が組織の中核として存在していることを指摘している［Faure 1986: 70］。また、珠江デルタの民田地域でフィールドワークをおこなった川口幸大も、村落には祠堂のほか、数多くの土地公や廟があると述べている。祠堂は宗族の結束に欠かせない祖先祭祀の場であるが、廟もまた神々への祭祀といった活動を通して、男系出自の宗族の関係によってカバーされえない地縁的なまとまりをとりなすという意味で重要な役割を果たしているという［川口 2006: 88-94］。しかし、沙田にはこのような村落組織の核として機能する祠堂や廟がなく、土地公か社稷があるのみである。また、民田の村落には現在も中華民国期以前に建てられた青レンガ造りの古い家屋が残っていることがあるが、沙田の家屋はだいたいが1970年代以降に建造された新しいものである。それらがかつての交通路であった河流に沿って建ち並んでいる景観は、民田のそれとは大きく異なっている（写真3、4）。

　沙田の村々に祠堂や廟がないのは、村落形成から時間が経っておらず、村落組織が未発達であることに関係している。そうした違いは、年中行事においても民田と沙田の文化的差異を生み出している。2006年に伝統的な年中行事として、第1次国家レベル無形文化遺産に登録された端午節を例にあげてみよう。旧暦五月五日の端午節には、竜をかたどった舟を漕いで速さを競い合う竜舟競争がおこなわれる。川口によれば、民田の調査村落での竜舟競争は、中華人民共和国成立後に一時的に中断された時期を除いて、現在まで基本的に継続しておこなわれてきたという。竜舟は豊穣祈願や魔よけを目的としているが、いくつかの村落が集ってこれを開催することは、やはり宗族と宗族の関係を超えた村落社会の秩序や人間関係を維持する目的をもっていると川口は指摘している［川口 2004: 213-214］。しかし、中山では民田に位置する北部の小欖鎮と黄圃鎮

写真3　沙田の景観（中山市民衆鎮、2007年、筆者撮影）

写真4　民田の景観（広州市番禺区、2007年、筆者撮影）

の一部地域をのぞいて、竜舟をおこなう習慣はなかった。沙田の多い中山市域では、竜舟競争を開催するほどに村落内、または村落間の社会関係が密接ではなかったからであろう。

　このように、沙田はこれまで「伝統」や「文化」から取り残された地域とされてきた。沙田が多くを占める中山市には革命家・孫文の生家をのぞいて、観光資源となりうる史跡もほとんどない。そのような場所において無形文化遺産の咸水歌は新たな観光資源として期待を集めたが、地域の人々はやはり従来的価値における「伝統」や「文化」に引き寄せられている。また、かつて水上居民であった人々のなかには、咸水歌にまったく関心がない、あるいは咸水歌を知らない人もたくさんいる。であるならば、咸水歌とはいったい誰の民謡なのだろうか。

## 咸水歌は誰の民謡か

　筆者が2004年に水上居民が定住した村落で調査をおこなった際、咸水歌について興味深い語りを得ることができた。神湾鎮Ｚ村は中山市南部に位置する人口約1300人（2004年当時）の村落である。村は珠江の中洲にできており、海抜が低いことから周囲に堤防をめぐらせている。村人の生業は水田耕作で、農閑期には周囲の河水で漁業もする。この村で咸水歌を歌える人はいるかと尋ねた筆者に対して、年配の女性は次のように語った。

　Ｄ氏（女性、1927年生、神湾鎮Ｚ村）の語り
　　「咸水歌というのは何ですか。あぁ、歌のことですね。むかしは歌ったこともありましたよ。結婚式で、花嫁が家に来るときなんかに歌いました。それに田植えをするときなど、気分が盛り上がってくるとみんなで歌ったものです。でも今は歌わなくなって、すっかり忘れてしまいました」（2004年3月22日）

　Ｚ村ではＤ氏のほか、聞き取り調査に応じたインフォーマントのうち1940年代以前に生まれた男女の多くが、かつては歌を歌いながら農作業をしていたことなどを語った。しかし、この場合は咸水歌を歌ったというより思うままに歌を口ずさんでいたという感覚のようだった。また、別の地域では水上居民出身の人であっても咸水歌や、それに似た民謡を歌ったことがないという人がたくさんいた。このように、水上居民であってもとくに咸水歌を自分たちの民謡と思う意識はない。ただし、労働や婚礼のときなど気持ちが高揚したときなどに、喜怒哀楽の感情を歌にして表現していた。このような、形式のない即興歌をひとくくりに咸水歌という名で呼び習わしてきたのは、これを外側から眺望してきた陸上居民の人々であった。

　また近年、沙田の村落では祖先祭祀や年中行事を宗族にならっておこなおうとする元水上居民の人々の新たな試みもみられる。そこでは、宗族のように一族の起源や系譜を記した族譜を保管し始めたり、それまで家族単位でおこなっていた清明節の祖先祭祀を親族一同でおこない始めたりしている［長沼2010b］。清明節とは、新暦4月5日前後に漢族をはじめ多くの人々が墓参りや祖先祭祀をおこなうものである。端午節と同じく伝統的な年中行事として2006年に第1次国家レベル無形文化遺産に登録され、2008年には国家の休日となっ

た。このことからも、かつての水上居民が重視しているのは咸水歌のような沙田の習俗ではなく、漢族としてのしかるべき暮らし方、すなわち宗族社会における「伝統」や「文化」であることがわかる。一方、市文化局や鎮政府において咸水歌を保護しようと計画するのは水上居民ではない人たちであり、両者の思惑はすれ違いながら無形文化遺産をめぐる今日的状況を生み出している。

おわりに

　国家が無形文化遺産に大きな関心を注いできた背景には、観光経済の活性化だけではなく、正統な民族文化を通じた各民族の統合と中華民族アイデンティティの高揚という政治的な目的があった。しかし、全国的に展開された無形文化遺産の保護と観光資源化であったが、各地域においてその進行状況や注目度が異なるであろうことは容易に想像できる。

　本稿では広東珠江デルタの「中山咸水歌」をあつかった。咸水歌は 2006 年に第 1 次国家レベル無形文化遺産に登録されたが、その担い手といわれる水上居民をはじめ地域の人々の注目度はそれほど高くない。その理由は第一に、文化遺産の担い手であるはずの水上居民が積極的に保護活動に参与していないことが挙げられる。貴州省のエスニック・ツーリズムの事例を分析した曽は、1980 年代から少数民族地区で実施されたエスニック・ツーリズムの成功には、観光開発を自分たちの経済発展のための重要な戦略であるとして利用した民族エリートたちの思惑があったと指摘する［曽 2001］。しかし、中山咸水歌の場合、保護活動を実質的にリードするのは、客家や市街出身の陸上居民で、咸水歌の歌い手がこれに参与しているものの、中心的な役割は果たしていなかった。なぜなら、咸水歌をはじめとする沙田の風俗習慣は、そこに暮らす人々にとって必ずしも自分たちの持ち物（伝統）ではなく、陸上居民から与えられた表象だからである。つまり、水上居民にとっても宗族が培ってきた儀礼や習慣の在り方こそが、「伝統」であり「文化」なのである。

　中国南部各地のエスニック観光について、瀬川昌久は「エスニック観光に特に主体的に関わっている村や人々と、それ以外の人々とが生じている」と述べ、両者の文化的・社会的傾向を比較する必要性を指摘している［瀬川 1999: 94］。本稿であつかった中山咸水歌は、このように主体的に関わっていない人々の文化に対する価値観が、無形文化遺産の観光資源としての質を左右している事例といえるだろう。また、高山陽子は、「国家が付与する真正性は、ナショナル・

ヒストリーという語りに保証されるが、この語りがすべての人々に自己の語りとして共有されるわけではない」と述べている。これが共有されるのはナショナル・ヒストリーを自己の歴史として「同一視することができる人、あるいは同一視することを望む人々に限られる」のである［高山 2007: 262］。現段階で、中山咸水歌は国家の語りと人々の語りが一致しない状態にあるが、今後、経済発展やエスニック・アイデンティティの表示といった個人や集団の利害が生じ、地域社会の人々が国家の語りを受け入れていった場合には、政策を積極的に利用し、保存活動や観光資源化を展開してゆく未来もありうるだろう。このように、中国における無形文化遺産保護は、今後も観光経済や国家政策といったグローバルな動きに牽引されるばかりでなく、文化に対する地域社会の人々の価値判断と相まってそれぞれの足並みで進んでゆくことが予測される。


注
1) 標準中国語では「咸水歌（シエンシュイグァ）」、広東語では「咸水歌（ハムソイゴー）」と読むが、ここでは便宜的に日本語読みで「咸水歌（かんすいか）」とする。なお、本文中、現地語は広東語の発音で表記する。
2) 主だった地名は図 1 で確認されたい。
3) 日本ユネスコホームページ「無形文化遺産保護に関する条約」（www.unesco.or.jp/contents/isan/treaty_Intangible.html 2012 年 1 月 7 日閲覧）。
   なお、この条文はアラビア語、中国語、英語、フランス語、ロシア語およびスペイン語で作成された。
4)「民間文化」の内容について明確に定義する文献はみられないが、かつて中国民間文芸家協会が運営していた『民間中国』ホームページ（www.folkcn.org）は「民間に伝播、あるいは伝承されている文化」と記していた（2007 年 10 月閲覧）。なお、本ホームページは 2011 年 12 月時点ではインターネット上から削除されていた。
5) CNKI（China National Knowledge Infrastructure）は、中国の知識的インフラ整備を目指し、清華大学が中心となって構築した学術情報データベースである（www.cnki.net）。
6) 国内主要新聞検索は 500 紙以上を網羅し、2000 年以降の新聞記事 795 万件以上を収録している（2010 年末時点）。また、学術定期刊行物ネットワーク検索は、国内 7700 誌以上、創刊時から完全収録している雑誌は 4600 誌以上、総文献数 3200 万件以上を収録している（2011 年 6 月時点）。
7) 咸水歌は即興で歌う民謡であるため、本来作詞者はいない。しかし、人民共和国成立後に政策宣伝の歌をつくる過程で作詞者を必要とした。改革開放後、作詞者は旧来の咸水歌に近い歌詞も提供するようになった。
8) なお、本稿執筆時の 2011 年現在では博物館開館の知らせはまだない。

196　Ⅱ　文化行政からみるナショナル・地域の文化遺産

## 参考文献
英文

Faure, David.

1986　*The Structure of Chinese Rural Society: Lineage 77 and Village in the Eastern New Territories, Hong Kong.* Oxford: Oxford University Press.

中国語・日本語

片山　剛

2008　「近世・近代広東珠江デルタの由緒伝説」『歴史学研究』847：23-31、80。

兼重　努

2008　「民族観光の産業化と地元民の対応―広西3江トン族・程陽景区の事例から」『中国21』29：133-160、名古屋：風媒社。

川口幸大

2004　「龍舟競渡にみる現代中国の『伝統文化』―広東省珠江デルタのフィールドから」『中国21』20：209-226、名古屋：風媒社。

2006　『文化をめぐる国家と村落社会の相互交渉―東南中国における死者儀礼・神祇祭祀・宗族組織を通して』東北大学大学院文学研究科博士学位論文。

韓　敏

1996　「中国観光のフロンティア―創出される『地域文化』」山下晋司編『観光人類学』、pp.169-177、東京：新曜社。

黄光学・施聯朱

1995　『中国的民族識別』北京：民族出版社。

伍鋭麟

1948　「3 水蛋民調査」『国立北京大学中国民俗学会民俗叢書（41）』1-60、台北：東方文化書局。

呉競龍

2008　『広東非物質文化遺産叢書・水上情歌―中山咸水歌』広州：広東教育出版社。

謝雲声

1929　「福州蛋戸的歌調」『民俗』76：33-36。

鍾敬文編

1929　「蛋歌」『国立北京大学中国民俗学会民俗叢書（4）』台北：東方文化書局。

鈴木正崇

1998　「『民族意識』の現在―ミャオ族の正月」可児弘明他編『民族で読む中国』、pp.143-182、東京：朝日新聞社。

瀬川昌久

1999　「中国南部におけるエスニック観光と『伝統文化』の再定義」『東北アジア研究』

3：85-111、仙台：東北大学。

曽士才
- 1998 「中国のエスニック・ツーリズム—少数民族の若者たちと民族文化」『中国21』3：43-68、名古屋：風媒社。
- 2001 「中国における民族観光の創出：貴州省の事例から」『民族学研究』66(1)：87-105、東京：日本文化人類学会。

高山陽子
- 2007 『民族の幻影—中国民族観光の行方』仙台：東北大学出版会。

中華人民共和国文化部（政府文書）
- 2004年4月8日 「文化部財政部関于実施中国民族民間文化保護工程的通知」

陳序経
- 1946 『蛋民的研究』上海：商務印書館。

長沼さやか
- 2010 a 『広東の水上居民—珠江デルタ漢族のエスニシティとその変容』東京：風響社。
- 2010 b 「現代中国における宗族新興の可能性—広東珠江デルタの水上居民を例に」小長谷有紀・川口幸大・長沼さやか編『中国における社会主義的近代化』、pp.277-298、東京：勉誠出版。

長谷川　清
- 2001 「観光開発と民族社会の変容—雲南省・西双版納傣族自治州」佐々木信彰編『現代中国の民族と経済』、pp.107-131、京都：世界思想社。
- 2006 「エスニック観光と『風俗習慣』の商品化—西双版納タイ族自治州の事例」塚田誠之編『国立民族学博物館調査報告（63）中国・東南アジア大陸部の国境地域における諸民族文化の動態』、pp.173-194、大阪：国立民族学博物館。

劉志偉
- 1999 「地域空間中的国家秩序—珠江三角州"沙田—民田"格局的形成」『清史研究』、pp.14-24、北京：中国人民大学。

# 博物館建設と学校設立にみる伝統演劇界の再編過程
陝西地方・秦腔の事例から

清水拓野

## はじめに

　中国は今、世界のなかでもっとも飛躍的な変貌を遂げつつある国の一つである。中国経済は、1978年の改革開放政策の開始以来、驚異的な勢いで発展し、特に上海や広州などは、世界有数の経済都市として栄えるようになった。その結果、中国の国内総生産（GDP）は、今や日本を抜いて世界2位になったとまでいわれている。また、2008年に北京五輪、2010年には上海万博といった国際的なイベントが相次いで開催され、世界各国からの注目は高まっている。こうしたイベントの成果についてはさまざまな意見が存在するものの、中国が世界に存在感をアピールするきっかけになったのは確かだろう。中国は今後、世界の経済や政治に対してますます大きな影響力をもつ国となり、中国社会は一層グローバル化していくことが予想される。そして、そうした状況下で変遷している中国社会・文化の動態を捉えることは、人類学においても重要な課題となりつつある。

　改革・開放のこうした潮流は、中国社会全体にすでに大きな変化をもたらしつつあるが、中国の芸能界も社会・経済情勢の急激な変化に直面し、さまざまな形で再編を余議なくされている。特に伝統演劇界は、その経済的基盤の変化や娯楽の多様化の影響を受けて、生き残りのために今後の身の処し方についての選択を迫られている [cf. 陳 2003; 平林 1995]。すなわち、中華人民共和国の建国以来、伝統演劇の劇団は国営化され、人民に奉仕するために演劇を演じてきたが、改革・開放以降は、テレビの普及などに影響されて客足が遠のいたり、劇団が企業化して人員整理されたりしたので、伝統演劇界は生存をかけて観光化に力を入れるなど、新たな実践をいろいろと試みている。その結果、地域による具体的な展開の違いはあるものの、伝統演劇界全体は大きく再編されつつあるのである。

　本稿は、ある地方劇の事例に注目しつつ、改革・開放時代における伝統演劇界の再編というテーマを考察するものである。以下では、筆者がこれまで調査

してきた陝西地方の伝統演劇・秦腔の事例を中心に、秦腔の演劇界で近年顕著な二つの動きを取りあげて、再編されつつある伝統演劇界の実態に迫る。ここで取りあげる二つの動きとは、陝西秦腔博物館の設立をめぐる動きと、民営演劇学校と呼ばれる演劇学校の設立に関する動きである。前者は、秦腔が無形文化遺産に登録されたことで活発化している陝西省文化庁主導の動きであり、後者は、それとは直接の関係をもたない秦腔演劇界の実践者たちによる個人レベルで展開している動きである。ある意味で、これら二つの動向は、社会・経済情勢の変化に対する秦腔演劇界における政府と民間の反応と解釈することができるが、本稿では、これらの動向をとおして再編過程にある伝統演劇界の特徴を捉え、それと中国社会・文化の再編過程とのつながりについても考察してみたい。

## 1 秦腔とは

　まず、秦腔(しんこう)について簡単に紹介しておこう。秦腔とは、中国西北地域(陝西省、甘粛省、青海省、寧夏回族自治区、新疆ウイグル族自治区など)に広く流布する伝統演劇である。特に、陝西省や甘粛省ではきわめて盛んであり、この二省には数多くの秦腔劇団や自楽班(ズーローバン)(秦腔の愛好家の集団)が存在する。秦腔の起源は、古代の陝西や甘粛一帯にあった民間の歌舞踊にあるとされているが、具体的にいつごろから存在していたかについては、諸説があり定かではない。しかし、少なくとも明代半ばごろ(16世紀末)には秦腔が存在していた、といわれている[陝西省戯曲志編纂委員会編 1998: 134; 蘇 1996: 319]。かの有名な京劇でも、清の乾隆帝のころ(18世紀末)から形成されてきたと考えられているので[涂・蘇ほか 2000: 4-9]、秦腔は京劇よりも古いのである[1]。

　秦腔の芸能的特徴について語ろう。中国には各地に伝統演劇(川劇・粤劇・豫劇など)があるが、秦腔とは、おもに節回しやリズムや音楽などの点で独特の特徴をもつ伝統演劇である。たとえば、秦腔の節回しには、板腔体(バンチャンティ)(板式と呼ばれる拍子の組み合わせをもとにした音楽形式)がみられ、曲牌(チューパイ)(曲牌(チューパイ)を連ねる音楽形式)を主とする昆曲などとは区別されている。また、秦腔の節回しには、喜びや嬉しさを表す歓音(ファンイン)と、悲憤や沈んだ情感を表現する苦音(クウイン)とがあり、芝居の雰囲気や登場人物の感情によって使いわけられるが、おもに西皮(シーピー)と二黄(アルホワン)と呼ばれる節回しがもちいられる京劇などとは顕著に異なる。さらに、秦腔の歌のリズムには、二六板(アルリュウバン)、慢板(マンバン)、帯板(ダイバン)、二導板(アルダオバン)、塾板(デンバン)、滾板(グンバン)などがあり、板式(バンシー)と

総称されるこれらも芝居の雰囲気や登場人物の感情によって使いわけられる。この点も、西皮と二黄を基調として、慢板、流水、快板、散板などがもちいられる京劇などとは明確に異なる[2]。

　ただし、秦腔は、役者の演技という点では、他の伝統演劇と多くの共通点をもっている。たとえば秦腔の演技には、四功五法と呼ばれる伝統的な型の集合体がある。これは、唱（歌）、念（せりふ）、做（しぐさ）、打（立ち回り）という表現技法と、手（手の動作）、眼（目線の用法）、身（体の動作）、法（手、眼、身、歩の総合的な運用）、歩（歩き方）という表現手段から構成される型の集合体であり、役者はこれらの多様な表現技法・手段をもちいて、歴史上、あるいは、文学作品上のさまざまな人物を演じるが、これと同様のものは他の多くの伝統演劇にもみられる。一方、秦腔の役者の役柄には、生（男性役）、旦（女性役）、浄（隈取りをする男性の役）、丑（道化役）の四大役柄とその下位分類があり、それらは総称して行当（役柄）と呼ばれる。役者は、この四大役柄の下位分類のいずれかの役柄に専念して、その役柄に特有の歌やしぐさの基本様式を学ぶが、これとほぼ同様の役柄分類は京劇などにもみられる。下位分類の名称には多少の違いがみられるものの、こうした役柄分類は秦腔に限った特徴ではない。

　なお、秦腔には、西府秦腔や漢調桄桄や同州梆子などの地域による流派も存在するが、本稿でおもに取り上げるのは、中路秦腔（西安乱弾とも呼ばれる）という西安を中心に継承・発展されてきた秦腔である[3]。

## 2　秦腔演劇界の歩み

　では、秦腔演劇界は、これまでどのような変遷過程を経てきたのだろうか。秦腔の本拠地・陝西地方に絞って、秦腔演劇界の現在までに至る歩みについて略述しよう。秦腔の歴史は長いが、秦腔演劇界の状況については、全体的に文献資料が乏しいので、中華民国期（1912 ～ 1949 年）以前の様子を詳細に把握するのは困難である。以下では、民国期ごろからの状況を記述する。

### 民国期の状況

　民国期には、秦腔役者は下九流（卑しいとされる職業に従事する人）とみなされ、社会的地位や社会保障もなく、生存ギリギリの貧しい生活を送っていた。秦腔演劇界には、「小娃怕野狼、唱戯的怕"三黄"」（子どもは狼を恐れるが、役者は上演機会が減るので、麦、もみ、その他いろいろの草が黄色くなる時期を恐れる）とい

う諺があり、時期によっては役者がかなり厳しい経済状況にあったことを暗示している。実際、彼らは、夜は古い廟や寺に寝泊まりし、上演機会がないときは、ろくにご飯も食べられなかったという［甄・史編 2010: 23-24］。また、強盗やごろつきに襲われることも少なくなかったし、死んだときもきちんと埋葬してもらえなかった。たとえば、陝西地方の漢中に王庚子という名優がおり、陝西、四川、甘粛の各地に多くの弟子を抱え、複数の劇団の団長を務めたこともあるほどの人物であったが、老いてからは頼る人がなく、死んでも埋葬地がなかったという［甄・史編 2010: 24］。このように、民国期の秦腔役者たちの多くは社会的身分が低く、安定した家も収入もないきわめて貧しい生活を送っていた。

　ところで、民国期の秦腔演劇界には、以上の記述とは異なる側面もみられた。陝西易俗伶学社という例外的な特徴をもつ秦腔劇団も存在していたのである。陝西易俗伶学社は、陝西地方の辛亥革命同盟会会員の李桐軒や孫仁玉など、当時の進歩的知識人たちによって、民国元年（1912 年）に西安で設立された。この劇団の指導者たちは、伝統演劇をとおして民衆を啓蒙し、古い風俗習慣を改めて、社会教育を補助するという高い理想をもっていた［西安市記念易俗社 70周年弁公室編輯組編選 1982］。つまり、陝西易俗伶学社は、単なる公演組織ではなく、公演活動をとおして民衆教育を目標とする劇団だったのである[4]。そして、この高い理想を実現するために、陝西易俗伶学社では科班（カーバン）と呼ばれる付属の俳優養成組織を設け、生徒に芝居の稽古のみならず、文化科目（国文や習字や数学などの教養科目）を教えて役者の素養向上に努めた[5]。また、陝西易俗伶学社の指導者たち（特に陳雨農、範紫東、孫仁玉などの人物）は、積極的に脚本創作も行って数々の名作を生み出し、後の秦腔演劇界に大きな影響を与えた。後年、秦腔演劇界では、陝西易俗伶学社が俳優教育や脚本創作や秦腔音楽などの方面において多大な貢献をしたと評しているが［陝西省戯劇志編纂委員会編 1998:8-11］、当時の秦腔演劇界に、一定の教育レベルと社会的影響力をもち、公演活動をとおして民衆教育と関わっていた秦腔役者や劇団関係者がいたことを示している。先に述べた、貧しくて運命に翻弄されていた秦腔役者だけではなかったのである。

　一方、秦腔演劇界は、陝北地域などではまた異なる様相を呈していた。1937年 1 月に、中国共産党が延安に陝甘寧辺区政府を樹立すると、社会主義革命に従事する劇団が雨後の筍のように続々と登場した。なかでも、1938 年 7 月に延安で誕生した陝甘寧辺区民衆劇団（現在の陝西省戯曲研究院）は、抗日救国を内容とする《好男児》、《一条路》、《中国魂》、《那台劉》などの革命現代劇を数

多く創作・上演し、とりわけ大きな影響力をもっていた［陝西省戯劇志編纂委員会編 2000: 5］。この時期のこうした劇団の特徴は、秦腔も含めた戯劇を革命事業と不可分のものと捉え、政治思想の宣伝道具として積極的に活用したことである。つまり、毛沢東を始めとする共産党の指導者たちは、抗日戦争の政策などを宣伝する手段として、秦腔をきわめて重視していたのである［甄・史編 2010: 142-148］。そして、こうした状況下で演じられた秦腔の演目は、観衆にも大きな影響を与えていたようである。たとえば、正義感に駆られるあまり、劇中の悪役を本物の悪人と勘違いして役者を殴った観客のエピソードや、劇中の労働模範の英雄の姿に感銘を受けて生活態度を一変させ、労働に人一倍励むようになった無頼漢のエピソードなどは、今も少なからず伝わっている［甄・史編 2010: 148-152］。

## 解放後～文革期までの状況

1949 年に中華人民共和国が誕生すると、秦腔演劇界もまた新たな時代を迎えた。すでに 1942 年の延安での文芸座談会において、毛沢東は陝甘寧辺区の文芸活動について総括し、秦腔も他の戯劇ともども、人民（特に労働者・農民・兵士）に奉仕して、無産階級革命に貢献できるようにその形式や内容を改造すべきことを指摘していた。中華人民共和国の建国後は、それを全国規模で実現するために、政府内に中華全国戯曲改革委員会（1949 年 10 月成立）や文化部戯曲改進委員会（1950 年 7 月成立）などが作られ、改人（役者の政治思想や境遇などの改革）、改制（劇団の運営方式などの改革）、改戯（演目内容に関する改革）の戯曲三改と呼ばれる演劇改革が推進された［甄・史編 2010: 152-156］。この演劇改革は、役者の境遇とも関わるものであり、役者は人民に奉仕する戯劇工作者として生活上・経済上のさまざまな恩恵を受けたので、彼らは民国期までの社会的地位や社会保障もない貧しい生活から脱却することができるようになった［陝西省戯劇志編纂委員会編 1998: 15-17; cf. 傅 2002: 1-6］。

劇団の上演活動の状況についても述べておこう。解放後、秦腔の本拠地・西安では、各劇団による上演活動がとりわけ活発になった。民国期から西安に存在した陝西易俗伶学社（後に西安易俗社と呼ばれる）などの劇団は国営化され、共産党と人民政府の指導下で上演活動に力を入れるようになった。その一方で、陝北にあった陝甘寧辺区民衆劇団、関中八一劇団、西北文芸工作団などの劇団も西安入りをはたし、それぞれ合併統合を経て、西北戯曲研究院（現在の陝西省戯曲研究院）、陝西省眉戸劇団、西北人民歌舞劇団となり、活発な上演活動を

展開するようになった。これらの劇団は、文芸は人民に奉仕するという党の方針・目標の下で、上演をとおして土地改革の政策宣伝をしたり、朝鮮戦争における朝鮮への支援を表明したり、反革命活動の鎮圧を呼びかけたりした［陝西省戯劇志編纂委員会編 2000: 13-17］。そのために、《遊亀山》、《遊西湖》、《白蛇伝》、《法門寺》など、数多くの現代劇や歴史劇や伝統劇が創作改編・上演された。

　ところが、1966 年に文化大革命が始まると、秦腔演劇界は苦難の時代を迎えた。秦腔のすべての伝統演目と一部の現代劇は、封建的・資本主義的・修正主義的などとして批判され、上演を禁止された[6]。また、劇団の指導者の多くは、「資産階級の反動路線を行く者」や「資本主義的実権派」として批判され、街中を引きまわされた。多くの劇作家や監督や役者は、牛鬼蛇神（権威主義者に対する文革期のたとえ）や黒線人物（反革命的な危険分子とみなされた人物）として扱われ、牛棚（文革期に批判対象の人物を軟禁した小屋）に入れられたり、家財を没収されたり、拷問や辱めを受けたりした〔cf. 北京市芸術研究所・上海芸術研究所（組織編著）1999: 1906-1914〕。馬健翎、尚小雲、李正敏といった戯劇芸術家や秦腔演劇界の指導者たちも、文革中に命を落とした［陝西省戯劇志編纂委員会編 2000: 18］。その他、陝西省戯曲劇院（現在の陝西省戯曲研究院）の資料室に保管されていた貴重な秦腔関連の資料や手書き脚本が処分されたり、戯劇活動の管理・研究機構である中国戯劇家協会陝西分会が閉鎖されたりした。なお、文革後期には、陝西省戯曲劇院のような劇団が、京劇から秦腔に移植した《紅灯記》、《智取威虎山》、《沙家浜》などの革命模範劇を演じたり、碗碗腔に移植した《紅色娘子軍》を上演したりしたという［陝西省戯劇志編纂委員会編 2000: 18］。

## 文革後～近年までの状況

　文革後、秦腔演劇界はまた新たな時代に突入した。中国共産党陝西省委員会は、文革中に批判の対象とされていた《遊西湖》、《中国魂》、《趙氏孤児》などの演目の名誉を回復し、禁止されていた多くの伝統演目が上演できるようになった。そして、1979 年には、陝西省文化局が西安で建国 30 周年を祝う献礼上演を主催し、陝西省戯曲劇院、陝西省京劇団、陝西省歌舞劇院などの劇団が上演に参加した［陝西省戯劇志編纂委員会編 2000: 19］。また、文革中に閉鎖されていた西安の陝西省戯曲学校などの演劇学校も再開し、中断されていた秦腔の人材育成を積極的に行うようになった。陝西省劇目工作室や中国戯劇家協会陝西分会などの戯劇活動の管理・研究機構も復活した。

　ただし、80 年代に入ると、改革開放政策の影響でアメリカや日本などから

映画、アニメ、テレビドラマが大量に入って娯楽が多様化し、テレビも普及したので、秦腔は人々にあまり顧みられなくなった［cf. 加藤 2002: 304-305］。特に、多くの青少年は秦腔に興味を示さなくなり、劇場にも足を運ばなくなった。その結果、秦腔は深刻な不振状態に陥ったのである。そうした事態を受けて、中国共産党陝西省委員会と陝西省政府は、1983 年に振興秦腔というスローガンを打ち出し、陝西省振興秦腔指導委員会を作り、陝西省戯曲研究院秦腔団や西安易俗社などを実験劇団として、秦腔の振興活動に本格的に取り組み始めた。こうした状況下で、陝西地方の各劇団は活発に創作・上演活動を展開したが、陝西省戯曲研究院の新編古代劇《千古一帝》や《楊貴妃》、改編伝統劇《西湖遺恨》などはとりわけよく知られており、北京公演や海外公演も行われた。

　最後に、近年の動向を示す事例として、筆者の調査期間中の出来事について取りあげる。筆者は、2000 年 9 月ごろから西安で秦腔に関する調査を行ってきたが、この 10 数年で秦腔演劇界の状況は大きく変化した[7]。端的にいえば、秦腔演劇界にとって良いことも悪いこともあった。悪い出来事としては、秦腔の振興活動の努力もむなしく、娯楽の多様化の影響による観客数（特に若い世代の観客）の減少に歯止めがかからず、西安などの都市部での専門劇団による秦腔の上演が激減したことがあげられる。筆者が西安で調査を始めた 2000 年当時、西安市内ではかろうじて西安易俗社だけが週 1 回の秦腔の定期公演を行っていたが、上演中も観客がまばらでいつも閑散としていた。西安易俗社などの各劇団のおもな収入源は市内公演ではなく、秦腔が比較的に盛んな農村地域への巡回公演に依存していたのである。

　2005 年には、専門劇団の統廃合と人員整理のため、西安市内にあった西安易俗社、三意社、五一劇団、秦腔一団という四つの秦腔劇団は、合併統合されて西安秦腔劇院となった。そして、2007 年 6 月には、この西安秦腔劇院は正式に西安曲江新区管委会の管理下に置かれ、企業化の道を歩むことになった［何 2010: 259-268］。こうした劇団の統廃合と企業化のことを現地では文化体制改革<sub>ウェンホアティジーガイガー</sub>と呼ぶが、そのあり方に対しては賛否両論が寄せられている。特に、秦腔演劇界の劇団関係者や役者たちのあいだでは批判的な意見が続出している。四つの劇団の脂が乗った働き盛りの 40 歳以上の役者を早期退職させて、大幅な人員削減を行ったので、秦腔の発展と継承に悪影響を与えるという意見が多いのである。また、100 年の歴史をもつ西安易俗社を他の劇団と一緒にして、芸風を著しく乱したという批判もある。いずれにしても、この文化体制改革は、秦腔演劇界ではおおむね残念な出来事として捉えられている。

206　Ⅱ　文化行政からみるナショナル・地域の文化遺産

写真1　陝西省高等学校戯曲研究会の稽古風景（2009年3月、筆者撮影）

　一方、近年の秦腔演劇界には明るいニュースも多い。たとえば、中国秦腔網という秦腔の専門サイト（http://www.qinqiang.com）が2001年に立ちあげられ、ネット上で秦腔の活発な宣伝活動を行っている。このサイトは、秦腔の振興を強く願うある秦腔愛好者によって作られたものであるが、あまりの評判に、2006年8月には中央電視台戯曲頻道（国営中央テレビ局CCTVの演劇番組）の取材を受けたほどである。大学に所属する秦腔の愛好者たちによって形成されている陝西省高等学校戯曲研究会というアマチュア劇団も、不振状態にある秦腔を活性化するのに貢献しており、市内各地で公演活動を展開し、大いに好評をえている（写真1）。さらに、2006年には、秦腔は国家レベルの無形文化遺産に登録され、芸風を後世に伝えるために流派の伝承人を決めて秦腔の伝承活動に力を入れるなど、秦腔の保護と保存をめぐる動きも活発化してきている［陝西人民出版社項目組2008］。

　このように、近年の秦腔演劇界では、個人による中国秦腔網上の宣伝活動から、政府主導による流派伝承人をめぐる保護・保存活動まで、さまざまな次元でいろいろな活動が同時進行的に行われているが、それらは秦腔演劇界を取り巻く社会・経済情勢の変化（特に娯楽の多様化などを原因とした秦腔の不振と衰退）に対する政府や民間の反応や対策として捉えることができる。時代の流れを受けて、秦腔演劇界は確実に再編されつつあるが、秦腔演劇界自体が一枚岩ではないので状況は複雑であり、その再編過程はきわめて多元的である。

　以下では、秦腔演劇界に近年みられるこうした活動のうち、近年もっとも注

目が集まっている政府主導の陝西秦腔博物館の設立と民間による民営演劇学校の設立に焦点をあわせて、秦腔演劇界がどのように多元的に再編されつつあるか、という点について考察してみたい。改革・開放時代における伝統演劇界の再編というテーマについては、これまでもいくつかの先行研究で取りあげられてきたが、伝統演劇界の再編過程にも地域による違いがみられる。たとえば、北京の京劇界では観光産業化や「古き良き伝統」の再構築[8]といった現象が顕著にみられることを指摘する者もいるが［平林 1995, cf. 細井 1995］、秦腔演劇界（特に西安）では、むしろ博物館や民営演劇学校の設立をめぐる動向の方が顕著である。この二つの動向は、秦腔演劇界に特徴的なものであるといえる。

## 3 陝西秦腔博物館をめぐる動向

まず、陝西秦腔博物館について取りあげる。以下の記述は、筆者による西安での 2009 年 9 月、2010 年 3 月、2010 年 9 月の現地調査の成果にもとづいている。

### 陝西秦腔博物館の概要

陝西秦腔博物館は、政府が出資し、陝西省文化庁と西安交通大学による共同設立という形で、2009 年 9 月 26 日に開館した。西安市内の興慶宮公園の真南に位置する西安交通大学のキャンパス内にあり、同校の博物館の一部をなす芸術館内に設立された。陝西秦腔博物館が掲げる基本テーマは、「守望和建設好我們的精神家園」（私たちの精神的な拠りどころを見守り、立派に造りあげる）であり、陝西地方の重要な精神文化とみなされる秦腔の保護と繁栄を暗示している。設立目的は、秦腔関連の資料の保存と保護を行って、後世に秦腔文化を伝えるためである。ただし、設立の直接的なきっかけとしては、2006 年に秦腔が国家レベルの無形文化遺産に登録されたことが深く関与している。陝西秦腔博物館の設立は、秦腔の無形文化遺産登録という事態を受けて着手された、政府主導の保護・保存活動の一つなのである。

同博物館には、筆者の最終訪問当時（2010 年 9 月）、所蔵文物が 500 件余りあった。その一部を次の 13 セクションにわけて展示していた。すなわち、概述<sup>ガイシュー</sup>（秦腔の概略紹介）、領導接見<sup>リンダオジェジェン</sup>（政治指導者による秦腔俳優の接見時の記念写真）、演出劇目<sup>イエンチューシュージュームー</sup>（脚本の展示や上演演目の説明）、展示庁<sup>ジャンシテイン</sup>（実際の上演がみられる小舞台）、唱腔音楽<sup>チャンチャンインユエ</sup>（秦腔音楽に関する展示）、表演芸術<sup>ビャオイエンイーシュー</sup>（秦腔の演技に関する展示）、舞台美術<sup>ウータイメイシュー</sup>（舞台美術関連の展示）、演出団体<sup>イエンチュートワンティ</sup>（劇団に関する展示）、演出場所<sup>イエンチューチャンソウ</sup>（戯

楼などの上演場所に関する展示）、芸術教育（俳優教育関連の展示）、国内外芸術交流（国内外における秦腔をとおした文化交流に関する展示）、報刊専著（秦腔関連の雑誌や著書の展示）、総合（秦腔の年表や歴史関連の展示）である。なお、2010年9月の訪問当時、陝西秦腔博物館の入場料は無料であり、火曜日から日曜日（月曜日は休館日）の午前9時～午後5時に開館していた。

## 陝西秦腔博物館の特徴

　博物館の特徴についてもう少し詳しく述べたい。陝西秦腔博物館は、次の一連の過程を経て設立された。まず2008年10月に、西安で中国西北地区初の秦腔展覧会が1カ月間開催された。これは、博物館でその後展示されることになる文物の一部を披露する芸術展であり、観衆の反応を探る目的があった。この芸術展は博物館の雛型とみられている［張2008: B15］。次に、陝西省文化庁の振興秦腔弁公室が主体となって、展示のための文物が本格的に収集された。文物は、新聞などをとおして収集が呼びかけられて、文物をもっている人たちからの寄贈や購入という形で集められ、振興秦腔弁公室の専門家グループによって鑑定された。そして、博物館は2009年9月26日に開館したが、これは国慶節にあわせるという意味合いもあった［成2009a: 11］。文物の収集は、博物館が開館した現在でも継続されている。

　博物館のおもな展示物について紹介する。展示物は、上述の13セクションにわけて展示されているが、おもなものとしては、清乾隆3年（1738年）の秦腔手書き脚本《回府刺字》、西安易俗社の創始者・孫仁玉の水キセルと手あぶり、西安易俗社の有名脚本家・範紫東による《櫃中縁》や《看女》などの手稿や写真、延安にあった陝甘寧辺区民衆劇団の舞台衣装や小道具、権孝齢や王天民といった有名俳優の舞台写真と日常写真、有名俳優・余巧雲が1943年に師匠と交わした徒弟契約書、省レベルや国家レベルの陝西省の秦腔流派伝承人に認定された役者の写真、民国期の舞台衣装、陝西省各地の秦腔の臉譜（隈取りの型）の面や絵、皮影（影絵芝居）の人形、木偶などがある（写真2）。

　ところで、陝西秦腔博物館は、秦腔が2006年に無形文化遺産に登録されたことだけを背景に設立されたのではない。実は、関連する出来事として、甘粛省の蘭州でも秦腔博物館を設立する動きがあり、それと争う形で西安の陝西秦腔博物館が設立された、という経緯があったのである。甘粛省は陝西省の隣にあり、陝西省に負けず劣らず秦腔が盛んな地域である。そして、蘭州の秦腔演劇界は西安の秦腔演劇界よりも行動が早く、秦腔が2006年に無形文化遺産に

写真2　舞台衣装の展示。陝西秦腔博物館(2010年3月、筆者撮影)

登録されると、翌年の2007年3月には蘭州で秦腔の専門家座談会を開催し、文物収集を始めている。蘭州で設立をめざしていたその博物館は蘭州秦腔博物館と呼ばれるが、もともと2009年の国慶節の後に開館を予定していた。西安の陝西秦腔博物館側は、それに負けないようにと急いで準備し、国慶節前の9月26日に開館に踏み切ったのである。

その辺の経緯については、西安の大手新聞・華商報でも取りあげられている。同紙の記事では、蘭州が国内最初の秦腔博物館の設立をめざしており、それを知った西安の秦腔演劇界の者たちが、陝西地方では10年前から秦腔博物館設立の計画はあったのに先を越されて残念に思っている、ということを紹介している［劉 2008: B9］。筆者は、この点に関して、西安の陝西秦腔博物館の設立に関わった陝西省文化庁の振興秦腔弁公室の担当者にインタビューする機会があった。その人はマスコミの報道には誇張があると述べつつ、陝西省の方が博物館建設の構想ははるかに早かったといい、秦腔博物館建設計画に関する10数年前から現在までの資料を誇らしげに見せてくれた。こうした状況からも、西安の陝西秦腔博物館は蘭州秦腔博物館をライバル視するなかで設立された、という点がうかがえる。

## 4　民営演劇学校をめぐる動向

次に、民営演劇学校について取りあげる。初めに、民営演劇学校の基本的特

徴を述べておこう。

## 民営演劇学校の概要

　民営演劇学校とは、個人出資で運営されている演劇学校であり、地元では民
弁戯校<sub>パンシーシャオ</sub>と呼ばれる。それは、おもに秦腔劇団の関係者や国営の演劇学校を引退
した元教師たちによって切り盛りされている。民営演劇学校は5年制の中等の
専門学校であり、小卒年齢の児童を入学の対象としている。そこでは、秦腔の
演技や秦腔の伴奏楽器について学ぶことができ、生徒は役者か楽隊人員になる
ことをめざす。そして、卒業生は、その民営演劇学校が提携している劇団や、
校長たちが売り込んだ劇団に就職する者が多い。なかには、レベルアップをも
とめて、国営の演劇学校や劇団付属の訓練班（俳優養成組織）などに編入・進
学する者もいる。なお、民営演劇学校の経営規模はさまざまであり、専門の稽
古場がなく青空教室で稽古をしたりするなど、物理的条件に恵まれないところ
もある。生徒数も学校によってさまざまであり、多いところは100人を超える
が、少ないところは30人くらいしかいない場合もある。

　民営演劇学校の教育の特徴について述べよう。陝西地方では、中華人民共和
国の建国前まで俳優教育は科班<sub>カーバン</sub>と呼ばれる徒弟制的な民営組織で行われてい
た。民営演劇学校は、この科班と似ている点が多い。陝西地方の科班の基本的
特徴としては、①集団教育を基本とし、師匠と弟子たちのあいだでは契約書に
もとづく厳格な師弟関係が結ばれ、職業上の先輩・後輩としてしばしば強い絆
も形成された、②民営組織だったので経営が不安定であり、貧しくて簡素な設
備しかもたないところが多かった、③当時は物理的条件に限りがあったので、
映像資料や文字資料をもちいた稽古ではなく、口伝心授という口伝えの稽古に
大きく依存していた、という3点があげられる［清水 2010: 266-268］。民営演劇
学校でも、教師と生徒のあいだで契約書こそ交わさないが、全寮制という場に
おいて職業上の先輩・後輩として接するので、運命共同体的な強い師弟関係が
みられる。また民営組織なので、上述のように物理的条件に恵まれない学校も
あり、教育予算も限られているので、国営の演劇学校のように映像資料や文字
資料を取り揃えることもできず、口伝えの稽古に依存する比重が大きいのであ
る［清水 2010: 273-276］。

## 民営演劇学校の具体例

　民営演劇学校の具体例として、ここで2校の状況を紹介する。両校に関する

博物館建設と学校設立にみる伝統演劇界の再編過程　211

写真3　西安芸術学院秦腔戯曲培訓中心の教師と生徒たち（2005年9月、筆者撮影）

記述は、筆者による2005～2009年の毎年9月（2008年は3月も訪問）に行った短期訪問とインタビューの成果にもとづいている。

事例校①

　まず、西安市長安区の西安芸術学院秦腔戯曲培訓中心について紹介する[9]。この学校は、西安市長安区の韋曲と呼ばれる地域にあり、2001年9月に薛恵芳という60代の女性教師によって設立された。薛恵芳は豊富な舞台経験をもつ秦腔役者であったが、現役引退後、いくつかの国営の演劇学校で秦腔を教えてきた。しかし、同僚教師の不真面目な教えぶりに疑問を感じ、俳優教育の質に問題を感じたので、みずから演劇学校を設立することにした。彼女は秦腔をこよなく愛しており、自分が目撃した国営演劇学校の同僚教師たちのような教え方では次世代への秦腔の継承に支障をきたすと危機感を抱いたこと、そして、みずからが体得してきた秦腔の演技を少しでも子どもたちに伝えたいと思ったことが、演劇学校の設立の背景にある。

　西安芸術学院秦腔戯曲培訓中心は、秦腔表演（チンチャンビャオエン）（秦腔の演技）と秦腔音楽（チンチャンインユエ）（秦腔器楽演奏）の二専攻からなる5年全寮制の中等専門学校である。生徒数はこれまで増減をくり返してきたが、2009年9月当時、男女あわせて40名いた（このうち32名が演技専攻であり、残り8名は器楽演奏の専攻であった）。また教師数は、校長を務める薛恵芳も含めて5名であった。なお、当校に関して特筆すべきは、創立者・薛恵芳の学校とも呼べるような特徴をもっていること、また、教師・

生徒間に運命共同体的な強い絆が形成されていることである。薛恵芳は校長として学校運営に携わるだけでなく、非常に教育熱心なので、芝居の稽古の大半をひとりで行い、生徒ひとりひとりに懇切丁寧に直接指導している。さらに上演のときは、生徒に舞台化粧を施したり、衣装を着せたりする。生徒が病気になったときは、みずから薬を買ってきて飲ませたり、自宅に連れ帰ってご飯を食べさせたりもしている。このように、薛恵芳は際立った存在感を放っており、生徒ときわめて親密な関係を築いているのである。

事例校②

　次に、西安市長安区の引鎮にある西安宏蕾秦腔芸術団を取りあげる。この劇団は、もともとは西安三意社演員培訓班という民営演劇学校であった。それは、秦腔演劇界の有名劇団である西安の三意社が、若手役者の育成のために1997年に立ちあげた学校であり、当劇団の元俳優の郭宏継という人物（60代の男性）によって切り盛りされてきた[10]。この学校は、2005年に在学生が卒業年齢を迎えると、生徒たちに就職先を提供するために西安宏蕾秦腔芸術団となったが、現在でも上演活動のかたわら俳優教育も行っている。学校設立の背景には、若手役者の育成をとおして、役者の高齢化が進んでいた三意社の若返りを図るだけでなく、不振状態にある秦腔演劇界を若い役者の力で活性化しようという狙いもあったことをつけ加えておきたい。

　当校も、上述の西安芸術学院秦腔戯曲培訓中心と同様に、秦腔表演（秦腔の演技）と秦腔音楽（秦腔器楽演奏）の2専攻だけからなる5年全寮制の中等専門学校である。生徒数（卒業して劇団員となっている者も含む）は、2009年9月当時、男女あわせて33名いた（内訳は、25名が演技専攻であり、残りの8名が器楽演奏専攻であった）。教師数は、校長兼劇団長の郭宏継も含めて6名であった。また、当校も、郭宏継というひとりのカリスマ的な校長がとりわけ大きな影響力をもつ民営演劇学校であり、教師・生徒間にはまるで家族のような強い絆がある（写真4）。

　ただし、当校の場合は、より深刻な経済問題を抱えていた。母体である三意社が経営不振状態に陥っていたので、設立当初から厳しい経済状況にあり、2003年には学校閉鎖の危機に直面した。このころから、西安市内でも劇団改編（第2節参照）が始まり、三意社が他の秦腔劇団と合併統合されてなくなったからである。三意社がなくなったことによって、後ろ盾をなくしただけでなく、生徒の就職先も失ってしまった。最初のところで、当校は2005年に西安宏蕾秦腔芸術団となったと述べたが、その最大の理由は、卒業生を劇団員とし

博物館建設と学校設立にみる伝統演劇界の再編過程　213

写真 4　西安宏蕾秦腔芸術団の教師と生徒たち（2008 年 3 月、筆者撮影）

て雇うことで就職先を確保し、上演活動をとおして収入をえるためであった。この打開策はある程度の功を奏し、現在の経営状況は随分と良くなった。郭宏継という人物がカリスマ性をもち、教師と生徒のあいだに疑似家族的な絆が形成されるようになったのも、彼が強いリーダー・シップを発揮して困難を乗り越え、生徒たちとさまざまな苦労を分かちあってきたからである。

## 5　考察

第 3 節と第 4 節で陝西秦腔博物館と民営演劇学校をめぐる動向について述べたが、この二つは秦腔演劇界の再編とどのように関連しているのだろうか。ここで、この点について考察してみたい。

### 陝西秦腔博物館の設立について

まず、陝西秦腔博物館について述べる。第 3 節でも述べたとおり、この博物館の設立は政府主導による秦腔の保護・保存活動であり、それは 2006 年に秦腔が国家レベルの無形文化遺産に登録されたことと深く関係している。ただし、その背景には、中国でも近年高まりつつある無形文化遺産の保護活動ブームからの影響も大いにある。中国は、2004 年にユネスコの採択した「無形文化遺産保護条約」に正式に加盟したが、その前から文化部の指導の下で、たとえば、貴州で中国民族民間文化保護プロジェクト活動会議を開いたり、雲南で中国

民族伝統文化保護プロジェクト活動交流会を開催したりしていた。その後、無形文化遺産の保護活動は活発化し、国務院の国家文化遺産保護指導グループや民間の中国民間文芸家協会などが全国範囲で保護活動を実施してきた［白 2009: 37］。そうした一連の流れのなかで、全国規模で無形文化遺産の全面調査が始まり、政府は国家レベルの遺産リストの登録推薦・申請と審査作業を進めた。最終的には、2006 年に、各省・自治区・直轄市から計 1315 件の無形文化遺産が国家に推薦され、そのうち 518 件が国家レベルの遺産に選ばれた。そのなかに秦腔も含まれており、そうした流れが陝西秦腔博物館の設立の重要なきっかけとなったわけである。このように博物館設立をめぐる動向は、無形文化遺産の保護活動ブームという、よりマクロでグローバルな動きとも連動しているのである。

では、博物館設立をめぐる動きは、秦腔演劇界に具体的にどのような影響を与えているのだろうか。秦腔演劇界は 80 年代ごろから、改革開放政策の影響を受けて深刻な不振状態に陥ったが、無形文化遺産の保護活動ブームの動向は、秦腔の保存と振興を促進するという意味で一定の役割をはたしてきた。少なくとも、人々のあいだに、国家レベルの無形文化遺産となった秦腔を保護しようという連帯意識を顕著に高めている。

たとえば、博物館の設立前に、陝西省文化庁の振興秦腔弁公室が展示のための文物の収集を新聞などで呼びかけたとき、半月も経たないうちに、博物館の建設計画を知って大いに喜んだ多くの人が、こぞって家に代々伝わる秦腔関連の文物を引き出しの奥から出してきて、無償で提供してくれたという［成 2009a: 11］。なかには、遠方からわざわざ文化庁まで何往復もして文物を届けた農民までいた。振興秦腔弁公室の担当者が収集した文物のあまりの多さに、多忙になりすぎて体調を崩してしまったという［成 2009b: 14］。一方、西安と蘭州のあいだの博物館設立競争も、秦腔の保護をめぐるそれぞれの地域の人々の連帯意識を大いに高めた。これは、秦腔の無形文化遺産化を発端とした西安・蘭州間の一種の主導権争いとも解釈できるが、両地域の人々（特に秦腔演劇界の人々）はメディアに煽られて互いを意識しながら、相手よりも少しでも早く良い博物館を建設しようと精力を傾けたのである。

ところで、陝西秦腔博物館の設立をめぐる動きは、秦腔演劇界に次のような影響も与えている。すなわち、文物だけではなく、伝承人の保護も重視して展開するようになったのである。秦腔流派の伝承人とは、秦腔が無形文化遺産になってから 2008 年に選定された、秦腔の特定の芸風を後世に伝える人たちのことであり、2009 年 6 月の時点では、11 名の秦腔俳優が陝西省の秦腔流派伝

承人として選ばれている。これらの秦腔俳優については、写真や映像資料や芸歴などの展示をとおして、陝西秦腔博物館でも紹介されている。

　ここで注目すべきは、こうした秦腔流派伝承人の選定とそれを紹介する陝西秦腔博物館の展示は、秦腔の保護・保存の活動が伝承人にも本格的に目を向けるようになったことを意味する、という点である。秦腔演劇界では、これまでさまざまな形で秦腔の保護・保存の試みが行われてきたが、力点は文物の保護に置かれており、伝承人については重視されてこなかった［cf. 白 2009: 36］。たとえば、秦腔演劇界では、秦腔の保護・保存に関する一大事業として、秦腔も含めた陝西地方のおもな芸能の演目内容や演技、俳優や演劇史などの情報が網羅的に収集され、80 年代の初頭から 10 数年の歳月をかけて『陝西省戯劇志』全 11 巻として整理・公表された。そして、俳優情報に関しては、県のレベルの劇団に属する役者まで広範囲に渡って訪問取材したり、文献収集したりしているが、この戯劇志の編纂事業では歴史と現状の報告をおもな目的としており、伝承人の選定までは活動の射程に入っていなかったのである［陝西省戯劇誌編纂委員会編 2001］。これに対して、秦腔流派伝承人の選定と陝西秦腔博物館における関連資料の展示は、秦腔文化の次世代への継承を強く意識したものであり、秦腔演劇界で文物とともに伝承人の保護・保存も積極的に行われるようになったことを象徴する出来事である。

## 民営演劇学校の設立について

　次に、民営演劇学校について考察する。第 4 節で詳述したように、民営演劇学校とは、おもに秦腔劇団の関係者や国営の演劇学校を退職した秦腔の元教師たちによって運営されている個人出資の演劇学校である。そうした学校の設立は、陝西秦腔博物館の設立のように政府主導の活動ではなく、不振状態にある秦腔の行く末を憂い、秦腔演劇界の活性化を願う人々によって展開されている。第 4 節で二つの事例を取りあげたが、西安芸術学院秦腔戯曲培訓中心の場合は、次世代への秦腔の継承のあり方に対して危機意識をもち、秦腔の俳優教育を良くしたいと願う創立者・薛恵芳の思いが大きな原動力となって設立された。また、西安三意社演員培訓班（西安宏蕾秦腔芸術団の前身）の方は、当初は西安の三意社という劇団の後継者育成のために設立されたが、西安宏蕾秦腔芸術団となった後も存続しているのは、衰退しつつある秦腔を若い役者の力で盛り上げたいと考える創立者・郭宏継たちの存在によるところが大きい。さらに、民営演劇学校の設立・運営は、秦腔が 2006 年に無形文化遺産に登録されたことと

216　Ⅱ　文化行政からみるナショナル・地域の文化遺産

は直接の関係をもたず、そのはるか前から薛恵芳や郭宏継のような情熱的な人物によって行われてきた、という点でも特徴的である [11]。民営演劇学校の存在は、秦腔をこよなく愛する人物が民間にはまだ少なからずいることを示しているのである。

　では、この民営演劇学校をめぐる動向は、秦腔演劇界においていかなる意義をもち、どのようなインパクトを与えているのだろうか。端的にいえば、民営演劇学校の設立は、俳優教育に新たな時代が到来したことを象徴する出来事である。ここで簡単に俳優教育の歴史について振り返ってみたい。

　秦腔の俳優教育は、民国期にはおもに科班と呼ばれる徒弟制的な民営組織で行われていた。陝西地方の科班は、陝西易俗伶学社の付属科班のような例外を除けば、身売り証文的な契約書などを特徴とする封建的な教育組織であったといわれている [清水 2010: 266-268]。この科班は、中華人民共和国の建国後、戯曲学校と呼ばれる国営の演劇学校に取って代わられた。戯曲学校は、契約書を始めとした科班の封建的な色彩を払拭した社会主義的な演劇学校であり、伝統演劇を人民教化と政治宣伝の手段として重視する政府によって、社会主義革命を担う演劇人の組織的な養成のために作られたものである。現存する戯曲学校（現在はおもに芸術学校と呼ばれる）は、生徒を政治運動や社会活動（工場や農村での労働奉仕）にも参加させていた建国当初のころほどは政治色が濃くないものの、現在でも役者の養成においては重要な役割をはたしている [12]。筆者も西安でそうした国営の演劇学校（戯曲学校）を調査したことがあるが、そこでは恵まれた物理的条件や近代的な教育管理とカリキュラム編成の下で役者の養成を行っており、演劇の全国大会などで賞を取る生徒も少なくなかった [清水 2005; 2006b; Shimizu 2010]。国営の演劇学校は、秦腔演劇界に多くの優秀な人材を輩出しているのである。

　ここで注目すべきは、このような重要性をもつ国営の演劇学校が存在しているにもかかわらず、青空教室で稽古するなどの恵まれない物理的条件しかもたない民営演劇学校が設立されている、という点である（写真5）。しかも、創立者の薛恵芳や郭宏継といった人物は、生活には困らない家庭の出身であるのに、あえて私財を投じて、経済問題と闘いながら民営演劇学校を設立・運営しているのである [13] [cf. 山口 2000]。また、これまでの国営の演劇学校が社会主義革命を担う演劇人の組織的養成のために設立・運営され、その意味で国家建設と直接に関係していたのに対して、より個人的な関心にもとづいて秦腔の活性化と繁栄を願う民営演劇学校が登場したことは、きわめて興味深いことである。

博物館建設と学校設立にみる伝統演劇界の再編過程　217

写真5　青空教室で稽古する西安宏蕾秦腔芸術団の生徒たち(2008年3月筆者撮影)

　しばしば学校は「国民の形成」に関与する教育機関であるといわれるが［箕浦・野津 1997; 野津 2005］、政治色が希薄な民営演劇学校には、そのような特徴はみられないのである。

　民営演劇学校が設立されるようになった背景には、民営学校に関する教育法の変化が一つの要因としてある。民営学校とは、企業、民主諸党派、社会団体、大衆組織、学術団体、個人、海外華人・華僑などの設立・運営による私立学校を意味しているが、新中国の私立学校は、建国後に私有経済制度が消滅し、一元的計画経済体制が確立されるなかで、1956年をもっていったん廃止され、1979年までは設立が認められなかった［鄭 2001: 257-259］。しかし、教育に対する社会と個人の需要が高まり、また、政府による公立学校への教育費投入が限界に直面するなかで、私立学校は文革後に復興し、その設立は法律でも奨励されるようになった［鄭 2001: 260-272; cf. 篠原 2009］。薛恵芳や郭宏継の民営演劇学校も、このような社会的文脈のなかで設立されたものであり、民営学校に関する教育法の改正と政府の奨励政策がないと設立は実現していなかっただろう。

　もちろん、民営演劇学校が設立されたより直接的な要因は、薛恵芳や郭宏継といった人物の秦腔に対する深い愛情と情熱によるところが大きい。民営演劇学校の運営は少しも金儲けにはならないが、拝金主義的な傾向がみられる現代中国社会において、そうした学校を設立すること自体、賞賛に値すべき行為なのかもしれない。実際、深刻な経済問題を抱えて、借金しながらも民営演劇学校を運営し続けてきた郭宏継は、近年メディアの注目を浴びるようにな

り、俳優教育に貢献した秦腔演劇界の模範的人物として賞賛されている[14]。また、薛恵芳の方も、校長として校務に携わるかたわら、芝居の稽古を直接指導し、生徒の生活の世話までする熱心さを多くのメディアで取りあげられている [季 2008, 秋 2004]。さらに、薛恵芳の学校に関しては、生徒が小梅花大賽や
小児戯曲大賽などの大きな演劇大会（少年少女のみ参加する演劇大会）で何度も賞を獲得したので、その点でもメディアの注目を集めている。

　民営演劇学校はかつての科班と似ており、民営組織なので教育予算と物理的条件に恵まれず、経営が不安定なところがある。したがって、本稿で取りあげた事例校もいつまで存続するかはわからない。しかし、秦腔演劇界には秦腔に対して深い愛情をもつ者がまだ多くいるので、たとえ薛恵芳や郭宏継の学校がなくなっても、新たな民営演劇学校が設立される可能性は大いにある。筆者は西安市内外だけでも、これまで 10 数校の民営演劇学校を訪れたことがあり、学校設立を願っている人には何人も会ったことがあるので、その可能性を肌で感じている。特に、今では政府による民営学校の奨励政策があり、一方で、薛恵芳の学校のように一定の教育成果を収めている学校には秦腔演劇界や秦腔好きの人たちからのさまざまな援助（寄付金など）があるので、民営演劇学校を設立しやすい環境にはなっている。こうした状況を踏まえると、今後も民営演劇学校をめぐる動向からは目が離せない。

## おわりに

　本稿では、陝西秦腔博物館と民営演劇学校の設立をめぐる二つの動向に焦点をあてて、秦腔演劇界がどのように多元的に再編されつつあるか、という点について記述・分析してきた。冒頭で述べたように、中国の伝統演劇界は改革・開放によって引き起こされた社会・経済情勢の急激な変化に直面し、国営の劇団の下で思想宣伝や政策宣伝を行っていた革命時代や計画経済時代の状況から大きな方向転換をしつつある。そして、現在の伝統演劇界はさまざまな形で再編を余儀なくされており、先行研究でも観光産業化や無形文化遺産化による変化について取りあげるものもある。たとえば、90 年代の北京の京劇界の状況を紹介する平林 [1995] は、外国人観光客の増加による京劇界の変化について言及している[cf. 徐 2009; 橋本 1996]。また、河南省の豫劇の現状を報告する陳[2010] は、本稿と同じように、無形文化遺産化による豫劇界の変化（たとえば、流派伝承人の選定など）を分析している。ただし、本稿では、同じ伝統演劇界でもまっ

たく同じような再編過程がみられるわけではない、ということを示してきた。

　秦腔演劇界（特に西安）では、秦腔の観光化は始まったばかりであり、外国人観光客のあいだで秦腔はほとんど知られていない。それは、秦腔の本拠地・西安などでは華清池や兵馬俑や大雁塔のような陵墓や寺院がおもな観光地となっており、芸能は十分に観光開発されてこなかったからである［Shimizu 2010: 69］。したがって、秦腔演劇界の状況は、観光化が著しく進む京劇界の状況とはまた異なっている。一方、秦腔演劇界でも、豫劇界のように無形文化遺産化による影響がみられるものの、豫劇界にはまだない博物館の設立まで実現しており、しかも秦腔演劇界の状況はそれだけに止まらない。政府主導の陝西秦腔博物館の設立と民間主導の民営演劇学校の設立に関する動きにみられるように、秦腔演劇界の再編過程は一元的ではなく、いくつかの異なる次元の活動が交差しながら同時進行している。とりわけ、無形文化遺産化の過程とは独立しており、それよりもかなり前から行われてきた民営演劇学校の設立・運営をめぐる動向は、人々の行動力と秦腔に対する深い愛情を反映していてきわめて興味深いのである。

　最後に、陝西秦腔博物館と民営演劇学校の設立をめぐる動向が現代中国のよりマクロな社会変化の過程と連動しており、秦腔演劇界におけるそのローカルな展開を示している、という点を浮き彫りにしていることも改めて強調しておきたい。前者の博物館の動向は、その背後にある無形文化遺産の保護活動ブームの高まりを反映しており、後者の民営演劇学校をめぐる動きは、民営学校関連の教育法の変化と教育の市場化を暗示している。これら二つの動向は、無形文化遺産と教育に関するそれぞれの社会変化の過程が秦腔演劇界ではどのように展開しているかを示している。その意味では、中国社会・文化の再編過程の一端を反映しているといえるだろう。これら二つの動向の把握は、中国社会・文化の再編過程の理解にもつながっていくので、その点でも注目に値する。秦腔演劇界では、これらの動向は今後もしばらく続くものと思われるが、こうした点も踏まえて今後の展開を見守っていきたい。

注

1）実際に、秦腔が形成期の京劇に少なからぬ影響を与えた、と指摘する者は多い［焦・閻 2005: 140; 蘇 2009: 82-92］。

2）秦腔の音楽の詳しい説明に関しては、呂［2005］を参照されたい。

3）秦腔のこうした地域流派の詳細については、蘇［2009: 103-119］や《中国戯曲劇種大辞

220　Ⅱ　文化行政からみるナショナル・地域の文化遺産

典》編輯委員会［1995: 1537-1555］などを参照されたい。

4) なお、このような劇団は改良紙社とも呼ばれ、民国期の秦腔演劇界に新風を吹きこん
   だといわれている［楊・何 2003: 392-396］。

5) 文化科目の教授は、当時の秦腔演劇界の科班では珍しかった。当時の教師の大半は教
   養レベルが低く、文字を読めない者もいたので、多くの科班の俳優教育は、技芸訓練に
   偏っていた［清水 2010: 266-270］。

6) 文革中は革命模範劇の上演ばかりで、その他の演目は上演されなかったので、その状
   態を十年餓戯（文革の 10 年間演劇に飢えていたこと）と表現する人もいた。この点に
   ついては、四川の川劇の状況を紹介した張中学氏（中国四川巴蜀芸術院院長・中国川劇
   学学会会長）も言及していた［張 2006］。

7) 筆者はこれまで、秦腔の俳優教育に関する調査研究を行ってきた。それは、役者見習
   いがいかにして秦腔の演技を身につけていくのか、ということに関する教育研究である。
   そのおもな成果については、拙稿［2005, 2006a, 2006b, 2007a, 2007b］を参照されたい。

8) たとえば、梨園劇場にかつての古き良き茶楼の風情を蘇らせるような演出をすること
   である［平林 1995: 35］。

9) この学校については、拙稿［2010; 2011］で取りあげたことがある。

10) この学校についても、拙稿［2010; 2011］で取りあげた。

11) 筆者は、本稿で取りあげた事例校以外にも数多くの民営演劇学校を訪問したことがあ
    るが、直接確認した民営演劇学校のなかでもっとも古いものは、80 年代初頭ごろから
    運営されているものであった。

12) 生徒を政治運動や社会活動に参加させていたのは、建国当初（特に 50 年代～ 60 年代）
    は又紅又専（プロレタリアートの政治思想と専門技術の両方を身につけること）という
    スローガンが叫ばれ、生徒が望ましい政治的思想を身につけるためにはそれが必要であ
    る、と考えられていたからである。なお、秦腔の俳優教育の歴史についてのさらなる詳
    細は、拙稿［2010: 266-270］を参照されたい。

13) 郭宏継の学校は、特に深刻な経営危機に瀕していたので、生徒たちは一時期、寮で提
    供される毎日の食事で肉を食べることもできなかったという。この学校の経済問題に関
    する同様のエピソードについては、拙稿［2010: 273-276; 2011: 19-20］も参照されたい。

14) 郭宏継については、南［2007］や劉［2007］などの記事で詳しく取りあげられてい
    る。また、彼と彼の学校は、2007 ～ 2008 年に、中央電視台（国営中央テレビ局）や
    陝西電視台（陝西省テレビ局）にも取材された。


**参考文献**

英語

Shimizu, Takuya

　　2010　Attractive Features and Potential Value of the Chinese Traditional Theater School as a

Tourist Spot: A Case Study of the Shaanxi Opera in Xi'an City. In Han, M. and Graburn N. (eds.), *Tourism and Glocalization: Perspectives on East Asian Societies*, pp.55-75, Osaka: Senri Ethnological Studies 76.

中国語・日本語

何桑編著
    2010 『百年易俗社』西安：太白文芸出版社。
加藤徹
    2002 『京劇―「政治の国」の俳優群像』東京：中央公論新社。
季　子
    2008 「芸園勤耕耘　蓓蕾展新姿―記薛恵芳和她的秦腔培訓中心」西安市文化局（主管）・西安市芸術研究所／西安市戯劇家協会／陝西省梨園学研究会（主弁）『大秦腔』1：43-44、西安：《大秦腔》編輯部。
甄業・史耀増編著
    2010 『秦腔習俗』西安：太白文芸出版社。
篠原清昭
    2009 『中国における教育の市場化―学校民営化の実態』京都：ミネルヴァ書房。
清水拓野
    2005 「教育を再文脈化する―身体技法の習得過程からみた演劇学校」山下晋司・福島真人編『現代人類学のプラクシス―科学技術時代をみる視座』、pp.267-279、東京：有斐閣。
    2006a 「演技習得の人類学的エスノグラフィーにむけて―身体技法論からみた中国西安市の秦腔教育」『演劇研究センター紀要』（早稲田大学 21 世紀 COE プログラム・演劇の総合的研究と演劇学の確立）Ⅵ：157-168、東京：早稲田大学演劇博物館。
    2006b 「秦腔の俳優教育からみた中国伝統演劇の世界―演劇をつうじた文化理解のために」朱浩東編『観光・環境・共生：比較思想文化論集』、pp.109-127、東京：三一書房。
    2007a 「徒弟教育研究からみた現代中国の伝統演劇教育―秦腔の俳優教育における師弟関係の分析を中心に」『演劇研究センター紀要』（早稲田大学 21 世紀 COE プログラム・演劇の総合的研究と演劇学の確立）Ⅷ：163-176、東京：早稲田大学演劇博物館。
    2007b 「中国の伝統演劇にみる芸能教育の未来像―秦腔の俳優教育の「素質」に注目して」朱浩東編『人間形成の課題と教育 ― 論集』、pp.147-174、東京：三一書房。
    2010 「現代中国の『科班』の特徴と展開―陝西地方の 3 つの民営演劇学校の考察」『中国 21』33：263-282、名古屋：風媒社。
    2011 「市場経済時代の演劇リーダーたちの挑戦―秦腔の振興活動をとおした文化の

222 II 文化行政からみるナショナル・地域の文化遺産

継承と発展」朱浩東・今井康雄・清水拓野ほか編『教育の情報・協同・共生』、
pp.13-28、東京：中山出版。

秋　雨
2004 「到戯迷中去　更加貼近戯迷」『文化芸術報』8 月 28 日、C7 頁。

焦文彬・閻敏学
2005 『中国秦腔』西安：陝西人民出版社。

徐素娟
2009 「建国以来の民間文化の変容プロセス─甘粛省蓮花山花児会を中心に」韓敏編
『革命の実践と表象─現代中国への人類学的アプローチ』399-435、東京：風響社。

西安市記念易俗社 70 周年弁公室編輯組編選
1982 『西安易俗社 70 周年資料匯編』西安：内部資料。

成　霞
2009a 「本報専訪省文化庁副庁長劉寛忍─秦腔博物館国慶前免費開放」『陝西広播電視
報』9 月 10 日、11 頁。
2009b 「秦腔博物館─首批参観券搶先看」『陝西広播電視報』9 月 24 日、14 頁。

陝西人民出版社項目組（編）
2008 『第 1 批陝西非物質文化遺産図録　第 4 輯　地方戯曲類、曲芸類』西安：陝西
人民出版社。

陝西省戯劇志編纂委員会編（魚訊主編）
1998 『陝西省戯劇志・西安市巻』西安：三秦出版社。
2000 『陝西省戯劇志・省直巻』西安：三秦出版社。
2001 『陝西省戯劇誌・編纂紀実』西安：三秦出版社。

蘇育生
1996 『秦腔芸術談』西安：西安出版社。
2009 『中国秦腔』上海：上海百家出版社。

中国戯曲劇種大辞典編輯委員会
1995 『中国戯曲劇種大辞典』上海辞書出版社。

張　静
2008 「西北首個秦腔芸術展昨開幕─珍貴文物掲示秦腔衍変歴程」『西安晩報』10 月
10 日、B15 頁。

張中学
2006 「巴蜀芸術団（院）─中国最初の民営劇団について」早稲田大学・21 世紀 COE
演劇研究センター演劇理論研究（東洋）グループ「近現代中国演劇における身
体・教育・政治」研究会（於・早稲田大学）・1 月 27 日発表原稿。

陳建森
2003 『戯曲与娯楽』上海人民出版社。

陳宗花

2010 「当代中国非物質文化遺産保護的理論与実践―以馬街書会、豫劇保護為例」国立民族学博物館「中国における社会と文化の再構築―グローカリゼーションの視点から」共同研究会（於・国立民族学博物館）・6月27日発表原稿。

鄭新培
2001 「私立学校の復興と発展」小島麗逸・鄭新培編『中国教育の発展と矛盾』257-290、東京：御茶の水書房。

涂沛・蘇移ほか
2000 『京劇常識手冊 上』北京：中国戯劇出版社。

南 風
2007 「引鎮有一個秦腔神話」『陝西広播電視報』8月22日、4頁。

白庚勝
2009 「中国の無形文化遺産保護」独立行政法人国立文化財機構『第30回文化財の保存・修復に関する国際研究集会報告書 無形文化遺産の保護―国際的協力と日本の役割』、pp.35-40、東京文化財研究所無形文化遺産部。

橋本裕之
1996 「保存と観光のはざまで―民俗芸能の現在」山下晋司編『観光人類学』、pp.178-188、東京：新曜社。

平林宣和
1995 「中国芸能の多元化―観光・国家・伝統 」『中国研究月報』49(6)：35-36、東京：中国研究所。

傅 謹
2002 『新中国戯劇史』長沙：湖南美術出版社。

北京市芸術研究所・上海芸術研究所組織編著
1999 『中国京劇史』全3巻4冊、北京：中国戯劇出版社。

細井尚子
1995 「経済と文芸の接点―『第5回中国泉州国際南音大合唱』」『演劇学』36：50-56、東京：早稲田大学出版会。

箕浦康子・野津隆志
1997 「タイ東北部農村の子どもの生活世界と学校―高度経済成長期にみる文化プロセス」『東京大学教育学研究科紀要』37：31-44、東京：東京大学出版会。

野津隆志
2005 『国民の形成―タイ東北小学校における国民文化形成のエスノグラフィー』東京：明石書店。

劉 軍
2007 「用承諾託起秦腔的希望―記西安宏蕾秦腔芸術団」『文化芸術報』11月7日、C6頁。

劉 慧
2008 「蘭州"搶建"国内首個秦腔博物館」『華商報』5月9日、B9頁。

224 Ⅱ　文化行政からみるナショナル・地域の文化遺産

呂自強
　　2005　『秦腔音楽概論』西安：太白文芸出版社。
山口真美
　　2000　「『民工子弟学校』―上海における『民工』子女教育問題」『中国研究月報』
　　　　　54(9)：1-17、東京：中国研究所。
楊志烈・何　桑
　　2003　『中国秦腔史』西安：陝西旅遊出版社。

# Ⅲ　個人や企業主導の文化実践と表象

チワン族の繍球文化
　　その実践とシンボリズム


塚田誠之


　現在、繍球はチワン（壮）族[1] のエスニック・シンボルの一つとして知られ、広西の観光土産品としても広まっている。壮族のエスニック・シンボルとしては、男女の「歌掛け」およびそこで歌われる歌がよく知られている。繍球は元来、歌掛けの小道具として使用されたが、後にはそれ自体がエスニック・シンボルとして「創出」されるに至った。従来の研究では簡単な紹介程度のものが多かった[2]。それらの中では、呂・彭［2008］が研究論文としての内容を備えているが、それでも諸般にわたり検討が不十分である[3]。本稿では、繍球の沿革に言及したうえで、それを抛る行事「抛繍球」が壮族農村で、いつ、どのように行われてきたのか、そして 1980 年代以降、それがエスニック・シンボルとなる過程において、いかなる主体——個人や企業等——がどのように関与して繍球が創出されてきたのかについて、広西靖西県、とくに「繍球の郷」とされる新靖鎮旧州街の事例に焦点を当てて検討する。


## 1　「抛繍球」の沿革

　繍球に関する記事の初出は南宋、12 世紀後半の『文献通考』330・四裔 7 交趾所引・范成大[4]『桂海虞衡志』である。そこには「上巳日、男女集会為行列、結五色綵為毬、歌而抛之、謂飛駞。男女自成列、女受駞、男婚以定。」とある。繍球を抛る行為は、南宋初期、交趾すなわち現在のベトナムで歌掛けの機会（歌墟）に、配偶者選択の際に小道具として用いられ、五色の綾絹で作られた球状のものであったことがわかる。
　12 世紀前半の壮族の先民を含む広西の習俗を記した周去非[5]『嶺外代答』にも同様の記事が引用されていることからすれば、現代の多くの中国人研究者の指摘するように［韋・李 2003; 呂・彭 2008］、それは現在の壮族の先民の習俗であったように推測される。しかし、朱輔『渓蛮叢笑』（寧宗・慶元元年〔1195〕序）に「土

俗、歳節数日、野外男女分両朋、各以五色彩嚢豆粟、往来抛接、名飛紽」とあることからすれば、「五渓蛮」（現湖南西部〜貴州の非漢族）にも見られた。

中国南部各地の諸民族にそれがあったことについて、『百苗図抄本匯編』［楊・潘編 2004］の「卡犹仲家」（劉雍所蔵甲本）に、「毎歳孟春、聚会未婚男女于野外、跳歌舞。以彩帯接球、謂之花球。意洽情鐘、彼此抛擲、遂私焉……然後用媒酌」とあり[6]、野外で未婚の男女が歌舞を演じ、その際に「彩帯」で作った「花球」を意中の相手と抛りあい配偶者を見つけている。「仲家」は現在のプイ族に相当する。さらに陸次雲『北墅緒言』（康熙 23 年〔1684〕序）3「跳月記」に、「苗人之婚礼曰跳月……（女）執繍籠、編竹為之、飾以絵、即綵毯是焉……男並執笙……」とある。中に豆粟を詰めたり、おそらく竹を編んでその上から刺繍布で覆ったものであろう「繍籠」であったり、作り方は一定していないが、表面に刺繍を施す点では共通である。これらはいずれも婚姻の際に行われる男女の歌掛けの小道具として用いられた[7]。それは元来は歌の掛け合いに付随するものだったのである。

著名な歴史家顧頡剛は、戦時中、雲南省昆明市近郊の浪口村に疎開中（1939年 1 〜 9 月）に、（顧が幼少の頃）南方の民歌「弾詞」に女性が配偶者を探す際に「抛綵球」が行われ、（長じて）元代の記載に由来する京劇の演目「綵楼配」にもあることに注目してきたが、袁嘉穀『臥雪詩話』8 に民国初期に「普（洱）思（茅）沿辺行政総局長」に任官した柯続丞の「竹枝詞」が引用され、そこに「繍毯」を「抛擲」する習俗が車里・猛遮の「擺夷」（現在のタイ〈傣〉族——筆者）の「訂婚」習俗であることが記されているのを「発見」した［顧 1940: 22］。後に顧は、北京に戻り、上記の『嶺外代答』『北墅緒言』等の史料をも引用し、「東は貴州の苗から西は雲南のタイ、南はベトナムに至るまで婚俗は概ね同様で、その婚儀には必ず綵毯を使った」［顧 1963: 116］と指摘するとともに、1940 年当時では未詳であったタイ族等非漢族の「抛綵球」習俗と古典における中原のそれとの関係について見解を述べている。すなわち、元曲の関漢卿『山神廟裴度還帯』や呉承恩『西遊演義』（西遊記）第九回「陳光蕊赴任逢災」にも「抛綵球」を（飾った高殿から娘が抛り婿を見つけるという）配偶者の選択に用いる記事があることから、この習俗が南詔・大理から四川の益州・寧州を経て中央に伝播したであろうこと、苗族やタイ族のこの習俗をもって「（京劇の）「綵楼配」の故事の由来するところ」と指摘している［顧 1963: 111-116］。さらに、門下の雲南人・李為衡から、把辺江（現普洱市）のタイ族のもとに旧暦正月に抛繍球の習俗があることを聞いたと記している（その方式は後述）［顧 1963: 116-117］。すなわち、「抛

チワン族の繍球文化　229

繍球」は歴史上南方各民族のもとにあったのであり、それらの中から、後に壮族によってエスニック・シンボルとして選び取られたものであることが推測される。とともに、顧頡剛が指摘するように、南方の民族と元代以降の中央の都市部の行為が同じものと仮定すると両者間の関連性が想像されよう[8]。

## 2　抛繍球の現場の事例

### 民国期の事例

　先の『桂海虞衡志』に繍球は男女の間で抛りあうことが記述されているが、どのように行われたのだろうか。従来の研究では具体例が挙げられていないが、ここで、民国期の事例から見て行こう。

①田曙嵐『広西旅行記』（1935：119 ～ 120）「恩隆（現田陽県）土著両性間的特殊風俗」に、「抛繍球」は毎年正月初 4 ～ 15 日に野外の広場で青年男女が「群集して」行う。女性は本村の人で、男性は隣村から来た人である。球は女性が準備する。球は拳よりやや大きく扁円形で、中に綿を入れる。球面は土布で作り花朶を刺繍し、四隅に紅・緑色の帯を付ける。これに長さ約 2 尺の綿縄を付ける。男女が向かい合う。先に女性が抛（ほう）る。球の勢いが激しく、男性がそれを受け取めることができず球が地上に落ちれば男性側の負けとなる。負けた男性は翡翠か銀の指輪 1,2 個を「罰品」として球にくくって女性に渡す。もし女性がその男性に恋愛の感情があれば指輪を取らず原物を男性に戻す。男性はその意を解して、特別に親密な友人であると認め、一緒に会場を離れる。女性が負けた場合も同様である。二人の気が合えば男性は故意に負けて目的を達する。多くの男女老幼が見る。この後、中秋節や旧正月に相互の間で贈答をする。

　ここでは男女の間で繍球を抛る行為を通じて配偶者の選択に至っていたかどうかは不明であるが、1930 年代には壮族の先民は相当に漢化していたようで、地域による早晩があろうが、広西ではほぼ清末から民国期には抛繍球を通じた配偶者の選択は廃れたように推測される。抛繍球によって男女は恋愛をするが、結婚には至っておらず、結婚は「父母包弁」によっていたようである[9]。この場合も、男女が同じ村の者ではないことが配偶者選択の機能を有していた時代の名残であるように想像される。小道具として翡翠か銀の指輪が用いられてい

る。なお繍球はこの場合、扁円形で、中に綿を入れている。

②李為衡の指摘する把辺江のタイ族の習俗［顧 1963: 116-117］

　　旧暦正月に男女老少を問わず娯楽活動を行う。貧者と「中産之家」は正月 16 日まで、「大家・富戸」は 2 月 2 日まで仕事を休む。この期間、ブランコ遊びや魚取りを行うほか、全村人が 1 か所に集まり、神を祭り、葫蘆笙（ひょうたん笛）を演奏する。青年男女が最も興味を持つのが「丟包」、抛綵球である。抛る「包」の形は、長方形・正方形・楕円形・円形などさまざまである。どれもタイ族の婦女が日頃から心をこめて刺繍を施した錦嚢である。中には軽い綿毛類もしくは香草が詰められている。抛る時に男と女が分かれて向かい合う。バレーボールの中間にネットがないもののような布陣だが、男女間の距離が比較的遠く、レフェリーがいない。男が抛り女が受ける。女が抛る際も男は受ける。受け取った者が勝ち、失敗した者は負けである。勝負に際して条件や賞はないようで、手を叩いて大声で笑うのみである。柯（続丞）は傣族の「訂婚」方式としているが、見たところでは平常の遊戯にすぎない。環境によって漢化の程度は異なり、風俗も異なる。この場合、もとの訂婚方式を保持しているのか、あるいはもとの訂婚から遊戯へと変化したのであろうか。

　これは雲南のタイ族の事例であるが、この場合は、明らかに娯楽活動になっている。民国初期に持っていた「訂婚」の作用は、李為衡の推測の通りにすでに変化したのである。また男女の間で抛（丟）り受ける行為だけで、カップルが成立する機会になっていないようである。繍球の形はさまざまで、中に綿毛や香草を入れている。

③靖西県龍邦鎮 Q 村麻 K 氏（90 歳〈2011 年 8 月〉。男性、壮族）の語り

　　1949 年以前、この村に抛繍球の習俗があった。春節初 2 から初 5 〜 6 の間に行う。村の 17、18 〜 21、22 歳頃の若者が主催する。春節が近付くと数 m の竹竿を用意する。竹を曲げて直径 1 尺余の輪を作り紅紙を貼る。多くの紅紙を用意する。竹竿・紅紙に要する経費は村の男女が銭を出し合う。繍球は娘の手製で、中に砂を詰める。重さ 20 〜 30 g、直径 4 〜 5cm である。とくに何を刺繍するかは決まっていないが、一般には花で 8 弁である。繍球の出来栄えが、娘の聡明さの基準になるので娘たちは精魂を込めて作っ

写真1　旧州で行われた抛繡球の場面。数mもの高さの竹竿の上に小さな輪がくくりつけられている（1999年、筆者撮影）

た。縄は白い麻縄で1m左右。競技は午後2、3時〜5、6時に行われ、女性は本村にて男性が来るのを待った。男性はどこの村へ行ってもよい。男性が来てから初めてゲームになる。今日はこの村、明日は別村、とベトナム・中国のいくつかの村で順番に行われた。球が輪の中を通ったかどうかは紅紙をみて確認した（通れば紅紙が破れる）。大躍進・文化大革命のときもあったが、この十数年、若者が出稼ぎへ行って以降やらなくなった。

　ここでは抛繡球は、竹竿に輪をくくりつけ、その輪を通すものになっている（写真1）。

　また、娯楽として行われている。かつての配偶者選びの行事としての面影が異なる自然村の男女の間に行われる点に残されている。繡球は丈の長い竿の先の輪を通すため、遠くに飛ばすことのできるように砂を詰めて重くしたものであった。また、1949年以前、往来が比較的自由であったため国境を越えてベトナム側の抛繡球に参加した点も注目される。とともに、元来は男女の間で配偶者の選択のため抛られたのが、輪を通す娯楽的な競技に変化しつつあったことが窺われる。なお現在は、若者が沿海部へ出稼ぎへ行くようになって以降廃れた。しかし同様の競技はQ村から近いベトナム・チャリン県のC村で今も行われている[10]。

### 1949年以降の衰退と復興

　靖西県でかつて文化局の局員だった彭Z氏（69歳〈2011年8月〉）によると、

民国期にも県城で吉祥動物（十二支）や花などの植物の刺繍をした繍球が作られていた。1950年代には娘たちがひそかに5〜6cm大の繍球を作り、女が回し抛って男が受けた。男性がその女性が意中の人である場合はハンカチを繍球の結び目につけて女に返した[11]。このように抛繍球は広西ではすでに行われていたので、広西で流行した舞台劇『劉三姐』のシナリオには抛繍球の場面は元来なかったが、1960年に靖西文芸工作団が提案し、広西歌舞団が採用したという。1961年製作のその映画にも劉三姐が恋人の阿牛に向かって抛る抛繍球の場面が登場する。繍球は1960年代以後、「資本主義の尻尾」と見なされてほとんど絶えた［呂・彭2008］。黄肖琴の回想によると、1960年代から文革中は繍球や山歌を政府が禁止したので、ひそかに作って恋人に贈ったという。1960年代に製作された繍球は現在も県壮族博物館に展示されている[12]。1970年代末、映画『劉三姐』の再演にともない壮族のシンボルと見なされて社会的に認められた［呂・彭2008］。こうして、1980年以降、商品化されて大きく変化するに至るのである。

## 3　エスニック・シンボルの「創出」<br>：「繍球の郷」靖西県旧州街の黄肖琴と朱祖線の事例

　繍球が壮族のエスニック・シンボルになる過程において、靖西県新靖鎮旧州街の二人の繍球製作者、黄肖琴と朱祖線の果たした役割が重要である。そもそも旧州街は清朝初期の順治7年（1650）に帰順州土官が現在の県城（新靖鎮）に移る以前の衙門所在地で、それゆえ旧州と称する。靖西県城から南西へ9kmのところに位置する。旧州街の街並みは2000年前後に県政府が中心となって整備された。1998年に広西旅游局が20万元を投資、2001年に県民族局が30万元を投資し整備した。その後も自治区文化庁の管理する自治区生態博物館に指定され、街並み・道路は大掛かりに整備された。インフラ整備や家屋の改修に累計800余万元の資金をつぎこんだという[13]。街のメインストリートに石畳の広い歩道、両側に建ち並ぶ家屋は風情がある（写真2）。清代乾隆年間に建てられた文昌閣は澄んだ清流に映える。筆者が1993年に最初に訪問した際には1寒村に過ぎなかった（写真3）。生態博物館になってから、2005年、現地に展示室が作られ、繍球・壮錦をはじめ、操り人形、織機・搾糖器などの道具など、地元の壮族の生活文化に関わる資料が実物・パネルで展示されている。

　旧州街は5つの自然村から成り17の村民小組がある。人口は530戸2230人

チワン族の繡球文化　233

写真2　旧州街の街並み（2010年、筆者撮影）

写真3　かつての旧州街（1993年、筆者撮影）

である。人口のうち1000人近くが繡球生産に従事し、繡球と刺繡製品を毎年20余万個を生産し[14]、「繡球の郷」「中国民間芸術の郷」と呼ばれる。街の至る所に繡球を製作販売する店が並び、天気の良い日には老若を問わず女性たちが軒先で刺繡をする光景が見られる。2005年には旧州繡球を文化部が国家級の非物質文化遺産に申請した。現在ここで製作されている繡球は装飾品であり、抛るためのものではない。

## 「中華巧女」黄肖琴（1945〜）[15]

　黄は12歳で繡球を作り始めた。1967年に結婚し、1980年代に繡球の本格的な作り方を姑から教わったという。当時すでに旧州では主に女系によって一家相伝で素朴な繡球が製作されていた。黄は花鳥の文様を刺繡した繡球を得意と

234　Ⅲ　個人や企業主導の文化実践と表象

写真4　黄肖琴（2010年、筆者撮影）

するが、それは手工芸家であった父から習った絵画をもとに自ら創始した。それまでは金魚・動物（孔雀・蝶・鴛鴦等）・植物・花（牡丹・バラ・菊花等）・龍鳳などさまざまな図案があった。繡球は当時は小さく、中に綿を詰めたという。1970年代、県文化館が旧州に絵画訓練班を開設し農民画家を育成した。この試みが刺繍の下絵の絵画の基礎になった［呂・彭2008］とされるが、黄自身は、第1次訓練班には子供が幼くて参加できず、第2次のそれに参加した（県城で開催され、旧州からは3名が参加したという）。1980年代、県民族事務委員会が旧州に繡球製作育成班を開設し、刺繍の技術や図案を講義した。この際に繡球の色・生地・規格・花弁数を統一し、現在流行している繡球のモデルとなった［呂・彭2008］とされる。この講義には黄も教師を担当した。この頃に作った繡球は県壮錦廠に納めていた。なお、花弁は通常12弁で、4弁ごとに紅・緑・ピンク色。中には木屑を詰めた［呂・彭2008］。黄は1990年代、とくに1994〜95年頃から専門的に繡球を製作するようになった。繡球は円形である。作り方は次の如くである。①厚紙に絹布を貼ったもので菱形の花弁を作り刺繍をする。②厚紙をまるく切ったものを2つに折り、さらに2つに折って中に木屑を入れる（1993年から中に紅木の木屑を使うようになった。姑に教わった時には中に綿を入れた）。さらに①の花弁を縫い付ける。③これを3色それぞれ2つ計6個（12弁）をそろえ、④組み合わせて球形にする。⑤ビーズ等の飾りや吊るすためのリボンをつけて完成である（図）。

　黄が繡球を作り始めてから、旧州の人々もこぞって製作するようになった。遅くともこの頃には現在、土産物・装飾品として流通している繡球の基本的な規格が定着したと言えよう。それは従来の男女の歌掛けの小道具としての実用

図　繡球のできるまで

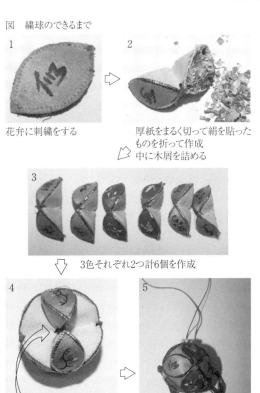

1　花弁に刺繡をする
2　厚紙をまるく切って絹を貼ったものを折って作成　中に木屑を詰める
3　3色それぞれ2つ計6個を作成
4　組み合わせる
5　ビーズ等の飾りをつけて完成　リボンで吊して飾る

品ではなく、装飾品であるゆえ、広く社会に知られて流通するためには規格化が必要であったのである[16]。

　黄は1995年には全国婦女工芸大会で全国婦女連合会から「中華巧女」の称号を授与された[17]。さらに広西国際民歌節（毎年開催）[18]、北京で開催された第4回世界婦人大会（1995年9月）、南昆鉄道開通式（1997年3月18日）等に黄の作った繡球が飾られた。2000年には、米国商人がクリスマスを題材にした刺繡飾り10万個の製作を依頼し、図案を自ら設計した。さらに花弁数30弁の繡球を考案し、製作した。立体的な刺繡である「堆繡」の技術を駆使すること

III　個人や企業主導の文化実践と表象

写真 5　朱祖線（2007 年、筆者撮影）

ができるのは黄とその娘の 2 人に限られるという。

　黄は毎年 1500 個の繡球を作る。自ら製作に従事するのみならず、2001 年以降、付近の 20 余の村の人々（とくに中年女性）に教えるようになった。「黄肖琴繡球協会」をも設立した［呂・彭 2008］。2001 年、「中華技芸伝承人」の栄誉を受けた。さらに朱祖線とともに「自治区非物質遺産継承人」として認定され、著名になった。

### 「繡球王」朱祖線（1953 ～ 2010）

　朱は子供の時に母方オバから繡球の作り方を習った。1984 年、第 1 回広西民歌節（後に国際民歌節）に、朱祖線が靖西県抛繡球代表隊の成員[19]として南寧へ行った際に、繡球舞を踊り、アメリカ人に腰に付けた小繡球を 30 ドルで売った。このことを契機に朱は本格的に繡球作りに取り組むようになったという[20]［陳・李 2006］。南寧に「広西靖西繡球総代理処」を設立し対外的な窓口とした。1995 年、第 5 回世界女性会議（北京）に朱が広西の婦女代表のために直径 80cm の大繡球を作り、持って行ってもらった。これを機会に朱が著名になり、『人民日報』（1995 年 9 月 4 日）で「繡球王」と称されるまでになった。2003 年には、朱は「靖西旧州刺繡技術協会」を設立した。会員のうち 170 余人が旧州の人であったという。自宅の 2 階に訓練班の人々が住み、常時 300 余人を訓練するようになったという。黄と競うように繡球の製作と普及に尽力したのである。朱は生前毎年 1000 個以上もの繡球を製作しており、とくに大きなものの製作を得意にしていたという。2010 年 12 月に心筋梗塞で死去した。現在、その店舗は朱のオバの弟子の 1 人でもあった朱の妻が経営を続けている。

チワン族の繍球文化　237

### 「玉女」覃玉環（1934～、女性、壮族）による評価

　以上により、2人の人物の活躍によって、90年代以降、旧州の繍球が一躍有名になった経緯がわかるが、早期から繍球製作を行ってきた覃玉環（県政府から6年前に「玉女」という称号を与えられ、現在「玉女繍坊」という店舗を構えている）の話によると、1970～80年代は黄、朱、覃のほか2～3人のみが繍球製作の技術を理解していた。これらのうち、とくに黄・覃が早期に製作を開始した。黄と朱を比較すると、技術は黄のほうが高く、朱は30弁の繍球を作ることができず、作ることができるのは黄と覃の息子の嫁など数人のみであったという。また、黄と朱はそれぞれに受け継いだ技術の奥儀をそれぞれが守り続け、両者の間には交流がなかったという。外界との交流は朱のほうが長けていたようである。ただし、この2名が競うように行った活動によって国内外に旧州繍球が広く知れ渡るようになったことは覃も認めるところである[21]。

### 繍球の多様化

　先に、黄肯琴がクリスマスを題材にした刺繍飾りを注文製作したことに言及したが、現在、単なる円形の繍球だけでなく、菱形・ハート形・ひょうたん形・八卦の図柄などさまざまな繍球が作られ、また香包・財布・携帯電話入れや飾り物の小さな扇・布靴など多様な刺繍の製品が作られている。繍球の色も旧来の3色にとどまらず赤や白・紫・黄・ピンク色で統一したものなどさまざまである。小さいものは直径2cm、大きいものは通常の売り物では直径30cmに達する。このような多様化は顧客の新たなニーズを掘り起こすための試みである。

### 靖西壮錦廠の役割

　従来の研究では、繍球の販売・卸元の草分けである靖西壮錦廠の果たした役割が看過されてきた。1956年に創設された靖西壮錦廠は、壮族独自の織り物壮錦のほか、1970年代から繍球の製作を開始してきた。その頃どのような繍球を誰が製作していたのかは定かではないが、1980年には工場での生産と外地への販売を開始した。1989年に、壮錦廠が旧州の製作者5～6人に原材料を渡して繍球を作ってもらい完成品を購入するようになった。旧州ではそれ以前から繍球を製作していたが、壮錦廠が関与することで、その販路を使って広範囲に流通させることになったと推測される。

　壮錦廠の元廠長陳H氏（63歳、女性、壮族）は、黄肯琴は1990年代半ば以降、

238　Ⅲ　個人や企業主導の文化実践と表象

自身で販売するようになるまでは壮錦廠に製品を納入していた。朱祖線は、壮族民歌の巧みさが知られていた。しかし、壮錦廠とは関わりを持たず、1990年代以降著名になったものの、技術は黄よりも劣っており、1980年代は繍球の図案を知らなかったと酷評する。

　靖西壮錦廠では現在も「全国民族用品定点生産企業」として国内外に販路を持ち、壮錦のさまざまな製品（壁掛け、バッグ、テーブルクロス、寝具など）のほか、繍球の製作を続けてきている。壮錦は2006年、第1次国家非物質文化遺産に指定された。壮錦廠の繍球は1987年には「全国軽工業少数民族用品優質産品賞」を得、1994年には第5回「アジア太平洋博覧会」で金賞を得ている（このとき壮錦が銀賞を得た）。

　ともあれ、歴史のなかに埋没しがちな壮錦廠であるが、繍球が全国的な知名度を得るのにその基礎を作ったものと位置づけることが可能であろう[22]。

## 旧州の実情

　「繍球の郷」旧州では繍球を製作販売する店以外にも、彫刻店・画廊があり、文化部から「中国民間芸術の郷」の称号を得ている。ともすればマスコミは、1人あたりの平均年間収入が3000〜5000元に達し、繍球によって旧州の人々は繍球で貧困から脱し、豊かになる道を踏み出したことを強調する［陳・李 2006］。確かに、一定以上の技術を持つ人ならば1日40元の収入が得られ、1月あたり平均収入は3000〜4000元になるのだが、しかし、多くの人は実際には田畑をも持つ兼業農家である。1997年当時、「450戸のうち120戸のものが繍球を製作することで貧困から脱し豊かになった」とされており［凌・梁 1997］、それなりの利益を人々にもたらした。呂・彭も繍球を作る家庭では繍球の収入が総収入の1/3以上を占めており、繍球が地方の経済の発展をもたらしたことを強調している［呂・彭 2008］。しかし、従来、住民の多くが兼業農家であることは看過されてきた。農繁期は農業、農閑期には繍球を製作するが、たとえば覃玉環の家では田3畝を保有し、家人が耕作・収穫し、収穫した米は自家用にあてている。朱祖線の家では、田畑7畝を保有するが、その播種・田植え・収穫はすべて隣村からの労働力に頼っている（労賃は1日1人あたり40元）。繍球製作に従事している人の全てがそれだけで生活することが可能だとは言えないのである。直径6cmの標準的な繍球の場合、1個当たりの製作費は多くとも1元程度で、販売するとその数倍以上の利益が出るにもかかわらず、である。実際にそれだけで生活ができる家は、黄や朱の妻ら著名人や一部の販路を

もつ者に限られており、決して多くはない[23]。販路を持つ者は大量の注文が入った場合、付近のいくつかの農村に繍球製作の手伝いを依頼するという。このように、とくに旧州街付近の農村の婦女は繍球製作の下請けとしてそれを副業としているのが現状である。

　靖西県は風光明媚で「小桂林」と称され、独特な中秋節の行事など見所も多いし、旧州街は県城から近い。しかし、靖西県は区都南寧からは途中まで百色方面への高速道路を経由しても車で約4時間かかり、5月や10月の連休以外には観光客は多いとは言えない[24]。

　旧州街付近の農村からは広東に出稼ぎへ行く若者が少なくない。また6歳の少女から70〜80歳の老婆まで旧州の女性であればだれでも作るというイメージを抱きがちだが、その背景には、それまでの主に女系を通した細々とした家伝による作業から、黄や朱によって広範囲での技術の普及・伝承活動が行われたことで、旧州を中心とする各世代の人々の間に広まるようになったことにも注意する必要があろう。

## 繍球の流通と各地での模倣製作

　繍球が広西のシンボルとして定着する過程において派生した現象として見逃せないのは、靖西県旧州街のそれが南寧や桂林に運ばれ流通している現状がある。旧州の繍球が世に知られることになった背景の一つとして、製作者以外に、使用や流通の担い手、すなわち外地の旅行会社や政府関係者が会議やイベントなどの際に、積極的にそれを使用するようになったことも見逃せない。たとえば、1990年に北京で開催された第11回アジア競技大会、および1991年に南寧で開催された全国少数民族伝統体育運動会で礼物として賓客に贈られたという。筆者もとくに2000年代以降、広西で開催された国際シンポジウムの際に、土産品としてそれを贈られた経験がある。広西博物館や広西民族博物館で展示されている（写真6）。博物館や南寧空港などの売店で販売される繍球は靖西産のものである。こうした宣伝普及活動については、繍球の販売・卸元の草分けである靖西壮錦廠が一定の役割を果たした。黄肖琴は今は独自の販路を持っているが、1995年頃までは製作した繍球を壮錦廠に納品していたのである。

　現在注目されるのは靖西以外にも繍球が各地で模倣製作されるようになった点である。たとえば陽朔県のW村の梁C氏（55歳〈2009年1月〉、女性、壮族）は1991〜92年頃から繍球を買って来て解体して、見よう見まねで作り始めた。それは商標登録がなされていないので違法ではない。現在では1月に100〜

写真6　繡球の展示。広西民族博物館（2009年、筆者撮影）

200個を製作し、1月40〜50元の収入があるという（作り始めた頃は月に400〜500元も稼いだという）。陽朔県の問屋で卸売をしている繡球には、付近の福利鎮、興坪鎮などの農村で作ったものが多く、それら農村の住民の多くは漢族である。今では靖西県以外の地、柳州や龍勝各族自治県などでも作られるようになっている。

## おわりに

繡球は元来は男女の間で抛って配偶者の選択に用いられた。今や中国では抛ることは（観光用のそれは別として）廃れてしまった感があるが、装飾品・土産品としての繡球は流行している。実用品としてのそれは中国南部の諸民族にあったものであるが、壮族が選びとって、民族のエスニック・シンボルにまでなったものである。

靖西県旧州街では古くから一家相伝で繡球が製作されてきた。また、1970〜80年代に県政府によって絵画訓練班や繡球製作育成班が設置された。1990年代には主に靖西県旧州街の製作者、とりわけ黄肖琴・朱祖線らによって繡球のスタイルが「創出」された。それは装飾品・土産品として贈答用に使用され実用品でない点で、本来の伝統的な歌掛けの際の小道具とは切り離された形で、新たに創出されたものである。創出の際には規格化がなされた。

さらに、靖西県で古くから広く繡球が作られ続け、抛繡球が行われてきた伝統、そして靖西壮錦廠の役割も見逃せない。映画『劉三姐』の上映にともない繡球が認知されたことも重要である。くわえて旅行会社や政府関係者によって

チワン族の繍球文化　241

も繍球が広く流通することになった。これらの諸要因が相まって繍球が広西壮族の文化的標識、エスニック・シンボルとして定着し人気を博するようになり、各地で模倣製作されるまでに至ったのである。

注
1) 壮族は、人口 1679 万人（2010 年）と中国少数民族中最大の人口を擁する民族であり、その 90％以上が広西壮族自治区に居住する。中華人民共和国以前は「獞人」「土人」などと称され、人民共和国成立後、一つの民族に統合された。
2) たとえば李錦［1986］、「抛繍球」［1991］、李富強［1997］、韋・李［2003］など。
3) 第 3 節でふれる黄肖琴や朱祖線の活動、および 1970 ～ 80 年代の政府による絵画や繍球製作の育成政策にふれており、参考になる。しかし黄や朱の事績についても全面的ではなく、第 2 節で挙げる民国期の抛繍球の実態、第 3 節でふれる靖西壮錦廠の役割、旧州の実情などを含む厚みのある検討に欠ける感は否めない。
4) 范成大は孝宗・乾道 8 年（1172）～同 9 年（1173）の間、知静江府であった。
5) 周去非は、孝宗・乾道 8 年（1172）～淳熙 5 年（1178）の間、桂林通判であった。
6) なお、［楊・潘編 2004］の「卡犹仲家」（貴州省博物館収蔵甲本）にも、「毎歳孟春、聚未婚男女、跳月歌舞於曠野。以綵布結小球、如瓜、謂之花毬。意洽情鍾、彼此抛擲、遂私焉。」とある。球は綵布を結んだもので瓜状をしていた。この他、『苗蛮図冊』「卡犹仲家」［芮逸夫主編 1973］に、「孟春、聚未婚男女于野、跳月歌舞、意洽情重、互相抛毬、即剪衣換帯約而私之。然後、用媒妁」とある。楊庭碩によると、『百苗図抄本匯編』の「卡犹仲家」の劉雍所蔵甲本・貴州省博物館収蔵甲本の時代は道光年間より下らないこと、台湾の『苗蛮図冊』は 20 世紀初頭以降の抄本であるという［楊 2001］。
7) 桑悦『思玄集』（弘治 18 年〔1505〕序）4「獞俗詩」に「唱歌互答自成親、男女分行戯行毬」とあって、男女間での歌掛けと抛繍球を通じて縁組をしていたことが記されている。このほか、康熙『永淳県志』10・風俗「獞人」、陸祚蕃『粤西偶記』に、女性が「繍嚢」を贈ることが記されており、繍球の贈り物が推測される（陸祚蕃は康熙 26 年～ 27 年〔1687 ～ 1688〕、広西提督学政の任にあった）。なお、歌掛けの際の小道具として、抛繍球以外にも、男性がハンカチを贈り女性がシャツを贈る場合（王済『君子堂日詢手鏡』〔正徳 16 年〔1521〕序〕）、男性が扇を、女性がハンカチを贈る場合（黄士儁『唐堂集』〔乾隆 13 年〔1748〕序〕「広西諸蛮志」などさまざまである。
8) なお、顧頡剛は詩文の記載から、高殿から繍球を抛って婚選びをする習俗が宋代にまで遡る可能性を指摘している。伝播に関する顧の説に対して、于省吾は周縁からの伝播ではなく、中原の古い習俗の残余である意見を顧に送っているが、顧は中原と西南民族との交流史という点を重視し自説に固執している［顧 1963: 119-120］。
　苗族やタイ族の抛繍球がいつ頃から始められたかは史料的に不明であるし、苗族等の民族の移動も考慮に入れる必要があるが、敢えて両者間の伝播の関係を推測すると、漢文化の周縁への圧倒的な拡大の趨勢という点から、むしろ顧の推測した経路とは逆に中

242 Ⅲ　個人や企業主導の文化実践と表象

央から周縁部への伝播の可能性の方が高いように想像される。なお、古典文芸作品等に見える中央の「抛綵球」は、歌掛けに付随していない行為であることや、高殿から球を抛るのはおそらく都市に住む富裕層・社会の上層部の者による点でも違いがある。

9)　嘉慶（25年〔1820〕序）『霊山県志』13・雑記「蛮俗」では、「於上元節内、各女子集於山谷間、近地男子偕往、謂趁女子墟。至則抛毬為戯、男子於毬下綴以銭、擲而往、彼則以線帯等物擲還之。山歌互答情既浹、則偕男子返其家。厥父母大喜、否則父母不楽、謂其不能悦人也」と記されており、嘉慶年間にはまだ抛繍球を通じて配偶者の選択が行われていた。

　　しかし、民国（3年〔1914〕序）『茘浦県志』3・風俗「郷閭之属」に、昔は抛繍球が「北猺」のもとで「相思山」で行われ、これを通じて配偶者を選んでいたのが、今は廃れて「児女遊具」になってしまったことが記されている。さらに、民国（22年〔1933〕）『広西各県概況』「恩隆県」では、当事者が11、12～14、15歳の時に「媒人」が縁談をまとめ、庚帖（合八字）、聘礼等いわゆる六礼を経て結婚に至る漢族的な婚姻方式になっている（ただ、同姓婚と再婚の容易さ、入り婿、そしておそらく現地で「頂夫」と呼ばれる「不落夫家」婚に非漢族的な部分も残されている）。また、『百色県志初稿』（1960年）第3章・民族概況「風俗習慣」に、壮族は過去（人民共和国成立以前）に「歌墟」や「抛繍球」の際に「公開」で恋愛する自由があったが、結婚の自由はなく、結婚はもっぱら「父母之命、媒妁之言」による「包弁婚」であったことが指摘されている。地域性もあろうが、ほぼ民国期には「包弁婚」へ変化したように推測される。

10)　ベトナムのチャリン県C村では旧暦正月1～2日に村内で現在も行われている。男女別の集団に分かれ、本村の女性と他村の男性の間で行われる点、女性が最初に抛り、その女性に好感を持つ男性が受け取る点などでかつての広西側のそれと共通している。この場合は歌が伴う。直径4～5cmの球（中に砂が詰められている）に1～.2mほどの紐が付けられている。刺繍は施されていない。なお、Q村の壮語では「抛繍球」には「ドッゴン」（ドッ＝抛、ゴン＝球）、「ドッドム」（ドム＝球）という2種類の呼び方がある。なお、「抛繍球」（『広西民族学院学報』1991年1期）には、「現在も靖西・龍州・都安で春節や歌掛け活動の一環として娯楽として行われる」とあり、いつのことか明記されていないが、少なくとも出稼ぎが本格化する1991年以前はそれが中越国境地域などで行われていたようである。また、1982年にフフホト市で行われた第2回全国少数民族伝統体育運動会において靖西の「抛繍球」のパフォーマンスが行われ、メディアの注目を集めたというが、それが今や「体育競技」として行われるようになったのである。

11)　梁昭光［1957］によると、正月初3（2月2日）に鎮都県添等鎮で僮（壮）族青年男女の歌墟が「恢復」し1万人以上が集まった。そこで娘たちは自分で思いを尽くして「円形・稜形等」の色鮮やかな繍球を作り、唱歌をする機会に意中の人に送ろうとした。歌墟が始まり「歌声の中で数十個の繍球が人々のなかを行き来した」。1950年代後半期でも「大躍進」以前はこのように局地的に繍球の受け渡しを伴う歌掛けが行われていた。

12)　基本的な形状は現在のものに似ているので、もう少し後の時期の1970年代後半に靖

チワン族の繍球文化　243

西壮錦廠で作られた可能性があるが詳細は不明である。

13）「靖西県新靖鎮旧州街：創和諧街道　建幸福家園」（http://www.gxnews.com.cn　2011 年
　　4 月 26 日　広西新聞網）

14）注 13 を参照。なお、1997 年当時、全村 520 戸のうち 450 戸 700 人余が繍球を製作し
　　ていた［凌・梁 1997］。1996 年当時繍球製作による収入は 125 万元、2011 年には 270 余
　　万元を数えるようになった。

15）以下の黄肖琴、故朱祖線の妻に対する調査は 2010 年 8 月に、覃玉環に対する調査は
　　2011 年 8 月に、壮錦廠の元廠長陳 H に対する調査は 2009 年 9 月に行った。覃と陳の年
　　齢は調査当時のものである。

16）「抛繍球」（『広西民族学院学報』1991 年 1 期）によると、1991 年以前に、抛る目的で
　　広西で行われていたものは、円形・楕円形・方形・菱形など形は多様であり、大きさは
　　拳程度、球内に豆粟・綿花・穀物の殻を詰めると記されている。

17）当時の全国婦女連合会主席陳慕華の揮毫による「中華巧女」が店舗兼工房の看板とし
　　て掲げられている。

18）広西民歌節は広西壮族自治区政府が主催する歌祭りで、1984 年から毎年開催されてい
　　る。1993 年からは「国際民歌節」として、経済活動や観光業とも結びついて盛大に行わ
　　れている。黄の繍球がいつから民歌節に飾られるようになったかは本人も正確には記憶
　　していない。

19）一説には朱は「靖西県の山歌代表として」行ったという［童 2004］。朱は比喩を多用
　　する壮族伝統の歌掛けにも秀でていた。

20）朱の妻への聞き取りでは、アメリカ人は朱からではなく民歌節に飾られた繍球を買っ
　　たという。

21）黄や朱の前に影が薄いものの、覃も繍球製作の名手の一人であった。その息子の嫁は
　　覃から繍球製作の技能を伝授されて「玉女繍坊」店を現在実際に切り盛りしているが、
　　南寧に固定した販路を持ち、香港で展示をしたり、上海万博の際には 2 万個の繍球を納
　　入したほどの腕前である。さらに上海万博の際には孫（15 歳）が招聘されて中国館に
　　て繍球製作のパフォーマンスを行ったという（注 13 を参照）。

22）靖西の繍球はつとに知られていた。たとえば、雍正『広西通志』32・風俗「帰順州」
　　に「抛毬為楽」とある。また第二節でみたように農村部では近年まで行われていた。早
　　期から抛繍球の習俗があったことは繍球の創出の背景として見逃せない。

23）先の［凌・梁 1997］でも、（他の工芸品に従事する者を差し引いても）残りの 330 戸
　　近くは繍球製作だけでは生計を立てることができない計算になる。なお、2010 年の 1 人
　　当たりの平均収入は 2800 元（注 13 を参照）とそれほど高くないことや、繍球製作者は
　　人口の半数ほどであること（前述）からもその内実が推測されよう。なお、近年農業の
　　多角経営化が進み、商品作物のタバコ栽培が発展している。

24）2010 年の観光客数は 10 万人余であって、決して多くない。ちなみに、東隣の大新県の「徳
　　天瀑布」への観光客数は同年に 92 万人を数えた。

244　Ⅲ　個人や企業主導の文化実践と表象

## 参考文献

陳菁・李力
　　2006　「来自民間的文化産業力量：訪広西民間芸人朱祖線・沈運香」『当代広西』2006
　　　　　年10月上半月号第19期。

顧頡剛
　　1940　「抛綵球」『責善半月刊』 1巻13期：22。「浪口村随筆」(13)：22。
　　1963　「抛綵毬」『史林雑識初編』北京：中華書局、111-120。

李富強
　　1997　「抛繡球：反映壮族農耕文化特点的風俗」『農業考古』1997年3期：160-162。

李　錦
　　1986　「広西少数民族伝統体育考究」『広西民族学院学報（哲学社会科学版）』1986年
　　　　　2期：107-109。

梁昭光
　　1957　「一次歌墟」『広西日報』1957年2月14日。

凌経弟・梁顕文
　　1997　「旧州繡球村」『広西日報』1997年12月17日。

呂屏・彭家威
　　2008　「伝統工芸与現代商品：文化産業進程中壮族繡球的伝承与変遷」『広西民族研究』
　　　　　2008年第1期：186-191。

芮逸夫主編
　　1973　『苗蛮図冊』台北：中央研究院語言研究所。

田曙嵐
　　1935　『広西旅行記』上海：中華書局。

韋暁康・李　霞
　　2003　「論壮族繡球運動的文化淵源」『体育文化導刊』2003年8期：76-77。

童健飛
　　2004　「走進繡球街」『当代広西』2004年7期。

楊庭碩
　　2001　「"百苗図"貴州現存抄本述評」『貴州民族研究』2001年4期：79-85。

楊庭碩・潘盛之編
　　2004　『百苗図抄本匯編』貴陽：貴州人民出版社。

（無記名）
　　1991　「抛繡球」『広西民族学院学報（哲学社会科学版）』1991年1期：27。

## 農民画という「アート」の創生
#### プロパガンダから観光商品へ

周　　星

### はじめに

　陝西省西安市の戸県農民画がアートにおける「伝統」となった歴史は、それ
ほど古いものではない。農民画は 1950 年代から 70 年代にかけて、中国農村に
おける社会主義教育運動や文化大革命、階級闘争といった潮流に応じて生まれ
た、党と政府の方針や政策を図示し、農民を教育し、農村における文化革命を
達成するための政治プロパガンダ・アートであった。農民画は、専門的な技法
と題材先行、苦しい現実と為政者への追従、集団におけるユートピア的理想と
小規模農家の幸福感といった根深いパラドックスを抱えていた。改革開放以降、
農民画は政府によるプロパガンダの補助手段であり続けたと同時に、新しい観
光商品へと変化していった。さらに、さまざまな経緯の中で新たな定義と解釈
を与えられることで、現代中国農民の「民間絵画」あるいは、「民俗アート」
となったのである。

　本論文は、戸県農民画が地域におけるアートの伝統としてどのように創造さ
れ、新たな解釈・定義・評価を通じて新たな価値や意味、さらには「身分」を
どのようにして獲得していったのか、そして農民画が地域のアートにおける伝
統（民間絵画）としてどのようにして再生産されたのか、その実践の過程をさ
かのぼって検討するものである[1]。

### 1　「農民画」の起源と変遷

　「農民画」は中国各地の農民が創作した、農村の日常生活、農耕作業、田園
風景および現地の伝統習俗などを表現した絵画作品である。農民画の歴史は
1950 年代までさかのぼることができる。当初は国家的イデオロギーのための
政治プロパガンダ・アートとして生み出され、その主導によって生産・消費さ
れる農民の文化的生産物であった。農民画と関連するイデオロギーの起源はさ
らに古く、共産党の延安時代までさかのぼることができる。毛沢東は 1942 年

246 Ⅲ　個人や企業主導の文化実践と表象

に「在延安文芸座談会上的講話」を発表し、文芸を政治や労働者・農民のための
ものとし、民族的な形式と革命的内容を備えるか、古い形式を改造して革命
的内容を盛り込んだものでなければならず、人民を激励するものであるとした。
これは建国後の中国現代文化史に大きな影響を与えた。1951 年、戸県および
戸県の属する咸陽地区は「文代会」（文学芸術工作者代表者大会）を開催し、「講
話精神」に則って「文芸工作」を推進し、旧来の作家たちを改造・活用し、社
会主義的な新しいタイプの作家たちを養成するという目標を示した。この後、
現存する文芸に限らず、農民画などの新たに生み出された芸術までもが政治プ
ロパガンダの道具とされ、労働者や農民・兵士といった国家の主役のイメージ
が描かれ、さまざまな政治運動に利用されていった。農民画は国家によって創
出された大衆的な政治プロパガンダ・アートとなり、そこには国家と芸術、農
民という複雑な関係が存在していたのである。

　一般的に、農民画の直接の起源は 1950 年代、全国的な広がりを見せた「壁
画運動」にあるとされる。江蘇省邳県陳楼郷の農民が壁に描いた絵によって社
会主義教育と「自我教育」を実践したことを契機として [2]、全国的にも壁画運
動が盛り上がり、江蘇省邳県・河北省束鹿・甘粛省慶陽などのモデルケースが
相次いで出現した。1950 年代から 60 年代は、その後の文化大革命の前段階と
もいえるが、新中国の文化芸術事業が大きく揺れ動かされ、進展した時期であ
るともいえる。当時、壁画運動とほとんど同時に実施されたものとして、いわ
ゆる「新民歌運動」や「新年画運動」などがある。つまり、民族性を備えたす
べての民間芸術はすみやかに改造され、革命性を備えた新しいスタイルを採る
ことが求められた。人民公社による集団化から文化大革命まで、さまざまな政
治プロパガンダ・アートが次々と出現したが、農民画はその中のひとつである。

　戸県は西安市の西南 40km 余りに位置し、北は渭水、南は秦嶺山脈に接して
いる。陝西省の関中平原においては比較的豊かな農村であり、おもに小麦・ト
ウモロコシ・米・コーリャン・綿花といった作物、さらには粟・豆・ゴマなど
の雑穀、サツマイモ・ジャガイモや各種野菜を生産している。現地には「銀戸
県」という呼び名も存在する。戸県の伝統的な民間芸術は多岐にわたっており、
人気のあるものとしては「剪紙」（切り紙細工）・「刺繍」・「皮影」（影絵芝居）・「箱
子画」・「年画」（正月、室内に貼る絵）・「廟画」・「花饅頭」（装飾されたまんじゅう）・
「布玩具」（布のおもちゃ）・「香包」（匂い袋）・「虎頭鞋（帽）」（虎の姿をした靴・帽子）・
「紙扎」（紙銭）・「社火」（祭礼時の演芸）などがある。なかでも、箱子画とは箱（し
ばしば嫁入り道具とされた家具）に花・鳥・魚・虫や縁起のいい絵柄を描いた民

農民画という「アート」の創生　247

間芸術であり、廟画とは地元の宗教施設に描かれた壁画である。箱子画と廟画
は戸県農民画のルーツのひとつともいわれる。

　戸県農民画の歴史を把握するためには、大躍進期の壁画やプロパガンダ・
アートまでさかのぼる必要がある。大躍進では度重なる誇大報告がなされ、浮
かれた雰囲気が蔓延していたが、壁画運動もまた例外ではなかった。1958年7
月、陝西省党委員会が「文教工作20条」について提議すると、西安市によって「詩
画化長安」活動が繰り広げられ、わずか1ヶ月の間に15万点もの壁画が描か
れた。省委員会のスローガンは「3年の苦闘で全省の様相を一変させよう」と
いうものであったが、省文化局のスローガンは水増しされて、「3ヶ月の苦闘
で千軍万馬の宣伝大部隊を作り上げよう。交通の要衝、村や鎮の高い壁はすべ
て新しい標語やスローガンに変えてしまおう」となっていた。それが戸県まで
到達したときには、「全党を動員し、全人民が着手し、1ヶ月の苦闘で文化県
を作り上げよう」、「1ヶ月の苦闘で村や鎮の壁を標語や壁画にしよう」へと変
化していた［段 2005: 6］。このような緊急の任務のため、政府宣伝部門や文化
館の美術幹部、小学校の美術教師、農村の美術愛好家、さらには団結と教育・
改造の対象とされていた民間の「旧来の作家」までをも動員することを余儀な
くさせられた。最終的に1958年8月末、「戸県開展文化革命突撃月運動指揮部」
の統計によると、全県23郷鎮407社で標語の壁画化を成し遂げ、およそ13万
点の壁画が描かれたとされる[3]。

　西安美術専科学校（後の西安美術学院）もまた、壁画運動と関連した教育改革
についての議論と実践を繰り広げていた。校長は教育実習の拠点を設立するた
めに、青年教師を田舎へ派遣していた。青年教師の陳士衡は学校から派遣され
た「美術の担い手」として戸県にやって来た。そして県文化館の協力により、
1958年11月から12月までと1958年12月から1959年2月にかけて、太平大
煉鋼鉄生産現場アマチュア作家養成班と甘峪ダム建設現場アマチュア作家養成
班（後に戸県人民委員会と西安美術専科学校の合弁で「戸県農民美術専科学校」として
運営される）を相次いで設立した。養成班は絵画の常識や技法を教える以外に、
受講生の周囲に広がる現実生活に関心を払わせ、「記憶・理想・現実・故事を
描く」というアマチュア作家への教育法を確立するようになった。陳士衡は養
成班の運営を通じて、中国は農民が主体の国家であり、農民が芸術を渇望して
いることから、芸術もまた農民を助けることができること［陳 1999］、作家に
も農村でのさまざまな実践が可能であること、農民は長期にわたって皮影・剪
紙・廟画といった民間芸術の薫陶を受けており、なかには芸術的才能と潜在能

248 Ⅲ 個人や企業主導の文化実践と表象

力を持っている人々がいることを知った。このような認識は当時ではたいへん
先鋭的なものであるとともに、作家が農民画家の指導にどれほど入れ込んでい
たかを明らかにするものである。養成が修了すると、受講生は県人民委員会文
教科の「紹介状」を手にそれぞれの合作社に戻り［段 2010: 14-15］、現地の愛好
家による芸術活動の中核となった。このような生産現場でのアマチュア作家養
成班は、後の農民画運動における基本的な組織形態となった。このような点か
ら、戸県農民画は地元における大躍進運動・壁画運動と西安美術専科学校の教
育改革が組み合わさって生まれてものであるということができる［蒋 1999］。
壁画をルーツとしながらも、時局に応じて姿を変え、紙に描かれるようになっ
た農民画にとって、その題材はほとんど当時の世相を反映したものであった。

　重要なのは、文化館の専任の美術部門幹部とアマチュアの愛好家が村や合作
社の農民倶楽部に関与したことが戸県農民画を生み出す条件を整えた、という
ことである。そこにはイデオロギーの指導的役割を果たすものとして国家権力
が関係している。戸県農民画の成功は、第 1 に地方政府の支持を得ることがで
きたことにあり、次いで中央政府の奨励によってモデルケースにまでなり得た
ことにある。農民画は国家の文化的革命政策と合致していたことから、とくに
重要視された。1959 年 12 月には、戸県美術工作者協会が設立された。その規
定には、装飾文字・標語・黒板に書かれた壁新聞といった大衆的な芸術活動は
農業生産や政治に奉仕するものである、と明記されていた。1950 年代には「農
民壁画」とも呼ばれていたが、1961 年に陝西省が開催した戸県農民画展覧会
の後、「農民画」という名称が確立された［謝 1999］。1963 年 7 月に中央新聞電
影制片廠が撮影したドキュメンタリー『今日中国』では、戸県農民の愛好家に
よる芸術活動が紹介されている。1965 年 12 月、戸県農民画の 4 点の絵画が全
国工農兵アマチュア美術展に入選し、1966 年 3 月には 62 点が北京アジア・ア
フリカ作家会議で好評を博した。同年 4 月、さらに 6 点の農民画が全国美術作
品展に入選し、すべて『人民日報』で発表された。1972 年 5 月には、「在延安
文芸座談会上的講話」の発表 30 周年を記念して北京で全国美術作品展が開催
されたが、出品された 600 点の作品のなか、7 点の戸県農民画が入選を果たし
た。1973 年 10 月、中国美術館が戸県農民画展を開催し、305 点の作品を展示
して強烈な反応を巻き起こした。貧しい中・下層農民が「筆を執って、文芸界
の権力を握り」、「大衆性」と「闘争性」を兼ね備えて古いしきたりにとらわれ
ておらず、形式主義に陥ることなく、「文人趣味」のような資産階級的志向と
不健全なところがないと評価された［陝西省工農兵芸術館 1975: 1, 3, 5］。これ以降、

農民画という「アート」の創生　249

戸県は全国の芸術実践のモデルケースとなり、戸県農民画はハルビン・合肥・上海・南寧・昆明・ウルムチ・太原・西安など国内8都市での巡回展を実現した。1974年4月、郵電部が戸県農民画の切手6枚を発行し、1974年から75年にかけては、年画上達学習班を開講することによって、暖色系農民画6点（趙坤漢『大隊図書室』、宋厚成『銅像鉄壁』、張林『占領農村文化陣地』、董正誼『公社魚塘』、馬亜莉『大隊養鶏場』）が生まれた。これらは慶事にぴったりであることから、印刷されて「新年画」といわれるようになった。1975年には全国第3回運動会が戸県農民画をプロパガンダ・ポスターに採用している。

　農民画の歴史はおおよそ3つの時期に分けることができる。その初期のものとしては、邳県や束鹿の農村壁画がその代表といえる。特徴は誇張的、幻想的、そしてロマン主義的な表現にあり（あるものは漫画そのものといえる）、1950年代の大躍進という時代精神に合致していた。農民画の初期にはユートピア的なロマン主義的色彩が満ちていたとされるのももっともである［程 1990］。一方で、写実性をその特徴とする戸県農民画のルーツは50年代にあり、60年代になってようやく影響力を持つようになった。その影響力は1970年代になって最高潮に達し、とくにプロの指導で創作された作品は技術的にはたいへん成熟したものであった。この時期の農民画は強烈な政治的プロパガンダとイデオロギーを備えており、ある種の権威となっていた［周 2009］。そして「モデル」とされたがために、異変が現れたのである。70年代後期から80年代にかけて現れた上海金山農民画と方向転換を成し遂げた戸県農民画は、おもに改革・開放後の新時代に成長を遂げた。その創作は比較的自由であり、題材も多様である。そして、農村生活への「復帰」に特徴がある［郎 2008］。国家の切手のデザインに採用された金山農民画や初期の戸県農民画と比較するならば、新時代の金山農民画が描き出している農村生活は明らかに自由になっていることを見いだせるであろう。

## 2　「運動」と文化館の養成システム

　現代中国社会の変化を理解しようとする場合、「運動」はキーワードのひとつといえるであろう。ここでいう「運動」とは、建国以来、中国共産党と政府によって相次いで発動された、社会変革や経済建設、もしくはイデオロギー革命を推し進めようとする取り組みと実践が合わさったものである。50年代から60年代にかけての集団化運動・大躍進運動・社会主義教育運動・文化大革

250 Ⅲ 個人や企業主導の文化実践と表象

命などは、全国各地、とくに農村での徹底した社会動員を実現させた。これら
の運動には農民を改造するという目的があったことから、中国の広大な農村に
おける現実の生活に大きな影響を与えた。農民の教育と農村で展開される新し
い国家的イデオロギーの注入を目的とする運動が頻繁に行われ、それが往々に
して当面の中心的任務の代名詞にまでなり、ひどいものになると、一部の地方
政府では日常業務の基本となった。同時に、運動もまた、各地方政府が農民と
農村を動員する手段として使えるものを模索させたのである。

　運動は既定のメカニズムやモデルとなり、最高指導者の啓示（設計と指示）、
党内の統一された思想、国家的メディアによるプロパガンダ、上から下までの
大衆動員、さらには「極少数」の敵を探し出して孤立させることによって、運
動の大団結・大勝利を成し遂げるものであった。建国後、運動は常態化してい
き、社会全体を巻き込む文化大革命のようなものから、特定の分野に限られる
新年画運動などがあった[4]。「四害」（蠅・蚊・鼠・雀）退治運動・愛国衛生運動・
増産節約運動・技術革新運動などのように、本来は正常な政策に含まれるべき
ものまでもが運動によって推し進められた［郭ほか 1959: 10］。大多数の運動は、
国家と党のイデオロギーが秘められていたことから、政治運動であるとともに
イデオロギー運動であった。文芸は社会の上層とイデオロギーの領域に属する
ものであると見なされたため、さまざまな運動がもたらす影響と衝撃は大変大
きなものであり、運動のプロパガンダとなることが求められた。最終的に、文
化・芸術は運動という形を選択せざるを得なかった。戸県農民画の歴史とさま
ざまな運動との関係はそのことを証明している。

　1953 年、戸県の村や合作社の一部は農民倶楽部を設立し、その下に美術クラ
スを設けた。1957 年 8 月の城関鎮アマチュア美術活動グループの活動計画では、
農村の愛好家と旧来の作家の力を重視することが強調されている。1956 年の合
作化、1958 年の大躍進に合わせてアマチュアの美術活動が展開され、多くの農
民作家が現れた。1962 年の冬に社会主義教育運動が始まると階級闘争が拡大し
たことから、1963 年から 64 年にかけては戸県で「三史」（家・村・合作社の歴史）
を大いに描き、三史展覧会を開催するなどの活動が展開された（図 1）。戸県農
民画もこのように基礎的生産に貢献する方向から変化していき、階級闘争とい
うイデオロギー運動の中へと巻き込まれていった［李ほか 2008: 69-75］。

　その後の「農業は大寨に学ぶ」運動は、農田基本建設を大いに進めようとす
る生産運動であるが、イデオロギーに誘導された政治運動であった。戸県では
1970 年代に「田園化建設」が始まり、用排水設備を整備して全国の「大寨県」

図1　陳建春『看三史展覧』(三史展覧会を見る)

に迫ろうとした。農民画は徹底的に協力し、とくに建設現場で労働者の士気を鼓舞するために用いられた。1970年代初頭、戸県農民画が「東牛公社階級教育展覧会」に出品されているが、そこで描かれた題材は階級闘争がテーマとなっていた。1971年3月には光明郷西韓村で戸県第1期婦女美術創作訓練班が創設され、女性の農民画活動への参加を後押ししている。1975年1月、戸県では県の農民アマチュア作家代表大会が開催されたが、そこで県の党委員会の指導者が報告を行い、「農民アマチュア創作活動を大いに広げ、イデオロギーの分野でも革命を徹底的に推し進める」ことを求めた。この年、戸県農民画展覧館が落成しているが、これは各レベルの政府、とくに戸県の党委員会と政府の農民画に対する格別な期待を表している。1979年、戸県の指導者は全県で「1万人の作家、2000のグループ」という目標を達成することを求めた。すでに紹介したように、農民画は政治運動から離れることができないだけでなく、アマチュアによる美術活動と農民画の創作自体が一種の運動と化していた。農民画が地元政府の政策と関連する大衆運動をうまく示唆し、「新聞紙上で名前を、ラジオで声を、映画で姿を」現すことができるため、指導者たちから親しまれるようになったのである。

　初期の農民画は集団労働や農村における新しい事物、生産闘争などを主な題材とし、農民の生活と農村の様相を描き出している (図2)。地方幹部も合作社員の集団労働と生産増大に参加する意欲を高めるために農民画を喜んで利用していた。1950年代、非識字者と半識字者が多い農村において、壁画や黒板新聞、農民画などの通俗的で大衆的なアートは社会動員を行うための手段のひとつであった。上から押しつけられる抽象的な社会主義理論についての説教に比べれ

図2 劉知貴『大隊安装電碌碡』(大隊では石製ローラーに電気をとりつける)

ば、通俗的で分かりやすい農民画は識字率の高くない農民たちに受け入れられやすいだけでなく、大いに歓迎されるものであった。ある意味では、延安時代の大衆的文化革命の伝統、すなわち作家は農民にも理解できるような芸術を創作しなければならないという考えを継承しているものともいえる。とくに当時は、工業化の発展は農村の集団化と農民の犠牲によって支えられると考えられており、農民の教育と動員は喫緊の課題でもあった。農民画はこのような政策に最も有効な存在であった。1960年代前半には写実的で生活に根ざしていた農民画が、国のイデオロギーの極左化に伴って、階級闘争や路線闘争を題材とするものが主なものとなっていった。1970年代、戸県は「農民のアマチュア美術創作活動を大いに展開し、イデオロギーの分野でも革命を徹底的に推し進める」というスローガンを示したが、このように、歴史の浅い農民画もまた階級闘争の歴史を構築するものとなったのである。後に、階級闘争というイデオロギーから始まった農民画はさらに重要な意味を持つようになる。文化大革命期の芸術はほぼすべて、一般大衆によって「占領」され、個人的な創作が否定されただけでなく、集団的創作の主体もまた一般大衆であるべきとされた。農民画が格別な期待をかけられるようになったのは、このような風潮と関係がある。農民画の価値の一部は作者の農民という身分にあり、彼らは往々にして「農業は大寨に学ぶ」というような生産現場で活躍していた。ある農民画作家は労働模範となっていた。しかし、農民画の革命性について、農民出身の作家にもそれほど自信があったわけではない。著名な農民画家である劉知貴は「労働者や農民の身分のものが労働者や農民を描く、そして彼らから実際に学ぶ」とい

農民画という「アート」の創生　253

う言葉を残している。これは農民作家とその表現対象となるものの身分に対する微妙な感覚を表している。初期の農民画家は農民を教育対象と見ており、多少のちがいはあるが、高いところから見下ろすような態度があった。しかし、農民が学習される対象となったことから、変化の中にも矛盾が存在していたのである。

　政府が組織する農村のアマチュア美術活動として出発した戸県農民画は、地域の文化館とも密接な関係があった。建国初期、国は県の文化館に4つの基本任務を設定していた。それは、党の政策方針をプロパガンダすること、農村の青壮年から非識字者を一掃すること、大衆文化芸術活動を指導すること、文化財を保護することである［謝 1999］。文化館は国の文化機構の末端であり、文化政策を農村という基層まで浸透させるネットワークであり、要であり、窓口であった。1950 年に設立された戸県文化館には、当時、専任の美術部門幹部が配置されていた。戸県文化館は国の文化政策における使命を忠実に履行しており、早くも 1950 年の冬には幹部を農村へ派遣して、黒板新聞によるプロパガンダと大衆のアマチュア美術活動を組織し、旧来の作家（皮影、剪紙、刺繡、廟画、彫刻、塑像、古建築彩色、箱子画、紙細工など）を発見して、黒板新聞の挿絵作家として改造していった［段 2010］。その後、彼らの多くが農民画家となった。1957 年夏、戸県文化館は人を派遣して、陝西省群衆芸術館が主催する各県文化館美術幹部養成班に参加させた[5]。1958 年 4 月、戸県は県の美術愛好家についての一斉調査を実施したが、これが後の壁画運動において人材バンク的な役割を果たしたのである。

　戸県文化館は、数十年にわたってさまざまなアマチュア作家養成班（文革期には「学習班」と呼ばれた）を開講し続けたことによって、農民画の基本的な技法を育んできた。農民画はある時代に創造された文化的伝統であり、その当時の農村の経済体制によって決定づけられたものといえる［王 2008］。計画経済と人民公社という体制のもと、1958 年から 1995 年にかけて、戸県では 392 回ものアマチュア作家養成班が開講された。その多くは普及を目的としていたが、1975 年以降に開講された 140 回あまりはレベルアップを目的としていた［段 2010: 82］。アマチュア作家養成班のプログラムは、文化館が県の党委員会・県政府の指示、もしくは当時の政策にもとづいて開講することが決定され、各人民公社の大隊にいる農民画家（もしくは末端組織から適任者が推薦される）に指定の場所に集まるようにと要請がなされる。参加者は一定の手当をもらっていた。毎回の養成班には農民画の中核をなす作家たちが参加していたが、中には新人

も含まれていた。指導者（文化館の専業美術部門幹部）とプロの作家が開講内容を説明し、実用的なテクニックを教えた。受講生はそのまま下絵を描くか、生産現場へ赴いてそこでの生活を体験したりする。その後、受講生の作品への指導や評価が行われ、修正を施してから、筆入れ・彩色がなされ、生産現場で展示される。

　養成班は正規の学校での美術教育とは異なり、プロパガンダとタイアップし、創作を通じて基本的技術の向上を促すようになっていた［葉 1999］。文化館の指導は政治的姿勢を欠くような路線に反対しており、受講生は思想を当時の政策と方針に合致させることが求められた。指導員の介入の度合いが高いことから、受講生と指導員の共同制作とされるものもあった。文化館の指導体制のもとでは、農民出身の受講生が自分の視点を確立することは難しく、描かれる場面や人物は当時の運動や政策に「裏書き」されたものになりやすかった。作家が吐露した感情は本物であっても、農民画はイメージ化された政治言語であった［顧 2006］。この分野の代表作として、劉志徳の『老書記』は、共産党の基層幹部が生産現場での空き時間にも熱心に『反杜林論』を勉強する姿を描いた。すべての受講生に、生産現場を離れることなくプロパガンダに参加する機会が与えられた。彼らの大多数は小学、もしくは中学校卒業程度のアマチュア作家であり、多くはグループで活動していた。毎回、養成班では、若干名ではあるが、有望株やプロパガンダ部門が切望するような農民画作品を生み出すことができた。文化館の養成班は、国家とプロの作家、農民画家をつなげる舞台であり、農民画を生産するシステムでもあった。文化館の事業は政治やイデオロギーを第1の任務としているため、政治的要素が農民画に見いだされるのは必然のことであった。文革期に農民画が悪意をもって利用されたという意見もあるが、そのような状況は農民画の属性によって決定的になったといえる。

　農民画はそれぞれの運動の現場におけるプロパガンダ・アートであり、スローガンがそのまま画面に現れている。例えば、ダム工事現場や干ばつ対策の井戸を掘っている現場を描いた農民画には「農業は大寨に学ぶ」の標語が見える。農民画の素直さのゆえにスローガン形式の詩や歌、もしくは標題が現れているといえ、初期の農民画もこのような特徴を備えていた。農民画は農村の文化を代表する旗印であり、農民が家に持ち帰って消費するものではなかった。この点が年画と根本的に異なっている。農民画には題材についての問題は存在しておらず、新年画運動において題材の革新が必要とされたこととは異なる。農民の新年画運動に対する抵抗が新しい題材に吉祥的寓意が欠けていることと

農民画という「アート」の創生　255

関係があるとするならば［洪2011］、農民画が農民の抵抗を生まなかったのは、国家の主導により生み出され、農民には選択の余地がなく、日常生活の中で文化的に消費するものではなかったことに起因している。

　農民画を文化的商品とするための生産過程は非常に複雑であり、生産者と消費者しか存在しないといった単純なものではない。現在の農民画研究に欠けているのは農民たちの反応がどのようなものであったかという観点である。彼らは基本的に声を上げないか、「きれい」や「よく描けている」といった類の評価を下すだけで、箱子画や切り紙細工、刺繍などと同様、美しくきちんと描かれているか［段2010: 273］、きれいなことがその実用的な価値なのである。農民画家である劉志徳が「農民画を見ると、当時の農村での施策が何を必要としていたかがすぐに分かる。農民画は『組織的芸術』である」と述べたように［馬1999］、農民画を実用性の観点から理解することが重要である。ある意味において、農民画は集団による作品である。かつての農民画家は組織的な集団であり、文化館周辺に集まっていた。地方政府や文化部門の指導者がテーマを掲げ、指導員とプロの作家が指導・相談・評価といった職責を果たし、ときには手本を示した。そのため農民画家が筆をとると、往々にして「課題作文」となった。彼らは大衆や農民階級の代弁者とされていたが、もちろん農民画家にもそれぞれの感性があり、農民画にも芸術的空間が展開されているのである。

　養成班というシステムは、改革・開放後に弱体化したとはいえども、依然として有効な存在である。農民画に与えられた新たな定義と解釈においても、養成班は重要な機能を果たしていた。1980年、戸県は切り紙作家養成班、刺繍複製者養成班を設立し、民間絵画の色彩や造形、美的感覚などを活用して農民画家の啓発を実施した[6]。養成班の目的には、戸県の民間芸術を収集・整理する以外に、新しい農民画家を発掘することも目論まれていた。切り紙細工の上手な人や影絵芝居の演者といった才能の持ち主に訓練を施して創作させたのである。このようにして移植型の農民画が産み出されていった。

　1970年代の戸県農民画の全国8大都市巡回展が基礎となって、1980年代には農民画が全国的な盛り上がりを見せた。農村のアマチュア芸術活動を指導してきた戸県文化館の経験を多くの地域が模倣・学習したのである。上海金山県文化館の美術幹部は、戸県と同様の指導方法を用いて金山農民画を創出した。すると、今度は、移植型である金山農民画が戸県農民画に影響を与えたのである。農民画は後に現代民間絵画の新しい「シンボル」となったが、農民画を巡る環境には大きな変化が起こっていた。一方で、養成班や指導体制には、以前

との大きな変化は起こらなかった。1980年代以後、人民公社が解体され、戸県は財政的に農民を優遇するわけにはいかなくなった。農民画に関連する報道も減少したが、これは政府や社会の農民画に対する需要に一定の変化が発生したためである。一部の年配の農民画家は、装飾業やペンキ塗り、教師、商売などに従事し、農民画の制作はもはや重視されなくなってしまった。政府の変化のひとつには、農民画が文化と見なされ、現代的民間絵画と呼ばれるようになったため、便利な道具ではなくなったことにある。1992年に文化部は戸県を全国先進文化地区に指定し、1998年には全国に先だって「中国現代民間絵画の郷」と命名した。不完全な統計ではあるものの、現在、全国にはおよそ60カ所に農民画が存在している。戸県や金山以外に、比較的有名なものとしては広東竜門農民画、吉林東豊農民画、陝西安塞農民画、天津北辰農民画、寧夏隆徳農民画、河南内黄農民画、新疆売蓋提県のウイグル族農民画などがある。

　全国各地の農民画にはいくつかの共通点があるが、それは農民画がアートとして創出された経緯を反映している。各地の農民画が共通する時代性を有しているのは、改革・開放以前の農民画が政治プロパガンダ・アートであり、求められたテーマが共通しているためである。農民画は全国規模の政治運動もしくは政府の中心的施策を実施するための手段とされ、社会動員の道具として用いられてきた。農民画の創造、そして改革・開放後の新たな定義と再評価は、全国統一的な文化政策と文化体制のもとに実現されてきた。文化館の養成班によって巡回展を組織し、相互に観賞・研究するというアマチュア美術活動の先進モデルを確立したことは、各地の農民画の共通点を増すこととなった。このほかにも、遠近法や透視図法を軽視した平面的描写、鮮やかな色彩配合による視覚的衝突、農村生活の日常や非日常風景を通俗的で分かりやすく表現した写実的描写、吉祥図案によく似た寓意と漫画式誇張表現の使用など、各地の農民画はよく似た表現方法を有している。

## 3　農民画が抱える複雑なパラドックス

　歴史上、農民画はその名称によって農民という身分を強調されてきた。社会主義の農村において、貧しい中・下層農民がアートの主役となって農民画が創造された。これは文化大革命の成果のひとつであるが、農民画は時代的なパラドックスを抱えることとなった。

　まず、政治的題材・思想・階級意識と専門的技法、すなわち「紅」と「専門」

との間にあるパラドックスである。農民画はかつて学校教育を受けたプロの作家の協力を得ており、それによって戸県農民画の特徴が形成されたのである。農民によって創出された農民画は、後に中国画や油絵といった分野の権威を批判するために用いられた。農民画家たちは、アートが人民のためのものとなるように、少数のプロの作家のアトリエから解放し、労働者がアートの主人公となる使命を担っていた。がしかし、労働人民の思想と感情が足りないという理由により、プロの画家たちは専門的な技術指導をする身分から、貧しい中・下層農民から再教育を受けるべき立場へと転落した。農民画は、技法的には完璧ではないが、そのテーマと内容は健康なものであるべきだと考えられていた。

　文革期、戸県には「紅画兵」という組織が出現し、プロの作家とその作品（「黒画」と呼ばれた）に対して大きな批判をおこなった。かつて農民画の指導に貢献した陝西省のプロの作家はつるし上げられた上、いわゆる「戸県版群丑図」に戯画化して加えられた。イデオロギーの極端化に伴い、農民画は貧しい中・下層農民が農村芸術を占領する拠点であり、文人画、油絵などに取って代わる存在と考えられた。1973年、北京での展覧会を成功させるため、関係部門は比較的長期間にわたる正規の「提高班」を組織したことがある。プロの作家が農民のアマチュア作家を分担して重点的に指導し、影響力のある作品を産み出した。李鳳蘭の『春鋤』や劉志徳の『採薬帰来』、焦彩雲の『蓮花白豊収』といった作品がそれである（図3、図4）。レベルアップを目的とする提高班は、戸県農民画に質的飛躍をもたらし、従来の背景が大きくて人物が小さい、場面が多い、人物描写が正確でないといった特徴に変化が見られるようになった。また、場面から人物のクローズアップへという転換も見られた［段 2005: 70-73］。ただ、当時、多くのプロの作家と指導員には恐怖感があり、自身の「不健康な」要素が農民画に影響を与えるのではないかと恐れていた。1974年、戸県農民画が国内8大都市巡回展を実現した後、中央美術学院の第1期工農兵学生が資産階級的美術教育を打破するものとして戸県で講座を開き、農民画家を特別に招待して講義をおこなった。

　戸県農民画はアマチュアがプロを打破し、思想改造されていないブルジョワのプロの作家を批判し、山水画を貶め、印象派絵画、さらには「野怪乱黒」とされる文人画を攻撃する道具となった。とくに農民画には透視技法を用いられないことが、資産階級的な構図、透視図法といった専門的技法と対立する根拠とされた。農民画・工人画・戦士画などはすべて、作家と人民が連携する手段であり、芸術教育革命の成果のひとつであった。その後、アマチュア美術活動

258　Ⅲ　個人や企業主導の文化実践と表象

図3　李鳳蘭『春鋤』（春の除草作業）

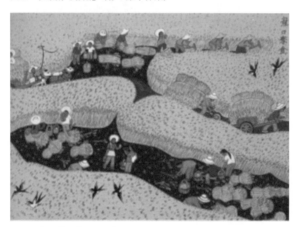

図4　李鳳蘭　『竜口奪食』（竜の口から食べ物を奪う）

はイデオロギー的な「革命」路線へと変化していき、手段が目的となっていった。このような点から、農民画もアートにおける「異化」の産物であるといえる。

　農民画家とプロの作家、そして指導員の関係は、個人レベルでは比較的良好であった。農民画家がプロの作家を保護して批判闘争に巻き込まれないように保護したという語りも存在する。プロの作家は農村で農民画家と交流し、農民画家の表現技法をレベルアップさせた。一方で、プロの作家も民間絵画を重視し、影響を受けるようになった。後に中央美術学院は率先して国内最初の民間絵画コースを開設したが、それはかつて戸県で開講したクラスと関係があるとされる。1980年代以降、プロの作家と農民画家が区別され、対立させるよう

なことは一掃された［丁ほか1999］。文化館の美術部門幹部とプロの作家の農民画に対する貢献はようやく公正な評価を得るようになったのである。

次に、農民画はある程度、現地にあるその他の民間絵画（剪紙・年画・刺繍・皮影・箱子画・廟画・吉祥図案など）のエッセンスを取り入れ、伝統的な表現方法を有している。農民による観賞を念頭に置いていることから、農民画は農民の美的感覚と感情の双方に配慮している。農民画は民間絵画との対立を求められながらも、しばしば、その伝統的民間絵画としての「封建性」や「残滓」についての批判や改造が求められた。

初期の農民画と民間絵画との関係に言及することははばかられた。新年画運動では、旧来の年画を改造しながらも、民間絵画の技術を用いていることを強調し、幅広い大衆の好みに合わせることに尽力していた[7]。農民画が新年画運動と異なるのは、最初から「旧来の」スタイルが存在しておらず、革命的で政治的なものであった。農民画はそれ自身が新しい芸術の創造であったのである。多くの農民画家が、多かれ少なかれ、直接的であれ間接的であれ、現地の民間絵画の薫陶を受けている。とはいっても、それは、改革・開放によって農民画が新たな定義と再評価を得た際、公然の秘密であったことが広く認識されるようになっただけのことであった。初期の農民画が民間絵画を参考にしてきたことに無自覚であり、避けることができなかったと言うのであれば、1980年代以後の新しい農民画が民間絵画に「復帰」することは誇りとするものなのであろうか。

戸県の多くの農民画家は民間芸術のある環境で育っている。『老書記』を描いたことで有名になった劉志徳は、親子3代にわたって紙花細工を生業とし、自身も剪紙・提灯・箱子画が得意であった。董正誼は廟画の線描に長じており、旧来の作家が改造された典型例とされていた。1980年代以後、多くの人がそれまでの仕事内容を変更したり、現代民間絵画の創作へと方向転換したりした。1980年、劉志徳は『画箱子』（箱子を描く）を描き、かつての民間絵画における経歴を振り返り、肯定した。彼は、農民画は民間絵画の伝統を継承しており、民間絵画への回帰は時代の趨勢であるとしている［劉ほか1999］。1990年代の代表的な農民画家の回顧録には、例外なく自らの民間絵画における経歴、さらには民間絵画を参考にして農民画を創作していることを強調しており、民間絵画を自らの農民画作品を解釈するための根拠としていることも共通している。政治運動や文化館のシステム、専任指導員が農民画の父であるとしたら、現地の民間絵画が母であるといえる。

260　Ⅲ　個人や企業主導の文化実践と表象

　第3に、農民画は基本的には集団化時代における農民生活の苦しさという厳しい現実を無視しており、その「写実的」な描写は現実を美化していることから、歪曲というパラドックスを抱えている。ある人は農民画から集団化時代に大自然と闘ってきたという荒々しさを感じ取るが、ある人は悲しみを感じて「悲壮的な美」があると語る［段 2005: 290-295］。農民画にはユートピア的理想が反映されているという指摘があるが、現実を描いているというよりも、作家の心が願う景色を描写していると考えられる。1970 年代初頭、「銀戸県」においても充分に食べることはできなかったが、農民画に描かれるのはつねに「笑顔」であった［劉ほか 1999］。このようなパラドックスを生み出す原因は、農民画に政治プロパガンダという要素があるところにある。実際には、農民は伝統的に吉祥模様のような人々に希望をもたらす民俗芸術を受け入れてきており、農民画と伝統的な吉祥画、もしくは吉祥模様の間には大きな一致が見られる。年画の題材を例にすると、幸福をもたらす神像や赤い頬の太った子供、農作業の風景、さまざまな吉祥模様などがあり、先の見えない苦しい生活を過ごす民衆の輝かしい生活への憧れや希求が反映されている［洪 2011］。農民画は題材に制限があったとはいえ、そのような美的表現に乏しいとはいえない。生活が苦しい時代には、農民画は人々の豊かさと幸福への夢を表現していた。農民画では、労働は永遠の美徳であり、豊かさは果てのない夢であった。農民画はほかの民間絵画と同様、生命の繁栄をほめたたえ、生命の喜びを美的理想として表現している。これは、モダン・アートと文人画が悲劇を基調としていることと明らかな対照をなしている［段 2010］。

　最近になって、農民画が直面している多重の「悲劇」が研究者によって次のように総括された［高 2008］。農民画は西洋世界を排斥したが、現在、農民画を好んでいるのはおもに西洋人である。農民画家も西洋世界に賞賛され、収集され、購入され、国外で展覧会を開催することを名誉であるとしている。農民画はアートにおける真実と生活における真実の間に捻れを生じ、一貫した笑顔というアートは農民的童話世界を虚構してきた。農民画は農村におけるアマチュア美術であると自ら任じてきたが、職業化を志向するようになった。農民画は民間絵画と呼ばれながらも、政府に奉仕してきた。農民画に込められたイデオロギーは、農民画に社会批判をするという機能を備えさせなかった。現在のように題材と創作が自由になりながらも、農民画の多くは政府の指導の下、反腐敗活動のプロパガンダ・アートとして存在している［陝西省紀委ほか 2004］。

## 4 新時代における農民画の新定義・再評価・転換

　改革・開放後、戸県農民画も新しい時代に突入した。改革・開放以前、政府の文化行政部門によって育まれてきた農民画は、左傾化するイデオロギーによって、一定の清算を迫られることとなった。改革・開放後、農民画は以前のように立派な地位を保つことはできなくなったが、農民画家は、とくに苦難や圧力に遭うもなかった。

　新しい時代においてもなお、農民画は政府の政策のプロパガンダとして機能しており、戸県では当たり前の光景であった。政治的関与は減ったものの、文化館の養成システムはなお健在であった。かつて農民画を後押ししていた国家の文化体制は、イデオロギーの影響が薄れている中でも依然として有効であった。戸県政府が組織したさまざまな活動でもなお農民画は活発に活用されており、道具化されたプロパガンダのポスターとなっていた。ある短い期間、否定される恐怖を経験したものの、1976 年に戸県は「4 人組」の粉砕を歓迎し、華国鋒主席を擁護する作品を生み出していった。1977 年 5 月、文化部が「在延安文芸座談会上的講話」発表 35 周年記念全国美術作品展を開催した際、戸県農民画は 11 点が入選している。ほとんど同時に、戸県も農民画発展史美術展を開催した。この回顧的な展覧会の開催は時宜にかなったもので、農民画家たちを安定させ、農民画の貢献と価値を正面から評価した。1979 年 5 月に戸県農民画協会が設立されるが、これは農民画という「専門性」の構築を意味している。1981 年 10 月、戸県文化館と県計画出産委員会が共同で第 2 期計画出産プロパガンダ・アート創作班を開設し、計画出産美術作品展を組織し、前後して参観にやってきた人口と開発に関するアジア国会議員会議（ACPPD）の代表たちからも好評を博した。2005 年、当時の政策である先進性教育運動に呼応して、県の指導層が計画し、数百人を動員して創作がなされた。戸県農民画（この時、農民画には「現代民間絵画」・「民間美術」といった新しい名称が付与されていた）の題材は労働者や農民の副業・交通・水利・金融・電力・医療衛生・環境保護・税務・檔案・保険・治安などまで広がり、県政府のすべての分野を覆うまでになっていた。これらに類似した法教育・土地法の宣伝、「双擁」（解放軍を擁護、政府を擁護）の工作など、多くの政府の業務が養成班というシステムを通して、必要な農民画を生み出し、プロパガンダを展開していった。胡錦濤が「八栄八恥」[8]（8 つの栄誉と 8 つの恥）を提唱した際には、関連するテーマの壁画や農民

262　Ⅲ　個人や企業主導の文化実践と表象

画の制作が大きなブームとなった。上述の農民画にはなお、「地方民主」や「和諧社会」、「北京オリンピック」といった政府のスローガンがそのまま描かれている。農民画の制作を奨励し、その発展を推し進めることはなおも戸県の文化行政機関の業務のひとつであった。

　新しい戸県農民画も重要な転機を迎えており、民間絵画に「復帰」するとともに、新たな定義と再評価がなされるようになってきた。1980年代、中国では民間絵画ブームが起こり、戸県は上海金山農民画の経験を参考に民間絵画への「回帰」路線を進めていた［王 2008］。しかし、1950年代の養成班においてその特徴を再現しようしていたように、戸県農民画は早くから現地の民間絵画を参考としており、必ずしも外からの影響を受けてきたわけではない［李ほか 2008: 16］。1980年代以降、政府が開催する展覧会では農民画を「現代民間絵画」と改めている。これらの名称は都市の美術学院や美術界が「他者」である民間絵画に対して引いた境界という批判もあるが、この改称は大きな意義を持っている。

　1980年2月、農民画理論研究討論会の開催は農民画が民間絵画へと向かっていく前触れであった。この年、北京で開催された陝西民間美術展では、40点の農民画が入選している。1981年12月には全国農民文化芸術先進グループ・関係者表彰大会が北京で開催されたが、戸県文化館はその経歴が紹介される中で、「左派の影響を一掃し、民間絵画という路線を堅持する」ことを示し、専門指導員の貢献を大いに肯定している［王ほか 2008: 64］。この後、農民画についての新たな解説や描写において、個別の作品におけるイデオロギーが強力な場合を除いて、大多数の農民画が反映しているのは農村生活と生産風景、さらには民俗と農民の思想や感情、理想などであることが強調された［段 2005: 75］。戸県農民画の歴史についての研究において、意識的であれ無意識であれ、イデオロギーの道具であったという色彩は薄められ、また、1958年から文革終了時までに作成された10万点以上の農民画はいずれも生活を題材としており、その90％は農作業や農民生活、風俗習慣を反映したものであるとされる［段 2005: 219］。しかし、この比率は事実ではない可能性がある。1983年、文化部は中国美術館で全国農民画展を開催した。同年3月には、戸県で全国農村美術工作座談会が開催され、以下の3つの任務が示された。人民大衆への思想教育を進めて社会主義における新世代を生み出すこと、エデュテインメントとして余暇に人民の心身に有益な娯楽を提供すること、人民に文化および娯楽における創造的才能を開花させて知恵を増すことである［李ほか 2008: 151］。これは、

農民画という「アート」の創生　263

農民画の教化的機能を堅持するとともに、その娯楽的機能と人民自身の芸術創造力をも承認していることを意味する。それと同時に、戸県農民画展覧館での展示内容が一新され、それまで陳列されていた政治概念を図解したような農民画作品は明らかに減少し、刺繡や箱子画、剪紙といった現地民間美術の影響が突出するようになった。1987年、北京での「第1回中国芸術節」に戸県農民画は民間絵画のひとつとして展示された。1988年8月には、戸県で農民画誕生30周年の大規模な記念活動が催された。同年11月、陝西省戸県農民画新作展が開幕するのに合わせて、中国現代民間絵画（農民画）学術研究討論会が戸県で開催され、農民画は多くの民間絵画の表現方法を吸収したものであり、民間絵画の複合体であるとされた。1989年8月から9月にかけて、陝西省は第2回芸術節において民間美術展を開催し、戸県農民画も当然出展することとなった。1990年9月、アメリカのカンザスで戸県農民画の展覧が行われ、この後、戸県農民画の海外進出が盛んとなる。1991年6月には全国現代民間絵画工作者座談会が江蘇省邳県で行われた。1992年11月、陝西省は民間絵画新作展を開催した。1993年、中国農民画大会が再び開催された。1996年、戸県は8人を陝西省民間美術家に、4人を陝西省民間美術師に認定され、5人に陝西省民間美術大賞を授与した［劉 1999］。1998年6月、中国美術館で開催された西安市戸県農民画展覧会は大盛況となり、北京の人々とメディアに注目されることとなった。1998年12月から1999年2月にかけて農民画展覧館において戸県農民画40年優秀作品展が開催され、2002年と2004年には中国現代民間絵画発展理論研究討論会と中国農民画芸術節農民画発展戦略研究討論会が戸県で相次いで開かれた。2003年、戸県は中国戸県農民画ウェブサイトを開設し、2005年には戸県農民画傑作選切手（16枚セット）が発行された。これらの集中的で相次いだ展覧会の開催、名称の認定、協会の設立、表彰、政府刊行物での宣伝、さらには著名な作家と理論家が参加する研究活動によって、農民画の正当性が保証され、疑いないものとなっただけでなく、民間絵画のひとつであるという認識が共通のものとなっていったのである。

　農民画はその最初の形成期とその後の発展期に、専任指導員であれ、農民画家であれ、民間絵画という意識は持っていなかった。そのため、意識的であれ無意識であれ、その境界ははっきりしていた。しかし現在では、農民画は農村における文化建設の典型的な成功例であり［孫 1999］、剪紙や刺繡といった民間絵画によって育まれたものとされる。もしくは刺繡や剪紙、影絵芝居、泥玩具といった民間芸術から進化し、それ自身が民間絵画となり、その他の民間芸

264　Ⅲ　個人や企業主導の文化実践と表象

術と同列に論じることのできるものとされた。さらに進めて、農民画を、中国
が伝統的農業社会から工業社会へと変化する歴史的段階にある民間絵画と解釈
するものもいる［李ほか 2008］。

　1977 年 1 月の金山農民画展覧会がセンセーションを巻き起こしたことから、
80 年代初頭に上海金山の移植型農民画の影響を受け、戸県もまた農民画家を
民間美術に学ばせ、彼らが民間美術の歴史や風格、美的センスから創作の助け
となる要素を汲み取ることを奨励した。1978 年から、戸県では民間絵画の作
家を発掘し、作品を集めることが大々的に行われ、年配の女性を剪紙や絵画、
花饅頭などの養成班に参加させた。例えば、1981 年 3 月、戸県は既婚女性に
対する訓練班を開設し、民間美術資料を収集して複製する以外に、彼女たちに
絵を描かせてみた［馬 1999; 李ほか 2008: 144］。このようにして戸県でも移植型
農民画、すなわち剪紙や影絵芝居のような風合いの農民画が現れた。同時に、
また新しい農民画作家が出現・発掘されたが、その中でも著名な作家としては
閻玉珍・劉金花・王景竜などがいる。閻玉珍は「剪窓花」（窓ガラスに貼る切り
紙細工）・「頂棚花」（天井に貼る切り紙細工）を得意とし、彼女の作品には自身の
経験を描いた『大隊幼児園』（大隊幼稚園）、剪紙移植型の『兎子吃白菜』（兎が
白菜を食べる）、地元における民俗活動の創作性を表現した『賽灯』（提灯祭り）
などがある（図 5）。戸県農民画は早くから写実的な特徴を備えていたため、す
ぐに移植型から抜けだし、写実主義へと向かっていった。この時期、農民画に
ついての理論は共通認識を得るようになり、新しい理論において農民画は農民
の素朴な感情を反映し、農村の息吹にあふれ、民間絵画の表現手法を用いてい
ると見なしていた。農民画が内在する価値は農民性に恥じるものではなかった。
それはすなわち、農民の想像力と進取性、伝統的美意識である［王 1990］。こ
のほかにも、農民画を実用的なアートと見なし、雅やかな装飾性を備えている
ものとするものもある。

　そのほかに農民画の方向転換を実現させたものとして、農民画の定義が
1950 年代に育まれ、1960 年代から 70 年代にかけて成熟した、国画・文人画・
西洋画と並ぶ新しいスタイルであるとされたことがある［王ほか 2008: 36］。さ
らには、農民が「自ら、もしくは民間で組織される形で」創造された民間絵画
の新たな種類であるとされ、独立的な美意識以外にも、その用途のほとんどが
年中行事の際にオンドル周り・かまど・家具などに貼られる装飾であった［方
2010: 56-57］。このうち、後者は事実ではない。農民画は自発的なものではなく、
現地の農民が家庭内で消費するものでもないからである。

図5　閻玉珍『賽灯』（提燈祭り）

　農民画は国画や油絵・広告画（ポスター）・宗教画（廟画）・吉祥画などとは異なる新たなジャンルであり、中国美術界において自らの地位を確立しようとしている。新しいジャンルを打ち立てようという努力は、農民画と専門的スタイルを比較することで展開されている。例えば国画と比較すると、題材に大きな違いがある。国画は山水花鳥をおもな題材とし、歴史的な題材も備えている。一方の農民画は農村の風情や時節などを主な題材としている[9]。新しい時代の農民画、集中的に表現したのは農村での生活と風俗であり、中国の文人画（ごく少数の風俗画は例外である）はそれを表現するのが得意ではなく、軽視している。たまたま農夫の姿が文人画家の作品に現れたとしても、それはただの点景である［顧 2006］。農民画と中国現代アート（プロの作家のアート）はそれぞれの領分をはっきりとさせている。1980年代に農民のイメージを民族の「根」とした少数の作品（羅中立の『父親』など）以外に、大多数の現代アート作品は農民や農村を見ていないなど、依然として現代アートは都市知識階層のものであった［孫 2000］。農民はアートによって自らの社会を表現することを苦手としており、このことからも農民画の存在意義は明らかである。農民画は感性や印象で農村での生活と人生を描くのに優れており、現代の専門的なアートに見られる理性的思考と批判精神に乏しい。一方の現代アートは現代性の問題を考える際、アートの批判的立場と現実社会に直面する責任感を強調する。農民画家とプロの作家のアート観を比較すると、プロの作家は眼・鼻などをきちんと描かない作品は何の価値もないとするなど、多くの違いが見られる。一方の農民画家からすると、作品は全体的に楽しむものであり、細部はある程度簡略し

266　Ⅲ　個人や企業主導の文化実践と表象

てもいいと考えるのである。

　技法的には、農民画は透明感に乏しく、遠近法をあまり用いない。平面的な構図が多く、同じ1枚のキャンバスに仰ぎ見たり、正面を見たり、俯瞰したりする姿が同居している。また、しばしば時間や空間の異なる事象が随意に一緒に組み合わされる。対象物の特徴についての理解を拠り所にして、全体的な印象を簡単な構図で描き出そうとする。ここから素朴で稚拙、そして単純な美、もしくは「醜く素朴な美」が生み出された[戴 2008]。それこそが魅力なのである。農民画の審美的情緒は色彩の濃厚さ、鮮やかさにも現れている。これは文人山水画の優雅で世俗を離れているところ、宮廷画の精緻で豪華なところと見事な対照をなしている。農民画の色使いは自然界の色彩光線規則もしくは対象物本来の色彩ではなく、民間絵画における色使いの伝統、そして作家の感覚、その場面の雰囲気などによって組み合わされ、色づけされる。主観的な色彩感覚によって明快でにぎやかな画面が構成されるのである [鄒 2007]。戸県農民画はその独特な色使いについて、「色要少、還要好、看你使得巧不巧」（色は少なく、きれいに。上手く使えるかどうかだ）、「紅紅緑緑、図個吉利」（色とりどりが縁起いい）、「紅要紅得鮮、緑要緑得嬌、白要白得浄」（赤はより鮮やかに、緑はより艶やかに、白はより清く）、「紅間黄、喜煞娘」（赤の中に黄色を入れることは、歓喜を表す）、「紫是骨頭緑是筋、配上紅黄色更新」（紫は骨で緑は筋肉、赤と黄色に合わせれば一新される）といった口伝えの秘訣がある。いずれも民間絵画における色使いの派手さ、対比が強烈な特徴を示している [馮 2008]。このほか、農民画の色彩感覚には陰陽五行のような文化的要素が含まれている。これらの比較から、農民画の特徴（その幼稚さも含めて）は突出し、それによって社会とアートの分野に新しいスタイルとして受け入れられたのである。

　初期の農民画は自ら素人であることを誇りとしており、その素人臭さを保つべきだという意見もあった。しかし、新しい時代の農民画は現代的民間絵画における専門化の道を歩んでいる。一方で伝統を、もう一方で民俗を志向し [樊 1999]、農民画家は伝統的な民間美術に学ぶとともに、より熱心に専門的なアートの技法を学んでいる。農民画はその専門性を確立しようとしたのである。戸県では、これまで 2000 人以上が農民画の制作に従事してきたといわれる。その中には作品を1点しか描いていない人も含まれる。実際に活躍した農民画家は 100 人ぐらいいるが、1975 年 5 月に 44 人が中国美術家協会陝西分会の会員として承認された。現在、戸県には中国美術家協会会員が3人、陝西省美術家協会会員が 65 人、中国農民書画研究会会員が 30 人、省農民画協会会員が 110

農民画という「アート」の創生　267

人いる。このほか、中国民間文芸家協会の会員も存在している。2002 年、戸県農民画院の設立が発表されるとともに、農民画家のランクづけも行われ、数百人の作家が 1 級から 3 級に分けられた［劉 1999］。先述の専門的な学会や協会は、農民画家に認可と職業的帰属感を与えた。画院のランクづけは専門性を確立するという目的以外にも、農民画家の「身分」と作品の市場における価値に業界的根拠を与えることになった。

　最も重要なのは、行政による利用とは無関係なことであり、純粋なアートである農民画として、その豊富な作品群が幅広い層からの関心と承認を得たのである。アートの独立性が尊重され、創作や個性的表現が自由となった現在において、かつての、もしくは現在までも連綿と続く政治プロパガンダ・アートという属性とは矛盾することなく、アートとしての農民画はあらゆる形で現代的民間絵画として「再生産」されたのであった。多くの農民画家は政府のためにプロパガンダ作品を制作する必要はなくなり、アート市場や観光商品市場のために絵を描き始めた。そして、お金を稼ぐための「手職」として、その他の民間美術作家と等しくなったのである。農民画家は自由な構想から作品を描き、自由に題材と表現方法を選ぶことのできる時代となった。現在の農民画は以前とは大きく変わり、かつて専門的な画家によって独占されてきた技法を手に入れたことから、その表現力と表現方法がさらに成熟していった。かつての「紅」と「専門」というパラドックスに含まれていた緊張関係もほとんど解消されていた。農民画家は自らの周囲にある農村風景や農民の日常生活、夢や感情、構想と内的世界を表現し、時代の変化への感覚を内包していた。テーマと細かな内容には大きな変化が生まれたが、農民画が追求するもの、さらには幸福についての表現はほとんど変わっていない。初期の農民画と比較すると、新しい時代の農民画が表現する労働風景はかつての集団労働から核家族、もしくは 3 世代同居へと変化した。農民が理想とする家庭は、なお直系 3 世代による家庭であり、祖父と孫が同居する形であった。かつての合作社・人民公社による集団活動の風景（会議・夜間学校・政治運動など）は、農村のさまざまな演芸や遊び、年中行事といった題材へと取って代わられた。農民画の主題や構想、表現などは自由であったが、社会批判という性格はあまり見られない。農民画は難解な部分がきわめて少なく、批評性を持つことがない。これは北京の 798 [10] 芸術画家たちによる現代中国アート作品とまったく異なっている。農民画家にとっては、農村の日常生活という現実と農民画によって美化されたユートピア的理想とのパラドックスもほとんど解消されたのである。

268　Ⅲ　個人や企業主導の文化実践と表象

　現在、農民画は各地の文化的シンボルとされ、民俗芸術の「伝統」のひとつと見なされている。とくに海外や国内他地域からの観光客に対して、そのように語られている。農民画は地域の新しい民間絵画として広く認識され、地域の文化形態にしっかりと根ざしている。剪紙や刺繍、年画、花饅頭といった各地の伝統芸術と肩を並べるようになり、地方の特色や特産となっていった。戸県では、小学校の美術の授業にも農民画の教材が加えられるほどであった。その他の民間美術との関係は、農民画を理解するキーポイントである。農民画を民間絵画として再定義することは、中国民間文化の全面復興という時代的趨勢と密接な関係がある。農民画はかつての民間美術における革命的存在から地方の民間美術へと回帰し、この転換はかつて存在した別のパラドックスを解消した。農民画は全国的な共通性を有していたのと同時に、自然に各地で独自の特徴が形成された。各地の農民画は現地の農村における社会生活に根ざしており、その生活感覚と雰囲気が異なる。一部の農民画の題材は現地の環境や経済・文化と密接な関係があることから、地域的な特徴を形成するのは不思議ではない。各地の気候や環境は異なっており、風俗習慣も同じではないため、農民画とその題材、表現の雰囲気に反映しているのである。農民画の描く農作物・家畜・環境・人情などは異なっており、次第にそれぞれの地域における特徴を形成していった。青海農民画におけるヤク、金山農民画における上海ガニ（さらに池や鴨の群れ、小さな橋）、陝北安塞農民画におけるロバ、戸県農民画における秦腔の情景（さらに山林や畑作物、市場、麺食など）、河南内黄農民画における豫劇の情景など、いずれも各地の特色と結びついており、黄土高原と江南水郷の区別のように農民画に反映されているのは明らかで、よく見て取れる。このほかにも、各地の農民画はその他の民間美術の技法や特徴を吸収し、それによって若干の違いが現れたりもする。例えば、黄土高原の安塞農民画は剪紙の影響を強く受けており、その技法と画風も現地の剪紙と密接な関係があり、農民の美的感覚や生活実感を反映している。一方、金山農民画は江南の藍染めの影響を受けており、そこに画風の違いがあるのは当然である。

## 5　農民画の現代性と観光商品化、そして新たなパラドックス

　新時代、とくに90年代以来の戸県農民画は、民間絵画という強烈な意識を持ち、中国美術界において地位を確立するために尽力してきた。農村体制の変革はアマチュア芸術活動が集団に依拠することをできなくさせ、活動の場を農

農民画という「アート」の創生　269

民画家の自宅やアトリエへと変えていった。農民画家の芸術活動は 90 年代以後、多様化の一途をたどり、農民画以外にも「書法」(書道)・「工芸壁挂」(壁飾り)・「剪紙」(切り紙細工)・「根彫」(木の根彫り)・「刺繍」・「大型紙扎」(大型紙銭)といったものがある。なかには古くからあるもの、いったん断絶したものを再興したもの、他のものに触発されて興ったものなどもあり、新しいアートの創作空間を切り開いていった。形式を軽視して内容が重視された初期の農民画と比べると、現在の農民画は形式、とくに民間美術としての表現形式を強調するようになった。集団化時代の作家の集団性と比べると、現在の農民画は作家の個性が突出しており、作者個人の理解と希望を直接的に表現している。初期の農民画が宣伝・教化的性質を備えていたことに比べ、新しい時代の農民画の美的・娯楽的性質が大きく拡大された。中国の現代化が紆余曲折していたのと歩調を合わせて、農民画の現代性も新しい転換と成長を経てきたのである。

　初期の農民画からは社会主義的現代性を読み取ることができる。祖国の社会主義・共産主義建設に対する憧れ、新農村と現代化に対する憧れ、集団労働の賛美など、ここまで論じてきたように、農民画はその他の伝統的な民間美術とは明らかに異なっている。当初から社会主義農民国家の国民文化という属性を備えていたのである。かつては団結力に乏しかった農民たちが、ある時期に国家によって集団化された。農民画は 20 世紀後半における中国農民の集団意識の萌芽と成長を反映している。宗族といった地域社会の結合原理は、党や婦女連合会、人民公社、生産大隊、民兵といった新しい農村社会の結合原理に取って代わられた。農民画は公有制やそこに現れる新しい事象を反映していた。それら新しい事象には、「四旧打破」(旧思想・旧文化・旧風俗・旧習慣の打破)・「四新確立」(新思想・新文化・新風俗・新習慣の確立)を唱えた文化大革命、「農業は大寨に学べ」運動、電化、機械化、科学的作付けなどの受容が含まれている。生産現場のゆったりとした集団労働風景は、背景が大きく人物の小さいという構図となり、かつての戸県農民画における創意であり、集団表彰の典型的なモデルであった。そこで描かれる人民公社の社員には個性が乏しいものの、崇高な集団主義精神と面目を一新させようという豪放さが充ちていた。このような農民のイメージは知識人と青年学生に対する教育のひとつであった。「明快にして簡潔」を図式化した農民画作品は、集団の美、数の崇高さ、収穫の豊かさ、広大な農村と作物の美といった数や規模の意識に溢れており、ある時期の戸県農民画的美学の基本が形成されていた［高ほか 2008］。農民画に見られる集団農業と労働の規模、収穫量への傾倒は、実のところ、集団化と工業化を追求する

## 270　Ⅲ　個人や企業主導の文化実践と表象

時代的感覚を内包している。農民画はある時期の農村社会についてパノラマ式に描写しており、中国農村を理解するための芸術的文化財であるといえる。

　改革・開放以来、市場経済が農村の新たな社会原理となった。農民画はこれに対してなお真正面から表現するとともに、農民画自身もわずかずつ変化していった。当時の強いイデオロギーを持った作品とそこに描かれた場面は、今日ではすでに「回顧」の対象となっている。農民画における集団化精神、溢れる熱情、社会主義への情熱、農村の雰囲気と素朴な生活の息吹は、素朴な筆遣いと鮮やかな色彩で描かれ（もしくは複製され）、人々のある時代の「記憶」を保持し、ポストモダンの「郷愁」を託されるものとなった。30年以上にわたる急速な経済成長に伴い、都市化と大規模な不動産開発が急激に推し進められ、社会的な懐古主義、すなわちかつての農村と農村生活に対するロマン主義的な懐古的感情を引き起こし、このような感情が農民画に付与された。人々の住環境が改善されて多くの市民が新しい住居へと移ったことから、西安市内のホテルが農民画で飾られているように、社会全体の装飾品や美術品への需要が激しく刺激された。都市住民の多くが舶来品や海外文化を好んでいても、近年、伝統文化を大事にして田園風景を愛し、田舎の美しさを求めて「農家楽」（農村体験的なもの）や農村巡りを好む人々が増えてきた。これらの潜在的な農民画の愛好家・消費者が大きく増加している。中国では成長を続ける美術品市場と観光市場が農民画を政治化から商品化へと転換させたともいえる。

　新しい時代の農民画を発展させたメカニズムとして、明らかに政治的介入を弱め、経済と文化のグローバル化を背景とする観光業が農民画に新しい機会と推進力をもたらした。農民画は中国の現代的民間絵画へと変化するための大きな動機を得、各地で展開されている観光開発の中で、観光商品として生まれ変わった。急速に拡大している美術品市場と観光商品市場は、農民画をどんどんと巻き込んでいった。古都西安と戸県において、農民画は兵馬俑や青銅器の複製品・刺繍・玉器・絹織物・陶器・唐三彩・「鳳翔泥玩具」（鳳翔の泥人形）・「関中剪紙」（関中切り紙細工）、「秦腔人形」、「影絵芝居」などと並ぶ、地域色豊かな観光商品であった。農民画の文化資源化は地方における芸術の伝統やシンボル、特産となり、そのような論理は観光業への参入と関係がある。観光業は農民画の海外市場を開拓し、欧米と日本には少なからぬ農民画愛好家が存在しており、農民画の収集家も出現している。農民画を好む日本人は、農民画には人の温かさがあり、素朴な親近感は愛好家の心を癒し、農民画が心の癒しと治療に効果があると考えている。

農民画という「アート」の創生　271

図6　張青義『揺銭樹』（金のなる木）

　観光商品としての戸県農民画にはある新しい変化が現れた。農民画の価値が再認識と再評価されるにつれて、個性的な農民画がどんどん増えていった。農民画を剪紙や花饅頭、年画、吉祥図案といった民俗芸術と比較すると、異なる点は農民画には明確な作者がいるところにある。自由に創作できる時代においては、作家は芸術に個性を求め、個人的趣味を盛り込むのは自然なことである。例えば、ある農民画家は専攻を持っており、鴨を描くのが得意であった。これは斉白石が蝦を、徐悲鴻が馬を描くことに類似している。一部の作家は消費者の求めに応じ、市場に向けて創作を行った。彼らは自ら画廊や絵画販売の専門店、個人のアトリエを建て、農民画を扱う会社か専門業者を経営するまでになっていた。そして販売を目的とした農民画展を常時開催する以外にも、インターネット上で自らの作品を紹介・販売するようになっている。著名な農民画家である李鳳蘭は早くから西安で李鳳蘭画苑を始め、販売の窓口としている［李ほか 1999］。ここ数年成長を見せている若手の農民画家は、農民画が商品であるという意識がより強く、潘暁玲のように、その作品と経営が農民画の商品化の手本となる者もいる。彼女は画商や消費者が訪れるのを待つのではなく、積極的に打って出ており、自身がデザインして製作した『中国戸県農民画』絵葉書の10枚セットはいい売れ行きを見せている。曹全堂や張青義なども市場にそれぞれの可能性を創出している（図6）。

　これら若手の農民画家は専門の学校で学んだり、あるいは私費で国外や他地域へと創作に出かけたりしている。なかには、自らの販売ルートを構築し、専

272　Ⅲ　個人や企業主導の文化実践と表象

任のマネージャーを持っている者もいる。1995 年の 3 月から 5 月にかけて、
戸県は農民画Tシャツ研究制作班を結成し、農民画の商品化に力を入れている。
西安市の中心部にある鼓楼の西北角の骨董品や書画の集散地では、戸県農民画
展示即売部（後に陝西省郷村画廊となる）を設立した。深圳の竜港鎮大芬村に農
民画を制作する工房群が出現した。戸県はさらに農民画を産業として経営して
いる。戸県農民画展覧館の農民画民間芸術品超市、農民画街、東韓村農民画庄、
西韓民俗村といった観光地を展開している［王ほか 2008: 80-85］。また、「農民
画民間風情一日遊」として、さまざまな生活風景を持つ農民画家の家庭を訪ね、
農民画を鑑賞し、農家風の料理を味わい、田園風景を楽しみ、民俗舞踊を鑑賞
するようにしている。戸県は養成・生産・研究開発・紹介を強化し、農民画を
地方の文化産業のくさりとする構想を打ち出している。

　美術品市場の評価と収集家の収集活動によって農民画の市場における価値が
上がっているが、全体的に農民画のれ行きは鈍い。他の民俗芸術品が観光商品
化した状況と同じく、いくつかの観光地で農民画の模造品が粗製濫造され、海
賊版の問題が起きた。人気のある作品を手本として、ある家のアトリエが工房
となり、人を雇って同じ題材と構図で模写が繰り返され、大量生産されたので
ある。これが農民画制作の粗末さを招くことはさけられなかった。市場の反応
に合わせて、商品としての農民画には顔料を噴いたり、画面を写し取ったりす
るなど、新たな表現方法が現れた。海綿などを利用して水彩の画面に浮かせて
引っ張ったり、印を押したりして、キャンバスの一部に特殊な効果を加えたの
である。これらの新技法は機会を利用して巧妙に取り入ったものであるという
批判もあったが、市場ではとくに反感はなかった。

　ある者は農民の芸術観の特徴は民俗文化の蓄積の影響を深く受けているとし、
し、ある者は農民画が農民の芸術的センスと美的感覚を伸ばすことになると論
じた。これらの観点のいずれにも道理があるが、現代の農民の美的感覚にも大
きな変化が現れている。その方向は都市住民の美的センスに近づいている。戸
県において、農民の美術的消費は現代的メディアによって複製された通俗的な
アート（カレンダーなど）であり、たまに貼られているものとしても国画や山水
人物画、書道の掛け軸ぐらいであり、現地で喧伝されている農民画ではない。
現地の農民は基本的に農民画を消費せず、農民画には今なお多くの農民はおら
ず、その愛好家は主に都市の文化人や外国人観光客、一部の作家、知識人であ
る。農民画は公的に認められた方法や経路を獲得しており、そこには画集の出
版、絵葉書の印刷、美術館での展示、原画の販売などが含まれるが、農民の消

費習慣とは合致しない。剪紙や刺繍といった農民が自ら生産し、消費する自己肯定的な民俗芸術では生産者と消費者は往々にして分けがたい。一方、農民画の区分は明確であり、農民画は現地の農民が消費するため、創作するものではない。これは新しい農民画が新たなパラドックスを生んだことを意味している。農村に根ざし、農民から愛される農民画でなければならないものの、他地域の人、都市の人、外国人、通りすがりの観光客に販売するために生産されている。

　初期に農民画の制作に従事した作家はほとんどが地元の農民であったが、近年では、農民ではない、もしくは農村での生活や農業から離れ、農民画の制作を専門とする画家が多く現れている。このようであれば、農民画という名称は維持できるのであろうか。まだ意義があるのであろうか。もしくは、農民画であるかどうかは作者が農民という身分であるかどうかにではなく、題材や風格、技法などから決められるべきなのか。そもそも農村での生活経験があり、その作品がおもに農村と農民生活を題材としていれば、農民画と見なして差し支えがないのであろう。実際、「現代的民間絵画」という新たな定義は、このような状況にいい逃げ道を設けている。農民画は継承性に乏しく、新人を発掘・養成する必要があると指摘されている。これは、農民出身で、農村生活を離れていない画家は確実に減っていることを示唆している。これと同時に、農民画家が積極的に創作の専門的レベルを追求すると、農民画の評価され、求められた稚拙感はあとどれくらい生命力があるかは分からない。

　新しい農民画は民間絵画であることを標榜しながらも、その他の民間美術とは大きく異なっている。剪紙や刺繍、年画といった民間美術は農村生活における年中行事や人生儀礼の一部分であるものの、農民画はそうではない。結局のところ農民画は、さまざまな外的要因の影響のもと、少数の才能を持った農民が農村生活と自らの人生を描いたアートである。新しい農民画はいわゆる「民俗」というより、民俗の表象されたメディアと理解するべきである。農民画は「公共民俗」に属するものであり、農民画が地元の民俗のさまざまな活動を描き出すことから、国家と民俗、農民と芸術の関係の複雑さを見ることができる。新しい時代の戸県農民画は関中地区の民俗文化現象を題材として描くことが多い。農民画家の関係した民俗についての記憶と想像であり、現実に伝承されている民俗生活、民俗活動の記録と反映である。かつて政治宣伝画の制作に尽力した農民画家の多くが、新しい時代にも「四旧」に関する内容の作品を描き始めている。農民画は伝統的な民俗実践を熱心に表現しており、もし伝統的な民俗文化が復興して、一定程度の民衆が人生の意味と価値を積極的に再建するこ

274　Ⅲ　個人や企業主導の文化実践と表象

とを渇望すれば、農民画は現在の農村と農民の人生の意味への関心から自身の
正当性を獲得する。

## 結論：農民画における「グローカリゼーション」

　芸術研究という分野においてはこれまで、芸術と生活世界は分けて考える傾
向にあった。芸術作品とその周囲のあらゆる実践を、日常生活の中で理解する
ことこそが芸術人類学の立場である。芸術作品は日常生活でどのように位置づ
けられ、定義づけされ、評価され、消費されてきたのであろうか。さらに、ど
のように生産され、流通し、どのような方法で披露され、解読されるのかといっ
たことも問題となる。芸術人類学は芸術作品を取り囲む生活世界を対象として、
芸術が歴史的に構築され、人間によって加工された産物であるとする［イング
リス 2010: 118-125］。本研究は、現代中国社会の政治、経済、文化などを大きな
背景とする関係の中で、戸県農民画の起源と形成、変化の過程を整理し、異な
る時代における農民画の特徴について必要な帰納を行った。
　初期の農民画は中国農村の社会主義と集団化という変革を反映し、内側に向
かっては階級闘争というイデオロギーを、外に向かっては民族主義というイデ
オロギーを持った。戸県農民画は、農村の集団化における生活と事件、農民の
現代的進取性を集約して描いている。作品が政治宣伝的性格を持ち、教化を目
的としていることは非常に明確であった。大多数の農民画は意味深長な政治的
寓意を含んでいることから、その内容は特定の時代的背景における政治情勢か
ら解釈する必要がある［劉 1999］。初期の農民画が選んだ題材は国家の農村に
おける実践や革命を中心としており、緊張感をはらんでいる。そして写実的な
表現技法が国家と農村の間の駆け引きを強化している。初期の農民画における
造形は新しい農民のイメージと農村の風景を虚構しており、農民の精神世界を
簡略化しすぎていた。同時に、農民画家たちは農村での生産と生活、希望と夢
をたゆまず描き続けた。これらの夢には、時代の変化に起因するものもあり、
時代を超えて変わらないものもある。政治宣伝的な性格が異なる「チャンネル」
によるものであることは、農民画家からすると、勤勉な労働は集団労働を含め
て不滅の美徳であり、増産と豊かな収穫、幸福の希求は永遠の夢なのである。
　農民画の歴史をたどっていくと、剪紙や刺繍、影絵芝居、廟画といた地域の
民間美術との密接な関係が浮かび上がってくる。そして政治プロパガンダ・
アートとしての農民画にも、農民の価値観と美意識が染みこんでいることが分

農民画という「アート」の創生　275

図7　全延魁『做布虎』（虎の布人形を作るおばあさん）

かる。改革・開放後の新しい時代に、戸県農民画が民間絵画として認識され、「復帰」を果たしたことは大きな意味を持っている。戸県農民画は、上述の伝統的民間アートと肩を並べるような民間絵画として成功裡に転換を果たしながら、「現代民間絵画」という新たな称号も得ている。新しい時代の農民画は農民の視点・感覚・感情・印象・美意識によって現代農村の日常生活における事物や風景を描いており、農民画は生活感や自然観（季節感）、農民の幸福感に溢れている。農民画は生活習慣や郷土の民俗を素直に描きながらも、豊富な隠喩が含まれている。これらの隠喩は多くが吉祥寓意と関係があるが、ここにも農民が日常的に感じている伝達手段が普及し、浸透している。それは、他の伝統的な民間美術や吉祥紋様のロジックと基本的に一致している。農村で日常的に見られる事柄や事件、生活習慣はすべて題材となり、すべての題材は非常にはっきりとしている（図7）。人物から風景（故郷の美しさ）へ、家畜などの副業から農作業へ、子供の遊びから年中行事（年越し、廟会）へ、婚礼から一家団らんへ、農作物の成長から収穫風景へ、農民画は豊かな自然とあらゆる生命の姿を熱心に表現しており、成長の喜びと大自然の恩恵に対する感謝に充ちている。人生の苦しみの中で、その夢はすべての豊かな生命と財産に結びついている（例えば「金のなる木」を題材とした農民画）。農民画の見聞きしたものについての直接的、わかりやすく、写実的表現は、人に温かく、親しげな魅力を感じさせる。

　初期の農民画はもともと、農民を教育し、動員するために作り出された宣伝芸術である。そのため、できるだけ農民の美的感覚に合わせるようにしているが、農民の農民画に対する反応や評価を確かめることは難しい。ブルデューの

276　Ⅲ　個人や企業主導の文化実践と表象

文化資本論によると、人間の芸術鑑賞能力は後天的に獲得されるもので、鑑賞眼は階層によって異なり、社会的に低い階層に属する人々は色彩の鮮やかな、直感的なスタイルを好み、簡単に満足する傾向にあり、機能の強調に対して形式を重んじるとされる［洪 2011］。このような主張は農民画の鮮やかさ、濃厚さ、素直さ、明快さなどの特徴と合致している。一方で、農民画の主な消費者は農民ではなく、都市の知識層や海外の観光客であることから、さらなる解釈が必要である。初期の農民画の現代性は国民国家における社会主義現代化の実践によって付与されたものであり、新しい時代の農民画の現代性は市場経済の原理とグローバル化を背景とする観光業によってもたらされたのである。戸県農民画については、グローバル化や「グローカリゼーション」の視点から考察する必要がある。

　農民画と「はだしの医者」は、文革期には数少ない、国外からの反響があった新しい事物である。初期の農民画は外部世界との対立という意味を有しており、外の世界に対する高い意識があったことを示している。1974 年以降、中国人民対外友好協会は 3 組 240 点の農民画を選出し、西洋諸国で展覧会を開催した。展覧会を実施した地域では、中国に友好的な人々の賞賛を集めることとなった。西洋諸国で芽生えつつあった環境保護意識に合わせるべく、農民画は出国前に中国現代化・工業化の象徴であった工場の煙突を書き直させられた。これによって、西洋の一般大衆の農民画に対する好感は、その清冽な風合い、楽観的な精神、労働の謳歌、さらには作家が農民であるということなどによってもたらされたのである。農民画が有名になったことは、1978 年の戸県六老庵村の開放、その後の樊志華といった農民画家の自宅アトリエが外国人客をもてなす拠点とされたことなどのように、戸県の対外開放を促したといえる。一方で、あるフランス人が中国では国画と戸県農民画以外の画法が育っていなくてもいいと述べたことを口実に、農民画の重要性が強調されることがあったように、農民画は海外の収集家や消費者の評価を非常に気にしている。その間には誤解も数多くあったが、農民画と外部世界との対話は途切れることなく続いているのである。

　現時点では、1990 年代以後に戸県農民画を購入・収集している外国人の増加が、1970 年代の海外での展覧会とどのような関連があるかについては明らかになっていない。ただし、農民画がグローバル化を背景とする観光業のただ中にあることは疑いようのない事実である［山口 2011］。この 30 年来、戸県農民画の 500 点以上の作品が国内外の美術館や博物館に収蔵され、5000 点以上

の作品がアメリカ・ドイツ・フランス・カナダ・オーストラリア・スイス・日本・韓国など 35 の国と地域で展示されている。20 〜 30 人の農民画家が招待に応じて海外を訪問し、100 人以上の農民画家が海外で個展を開催していると推測される。海外で農民画のカレンダーと絵葉書を販売している者もいる。1999 年 8 月、戸県農民画展覧館は 30 点の優秀作品を選出し、フランス・パリで行われる中国文化芸術フェスティバルに出品して高い評価を得た。美術館と博物館による収蔵や海外の愛好家による農民画の消費は、戸県農民画が国内の政治言語の文脈においてのみで解釈されているのではないことを意味している。2007 年、上海市政府は金山農民画を市の非物質文化遺産として登録し、海外へ向けて広めるべき中国文化のひとつとしている。併せて 21 人を「金山農民画師」（農民画の継承者に相当する）に認定している。戸県も近年、農民画を世界遺産に登録しようという動きが見られる。農民画もまた、非物質文化遺産保護運動というグローバルな動き、さらにはこれによって中国の国民文化の実践的意味を構築しようという動きに巻き込まれていることは、深く考えさせられる問題である。戸県農民画は一地方の民俗芸術であり、地域的な要素を備えている。中国という国民国家の枠内だけで解釈することも可能であるが、戸県農民画がある意味においてグローバル化の過程にある一断片であることは疑いようがない。

　ある文化現象とグローバル化の関係が論じられる場合、往々にしてその現象が特定の地域を離れて存在しているように語られる。最近の研究では、多くのグローバル的な表象と情報はしばしばローカルな角度から解釈され、ローカルな視点の形成を促していることを明らかにしている［エリクセン 2008: 396-397］。「グローカリゼーション」という概念は、農民画のような完全にはグローバル化してない、もしくは完全にはローカル化していない文化現象を分析する際に新しい方向性をもたらしてくれる。グローバル化の進展が情報・資本・メディア・物流・人間の国境を跨いだ拡散と流動を促進し、文化の同質化と脱ローカル化を進めている。地域における日常生活の経験は、農民画と同様の方法で、遠方にいる他者と分かり合い、のめり込んだりする。しかし一方で、農民画はなお戸県もしくは関中地区に依拠しており、中国においてもグローバル化の衝撃によって構築された地域の資源であり、伝統的な民間美術を復興してグローバル化の進行を阻もうとする社会実践の産物なのである。「グローカリゼーション」という概念は、もともと日本の多国籍企業が 1980 年代に急激な海外展開を進めるため、組織と製品開発、生産・販売体制に対してそれぞれの

278　Ⅲ　個人や企業主導の文化実践と表象

地域の具体的な状況に適応しようとした際に生み出された和製英語である。企業がグローバルな拡大を実現しようとする際、必ずローカル化を果たさなければならないことを意味している。1992年、イギリスの研究者であるローランド・ロバートソンが、ビジネス用語として用いられていたこの言葉の意味を押し広げ、学術概念として社会人類学の分野に導入した［上杉ほか 2011: 18-22］。グローバル化の進行が世界各地でローカル化に直面し、ローカル化していく過程において、グローバル化とローカル化が同時に進行しながらも矛盾なく共存し、互いに刺激して展開していく。この過程において、ローカルな文化は消滅させられるのではなく、グローバル化と相互に影響し合いながら「ハイブリッド化」していくのである。グローバル化の進展に伴うローカル化は、国家や企業を主体としながら、個人をも主体としている。本研究において分析した戸県農民画は、中国のグローバル化とローカル化が同時に進行しているひとつの事例である。それは国家と地方が主体となったローカル化とグローバル化であり、農民画家個人のローカル化とグローバル化である。

　戸県農民画の分析から、地方文化のシンボルとなった農民画は、国民国家の歴史的展開において、グローバル化のただ中にある観光業と国内外のアート市場、アートの評価機関、さらには中国における民間文化復興運動との間の複雑な関係の中で、つねに強化・構築されてきた産物なのである。

注
1) 本論文は、2010年11月5日から7日に、北京で開催された中国芸術人類学国際学術会議で発表した講演原稿に加筆・修正したものである。講演では王建民教授から建設的な批評をいただいたほか、李霞・王維娜両博士をはじめ、多くの方から関連資料を提供していただいた。ここに謹んで感謝の意を表したい。
2) 1956年、陳楼郷の張氏という農民が絵を描くことを通じて合作社員の思想を表現し、労働を奨励して社会的ムードを盛り上げようとして、6人一組の美術班を結成した。1957年夏、彼らは飼育室の壁に灰を用いて絵を描き、飼料を盗んだ飼育員の誤りを批判した。その行動が社会主義教育運動の助けになるということから、村中の壁に絵が描かれるようになり、村全体が大きな画廊のようになったという。
3) 多くは「詩配画」（詩に絵画を組み合わせる）スタイルであるとともに、新民歌運動の一部でもあった。
4) 新年画運動とその起源については、馬佳［2011］を参照のこと。
5) 王維娜の修士論文「建国後国家対民間文化的改造与重建：以1958 - 1974年陝西戸県農民画為個案」を参照のこと。
6) 丁済棠、劉漢群「吸収民間芸術栄養、積極開展農民画活動」『陝西日報』1981年2月12日。

農民画という「アート」の創生　279

7）中央人民政府文化部「中央人民政府文化部関于開展新年画工作的指示」『人民日報』
　1949 年 11 月 17 日。
8）胡錦濤主席が国民に提唱した、文明的な国家建設を樹立するための道徳紀律の通称。

　　　　以熱愛祖国為栄、以危害祖国為恥

　　　　　　　（国を愛することは名誉であり、国を害することは恥辱である）

　　　　以服務人民為栄、以背離人民為恥

　　　　　　　（民に尽くすことは名誉であり、民を見放すことは恥辱である）

　　　　以崇尚科学為栄、以愚昧無知為恥

　　　　　　　（科学を敬うことは名誉であり、無知愚昧なことは恥辱である）

　　　　以辛勤労動為栄、以好逸悪労為恥

　　　　　　　（重労働することは名誉であり、楽ばかりするのは恥辱である）

　　　　以団結互助為栄、以損人利己為恥

　　　　　　　（相助団結するのは名誉であり、己だけ得するのは恥辱である）

　　　　以誠実守信為栄、以見利忘義為恥

　　　　　　　（誠実にすることは名誉であり、義理を忘れるのは恥辱である）

　　　　以遵紀守法為栄、以違法乱紀為恥

　　　　　　　（道徳紀律を守るは名誉であり、不法乱紀するのは恥辱である）

　　　　以艱苦奮闘為栄、以驕奢淫逸為恥

　　　　　　　（刻苦奮闘するのは名誉であり、傲奢淫楽するのは恥辱である）

9）農民画の中にも、専門的技法を学び、中国画へと接近する傾向が現れた。そのため農
　民画を「準中国画」とするものもある。
10）北京「大山子芸術地区」のことである。以前、このあたりは電子部品を生産する国営
　工場だったが、今は画廊やレストラン、カフェができて、北京の他の場所とは違って、
　開放的でクリエイティブな雰囲気に包まれている。


**参考文献**

イングリス、デイビッド／張秋月・周雷亜訳
　　2010　『文化与日常生活』北京：中央翻訳出版社。
上杉富之、及川祥平編
　　2011　『共振する世界の対象化に向けて──グローカル研究の理論と実践』東京：成城
　　　　　大学民俗学研究所グローカル研究センター。
エリクセン、トーマス・ヒランド／董薇訳
　　2008　『小地方、大論題──社会文化人類学導論』北京：商務印書館。
王宇寧
　　1990　「農民画与中国美術格局」寧宇・栄華編『中国現代民間絵画（農民画）研究』、
　　　　　pp.36-59、西安：陝西人民出版社。

280　Ⅲ　個人や企業主導の文化実践と表象

王家民
　　2008　「序言」李琰君・王西平『中国戸県農民画史略』西安：陝西人民出版社。
王春艶
　　2008　「中国馬克思主義歴史写作中的両種模式—対農民画《老書記》的知識生成研究」
　　　　　王西平・高従宜主編『中国戸県農民画大観』、pp.173-178、西安：陝西旅遊出版社。
王西平・高従宜主編
　　2008　『中国戸県農民画大観』西安：陝西旅遊出版社。
郭同江口述、周佐愚整理
　　1959　『我的創作経験』広州：広東人民出版社。
顧巫峰
　　2006　「従主人公到看客—1942 年以来美術作品中農民形象分析」『南京芸術学院学報』
　　　　　2006 年第 1 期：70-74、南京：南京芸術学院。
高従宜
　　2008　「人類学美学及農民画的研究視野」王西平・高従宜主編『中国戸県農民画大観』、
　　　　　pp.265-275、西安：陝西旅遊出版社。
高従宜、黄磊
　　2008　「匠心独運画便工——種已呈経典的農民画構図方式的現象学陳述」王西平・高
　　　　　従宜主編『中国戸県農民画大観』、pp.207-216、西安：陝西旅遊出版社。
洪長泰／王焼嫺訳
　　2011　「重絵中国—建国初期的年画運動与農民的反抗」デジタル版。
謝志安
　　1999　「戸県農民画的形成与発展」段景礼主編『戸県農民画春秋』、pp.57-76、北京：
　　　　　中国檔案出版社。
蒋斉生
　　1999　「戸県農民画的歴史和経験調査報告」段景礼主編『戸県農民画春秋』、pp.4-53、
　　　　　北京：中国檔案出版社。
周　星
　　2009　「芸術人類学及其在中国的可能性」『広西民族大学学報』31(1)：24-35、南寧：
　　　　　広西民族大学。
陝西省紀委、西安市紀委、戸県紀委編
　　2004　『戸県反腐倡廉農民画選』内部資料。
陝西省工農兵芸術館
　　1975　『戸県農民画論文選』北京：人民美術出版社。
孫振華
　　2000　「当代芸術与中国農民」『読書』2000 年第 9 期。
孫芒徳
　　1999　「《戸県農民画春秋》序言」段景礼主編『戸県農民画春秋』、pp.177-189、北京：

中国檔案出版社。

戴剛毅

2008 「在新的起点上」王西平・高従宜主編『中国戸県農民画大観』、pp.231-239、西安：
陝西旅遊出版社。

段景礼

2005 『戸県農民画沈浮録』開封：河南大学出版社。

2010 『戸県農民画研究（上）（下）』西安：西安出版社。

段景礼主編

1999 『戸県農民画春秋北京：中国檔案出版社。

陳士衡

1999 「対戸県美専回憶」段景礼主編『戸県農民画春秋』、pp.127-150、北京：中国檔
案出版社。

程　征

1990 「第2種模式的誕生」寧宇・栄華編『中国現代民間絵画（農民画）研究』、
pp.138-149、西安：陝西人民出版社。

丁済棠口述、郭璟整理

1999 「我在戸県30年」段景礼主編『戸県農民画春秋』、pp.99-114、北京：中国檔案
出版社。

鄧　林

2007 「浅談戸県農民画的芸術特点」『昌吉学院学報』2007年第5期：85-86、昌吉：
昌吉学院。

樊志華

1999 「参加農民画活動的回顧」段景礼主編『戸県農民画春秋』、pp.195-209、北京：
中国檔案出版社。

馮東、李棣

2008 「戸県農民画中色彩選択的文化内涵」『西北大学学報』2008年第2期：
158-160、西安：西北大学。

方李莉主編

2010 『従遺産到資源—西部人文資源研究報告』北京：学苑出版社。

馬　佳

2011 「政治与商業語境下的新年画」周星主編『中国芸術人類学基礎読本』、pp.291-
302、北京：学苑出版社。

馬宏智

1999 「要説無縁却有『言』—我与戸県農民画」段景礼主編『戸県農民画春秋』、
pp.77-97、北京：中国檔案出版社。

馬亜莉

1999 「民間芸人—農民画的補液剤」段景礼主編『戸県農民画春秋』、pp.244-246、北京：

中国檔案出版社。

葉　堅
　　1999　「画郷行紀」段景礼主編『戸県農民画春秋』、pp.290–318、北京：中国檔案出版社。
山口　睦
　　2011　「観光土産としての中国農民画―日本人による『ふるさとイメージ』の受容」『日本文化人類学会第45回研究大会発表要旨集』126、東京：日本文化人類学会第45回研究大会準備委員会事務局。
李琰君、王西平
　　2008　『中国戸県農民画史略』西安：陝西人民出版社。
李鳳蘭口述、段景礼整理
　　1999　「我参加農民画的点滴回顧」段景礼主編『戸県農民画春秋』、pp.166–176、北京：中国檔案出版社。
劉偉冬
　　1999　「視覚図像化了的政治口号―解読"戸県農民画"」『美術観察』1999年第3期：59–62、北京：中国芸術研究院。
劉漢群口述／段景礼整理
　　1999　「我与戸県農民画」段景礼主編『戸県農民画春秋』、pp.115–126、北京：中国檔案出版社。
劉群漢
　　1999　「農民画百名作者簡介」段景礼主編『戸県農民画春秋』、pp.349–370、北京：中国檔案出版社。
劉志徳口述／劉利斌整理
　　1999　「芸海滄桑40年」段景礼主編『戸県農民画春秋』、pp.153–165、北京：中国檔案出版社。
劉知貴
　　1999　「把一生貢献給戸県農民画事業」段景礼主編『戸県農民画春秋』、pp.177–189、北京：中国檔案出版社。
郎紹君
　　2008　「論中国農民画」王西平・高従宜主編『中国戸県農民画大観』、pp.217–230、西安：陝西旅遊出版社。

(邦訳：今中崇文)

# 葬儀産業の形成から見る文化の伝承と変容
上海市を事例に

何　彬

## 序：民俗研究の視線を都市へ

### 都市研究の視線

　本稿は、農村部や山村部における伝統文化の伝承についての研究の視線を都市部に移動し、現代都市に起こっている文化の変容を葬送産業の角度から観察して分析するものである。そのきっかけは、上海で開かれた「国際葬送文化セミナー」と「葬送設備博覧会」に参加したことであった。

　1990年代に飛躍的に進んでいる中国経済に伴い、上海の葬送業は、福祉型の葬儀業を現代的な産業に変身させた。2002年11月、2004年11月及び2007年11月と計3回の「国際殯葬論壇」(国際葬送セミナー)を上海で開き、また2008年5月まで「国際殯葬設備用品博覧会」を3回開いた。1990年代からずっと農村地域の葬送慣習を調査してきた筆者は、3回目の「国際殯葬論壇」及び「国際殯葬設備用品博覧会」に参加し、中国の葬送業がこの20年間に激しく変化を起こしたと実感した。その刺激を受け、筆者は大都市上海を対象にして葬儀の側面から文化の伝承とグローバル化の関連性を調査することにした。

　現代中国では、都市を総合的な経済の実力、都市規模、政治と経済の影響力及び国際競争力等を基準に、順位がつけられている。「一線城市」(一線都市)、「二線城市」(二線都市)、「三線城市」(三線都市)という言い方が流行っているなか、「一線城市」とされているのは四つの都市である。「北上広深」すなわち北京・上海・広州・深圳である。また別に、四つの直轄都市の北京・上海・天津・重慶が一線都市であるという見方がある。いずれも上海が2番目に置かれている。この中国における第2の大都市において、伝統文化がどのように変化しているのかが本稿の都市民俗研究のテーマである。

### 上海市の概況

　上海市は都市としての歴史は長くない。史料によると、秦の始皇帝(在位紀元前221～紀元前210年)は中国を統一した際に統治する領域を36の郡に分けた。

284　Ⅲ　個人や企業主導の文化実践と表象

上海地域は会稽郡に属していたが、都市としては形成されていなかった。紀元751年、唐王朝の天宝10年に上海は華亭県の管轄にあったという記載がある。宋代（960〜1279年）に大型船は「上海浦」に停泊するようになって、その後の1267年に上海浦に「上海鎮」という町が設立された。1292年に「上海県」が設置され、上海は船の停泊所から都市へと発展してきた。

　中国・イギリス間の『南京条約』（1843年）により、上海は広州、寧波、福州、アモイとならぶ海外船を受け入れる5つの港の1つであった。上海開港により、海外の政治、経済、文化が多様な形で上海に進入し、上海は西洋文化と伝統文化の融合の場となり、次第に国内における交通運輸と金融及び文化の中心都市になった。上海の都市人口は約100年に20倍以上に増え、土地総面積も10倍近くになった。上海はこのように数百年で1つの町（「鎮」）から大都市へとなった。

　人口の面において少しくわしく言うと、1843年から1949年までの統計があるが、この間の106年間に人口は22倍以上に増えたことを示している。すなわち、1843年約20万；1853年約54万；1910年約129万；1915年約201万；1930年約314万；1947年約449万；1949年約546万になった。

　もう一つのデータでは1949年以後、上海市の管轄面積と行政区画は、大きく変化したことを示している。1949年は636㎢であったのに対して、1958年に江蘇省の管轄下にあった嘉定県、宝山県、松江県、金山県、川沙県、南匯県、奉賢県、青浦県、崇明県（島）、上海県の10の県を上海市の管轄に移動したことによって、上海市の管轄する面積は5910㎢に達し、9倍以上に拡大した[1]（上海百科：266）。

　行政面におけるデータとして、1949年には上海市は20の市街区と10の郊外区に区画整理された。その後、複数回の行政区画改定を行った。1988年から『上海市城市総体規画』（上海市都市全体企画）に従って、合併や、県を区に変えるなど一連の行政整理が行われた結果、2009年末の統計では、17の区、1つの県（109の鎮と2つの郷）が上海市の管轄下にある[2]（上海百科699）。

　上海市は黄浦江を挟んで、2つの部分に分けられている。江の東岸を浦東と呼び、1990年代に開発計画を実施するまでは、漁村と田んぼであった（1992年に浦東区が開発区として新設された）。これに対して、黄浦江西岸、俗に浦西と呼ばれる広い地域は伝統的な上海地区であり、こちらが一般に言う上海市である。

　さて以下は、上海が江南の1つの町から大都市に発展する過程において変化した伝統的な葬儀、葬法の諸事象を記述し、グローカリゼーションにおける伝統文化の伝承を検証する。まず伝統の葬儀、葬法と墓地のことを記述する。

## 1 伝統の葬送習俗

**昔の葬儀**

(1) 葬儀

死後3日間死者を家に置いて葬儀を行い、それから出棺するのが、1940年代までの葬儀のパターンである。遺族と親戚はその3日間で死者を送りだす一連の事項を完成して出棺する。

親戚や友人に訃報を知らせる一方、死者を死に装束に着替えさせる。かつては、人は50歳か60歳になると寿衣と棺の用意をしたが、いまは葬儀場内のスーパーで買うことができるので、事前に用意する人は少なくなった。家で「霊堂」をつくり、死者を安置する。弔問者の弔問を受ける際に、遺族の女性は哭き出して悲しみを表す。

納棺のとき、死者の妻か娘は泣きながら死者に訴えるように「納棺の経」という泣き歌を歌う。遺族は白の喪服に着替えるほか、腰に白い布生地の帯をつける慣習もあった。

虹口区あたりでは、死者を着替えさせる前に、「買水」という習俗があった。コインで自家用水以外の川や池から水を持ってきて死者の体を拭くことであるが、他の地域ではこの習俗はあまり見当たらない。この地域には、かつて広東人が集中的に住んでいた（統計によると、1920〜1930年代に30万の広東人が生活していたという）ため、外来者が上海に移住したときに持ち込んできた習俗とみてよいであろう。

3日目に出棺する。8人で柩を担ぐ。柩を覆うシートを棺罩（guan-zhao）というが、死者が男の場合は竜の模様、女の場合は鳳の模様のものを使用する。親族の女性たちは柩の後につき従いながら泣き歌の「散哭」を歌う。

1960年代の半ばごろから始まった政治運動「文化大革命」期間中に、簡単な追悼会が唯一の葬儀方式であった。上海は1970年代に完全に火葬に移ったため、死者は病院から「殯儀館」の葬儀場に運ばれ、そこで短時間の「告別儀式」（告別式）——普通は1〜2時間——を行う。参列者は一列に並び、順番に遺体に向かってお辞儀をしてお別れを告げた後、遺族にもお辞儀して会場となっている部屋を出る。その後死者は茶毘に付される。遺骨を火葬場にある保存スペースに預けるか、もしくは自宅に持って帰る。四十九日の法事後または1年後、あるいは3年後に遺骨を故郷の墓地に埋葬する（「落葬」）。

286　Ⅲ　個人や企業主導の文化実践と表象

漢族の墓参りの季節は旧暦3月の清明節（西暦では4月5日前後）である。清明節の「前七後八」の半月の間がいつでも墓参りできる日とされて、先祖がそこで子孫の祭祀を待っていると言われている。ただし、死後最初の清明節に、遺族は「作清明」と言って新しい死者のための行事は必ず「正清明」と言われる4月5日に行う慣習がある。親戚と友人が多く集まって一緒に墓参りした後、遺族は盛大な食事の席を設けて、豆腐メニューが多い精進料理の「豆腐飯」で参列者をもてなす。新しい死者のための最初の清明節の行事を済ませて、葬儀は一応完成したとされる。

(2)「哭喪歌」（泣き歌）

この地域では、葬儀に「哭喪歌」（泣き歌）を歌うことは1つの慣習になっている。「哭喪歌」とは死者の妻や同世代の女性、そして次の世代の娘あるいは嫁、親戚の女性が泣きながら、死者への思いや自分の気持ちを歌の形で表現するものである。「哭喪歌」は南彙、川沙、奉賢区など海沿いの地区と崇明島に多く存在する葬儀の慣習であり、そのなかで崇明島の哭喪歌は最もよく伝承され、葬儀の儀式ごとに違う歌が歌われる。

「哭喪歌」は、大きく分けて「套頭」「経体」「散哭」の3種類がある。「套頭」は葬儀の各儀式が始まる際に歌うものであり、「経体」とは、葬儀の各儀式の場面で歌うものである。死者を着替えさせるときは、髪の毛を梳かす経、衣服を着る経、靴をはく経などを歌う。納棺の時は柩に入れる経を歌い、埋葬時には「暖材（柩を暖める）経」と「落葬（埋葬する）経」を歌う。

「散哭」（自由に泣きながら歌う）は泣きながら自分の心境を自由にその場で歌詞を即興に作って歌う泣き歌の類である。訃報を聞いて駆け付けた女性親戚はまず散哭をするが、その後出棺時にも柩の後ろについて、町を練り歩きながら墓地まで、埋葬しない場合は柩が置かれる予定地まで、女性の遺族たちは散哭を歌う。

なお、葬儀をする家に娘がいない、または嫁はうまく歌えないことがあるが、その場合は、年寄りの泣き歌の上手な女性を雇って、歌ってもらうこともよくあるという。泣き歌を歌う専門業者も現われているほど、この慣習はこの地の葬儀に不可欠な慣習となっていることを物語っている。

(3)「紙扎」（紙細工の冥器）

葬儀と死後祭祀の時に死者に燃やして送るのが「紙扎」である。「紙扎」とは、

葦や割り竹を使用して骨組みを作り、それにカラフルな紙を張って作られる冥器のことである。死者があの世で使える小物の生活用品からタンスや机・椅子、ダブルベッドなど大型家具、2階建ての庭付き家といった大きなものまで作られる。葬儀のときに大量の「紙扎」を作ってもらい、葬儀の後に燃やす。なお、葬儀後の「七七」（四十九日の法事）は大事に行われ、特に「五七」の法事が盛大に行われる。7日ごとの法事にも「紙扎」の船、橋、駕籠などが用意される。法事終了後に燃やされる。

　紙で作った冥器を死者に送る習俗は、1950年代までは浦東区や南彙区ではかなり盛んであった。しかし、60年代の政治運動の文化大革命期にはほとんど見かけられなくなったという。ところが、80年代に再び各種の「紙扎」が現れた。しかも、時代に合わせるような新製品がたくさん作られている。庭付きの家は別荘式の洋式建物になり、家具も現代風のリビング用及び寝室用のユニット家具となる。ほかに車・冷蔵庫・洗濯機・カラーテレビ・冷暖房機など、現代社会で使用されている生活関連物資があの世の死者のために用意される。人間が死後も別の世界に生き、そこでこの世と似た生活スタイルで生き続けるという漢族の他界観がここから窺える。

(4)「豆腐飯」

　この地域では、葬儀後、参列者に甘いお茶を飲んでもらい、雲片糕という甘いお菓子と飴玉、タオルを渡す慣習が昔からあった。タオルは涙を拭くものとして参列者に渡すものである。甘いお菓子と飴玉は、葬儀のような悲しいことがしょっちゅう来ないように、甘いものを食べて甘い生活を迎えるという人々の願いが込められた、民俗的な思いから形成された行為である。

　その後「豆腐飯」と呼ばれる精進の食事で参列者をもてなす。その食事は豆腐、油揚げ、大根、竹の子、木の子、きくらげ、野菜などを使用して作る精進料理であるが、一般に「喫豆腐」（豆腐を食べる）や「豆腐酒水」（豆腐飲食）、「豆腐飯」（豆腐の食事）などと言う。

　50年代以後、火葬場で「追悼会」を行うが、その後遺族は家で「豆腐飯」を用意して親戚と友人を招待する。この20年間に、精進の「豆腐飯」に肉類の料理も出されるようになってきたし、酒も飲むようになった。普通の宴会食事と大差がないが、メニューに豆腐でつくったおかずが不可欠なものであることは、葬儀の食事は「豆腐飯」であるという伝統が形式的には受け継がれている、と言える。

288　Ⅲ　個人や企業主導の文化実践と表象

　現在では、葬儀場で行われる告別儀式の後に、参列者にお菓子を配布する。具体的に言うと、甘いお菓子の「雲片糕」数枚、飴玉２つあるいはチョコレートである。これを昔の豆腐飯の代わりにするという解釈があるが、多くの家は依然その後に参列者に豆腐飯の席を設ける。

　長寿者の葬儀の後の豆腐飯は、めでたい食事として肉や魚などが出されることは昔からの伝統でもあった。長寧区では、精進の「豆腐飯」に肉類の料理も出るが、豆腐でつくったおかずは不可欠である。普陀区では、出棺の日の昼も夜も食事を用意するが、昼の「豆腐飯」は精進にして、夜の「豆腐飯」には肉料理を増やして出すというやり方である。

　嘉定区では、故人が60歳以上なら、葬儀後の豆腐飯は「快楽豆腐飯」（楽しい豆腐飯）と言う。その席で茹でた「長生果」（落花生）と棗を自由に食べて、自由に持って帰ってもらう。

### (5)「寿碗」

　静安区では高齢者の葬儀なら、参列者は長寿の裾分けとして、その家から茶碗１つ、蓮華１つ、箸１膳がもらえる。この食器を使うと長生きできるといういわれがある。同じ静安区では、死者が80歳以上の場合、葬儀終了後、参列者に「寿碗」と言われる茶碗を配布し、隣近所の人々も葬儀用の茶碗をもらいに来る慣習がある。

　浦東区では、80歳以上の人の葬儀の後には葬儀用茶碗を１つ「盗んで」持って帰っても良いという「偸寿碗」（長寿の茶碗を盗む）の慣習があった。葬儀用の食器を持ち帰り、子供に使わせると厄除けになると俗に信じられているからである。そのため、故人が80歳以上の葬儀の際には、その家は茶碗を多めに用意しておく。

### 伝統的な葬法

　上海地域は漢族の人数が圧倒的に多く、昔は遺体の処理はほとんど土葬であった。北方漢族の土葬と異なる点は、葬儀後に柩を寺院に預けるか、または野原か自分の家の田んぼに置き、数年後に「落葬」（埋葬）するやり方で、これはかなり一般的に行われていた。具体的には３種に分けられる。「直接土葬」、数年間は柩を埋めずに「停霊」してから埋葬するもの、骨を拾って再度埋葬する、の３種である。

葬儀産業の形成から見る文化の伝承と変容　289

### (1)「直接土葬」

漢族の伝統的な葬法は土葬であったが、上海地域でもよく用いられた葬法である。直接土葬とは、葬儀後そのまま柩を墓に埋葬することを言う。上海地域では、2つの場合に直接土葬する。1つは、裕福な家庭で一族の墓地を持っている人の場合で、葬儀後は墓地に柩を運びそのまま埋葬する。2つ目は、貧困層は葬儀後に柩を管理する財力がないため、簡単な葬儀をしたあとそのまま公共墓地に埋める事例であり、過去にはこちらが多かったという。

### (2)「停霊」後の埋葬

北方地域では直接土葬がほとんどであるのに対して、上海地域では、しばらく柩を置いた後に柩を埋める事例が多い。普陀区には、葬儀後に、地表に柩を置き、その周囲を煉瓦または稲わらで覆うやり方がかつてあった。煉瓦で囲む場合を「瓦坑」と呼び、稲わらで囲む場合を「草坑」と呼ぶ。

西郊外の青浦区でも、葬儀後はすぐに柩を埋葬しない「浮厝」の慣習があった。葬儀後に柩を一族の祠堂か野原に置き、柩を草やわらで覆う事例は昔よくあったという。また、この地域では、埋葬することを「落葬」と言うが、清明節と冬至の日に行うことがほとんどである。なお、埋葬する前に墓穴で麦わらを燃やして「暖める」慣習もあった。死者はこれからここに「住む」ので、住みやすいように部屋を暖めておく行為は、明らかに漢族霊魂観の表れである。

1949 年に共産党政権になった際に、上海の各区には多くの柩の保管場所（「寄柩所」）があったが、その多くの柩は露天に置かれていたせいで破損がひどかった。衛生当局はそれらの柩を移転したり、埋葬処分と火葬処分をしたりした。その頃の写真が殯葬博物館に展示されている。当時は死亡後すぐに埋葬しない習俗が一般的に存在したこと、死後柩ごと故郷へ運搬する慣習がかなり存在していたことを物語っている。

### (3) 骨を拾って再埋葬

崇明島は、上海市が管轄する大きな島である。島には、特別の葬法が存在していた。「拾骨葬」という骨を拾って再葬する葬法である。死者を埋葬した翌年の冬至に、死者の家族は一度掘り出して骨を骨甕に入れて、次の埋葬地へその甕を持っていき、埋葬する。1960 年代にはまだ骨を拾って再葬する事例があったが、1980 年代以後、島で火葬が普及したことにより、「拾骨葬」は次第になくなったという。

## 2 伝統の葬儀業

　中国語では、「殯」は人の死後の納棺と出棺までの一連の行動を指すのに対して、「葬」は狭い意味では野辺送りと遺体の最終処理手段をさす。

　昔から漢族は主に土葬であるため、最終手段の「葬」は埋葬法及び埋葬地を指しているが、葬式を含めて言うこともよくある。現代中国語では、葬儀や遺体の処理手段、遺体の収納地（伝統的には埋葬の墓地を指す）と関連する一連の行動や施設のことを「殯葬」の語で指している。「殯葬業」、「殯葬協会」、「殯葬研究」のように、死に関するすべてを指す語として使われているようである。以下はこの広い意味での「殯葬」の語を使用する。

### 殯葬業の形成

　漢族の人々は、「葉落帰根」（落ち葉が根に戻る——転じて華僑が老後かもしくは死後、故郷へ戻ることを言う）と「入土為安」の伝統観念を代々伝えている。「入土為安」とは、死後土の中に埋められて安らかになることであるが、2者とも漢族の伝統的な死亡観、あるいは死後の願望を現わす語である。

　伝統的な農村社会では、葬儀は助け合って執り行うものであり、金を出して他人に依頼して行うものでなかった。しかし、都市化につれて、故郷を離れて遠く出稼ぎをする人が増えた。村を離れる人々は、伝統的な一族、あるいは村民同士の葬儀を助け合うネットワークに手伝ってもらえない。彼らが一番困ることは、故郷以外の地で死ぬこと及び家族や同郷人が死亡することである。故郷を遠く離れた地で死亡した場合、「葉落帰根」と「入土為安」を実現するためには多大な労力と財力が要る。そこで、上海市では、同じ地方出身者で形成された同郷組織の「会館」や「公所」が「外郷人」たちの葬儀や柩を一時保存し、後日故郷へ運搬するなどの手伝いや手配を担当するようになった。

　閘北区の資料によると、1912年に設立された湖州会館、天下会館（寧波）、紹興会館、揚州会館、湖南会館などは、みな同郷人に柩の一時保管の便宜を提供していた。その後、需要が増えたため、柩の保管から運搬まで担当する専門業を次第に形成した。清朝・同治11年（西暦1872年）に、広州と肇慶出身者で形成された同郷会館「広肇山荘」は、広東人の葬儀と柩の保存に力を入れて、柩を保管する部屋から船で柩を故郷へ運ぶ港までの専用道路まで造っていたほどである。柩の保存と運搬の量が多いことやその運搬がいかに重要視されてい

たかを物語る事例である［尹 2007: 57-60］。

　盧湾区にも当時は 14 の会館、24 の同郷会があった。これらの会館や同郷会の中心的な仕事内容は、上海に来た同郷たちに葬儀と柩の保管と故郷への搬送の協力であった。その後、会館は教育や衛生慈善事業、不動産業なども始めた。

　前に触れたが、都市に来ると同族や村民が助け合う伝統的な葬儀システムは崩れてしまう。その需要を担ったのは、まず同郷組織であったが、「葉落帰根」と「入土為安」という漢族に広く存在する伝統観念に対応して、次第にビジネスとしての葬儀担当者と組織が現れ、葬儀関係の仕事を業務として引き受ける殯葬業が形成されてきた。「万国殯儀館」はこの背景で開設された。

　万国殯儀館は、1924 年に上海で最初に開設された、家以外の場所で葬儀をあげる場所——葬儀場である。これはアメリカ人が経営したものであったが、1953 年に上海市民政局殯葬管理所に管理権が移され、1966 年まで営業していた。有名人の葬儀はこの万国殯儀館で多く執り行われ、著名な文学者魯迅の葬儀もここで行われた。

　他に規模の小さい殯儀館は上海の各区に多数作られた。1949 年に盧湾区の区衛生局が旧政府の殯葬管理所を接収した時点では、区内に市立公墓 10 カ所、市営火葬場 4 つのほか、私営葬儀場が 22 もあった。ほかに寄柩所 53 カ所、公墓 6 カ所があった。このデータから、人の死に関して大きなビジネスが上海で形成されていたことが分かる。1956 年にこれらの殯葬関係の私営公墓、市営葬儀場などは全部「公私合営」され、姿を消した。1964 年末に上海市は「移風易俗・推行火葬工作委員会」を設立し、1965 年には全国で火葬率の一番高い都市になった。1960 年代の文化大革命の期間中に、上海市は宝興火葬場、竜華火葬場の 2 つのみで市区すべての葬儀を担当させていた。ほかの葬儀施設や企業の営業はすべて停止されたという。

## 公墓の出現

　漢族の墓地は、一族専用の宗族墓地が伝統的な墓地のありかたであったが、都市が発展し、都市に出て農業以外の仕事に従事する人が増えるにつれて、出稼ぎ先で病気や事故で死亡する人が現われてくる。財力のない人やなんらかの理由で死後故郷に戻れない人たちは、この地に埋められたが、後には上海で仕事や商売が成功した人々も、故郷でなく、上海で墓地を造るようになった。次第に上海の繁華街から離れた郊外に一定規模の公用墓地が現われた。以下にその主なものを挙げてみる。

292 Ⅲ 個人や企業主導の文化実践と表象

　山東路公墓――上海市で造成された最初の商業性公墓であった。上海開港に
つれて多くの外国人が上海に来て、生活し、仕事と商売をしていたが、外国人
の死亡と死後処理も無視できない問題になった。開港翌年の 1844 年にイギリ
ス人が最初に商業目的の公墓を作った。1868 年には墓地用のスペースがなく
なったので、対外営業を停止すると宣言した。1951 年に政府の行政区画整理
が実施されると、遺骨を移転させた後は、跡地に体育館が作られ、上海市で作
られた最初の公墓は姿を消した。

　万国公墓――もとの万国公墓は、浙江出身の経潤山が土地を購入して 1914
年に造成した私営墓地「薤露園」であった。彼の死後、薤露園の土地は隣の土
地の所有者に奪われたため、妻の汪氏は万国公墓の現在地の土地を購入し、元
の薤露園をそこに移動した。国籍も民族も姓氏も関係なく、誰もが利用できる
という意味で「薤露園万国公墓」と改名したという［尹 2008: 84］。万国公墓は
中国人によって上海で作られた最初の商業性公墓として有名であり、有名人の
墓が多いことで知られている。1934 年に国民党の上海市政府衛生局に管理権
が移り、万国公墓は公営公墓となった。1984 年に孫文の妻宋慶齢の遺骨がこ
こに埋められたため、「宋慶齢霊園」と改名されたが、宋慶齢と両親の墓およ
び展示スペースの東西両側には「外国人墓区域」と「名人墓区域」が依然存在
している。

　連誼山荘――連誼山荘は同郷人共同墓地の性質を持つ公墓である。1924 年
に作られた広東商人林氏の個人墓地を、広東商人連合会と彼との交渉により「連
誼山荘」と名づけて、広東出身者専用の同郷人公墓となった。広い境内には、
柩の保存場所、法事をする空間、位牌が置かれる空間と高価な分譲墓地などが
あり、寺院と食堂まで作られて、当時としては相当にサービス設備の整った複
合式の殯葬施設である。公墓は公園式に作られ、水と緑に囲まれた閑静なとこ
ろとなり、出入り自由の公園でもあった。その後、広東人以外の上海の裕福者
や有名人もここに最後の地を求めるようになった。映画女優の阮玲玉の墓もこ
こにあった。1950 年代初期には上海市で有名な公墓とされ、当時 4 万以上の
柩が埋葬されていたという。1960 年代中期の文化大革命により破壊されてし
まい、その後山荘は再建されず、この公墓もそのまま姿が消えた。

## 火葬施設と殯儀館の出現

　静安寺火葬場は、1896 年に公共租界工部局が作った、上海の最初の中国人
の火葬施設であった。しかし中国人はほとんど土葬の慣習を伝承していたので、

利用者に普通の中国人はごく少なかった。「静安寺火葬場」はその後万国殯儀館に合併されたが、1966 年に使用停止された。

宝興殯儀館は、上海早期に作られた火葬施設であり、最初は、日本関係者専用の火葬場であった。すなわち、1908 年に上海在住日本人の死亡者の火葬のために作られた俗称「日本焼人場」である。1937 年に拡大されて火葬炉 8 台と葬儀会場 1 つがあった。葬儀会場の部屋は日本の寺院式に作られていたといわれていたが、新館建築のために取り壊された。数年前に調査に行ったときは、日本のものと言われた石の獅子が裏庭に残っていた。1945 年に国民党政府はそれを接収し地名にちなんで「西宝興路火葬場」と改名した。1949 年、新中国成立後、上海市政府衛生局の管理となり、1953 年に上海民政局に管理されるようになった。1984 年に「上海市宝興殯儀館」に改名され、葬儀用の大・小会場 15 の部屋、ロッカ式の遺骨保存枠 4 万 700 個、遺体冷蔵保存枠 202 個もある葬儀場と火葬処理複合施設になった。

以上、昔の上海の殯葬習俗や関連する施設の変遷の流れを述べた。家で行う葬儀や、土葬の習俗は少なくとも上海が都市を形成してきた数百年間続けられてきた。こうした伝統的な行為は、1949 年以後の 20 年間で葬法は土葬から火葬へ、葬儀の場は家から葬儀場へと大きく変わった。さらに 1980 年代以後の 20 年間に、葬儀担当施設の属性や、葬儀関連業務の中身とそれに対する費用などもさらに大きな変化を遂げた。次はその変貌後の様子を見る。

## 3　福祉業から一般産業へ

### 大都市からの変革

漢族には、人の悲しむ時期を金儲けの機会にしてはいけないという伝統観念があり、葬儀関連の仕事は慈善的な行為としてみなされ、金をもらってはいけなかった。農耕社会であった時代には村人の助け合いで、死者をあの世に送り出したり、先祖を家に迎えて祭祀したりしてきたが、その助け合いは金銭では計算せず、最後の食事の招待で気持ちを表すほか、「人情」として覚えておいて相手が必要な時に手伝えばよいという伝統の助け合い式で葬儀などを行ってきた。1949 年以降の政権も、葬儀や墓を管理する部門を国の民政部・社会福祉司の下に置き、それは 90 年代まで続いた。

当時の殯葬業は予算が国から支給され、競争相手もないため、低価格の基本業務のみを提供した。伝統式の助け合い葬儀の方法が都市で通用できなくなっ

た 1950 年代以後は、市民たちはずっとこの慈善事業式の殯葬業を頼ってきたし、それを頼るしかほかになかった。

　1990 年代から、都市の人々の収入の増加により、葬儀やその後の祭祀が徐々にゴージャスになってきた。業界内部からも、経済の発展と人々の需要の変化に従い、殯葬業は福祉サービスではなく、立派な商業であるべきだという認識が次第に現われはじめ、その声は 2000 年以後に南方の大都市の葬儀業界から発された。殯葬業を産業に転換させようと動き出したのも、上海市や広州市など南方の大都市であった。先に経済発展の流れに乗ってきた南方大都市の関係者たちは、膨大な人口を抱え、しかも高齢化社会に入っている中国の大都市においては、死者に関する消費の増加傾向は、これからの十年か数十年の間は続くであろうという見方を持っている。

　福祉から転身し、会社として葬儀業務に携わるようにするために上海では、外国の会社の経験を参照し、企業としての殯葬関連の業務内容を充実させ、福祉から脱皮しようと素早く展開した。

## 産業変身の諸表象

　変身しようとする上海の葬儀産業の、外国の同業者の経験と地域文化の特徴を業務に取り入れる傾向は顕著であった。業界全体の変身ぶりは、国際会議や葬儀関連の博覧会から窺える。

　最初で触れたが、2002 年 11 月、2004 年 11 月、2007 年 11 月と 3 回連続して上海で開かれたセミナーでは、外国から関係者を招いて国際的な葬送関連の情報を把握しようとした。筆者の参加した「第 3 回国際葬送文化セミナー」には、ドイツ、アメリカ、マレーシア、日本、台湾から葬送関係の研究者が集まったほか、中国葬送協会の会長と副会長、中国各省の葬送管理部門や各地の葬送協会の責任者、地方の葬儀場、霊園の管理者が多く参加した。出席者は 300 人を上回り、主催側の予測を超えたという。なお、セミナー参加者の発表は、葬儀や霊園のサービス・現代葬儀消費・葬儀用品・霊園経営・墓石の芸術化・葬送消費分析及び個性化葬儀や国営葬儀場の行方・公営葬儀場の企業化・公営墓地の行方など、多様なテーマと視座で葬儀及び霊園問題を検討した。参加者が真剣に討論に取り込む姿勢は、葬送業の産業化への高い関心を示している。

　半年後の 2008 年 5 月に、「第 3 回国際殯葬設備用品博覧会」が上海市浦東区の浦東展覧館で開かれた。展示会場の入り口に各種材料で作られた棺がずらりと並べられている様子は、一般の展示会では見られない風景で、非常に印象的

葬儀産業の形成から見る文化の伝承と変容　295

写真1　棺が1列に並べられた展示会の入り口
　　　　（2008年、筆者撮影）

写真2　棺型の納骨（2008年、筆者撮影）

写真3　書籍型の納骨箱（2008年、筆者撮影）

写真4　「寿衣」と遺族用の「喪服」展示（2008年、筆者撮影）

写真5　民俗を商品化する：家具等のミニチュ
　　　　アと「寿碗」の展示（2008年、筆者撮影）

であった（写真1）。火葬機械や墓地の盗難警報機、霊柩車など先進な設備的な
ものが展示される一方、棺、家形と本の形の納骨容器（写真2、3）や、葬儀用
の遺族の衣類「喪服」やカラフルな死者の死装束（写真4）、室内墓用の生活用
品のミニチュアや葬儀後参列者に贈呈用の寿碗展示コーナー（写真5）など、
漢族の死に関する民俗にちなんだ製品も商品化して展示していることに驚きを
覚えた。かつては迷信とされた葬儀の民俗的慣習とそれに関連する品物の数々

296　Ⅲ　個人や企業主導の文化実践と表象

が商品として生産され、都市の葬儀に消費されていることは、中国では今まで
にはないことである。

　大会に参加する合間に、上海の葬儀場と火葬場の設備、上海の現代霊園「福
寿園」、5月にオープンした『上海殯葬博物館』などを見学し、上海で実際に
起こっている経営意識の強化による葬儀界の変化を実際に見ることができた。
セミナー及び博覧会の会場にあふれる熱気と真剣さ、火葬場や霊園などの見学
を通して、いままで福祉業とされてきた殯葬業が、着実に産業として形成され
動き出していることを感じた。

　上海市では、1300万の人口のうち、毎年約10万人が亡くなっている。1件
の葬儀に人民元1000元（1万6000円）を消費すれば、上海市だけで年間の葬
儀関連の消費額は1億元（約16億円）になる。これは見逃せない巨大なマーケッ
トであり、その獲得には産業としての葬送業が不可欠であるとの有識者の指摘
を受け、上海の葬送業界を福祉業から産業に転換させ、暗い殯葬業のイメージ
を変え、文化的、人情的な産業を確立させることを目指して行動し始めた。

　さらに、香港や台湾及びカナダなど非中国本土資本の葬儀・霊園業者も上海
に進出し、新しい経営スタイルの霊園も次々と現われた。高収入階層及び海外
の華僑の「葉落帰根」需要の増加傾向に応じて、上海では、死者のための世界
に新しいビジネスが活発になってきた。

## 上海市殯葬サービスセンター（FIS）

　1990年代末に政府が、営業・営利性質の部門を政府機関から独立させると
いう「政企分離」の政策を実施したため、葬儀業に転機が訪れた。その政策実
施以来「殯儀館」や「霊園」は徐々に企業として独立してきた。約10年間で、
行政部門から独立して一般企業として自立し、葬儀や霊園管理部門の産業化を
進め、国家予算の補助による一律な安費用・低水準を提供する福祉業も終りを
告げた。上海市の民政局から独立した「上海市殯葬サービスセンター」（FIS）
は、上海の殯葬業を産業に変身させ、葬儀産業として発展してきた成功の一例
である。

　10年前に「上海市民政局」から企業として独立した。現在はその傘下に市
営の葬儀場3つ、葬儀場付属火葬施設1つ（3つの葬儀場は上海市内をカバーする
施設となって、市内死者の火葬も担当している）、公墓と霊園6つ、葬儀用品の生
産企業2つのほかに、文化を研究する部門1つと火葬や防腐技術を研究する研
究所が2つある。

営業の見地から、市民の死に対する敬遠の傾向を配慮して、英語名称「Shanghai Funeral and Interment Service Center」から頭文字をとって、「FIS」とし、その発音から中国語で「飛思」という文字をあてて企業名にした。FIS は上海市における葬儀関連の大型総合企業である。その傘下には、市営の葬儀場が3つ、公墓と霊園が6つ、葬儀用品の生産企業が2つ、研究機関が3つある。

2008 年5月にオープンした「上海殯葬博物館」も、中国最初の葬儀関係の展示館である。営業形式の葬儀や葬儀場、墓地も上海から始まったが、今度は福祉事業から脱皮し、葬儀業の産業化への新しい躍進も上海からという強い意識が上海の関係者の間にあった。経済の発展の先端に立っている上海は、葬儀改革や産業化への躍進も確かに主な発信地となったようである。

## 4　産業としての歩み

### 葬儀の面

漢族の葬儀の構造や葬儀後の祭祀に変化が見られたのは、1960 年代であった。特に都市においてその変化はきわ立つものであった。葬儀は、もともとは死者の自宅で行うものであったが、火葬が普及した 1960 年代以後は、人は死後、自宅によらず病院から直接殯儀館に運んでそこに安置され、2、3日後に告別式を葬儀場で執り行った後茶毘に付される。そのため、家では遺影を飾る簡単な祭祀台を置くための「霊堂」をつくるくらいである。弔問客は訪れるが、伝統な葬儀の一連の項目は行わなくなっている。このように、都市における葬儀は簡略される傾向になってきた。ところが、1980 年代後半から家で法事や葬儀を盛大に行ったりして、伝統の葬儀形式と内容の一部が再び復活してきたようにみられる。

葬儀場で行われる都市スタイルの葬儀の基本の流れには、葬儀場によって提供されるサービス（たとえば通夜の「守霊」を含むサービスなど）が多少違うものの、基本的な内容はほぼ同じである。下記は上海浦東葬儀場の事例である。

(1) 病院で死亡が確定されたら病院から「死亡確認書」を出してもらう。
(2) 住居所在地で、「死亡確認書」、戸籍本、本人の身分証明「身分証」を持って公安局の派出所にいく。
(3) 身分証明書返還、戸籍から除籍して派出所から「住民死亡殯葬証」（火葬許可書）をもらう。

298 Ⅲ　個人や企業主導の文化実践と表象

(4)「住民死亡殯葬証」を持って葬儀所に行く、あるいは電話で下記の手続きを踏む。
　　①病院からの遺体搬送
　　②死者用、納骨用、葬儀用などの用品の予約
　　③追悼会会場予約
(5)　訃報を出す。
(6)「住民死亡殯葬証」で諸手続きをする。
　　①死者用品、納骨用品、葬儀用品、葬儀後用品等の購入
　　②遺骨を預ける手続き
　　③諸費用の支払い
(7)　追悼会。
(8)　火葬する・遺骨を受け取る・遺骨を預ける。

　上海市の葬儀業界は、上海の経済発展及び人々の生活スタイルや生活水準の変化に応じて、産業化の最初の動きとして、新型の火葬設備の導入及び海外の葬儀社や霊園の経営方法を参考にして種々の新しいサービスを提供することを目標にした。
　産業化した後の殯儀館は、2時間の告別式の会場だけを提供するサービスを変え、葬儀の前後を含めて多様な付加的なサービスを業務として増やした。まず、民間の伝統的な葬儀慣習を業務として取り込み、葬儀前日の「守霊」（通夜）儀式を葬儀場で行うことを可能にした。専門担当者が付ききりの通夜サービスのほかに、柩の運搬を単なる台車で運ぶような無情に感じられるやり方を避け、伝統的に人間（8人）が担いで丁寧に運び、さらに運搬の時に吹奏楽の生伴奏つきのサービスも提供する。
　また、葬儀場内に「スーパーマッケート」を設けて、竹や段ボール板から高級木材で作られた棺の販売、棺に入れる布団類と死に装束、骨壺、納骨時に使う生活用品のミニチュア、告別式用の生花の花束と花輪、造花など、葬儀用品と地元の民俗慣習にちなむ品々を網羅して用意している。かつては遺族が自分で準備するか、専門の「寿衣店」に行って買う寿衣（死に装束）や棺内の敷く布団などは、葬儀場のスーパーにある販売コーナーでいつでも買えるし、品数が豊富でそのときの経済力に応じて選ぶことができるので、寿衣などを事前に用意をしておく民俗慣習はすたれ、事前に自宅で用意する人はかなり減った。
　葬儀の後に参列者に飴玉（のちにチョコレートに変えている）と「雲片糕」を

配付する地域特有の慣習から、チョコとハンカチやハンドタオルの組み合わせセットが綺麗な箱に入った商品として登場した。上海の葬儀館の中にあるもう一つのコーナーも、地元の葬儀の民俗にちなんで設けられた。すなわち「伝統の葬儀習俗」の（5）に記述した、長寿者の葬儀後に配布する（伝統的に「盗む」こともするが）食器の「寿碗」も、セットになって葬儀後配布用品専門コーナーに置かれている。

「喫豆腐飯」は上海では一般的に葬儀とセットになっていると思われるほどの慣習になっているため、これも業務の範疇に入っている。葬儀場の入り口近くにレストランが作られ、豆腐飯のセットメニューも多数用意し、葬儀の相談時に提示され、選択できるようになっている。それにメニューは、単なる文字だけのものではなく、写真もついている。これらの周到なサービスは、福祉業時代には考えられないものであろう。

このように、民間信仰や伝統葬儀の慣習を業務の一環に取り入れる有料サービスは、「人情化服務」（人情味のあるサービス）の指標として上海の葬儀界で広く展開され、市民にも評価され歓迎されている。

### 火葬をサービスへ

火葬法は国の政策として動かぬものである。それゆえにいままでは、遺体を火葬にするのは国策に従う当たり前のことということで、福祉機関はその業務を実行するだけでよいことであり、火葬について配慮するとか、余計なサービスは一切いらないという考えがあったようである。葬儀を企業の業務にするようになって以来、その考えは変わった。火葬前後と火葬時において、一連のサービス項目を設け、企業化したことでサービスが向上するというメッセージを社会に向けて発信し、殯葬業が福祉業から企業に転換して良いサービスが提供できるという企業イメージを確立しようとした。

火葬をめぐる種々のサービスは、遺族に向けて「人情化服務」を目的に細かく設定して展開された。サービスの向上とともに企業の収益を増大させるというのが、企業の基本的なスタンスとなっている。

行政による火葬炉操作はいい加減で、裏での操作では受けとったのは誰の遺骨か分からないとか、1人の体の全部じゃないかもしれないなど、長年にわたって噂が絶えなかった。火葬に対する市民の不安や不信を解消するため、火葬部門は操作過程を公開にして、ガラス張りで火葬炉の操作が見えるようにした。さらに前面から開ける火葬炉の導入により、遺族による火葬全過程の監視と、

300 Ⅲ 個人や企業主導の文化実践と表象

火葬後に冷却した炉から遺族により直接骨拾いができるサービスも打ち出した。遺族は直接冷却した炉からの遺骨拾いのサービスはむろん、特別設備を使用するための費用も普通より多くかかるのであるが、遺族が自分の手で遺骨を拾うサービスは意外に人気があり、親の骨を息子が拾うのが親孝行の最高の行為のようにとられているようである。

かつては火葬して数日後に遺骨を取りに行くというのが流れであったが、それを数時間後に渡せるように改善された。しかもその間に遺族は個別の休憩室で待ってもらうなど、産業としてのサービスを細かく提供するように工夫している。殯儀館に入ったら死者に関することはすべてが解決できるという企業の姿勢が全面的に打ち出された。消費者に便利を提供し、企業側に利益が得られる――産業としての殯葬業はこのように発展していくようになった。現在、葬儀にはサービスをいろいろと選ぶことができるが、それ相応の代金もかかるという理解は次第に市民に受け入れられてきている。

また、納骨の際に民間の慣習を尊重してお坊さんが参与でき、墓の前で経を読んでもらうことも業務内容にしている。墓参りの際に、あの世へのみやげとして「紙銭」を燃やす慣習を許し、火事予防と片付け用に金属製のバケツは無料に用意するなど、霊園の経営と管理も企業化以後、新しい傾向を示している。

## 「消費プラン」

企業として歩み出した殯葬業は、殯儀館に預けたら死者に関することはすべて解決できることを企業の方針として消費者にアピールした。企業としてどんどん発展していくのを営業目的とすることは、市場経済の見地から見て何の問題もないが、しかし、このようなサービスの増大に伴うのは、料金の上昇である。伝統の助け合いによる葬儀の場合、金銭のやりとりは表に出ないため、伝統意識を持っている漢族の人々は首を傾げた。葬儀社は「賺死人銭」（死人で金を儲けようとする）だとか、葬儀関係の仕事は「暴利営業」であるなどの批判が、マスメディアによって一斉に全国的に広がった。死者に関連する長年の福祉の性格を持つ殯葬業を市場経済の波に乗って産業化させること、死に関する民間慣習および民俗を商品化し現代社会で消費することが、いかに中国の社会において抵抗が大きく、難しいことであるかを物語っている。

これに対して、上海の葬儀産業は高品質なサービスを提供し、それに見合う料金を課すという姿勢を崩さず、社会の各階層に対してエコノミー型プランと高級型プランを別々に用意することで世間の非難に対応した。一例として、上

海市浦東区殯儀館の公表している「低消費葬儀プラン」を紹介する。

　「低消費葬儀プラン」では、遺体の搬送と遺体に使用する袋やシーツ・消毒・化粧・着替え・冷蔵保存・葬儀場使用・火葬・骨拾い・骨壺など12項目を合計して783人民元（以下、元と略す）という低価格で葬儀を挙げられるセット価格である。これは2008年5月の資料であるが、当時のレートで日本円に換算すれば、約1万2000円である。2008年1月の上海市民の平均月収は2194元という統計データから見れば、低消費プランはその平均月収の約3分の1に当たる。これは、このプランがいかに低価格かということを説明するものである。

　上海市内のほかの殯儀館には、「1000元で葬儀を」といううたい文句を打ち出し、そのなかには30分の告別式場費用はわずか50元（約700日本円）という項目もあった。また殯儀館は、献体した人および福祉対象とされる生活保護者・孤独老人などに対しては、費用を免除する措置もとっている。

　他方、高価な消費プランの総価格は、経営上に関連するためか、産業化した企業の担当者からはっきりと教えてもらえなかったが、調査した当時のレートで個別項目を見て計算してみたい。

★生花の花輪1つは980元（約1万4000円）程度であり、平均月収の約半分となる。

★葬儀に使う会場は2時間で2500元（約3万6000円）の部屋があり、エコノミー型プランに使う会場の150元の16倍以上になっている。

★さらに、死に装束の「寿衣」や棺に入れる敷き布団などは材質が違うと値がかなり違ってくるし、骨壺も普通の陶器のものから、玉石の彫刻品や高級木材の彫刻品まであり、その値も数倍から数十倍の差がある。

★殯儀館で1万8888元（約27万円）の白玉の骨壺を販売していて、さらに16万8888元（約241万円）の宝石鑑定書付きの玉石の骨壺が商品として販売されている。

　これら品物を簡単に計算すると、贅沢の葬儀プランはエコノミー型プランの数十倍か数百倍になることがわかる。

　いろいろな消費プランの提示は、異なった消費者ニーズに対応したためである。さまざまなプランがあるので、財力のある人、あるいは故人を偲ぶためにもっと費用をかけたい場合と、ごく普通に死者を送り出す場合の対応は違っている。

302　Ⅲ　個人や企業主導の文化実践と表象

伝統的な福祉行為ではなく、現代社会では、葬儀に関するサービスや関連する品物はみな商品であるというメッセージを消費者の市民たちに送り続けた結果、市民層に次第に葬儀関連のサービスは消費するものという意識が植え付けられた。殯葬業が提供する「商品」を購買し消費する意識が育てられ、殯葬業は企業として市民に受け入れられるようになってきた。

## 遺骨収納

国による土地の管理が厳しくなった今日では、遺骨をふるさとへ持って帰っても、昔のように田んぼの隅に自由に埋めることがもう不可能になっている。家族と共に都市に移住する「外郷人」は、都市で死亡したら都市で火葬され、都市の霊園に遺骨を納める道を選んだ。

風水の良い地を選んで、「宗族墓地」を作るという慣習は、1950 年代以後政府の政策により崩れた。宗族墓地は漢族の伝統的な墓地の在り方であった。血縁でつながる男性とその配偶者の夫婦墓は「輩」という順で位置を決めて、1つの墓地に集中埋葬していた。しかし、1950 年以後、墓の使用はほとんど夫婦墓となった。1997 年 7 月に国務院民政部が公表した『殯葬管理条例』[3] の第 2 章 9 条に「禁止建立或者恢復宗族墓地」（宗族の墓地の建設あるいは復興することは禁止する）と明確に規定されており、これと前後して、各地行政当局も続々と宗族墓地禁止規定を公表した。たとえば、上海市政府公式 HP に掲載された『上海市殯葬管理条例』（1998 年 1 月 1 日施行）にも、第 3 章 17 条に「禁止出售家族墓、宗族墓」（（夫婦以外の）家族墓地、宗族墓地販売禁止）と明確に記してある。

上海市の霊園は外資系経営または福祉から脱皮した企業である。霊園にも多様化によってさまざまなパターンの墓が現われてきた。それらの特殊墓は話題を呼んでいる。

伝統観念の「入土為安」から発した地下に埋葬するという伝統的な遺骨の収納方法は、一族の墓地の形が消え、墓地はすべて公共霊園に変身した後でも依然として中心的な収納法となっている。地下の空間に遺骨を「埋葬」し、地表に墓石を立てる分譲式の墓は、どの霊園においてもよく売れているが、その価格は、都市の地価上昇、住居販売価格の上昇に伴ってどんどん上昇している。現世の住居より高く、死んでもあの世の家が買えないという言い方が中国の都市社会に流行している。

これも一因となったのか、環境保護、土地節約をテーマに、各種の小型墓や土に「埋めない」立体式納骨塀や室内型の納骨塔などといった遺骨の収納法が

表1　墓地のあり方・遺骨の収納パターン

| 昔の遺骨収納 | 一族の墓<br>夫婦の墓<br>個人の墓 |
| --- | --- |
| 現代の遺骨収納 | （1）夫婦墓<br>（2）核家族の小型家族墓<br>（3）仲間墓地（血縁関係のない兵隊同士・芸術家・文学者・子供を失った親同士・<br>　　養老院の老人同士・ガン患者グループなど）<br>（4）特殊墓地（海葬・献体・花壇葬・芝生葬・室内墓など） |

（筆者作成）

考えられ、遺骨収納の多様化が目立ってきた。人々は親の遺骨の保存に対して過去の単純な「埋葬」法（むろん地下収納も含む）にこだわる傾向から多様な「収納」法に変化していることがここで指摘できる。

　上海市では、現在、墓地のあり方と墓に入れない遺骨の行方は多様な様相を呈している（表1）。

　上記したように、現代の墓は夫婦を単位にする墓が基本形となっている。一人っ子家庭の事情に合わせるように、3人用4人用の小型家族式収納墓が現れた。そのほかに、仲間墓地と特殊墓地は企業化後に現れたパターンであり、話題を呼んでいる。「仲間墓地」とは、血縁関係のない、ある集団のメンバーが死んだ後、1つの区画に墓が建てられるものを指している。海葬記念碑は、遺骨は大地に残されず、名前のみまとめて書かれている特殊の仲間墓地と見なしてもよいであろう。

　筆者は、2013年3月に刊行された神奈川大学国際常民機構のプロジェクト型共同研究「東アジアの民具・物質文化からみた比較文化史」の報告書の資料紹介欄において、現代上海の墓の種類を、葬法による分類、立地時点による分類、集まり方による分類、経済の角度からの分類、特殊墓地の、5つに分けた（表2）。

　Aの（1）は、よく知られている漢族の伝統的な葬法による墓である。Aの（2）は、火葬により遺体を遺骨にして埋葬した墓である。一般的に土葬墓より浅く掘り、土饅頭も小さくなるのが特徴である。

　Bの（1）室外・地中墓は、A（1）土葬墓、A（2）火葬墓の立地地点の視角から1つの類に入れている。B（2）は、火葬後の遺骨収納を立体型の納骨塀を指すものである。これらに対して、B（3）は、室内に遺骨を収納するといういままで漢族には存在しなかった「墓」の立地である。

　今までの室外または室内のロッカー式遺骨収納は、閉鎖的な石の板1枚で故人と遺族とを別々の世界に隔て、人が死んで他界に行ったというイメージが強

304　Ⅲ　個人や企業主導の文化実践と表象

表2　現代上海の墓の分類

| A | 葬法による分類 | (1) 土葬墓 | |
| | | (2) 火葬墓 | |
| B | 立地時点による分類 | (1) 室外・地中墓 | |
| | | (2) 室外・地上墓(収納塀) | |
| | | (3) 室内墓 | |
| C | 集まり方による分類 | (1) 夫婦墓 | |
| | | (2) 核家族（3人か4人）の小型家族墓 | |
| | | (3) 仲間墓地 | 兵隊同士・芸術家・文学者・子供を失った親同士・養老院の老人同士・ガン患者グループなど |
| D | 経済の角度から分類 | (1) 豪華型 | |
| | | (2) 倹約型・エコ型 | |
| E | 特殊な墓地 | (1) 海葬者・献体者 | |
| | | (2) 無縁仏 | |

（筆者作成）

写真6　守霊サービスの宣伝看板（2012年、筆者撮影）

写真7　葬儀場内の「喪葬用品超市（葬儀用品スーパー）」の看板。(2012年、筆者撮影)

かった（写真7）。これに対して、室内墓には、上下もしくは前後に分けて遺骨を収納するスペースを作り、収納空間と祭祀空間がセットになっている。つまり、2Lの家とみなし、一方を故人の住居のミニリビングのようにしている。前面はガラス張りである。故人の生活を想像しながら、遺族たちは自分の思いも込めるように、さまざまに飾りつけをする。線香のような火の気のもの、傷

写真 8　柩販売コーナー 1（2008 年、筆者撮影）

写真 9　棺販売コーナー 2（2008 年、筆者撮影）

写真 10　寿衣の販売コーナー（2008 年、筆者撮影）

みやすい生鮮品の花や食品以外に、何を置いてもよいという。遺族はその「部屋」のカギを管理しているので、頻繁に訪れ、頻繁に手入れができる。その空間をいじることで故人と直接交流できる感覚が生じ、故人への思いを発散できる癒し効果もあると言われている。

　Cの集まり方による分類の (1) 夫婦墓は、行政から許された同じ墓あるいは1つの墓の区画に入れられる人間の関係と数である。2人を入れられる墓には、友人や親子は入れられないのが決まりであった。Cの (2) 小型家族墓は、最近可能になったが、これも一人っ子の子供が先に亡くなったときに、両親への配慮から生まれた新しい形の墓である。このような家族墓は、特殊な条件つきで作られるもので、一般的でないとみてよい。

　Cの (3) 仲間墓地とは、伝統的な血縁関係の一族の墓は1カ所に集中される慣習に対して、ある集団のメンバーが死後、1つの区画に集められたものである。上海の霊園の中にある「IC 林」、「星星港」、「新四軍墓地」は有名な仲間墓地である。

　ＩＣ林――特殊な仲間墓地の1つで、福寿園は「上海市ガン回復クラブ」の

写真11　参列者に渡す品物販売コーナー（2011年、筆者撮影）　　写真12　寿碗セット（寿の茶碗、蓮華、チョコレート、タオル）（2011年、筆者撮影）

会員に無料で「ＣＩ林墓地」を提供することを挙げられる。同じようにガンの病気を抱える仲間と励まし合って楽しく生きた会員たちは、死後も仲間とずっと一緒にいたいと思い、霊園はこの特殊の人たちに１つの区画を提供した。

　星星港――もう１つの特殊の仲間墓地は、子供墓地である。福寿園では、事故や病気で亡くなった子供の墓を１カ所に集中した上、子供への思いを表わせられるよう、室内墓の納骨塔内に親たちにそれぞれの子の記念品を展示できる一室「星星港」を提供した。意外な結果として、子を失った親同士が共同して墓参りや展示室の手入れなどを通して次第にコミュニケーションをとるようになり、１つのグループを形成した。そして、互いに慰め合って深い悲しみから立ち直り、徐々に他人の悲しみに目をむけられるようになり、人を助け合う社会活動にも参加したりするようになった。現在、ＨＰも持ち、国内外にも知られる心のケアグループとなっている。また子供が集中する墓地なので、墓石の独特さや墓の飾りやお供えに天真爛漫の雰囲気も漂い、園内で目立つ区画となっている。

　海葬者の「墓」――上海市が率先して行ったのは、土地を使わない「海葬」である。海葬は葬法ではなく、遺骨収納の一方法である。「海葬」は1991年から始まって2008年3月まで、計114回、1万5424人の散骨を実行した（表3）。共産党の指導者であった鄧小平も著名な文学者の巴金も海葬だったという。現在、指定海域での散骨は、政府から手当が出る。土地を使わない処理法は今後の方向性を示している。現在、上海市民には歓迎されているようである。

表3　1991～2008年3月の海葬統計

| 年度 | 回数 | 参加戸数 | 参加人数 | 海葬数<br>（遺骨の壺数） |
|---|---|---|---|---|
| 1991 | 2 | 247 | 765 | 287 |
| 1992 | 3 | 352 | 1144 | 404 |
| 1993 | 3 | 359 | 1270 | 404 |
| 1994 | 3 | 379 | 1404 | 419 |
| 1995 | 4 | 411 | 1768 | 432 |
| 1996 | 2 | 435 | 1496 | 407 |
| 1997 | 6 | 782 | 3234 | 879 |
| 1998 | 4 | 660 | 3256 | 732 |
| 1999 | 7 | 597 | 2779 | 657 |
| 2000 | 7 | 746 | 3546 | 815 |
| 2001 | 6 | 702 | 3298 | 1021 |
| 2002 | 9 | 729 | 3667 | 1133 |
| 2003 | 9 | 771 | 3600 | 1254 |
| 2004 | 11 | 1012 | 4668 | 1380 |
| 2005 | 13 | 1032 | 5343 | 1485 |
| 2006 | 11 | 1017 | 5266 | 1615 |
| 2007 | 11 | 1053 | 5305 | 1702 |
| 2008／3 | 3 | 291 | 1250 | 354 |
| 合計 | 114 | 11505 | 53059 | 15424 |

（濱海公園海葬記念資料室に展示されたデータから作成）

　海葬された人の名を海葬記念碑に刻み、墓参りの際に遺族は名前のところに小さな一輪の花を取り付ける（写真13）。これも、特殊の仲間同志の墓地の1つに数えられる。

　室内墓──特殊な墓地として室内墓が挙げられる。「入土為安」の伝統に反して、遺骨を土に入れない室内墓が上海で意外に人気がある理由は、漢族の霊魂観や他界観から発する行為を迷信と思わず、人情的な配慮を多く取りいれたことがあげられる。

　福寿園は、上海市において2番目に納骨塔を建てる許可を受けた外資系の新

写真13　仲間墓地の1つ：海葬記念園（2008年、筆者撮影）

308　Ⅲ　個人や企業主導の文化実践と表象

写真14　さまざまな室内墓の「リビング」風景（博覧会にて）（2008年、筆者撮影）

写真15　上下2段式の室内墓（2008年、筆者撮影）

型霊園である。納骨塔を単なる遺骨を置くだけの収納スペースにせず、室内を工夫して特色のある室内墓の販売に成功した。この園では、旧式のロッカー収納遺骨と全然違う、生活感の溢れる空間を提供している。

　漢族の人々は、死後の世界が存在すると思っている。その世界は、人々が死後に行ける場所であり、そこで生き続けられるところである。その世界の模様や構造などは、この世の延長であるため、人が死後の世界に行ってもそこで家屋に住み、衣服を着て、生活道具を使って暮らす。前に述べた「紙扎」慣習もこの観念による民俗である。

　霊魂は死後も遺体や遺骨に宿っているという漢族の霊魂観念にぴったりと合っている室内墓は、設定及び部屋内部にかなり工夫が凝らされ、椅子やテーブルも用意されているため、遺族は随時に来園し、休憩をとりながら、故人の「部屋」の片付けなどができる。この世でのあの世の空間、この世から覗かれるあの世となっている室内墓は、このように人々の故人への思いを配慮しているので、上海市民の平均月収の10倍近くの価格であっても売れ行きはかなりよいという。納骨塔は一種の特殊墓地とも言えるものとなった。

　ほかに、医学や器官バンクに献体した人々のための記念碑、身寄りのない老人たちのための無料の「義塚慈善園」も収納法として新しいものであり、特殊墓地の区画である。土地利用の観点から散骨式の芝生葬や樹木葬のような「収納法」もある。芝生の真ん中に石碑が建てられ、その石碑に故人の名が刻まれる。花壇葬は普通の公園の植木を思わせ、木の周辺のカラフルなブロック状の納骨スペースはユニークなものである。

葬儀産業の形成から見る文化の伝承と変容　309

写真16　室内墓の休憩スペース（2007年、筆者撮影）

写真17　「室内墓」納骨塔の外観（福寿園 2008年、筆者撮影）

写真18　花壇葬その1（2008年、筆者撮影）

## おわりに

### ビジネスと文化の伝承

　本稿は大都市上海市においてこの十数年の間に起こった、葬儀界が産業へ変身した歩みを記述した。経済発展の流れに乗って、殯葬業は福祉型の行政部門から企業になり、さまざまな工夫と努力により、十数年で業界を大きく成長させた。長年にわたった低価格・低水準の業務を変えた。殯葬に関するサービスも商品であり、そのサービスを利用するには費用が発生するという意識が、少しずつ市民に受け入れられている。福祉行為を提供する70年代と比べたら、企業としての現在の葬儀場や火葬場、霊園では、相当周到なサービスを提供している。さらに、上海市の殯葬業の産業化が成功したと認められ、その経験を参考にし上海スタイルを導入したいと、中国の各地方から上海に見学、研修する申し込みが多くあった。

310　Ⅲ　個人や企業主導の文化実践と表象

　上海で産業化への変身がスムーズにできた理由をここで考えてみる。産業として「人情化（人情味のある）サービスを提供する」という営業方針に、地域の伝統文化の要素をうまく業務内容に取り入れたことは非常に重要なポイントである、と指摘できる。「人情化」とは、現地の文化を理解し、民衆の心の需要を把握し、消費商品で答えることを意味する。言い換えれば、民衆の信仰、慣習に沿うように伝統的な行為を商品化し、消費してもらうということである。

　長年の政府の「反迷信」の姿勢に反して、安易に民衆の伝統的な慣習を「迷信」と決めつけず、地元の伝統文化を尊重する姿勢は、民俗行為をビジネスチャンスに転じて商品化することを促した。通夜の「守霊」サービス、柩の伴奏つきの運搬、葬儀後の配布品や葬儀会食の定番「豆腐飯」の商品化など、これらが大都市の葬儀会社の正式な業務項目として提供されることは、いままでの中国では考えられなかった。長年にわたって行われた政治運動は、常に伝統や民衆の慣習を迷信として否定してきたが、上海の殯葬業界は現代経済発展の流れに乗って変身しながら、伝統葬儀の基本要素を商品に取り込んだ。民俗行為を現代産業のビジネスに取り入れて成功させるには、地域の伝統文化と民俗信仰に順応することが不可欠であり、これが上海市において産業化を促し、殯葬業が一般市民に抵抗も少なく受け入れられた一大要因である。言いかえれば上海の殯葬産業が市民の需要に合致したビジネスを展開したことが、成功裏にモデルチェンジができた重要な理由と考えられる。

### 霊魂観の表象と深層

　産業化した後、霊園の分譲式地下埋葬型の墓は高価であっても、売れ行きが好調なのは、漢族の人々の地下他界観、死後の世界に行くには土に入るという「入土為安」の思いに大きな変化が見られていないことが指摘できる。

　しかし、土葬から火葬への遺体処理法の変化は、漢族の霊魂観に大きな影響をもたらした。漢族の人々が1960年代までに行ってきた遺体の保管は「霊体一致」、霊魂は遺体についているという霊魂観によるものであった。今もなお火葬後の遺骨にこだわり、清明節に都市型の墓地で祭祀を行うことは、「死者の魂はこの墓にある」、「霊魂は遺骨と一緒にいる」という霊魂観による行動である。人々が肉体を保存しようという目的は、死者の魂がついているからということである。現在、火葬後の遺骨を丁寧に地下に収納するのも、魂がついているという認識があるためである。数十年の歳月を経て、火葬が一般化された今日では、ごく一部の埋葬地域を除き、人は死んだら火葬されて遺体は「灰」

葬儀産業の形成から見る文化の伝承と変容　311

になる。そして、漢族に伝統的な、肉体についているという霊魂観は、次第に火葬後の遺骨へのこだわりに移って、魂は遺骨についていると思われるようになった。霊魂観の表象は火葬前の遺体へのこだわりから火葬後の遺骨に移ったという変化があるが、深層の霊魂観は変わっていないことも、上海の室内墓の事例などを通して指摘できる。

　中国社会は1980年代後半から、激しい変化が起こった。行政の積極的な関与により、大中都市ではこの20年間で土葬が火葬に代わり、埋葬法はさまざまな納骨法に取って代わられている。宗族の墓地は禁止され、個人か夫婦墓が基本単位になっている。火葬法の定着と霊園立体式納骨法の受け入れ、配偶者以外には生前の霊園スペースの購入が禁止されていることは、家族墓、一族墓の消失を意味する。葬儀場で行われる「告別式」では、一族の人々が協力し合って葬儀を営む必要がなくなる反面、ビジネスとしての葬儀業が必要とされた。

　表2のCの(3)の仲間墓地というのは、都市型の墓地の新しいあり方である。血縁関係のない人々は、さまざまなテーマで死後1ヵ所に集まっている墓地、いわゆる「仲間墓地」はかなり好評で、売れ行きがよいということである。そのうちの子供霊園では、子を失った親同士が新しい絆を築き、癒し合い・助け合いグループも結成した。ＩＣ林墓地の場合、生前にはともにがんと闘い、支え合い励まし合い、死後も一緒にいる、そして仲間は墓参りに来るという雰囲気で、希望者が多いという。特殊テーマの集中墓地は意外な社会的な役割を果たしたようである。

　筆者はかつて調査した浙江省、福建省の農村地の墓地の分析から、墓の民俗的機能を以下のように認識した。墓地は、子孫と祖先の交流の場、一族の財力や繁盛を顕示するシンボルである。また、一族の血縁関係の集結地と血縁の結束の再確認地としても機能し、他界のシンボルでもあるなどと指摘したが、血縁関係のない人々の集結している墓地は、血縁関係のない人々の間に新しい絆を形成する場としての機能を提供している。大都市上海の墓地調査で得た墓地の機能を、ここで新しく補足する。

　以上、上海の殯葬界の福祉的存在から脱皮する事例を通して、上海市葬儀業の成功の原因を見てきた。伝統文化の基本要素をうまく取り入れてビジネスを発展させた上海葬儀業界の成功の要因を指摘できた。なお、時代の流れの中に、伝統は変化するが、そのなかでも変化した部分と変化しない部分があると観察できた。今後、現代都市における伝統の変遷を注目し続け、伝統の「変」と「不変」及びその深層にある原因を究明したい。

312　Ⅲ　個人や企業主導の文化実践と表象

**注**

1)『上海百科全書』（2010 年電子版）p. 266　上海市政府正式 HP［www.shanghai.gov.cn］
2)『上海百科全書』（2010 年電子版）p. 699　上海市政府正式 HP［www.shanghai.gov.cn］
3)「殯葬管理条例」国務院令第 225 号(1997 年 7 月 21 日)中華人民共和国民政部ホームペー
　ジ［http://www.mca.gov.cn/ 中華人民共和国民政部］2010 年 1 月閲覧。最終閲覧は 2010 年
　6 月 16 日。

**参考文献**

尹継佐総主編
　　2007　『民俗上海　閘北巻』上海文化出版社。
　　2008　『民俗上海　長寧巻』上海文化出版社。
　　2010　『上海百科全書』2010 電子版、上海市政府。

グローカリゼーションという視点から見た
祭祀空間としての家屋の変遷
　　広東省珠江デルタの事例から

　　　　　　　　　　　　　　　　　　　　　　　　　川口幸大

はじめに

　本稿は、中国東南部に位置する珠江デルタの村落をフィールドとし、家屋の
形態と家屋内に祀られている祭祀対象の移り変わりを、グローカリゼーション
の視点から議論しようとするものである。
　管見によれば、グローカリゼーションという概念を社会科学に最初に導
入したのは、ロバートソン［Robertson 1992］だったと思われる。彼はまさに
その名も *Globalization*（日本語では『グローバリゼーション』として 1997 年に訳
出）と題した自らの著作中、ファンダメンタリズムを扱った章において、「グ
ローカリゼーション」の語を用いた。その中で彼は、グローバル化による世
界規模の均質化はファンダメンタリズムのような本質性の追求とは対局にあ
るかのごとく捉えられてきたが、実は両者は密接に関わりあった現象だとい
うことを指摘した［Robertson 1992］。また、ロバートソンはその 3 年後の 1995
年に論集 *Global Modernities* を編集し、表題を Glocalization：Time-Space and
Homogeneity-Heterogeneity とした自身の章において、この問題を集中的に論じ
ている［Robertson 1995］。そこで彼は、「グローカル」とは、日本企業が国際的
に展開しようとするにあたって生み出したコンセプトであることをまず紹介し
たうえで、グローバリゼーションにともなって進行するのは均質化のみではな
く、異質性の追求でもあるとして、グローバル化とローカル化はむしろ同時進
行的かつ一体的な現象だと論じた［Robertson 1995］。
　人類学においては、ジェームズ・ワトソンらが、グローバル化・均質化のい
わば代名詞だとされてきたマクドナルドに着目し、その東アジア各地への普及
のカギとなったのが実は土着化であったことを明らかにした［Watson 1997］。ま
た、日本でも前川が『グローカリゼーションの人類学』において正面からこの
問題を扱い、トレス海峡での自らの調査や、前掲のワトソンらの研究成果を用
いながら、グローバルに拡大した文化は現地で「翻訳」あるいは「流用」され、

314　Ⅲ　個人や企業主導の文化実践と表象

グローカリゼーションとはそうした文化のハイブリッドな「接合」であることを明らかにした［前川 2004］。

　グローバル化に限らず、例えばマクロな政治経済的状況がそのまま末端社会の生活全般を規定してしまうわけではなく、人々は様々な外的状況から影響を受けつつも、それらを解釈し、またそれらと交渉しつつ日々の生を実践しているのであろう。こうしたことは人類学にたずさわる者であればおそらく日常的に目にしているところであり、その意味で言うと、グローカル化も取り立てて新奇な現象であるわけではない。だが、ここでは以下のことを考えてみたい。つまり、人々の生活のさまざまな局面にグローバル化と、それにともなう、あるいはそれと一体化したローカル化、すなわちグローカリゼーションを見出すことはできるとしても、その浸透力はそれほどまでに強力なのだろうか。平たく言えば、はたしてグローカリゼーションは村落社会の生活の様々な局面において進行しているのだろうか。つまり、グローバル化＋ローカル化＝グローカリゼーションというこの図式の必然性を問い直してみるべきではないのかということである。

　床呂は、（スーパーモダニティの）脱領土化された空間を国際空港のトランジットに喩えるオジェ［Augé 1995］の見解—そこでは国籍や出身地や階級や文化を異にする雑多な人々が絶えず集まっては交差し、足早に立ち去っていく—を引き合いに出す。しかしその一方で、例えば国際空港内という空間で勤務している職員の視点からすれば、そこは同僚や上司に代表される知悉した者との対面的な相互作用、あるいは仕事に関するノウハウや職場の人間関係に直結したローカルで固有の知識といった細かなニュアンスで色濃く意味づけされた「場所」として立ち現れてくるのだという［床呂 2006: 83-84］。彼のこの指摘のように、グローバル化／グローカル化も、誰にとっての、どういった局面を切り取るかによって、様々な様相を呈する事象なのであろう。

　本稿ではこうした問いを議論するために、広東珠江デルタにおける家屋の変遷に着目する。家や建築を扱った人類学でことごとく指摘されているように、家屋は、人が暮らし、集い、生産消費活動を行う場であると同時に、住む人の世界観を投影し、儀礼的な行為を行う象徴的空間でもあるのだ［Carsten and Hugh-Jones 1995; ウォーターソン 1997; Knapp 2005］本稿では、前者については家屋の構造、後者については家屋内における祭祀対象の祀られ方という2つの側面から家屋の変遷を捉え、グローバル化／グローカル化と家屋との複合的な関係の一端を明らかにしてみたい。

## 1　調査地の概況：グローバル化のなかの珠江デルタ

　本稿は、広東省広州市の郊外に位置する村落での現地調査から得られたデータにその多くを依拠している。ここでは議論に先だって、まずフィールドの概況を記しておく。本稿の論旨に鑑みてグローバル化の諸相を織り込んだ描写となるが、仮にそうした制約がなくとも、当地域の社会状況が内外の政治経済的な状況と密接に連関していることに触れないわけにはゆかない。

　中国、特にその沿岸地域は1980年代からめざましい経済発展を遂げている。そして広東省の省都である広州市と周辺の珠江デルタ地域は、その最前線として過去30年間の経済改革を牽引してきた。1970年代末から共産主義の実現を棚上げし、経済発展を最優先することにした中国政府は、広東省を対外的な開放政策の、いわば実験場とした。その背景には、広東省が香港・マカオに近接することに加え、首都から遠く、また当時の国家的な収入への貢献度が低かったという事情があった［ヴォーゲル 1991: 17-20］。国家内での周縁的な位置づけゆえに実験的な経済改革の牽引役を担わされることになった広東省は、その後まさに驚異的な発展を遂げる。

　数字を挙げてこれを示すならば、1978年に広東省のGDPは国家トータルの5.1パーセントで第6位だったものが、1994年には9.5パーセントで第1位となった［Cheng 1998］。最新の統計（2010年度）でも、広東省のGRPは4兆6013元で第1位［中華人民共和国国家統計局 2011: 56］、都市別でも広州市は9138億2135万元で、上海市、北京市に次いで第3位につけている［国家統計局城市社会経済調査司 2011: 119-116］。またここ数年のうちには、日本の主要な自動車会社が生産拠点を置き、広州は「中国のデトロイト」の異名を持つようになっている。

　こうして1980年代のなかばを過ぎるころから、広東省および広州市はいち早く経済発展を遂げた豊かな地域の代名詞となり、広州を取り巻く珠江デルタ各地も農村部としては例外的に高い生活水準を享受するようになっている。そして、この経済発展とグローバル化の波は、広州市の東南部に位置する調査地の村とその周辺にもはっきりとしたかたちで及んでいる。

　この村が属する鎮内には、1980年代から台湾あるいは香港資本の衣類や靴の製造工場が数多く建てられており、また数年前には日本の大手エレベーター・メーカーも工場を建設した。そうした工場で働く村の住民も少なくない。

316　Ⅲ　個人や企業主導の文化実践と表象

また 2011 年には広州でアジア大会が開催され、村からほど近い場所にはスタジアムや選手の宿泊施設が建設された。それにあわせて交通網も急ピッチで整備され、村近隣と広州の中心部は地下鉄によって結ばれた。こうしたインフラの整備に併走するかのように、村の周辺には高層マンションがいくつも建てられ、週末ともなるとモデルルームの見学会が開かれている。筆者が村に住んで長期間のフィールドワークを行っていた 2001 年と比べると、人々の平均的な収入はおよそ 2.5 倍になり、同時に地価や物価もそれを上回る勢いで上昇している。

　こうした経済発展とグローバル化の諸相は、人々の日々の生活においても随所に見てとることができる。香港やマカオへは言うに及ばず、東南アジア、台湾、日本へ旅行したことがある人も少なくない。夕方からゴールデン・タイムにかけては日本のアニメがたくさん放送されているし、若者の携帯電話の着信音が筆者も知らないような最新の日本の歌謡曲だということもある。

　こうした諸々の事象をグローバル化の視点で眺めてみるのも興味深いが、しかし人々の生活がそれ一色に染められてしまっているわけではないのも事実である。例えば買い物について言うと、人々はつい先ほどまで生きていた活きのいい食材を市場で購入するのを断然好む。スーパー・マーケットもあるのだが、食料品売り場の人影はいつもまばらだ。毎日の食卓には、洋食はおろか、揚げたものや辛味をきかせたものなど、中国の他地域の料理が並ぶことすらもまずない。みな慣れ親しんだあっさりとした味付けの広東の家庭料理を来る日も来る日も食べている。村のレストランはあいかわらず早朝から飲茶の客で大いににぎわっているし、ここ最近も新しい店が相次いでオープンした。つまり、日常レベルの人々の暮らしの少なからぬ側面には、意外なほど、大きな変化は感じられないというのが素朴な実感なのである。

　以下に家屋を題材にして論じようとするのもこうしたことに近い。つまり、中国、広州、そしてその近郊の一村落のいずれに着目しようとも、グローバル化（そしておそらくグローカル化）の諸相を数多く見出すことはできる。しかし、人々の生活や文化には、グローバル化／グローカル化の影響が及びやすい、あるいはそれらとなじみやすい側面と、そうではない側面があるということだ。

## 2　家屋の形態と祭祀対象の変遷

　ここからは、実際の家屋形態の変遷に着目しながら、それにともなって祭祀

写真1　清代に建てられた家屋の外観。広州市（2001年、筆者撮影）

写真2　清代の家屋の細長い形窓。「石框」と呼ばれる。広州市（2001年、筆者撮影）

対象の祀られ方がいかに移り変わっていったのかを明らかにしてゆく。タイムスパンを清朝末期の19世紀後半から今日までのおおよそ100年あまりに定めたとき、調査地において家屋の形態が変わる、すなわち多くの人が新しいスタイルの家屋を建てる時期は総じて2度あった。よって本稿では、清朝末期の家屋について記したあと、その2つの時期である1970年代のなかばと1990年代末以降に建てられた家屋について順に見てゆくことにする。そして最後には、ここ数年の間に幾人かの村の人々が新たに購入して住み替えるに至ったマンション形式の家屋についても言及する。

## 20世紀以前に建てられた家屋

　実際のところ、今日この村には中華人民共和国の建国以前、すなわち1949年より前に建てられた家屋はほとんど現存しない。それは、大規模な家屋であれば1950年代に共産党が行った土地改革の際に取り壊されて建築資材として分配されたからであり、またその他の大半も後述する二つの時期に建て替えられたからである。こうした状況はこの村に限らず、珠江デルタの全域、ひいては沿岸部の多くの地域にあてはまるであろう。本稿で取り上げるのは、そのわずかな例外とも言える、清代後期の19世紀末に建てられた大規模な家屋である。所有者の一家は20世紀以前には大きな土地と財を有していたが、1949年の時点では没落していたため、「地主」階級に分類されるのをまぬがれ、家屋

写真3 入り口に祀られている門官。広州市（2001年、筆者撮影）

写真4 吹き抜け状の中庭に祀られた天官。広州市（2001年、筆者撮影）

も没収されずにすんだのだという。今では住人たちは1990年代に新しく建てた家に住んでおり、この家屋は空き家となっている。

　この時期の家屋の多くは、「青磚」と呼ばれるねずみ色のレンガを積み重ねて建てられている[1]（写真1）。一般的に家屋に大きな窓を設けることはなかった。これは防犯と風水上の理由のためである。ただ、この家屋のように、通気のために幅25センチメートル、高さ80センチメートルほどの細長い隙間—「石框」と呼ばれる—が壁に設けられていることがある（写真2の右上部）。

　家屋は2階建てであり、1階部分は主として「正庁」と呼ばれるメインルームが占める。この正庁と外壁との間には煮炊きをする竈があり、上部は屋根で覆われている。また入り口と正庁の間には中庭状の吹き抜けになった空間が設けられており、「天井」と呼ばれる。この天井によって家屋の通気性が保たれたのである［陸・魏1990: 250-251］。正庁の両脇の細い階段を上がった2階部分には二つの部屋がある。ここにはかつては寝室でベッドが置かれていたが、今では物置となっている。

　次に、こうした形態の家屋の中にはどのような祭祀の対象が、どう祀られていたのかについて見てゆくことにする。まず、入り口の門を入って左側の壁には「門官」が祀られている。門官とは、入り口の扉に描かれた「門神」とともに、家屋に邪なるものが侵入するのを防ぐ役割を担う神である。この家のものは、「門官土地福徳正神」の文字を彫り込んだ石版を壁に埋め込んだ形態である（写

グローカリゼーションという視点から見た祭祀空間としての家屋の変遷 319

写真5 壁に備えつけられた祭壇。中央には「神」が祀られている。広州市（2001年、筆者撮影）

写真6 祭壇左に祀られた祖先の位牌。広州市（2001年、筆者撮影）

真3）。

屋根のない中庭状のスペースの壁には「天官」が祀られている（写真4）。天官とは毎戸に降臨した神である。だから、たいていはこのように頭上が開けた、吹き抜け状の場所に祀るのだという。この家屋の場合は、地面から2メートルほどの高さの壁の上部に「天官賜福」と赤地に白色の浮き彫りがほどこされたプレートがはめ込まれており、プレートの周囲を縁取るように精巧な彫刻が施されている。その下部の、地面からおよそ1メートルの高さの位置には、線香とろうそくを供えるための赤色の筒型の容器が取り付けられている。

正庁の正面の壁の上部には、端から端までをわたすかたちで木製の棚が備えつけられている（写真5）。これは神と祖先を祀るための祭壇であり、「神台」と呼ばれる。祭壇の中央には幅60センチメートル、長さ1メートルほどの木製のプレートが掛けられており、そこには「神」という文字が彫られている。これは文字通り当家の神である。その前には線香と供え物を捧げるための台が設けられている。

神棚の向かって左側には祖先の位牌が置かれている。神祇世界における地位として神は祖先よりも上位あるために、祭壇の中央に神を、左に祖先を配置するのである。位牌の後ろには「陳門堂上歴代宗親」と書かれた木製の板が、その左右には「福禄自天生」「珠璣随地起」と書かれた対聯がそれぞれ掛けられている（写真6）。

写真7　祭壇の下部に祀られた土地公。広州市（2001年、筆者撮影）　　写真8　厨房に祀られた灶君。以前は壁に埋め込まれた形態だった。広州市（2001年、筆者撮影）

　祭壇の下には現地の人々が「地主」あるいは「土地公」と呼ぶ土地神が祀られている（写真7）。木の板には「五方五土五帝龍神　前後地主護宅之神」と彫り込まれており、その前には線香を供えるための鉢が置かれている。土地神はその土地を守護する神であるとされ、村、村の下部単位、世帯といった居住ユニットごとに祀られていた。また、村より上位の県城などは城隍と呼ばれる神が守護するとされ、それら都市部のほぼすべてには城隍を祀った城隍廟があった。
　厨房には竈の神である「灶君」が祀られている（写真8）。この竈の神は人々の行いを監督するために天上の神から遣わされ、旧暦の12月24日にはその家の1年間の様子を報告するために天上に帰ると考えられてきた。その際に人々は神によい報告をしてもらえるように、供え物を捧げて竈神を天に送った。そして、竈神はそのあと12月30日に再び降臨し、次の1年もその家の行状を見守るために厨房に鎮座したのである。この家屋の竈神は、もともと「灶君」という文字を彫った石版を壁に埋め込んだ形態であったのだが、1949年以降に厨房を改築したために、現在では「定福灶君」と書かれた紙を壁に貼りつけるかたちとなっている。
　ここで、清代に建てられた家屋に祀られている祭祀対象について整理しておこう。入り口には門を守る「門官」、中庭には天から降臨した「天官」、メインルームに設けられた祭壇には中央に神、向かって左側に祖先の位牌、祭壇の下には土地の神である「土地公」、厨房には竈の神である「灶君」がそれぞれ祀られている。こうした神々の特徴は、家屋の構造の一部として組み込まれていることである。祭壇も、厚く長い板を壁から壁にわたす形状のものである。門官や

天官、さらには灶君もこの家屋では厨房そのものが作り替えられたため現存しないが、元々はやはり壁に組み込まれたかたちのものであった。つまり、この時期の神々の配置のされ方は「組み込み型」と形容できるものである。また、門官や天官のプレートの周囲には精巧な彫刻がほどこされてあるし、祭壇中央の神や祭壇下の土地公も木の板を彫り込んだ形状である。後述する後の時期のものと比べると、すぐれて入念かつ精巧な、現地の人々が広東語で「有心機」<sup>ヤウサームゲイ</sup>と表現するところのつくりである。

家の住人たちは、こうした神々や祖先に対して、数々の祭日にしかるべきかたちで祭祀をとり行った。この家屋と家屋内に祀られた祭祀対象の形態とを後期帝政期のいわばプロト・タイプと見るならば、1949 年以降はそのうちのある部分は大きく姿を変えてゆくことになる。以下それについて見てゆくことにする。

## 1949 年以降、人民公社時代の家屋

1949 年以降の家屋と祭祀対象の形態は、新たな政治経済的な状況のもとで変容を余儀なくされた。中華人民共和国を建国した共産党は社会主義国家の建設に向けて、土地改革、人民公社の編成、「封建迷信」の打破などを次々と実行していった。また、大躍進に端を発した困窮や、文化大革命に代表される政治的な動乱、あるいは集団体制下における経済の停滞といったいくつかの状況が、この時期の家屋の形態と家屋内の祭祀対象のあり方を決定づけることになった。

まず、1950 年代から 1960 年代にかけては、新しい家屋が建てられるということはほとんどなかった。その主要な要因は、人民公社に組み入れられた農村の人々にとって個人的に富を蓄積することは困難であり、また総じてみな豊かではなかったという当時の状況に求められる。

家屋の中に祀られていた神や祖先にも大きな影響が及んだ。1949 年以降、とりわけ 1964 年からの文化大革命をピークとして、共産党政府は既存の文化や信仰の排撃を進めた。村では、祖先を祀った祠堂や墓、神々を祀った廟が破壊され、儀礼や祭祀が行われることはなくなった。個々の家屋においても、祖先や神々を祀ったり、祭祀したりすることはできなくなった。文化大革命の時期には、紅衛兵たちが家の中にまで入ってきて、そうした「迷信的な」ものがないか、家宅捜索をしたのだという。多くの人々は位牌や神のプレートを取り外し、見つからないように隠すか、あるいは焼いて処分するかした。各家庭に

写真9 取り付けられた祭壇と位牌。広州市（2001年、筆者撮影）

写真10 貼り付けられた門官。広州市（2002年、筆者撮影）

は毛沢東の肖像画が配られ、神々に代えて掲げることが義務づけられた。

　家屋をめぐる状況が再び変わり始めるのは、1970年代のなかばを過ぎたころからである。毛沢東が世を去り、文革が終息し、中央政府が改革開放へ舵を切ろうとしていた時期であった。このころから村では新しく家を建てる人が出はじめた。たいていは、もとの家があった場所に、レンガとセメント製の2階建ての家を建てるというのが一般的であった。費用はだいたい5000元以下で事足りたのだという。

　一例を挙げるなら、筆者の調査協力者の一家も、1978年から1979年にかけて、それまで住んでいたところに新しく家を建てた。特に私と親しい現在60代の三男を中心に見るなら、彼らは男4人、女3人の7人きょうだいであり、父親とともに、もともと隣り合わせの2軒の家に住んでいた。人数が多く、豚など家畜も飼っていたために、2軒の家が必要だったのだという。母親は建国間もない1950年代に亡くなっている。家を新築したとき、姉2人はすでに結婚して村を出ていた。

　このとき彼らが新しく建てた家は、赤いレンガづくりでセメントを表面に塗るという当時の一般的なスタイルであった。壁には50センチメートル四方の窓が設けられている。窓には鉄格子が2、3本取り付けられている。清代の家屋の細長い窓と比べると、この窓はかなり大きい。中庭状のスペースはない。1階は「2庁3房」つまり、2つのダイニング・ルームと3部屋、2階には3部屋という構造になっている。住む人の数が多いために、面積の割に部屋の数を

多くしたということである。清代の家屋と比べて、居住性や快適さをより重視している様子がうかがえる。

彼（三男）が現在住む家には、新築当時、彼と、未婚の次男と四男、それに妹（三女）が住んでいた。後に次男と四男は結婚と同時に家を出た。紙工場で働く次男は工場の宿舎に、中学校の教師となった四男は家を新築して住むようになった。現在この家には彼と妹が２人で住んでいる。隣の家には、当初父親と、結婚して間もない長男夫婦が住んでいた。やがて1990年代末に長男の息子が結婚すると、父親は隣に住むようになった。2002年に父親は亡くなり、現在では、長男夫婦と、彼らの息子とその娘が住んでいる。

このように1970年代なかば過ぎから新しい家が建てられるようになったのだが、神や祖先は表向きには依然として祀ることはできなかった。したがって、彼らがこのとき建てた家には祭壇もなければ、門官や天官や灶君が壁に組み込まれるかたちで設けられることもなかった。

このような状況が大きく変わるのは1980年代に入ってからである。1970年代末から共産主義の実現を事実上棚上げし、経済発展を軸とした近代化を国是とするようになった共産党は、それまで排撃してきた伝統的な文化や信仰も政策に有益なものであれば積極的に公認するようになり、また大きな影響力を持たないものに関して強く介入することは基本的になくなった。こうした政策の転換にともなって、各地で寺廟や祠堂などが再建され、儀礼が再開されているのは数多く報告されている通りである。

家屋内の祭祀対象も再び祀られるようになった。ただし、この時期に祀られはじめた神々や祖先には大きな特徴がある。それは、清代の祭壇や門官・天官・灶君が家屋の構造に組み入れられた「組み込み型」であったのに対し、この時期の祭祀対象は「取り付け型」とも形容できる形態だということである。

まず祭壇である。彼の家の祭壇は2002年の父親の死後に新しい形態のもの（後述）に買い換えたため、ここでは彼の叔父、すなわち彼の父の弟の家屋に当時の典型的な祭壇を見てみよう。1980年代に入ってから設けられたこの祭壇は、壁の上部の角に50センチメートル四方の木製の板を取り付けたかたちのものである。そして、その板の上に祖先の位牌が置かれている（写真9）。位牌がなければ、壁のコーナーに取り付けた物置に見えなくもない。家を建てた当時この祭壇はなく、1980年代に後付けしたのである。門官も、入り口の扉を入った脇の壁という本来の場所に祀られたが、赤地の紙に金色の文字が記された市販のものである（写真10）。それは天官と灶君も同様である。天官は部

324　Ⅲ　個人や企業主導の文化実践と表象

写真11　貼り付けられた天官。広州市(2002年、筆者撮影)

写真12　貼り付けられた灶君。広州市(2004年、筆者撮影)

屋を出て外壁とのあいだにある屋根のない場所に（写真11）、灶君は厨房の足下という、いわば所定の位置に祀られているのだが（写真12）、ともに紙に文字を記したものを貼りつけたかたちである。家を新築した当時は、まだ神や祖先を祀ることはできず、こうした祭祀の対象を構造的に組み込んで家を建てることは不可能だった。1980年代なかばから文化や信仰に対する党の統制が弱められると、人々は祭祀対象を取り付けて、再び祭祀を行いはじめたのである。

　人民公社時代に建てられた家屋の特徴は、家屋の形態と家屋内に祀られた祭祀対象のあり方が、時間的なずれをともなって推移していることである。家屋のかたちそのものは、多くの場合1949年以降もしばらく変わることはなかったが、祀られていた祭祀対象は姿を消した。次いで1970年代なかばから新しい形態の家屋が新築されるようになるが、当初はそこに祭祀の対象は組み込まれていなかった。それら祭祀対象は、1980年代なかばからほぼもとあった位置に再び祀られるようになるが、文字を記した紙を後付けするという「取り付け型」であった。こうした家屋の形態と祭祀対象のかたちが再び大きく変わるのは、次節で述べるように、1990年代なかばを過ぎてからのことである。

## 1990年代なかば以降の家屋

　家屋新築の新しい波が再び訪れるのは、1990年代なかばを過ぎたころであった。この時期から2000年代の前半まで盛んに建てられたのは、外壁をピンクやオレンジのカラフルなタイルで覆った4、5階建ての大規模な家屋である（写真13）。こうした豪奢で大きな家を建てることができるようになったのは、何よりも人々の経済的な状況が大きく上向いたからである。広東省が改革開放の最前線とされ、その中心に位置する珠江デルタが経済発展の恩恵をいち早く受

写真13　1990年代なかば過ぎに建てられた家。
広州市（2004年、筆者撮影）

けたことは先に述べた。人民公社が解体され、かつ個人の経済活動が認められるようになると、人々は農業をやめて、個人で商売を始めたり、工場での労働に就くようになったりして、生活水準を大きく上昇させることに成功した。さらに、1980年代以降、香港や海外に住む家族や親族とのつながりが再び活性化し、そうした豊かな者たちからの資金援助を受けられるようになったという状況もあった。また、村の政府は農地の使用権を香港の不動産会社に売ったり、そこに工場を誘致したりする一方で、人民公社の元成員たちに分配したり、比較的安い値段で売ったりした。土地の使用権を得た人々のうち、ある者はそれをさらに他人に売り、ある者はそこに新しく家を建てたのだった。

その一つの事例として、別の調査協力者のケースをとりあげよう。彼は現在40代後半の男性で、妻と専門学校に通う息子がいる。彼らは2001年に現在住む家を新築した。土地と建築費で30万元が必要であった。家はピンクのタイルで外壁を覆った5階建てである。1階はリビングとキッチンと一部屋があり、2階から4階まではリビングと三つの部屋、5階のみワンルームで、ベランダが併設されている。

彼らは調理と食事、それに応接に1階を使い、生活空間としては2階を使用している。1階の一部屋には70代の彼の父親が住んでいた[2]。3階から5階までは賃貸に出している。1980年代からこの地域がめざましい経済発展を遂げるにともなって、内陸部から出稼ぎの労働者たちが大挙して押し寄せ、村に住むようになった。1990年代末から2000年ごろにかけてはまさにそのピークで、珠江デルタ各地の大半の村では、本村人と同じくらいか、それを上回る流入人口が暮らすようになっていた。こうした状況によって、部屋を貸しに出すことが現金収入を得る有益な手段となったのである。かくいう筆者がフィール

326　Ⅲ　個人や企業主導の文化実践と表象

写真14　入り口の壁に埋め込まれた門口土地福神。広州市（2005年、筆者撮影）

写真15　厨房の壁に埋め込まれた灶君。広州市（2009年、筆者撮影）

ドワーク中に借りていたのも彼のこの家のワンフロアであった。2001年から2002年当時、各フロアの賃料は500元から800元ほどであった。仮に3フロア全て借り手がいれば2000元ほどの収入になり、一家が生活するには十分な額を得ることができる。

　部屋のつくりでまず特徴的なのは、大きな窓が取り付けられており、また床にも壁にもカラフルなタイルが敷かれているので、明るく清潔な印象を受けるということだ。ただし、どの窓にも堅牢な鉄格子が窓全体を覆うように取り付けられており、また出入り口の門も、清代や人民公社時代の木製の門とは異なって、鉄製である。彼らの話によると、外部からの流入人口が増加して村の治安がひどく悪化したために、防犯のためのより強固な設備が必要になっているのだという。なお中庭はない。その他としては、各フロアに浴室とトイレが完備されており、それぞれの部屋は鍵がかかるようになっている。フロアごとに見るなら、都市部のマンションとそれほど変わらないつくりだと見なすことができる。また、正面の玄関の他に家の裏にも出入り口が設けられており、上階へつながる階段が備え付けられている。上の階に住む賃貸者が出入りする際に家主たちの居住スペースを通過しなくてすむように設計されており、互いのプライバシーが確保される構造となっているのである。

　次に祭祀対象に目を向ける。大きな特徴の一つは、祭祀対象のうちのいくつかが再び「組み込み式」の形態になっているという点だ。入り口の門口土地福神（写真14）と厨房の灶君（写真15）は、ともに壁のタイルに埋め込まれたかたちのものである。これらは家屋を建てる際にすでに組み込まれていたのである。門官は、この家屋のものは組み込み式ではないが、棚が入り口の壁にボルトで固定されている（写真16）。ちなみに、この時期に建てられた家屋では、

グローカリゼーションという視点から見た祭祀空間としての家屋の変遷　327

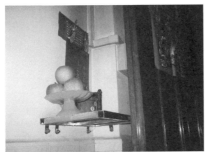

写真 16　ボルトで固定された台の上に祀られた門官。広州市（2004 年、筆者撮影）

写真 17　棚状の新しい祭壇。広州市（2010 年、筆者撮影）

門官も組み込み式であることもめずらしくない。1990 年代なかば過ぎになると、家屋内の祭祀活動に関して政府から批判を受けるという懸念はほぼなくなった。よってこの時期に新しく建てられた家屋には、こうした祭祀対象が設計の段階ですでに組み込まれているのである。

　次に祭壇を見ると、今日では清代の家屋のような、部屋の端から端を渡すタイプはまず用いられず、棚状のものが一般的である。この家の祭壇は三つに仕切りがされた 3 段式で、上段に神、中段に祖先、下段に土地公が祀られている（写真 17）。2 段式のものであれば、上段の右側に神、左側に祖先、下段に土地公を祀る。神祇世界の位置づけでは神は祖先よりも上なので、祀る際には祖先よりも上、あるいは右側に置くのである。この棚式の祭壇は、もともと香港の都市部の家屋で普及しはじめ、1990 年代には広東でも使われるようになった。壁に組み込まれた清代の祭壇とは違い、部屋のレイアウトに応じて配置換えが可能であり、現代的な家屋には都合がよい。

　最後に天官について見る。この新しい家屋は限られた面積を有効に活用するよう設計されているので、中庭状の吹き抜けスペースは設けられていない。では天官はどこに祀ってあるのかというと、それは入り口の壁である。新しい家屋には中庭や吹き抜けのスペースはないが、天から降臨した天官はやはり頭上が開けた場所に祀られているのである。

　この新しい家屋の特徴としては、まず現代的な利便性と快適性の追求に大きな比重が置かれている点を指摘できる。大きな窓は風水的な見地からは好まし

328  Ⅲ　個人や企業主導の文化実践と表象

写真18　新しく建てられたマンション。広州市（2004年、筆者撮影）

写真19　マンションの玄関の壁に埋め込まれた門口土地福神。広州市（2004年、筆者撮影）

写真20　マンションのベランダに祀られた天官。広州市（2004年、筆者撮影）

いとはいえないのであろうが、カラフルなタイルとあわせて、室内に光と明るさをもたらしている。また、複数階建てにしたことで、数世代の同居が互いの独立性を確保しながら実現されている。この家屋の持ち主たちも、父親が1階の1部屋に、彼ら3人は核家族というかたちで2階に暮らしてた[3]。親と息子たちの家族がそれぞれの階に住んでいるというケースも珍しくない。各階に分かれつつ同一の家屋内に住むという、新たらしい数世代同居のかたちだといえよう。また空いた階を他人に賃貸するという選択もこれまでにはありえなかった。複数階建ての新しい家屋の形態と、出稼ぎ移民たちが数多く暮らすようになった珠江デルタ特有の状況が相互に関連して生まれた状況だといえよう。

　祭祀対象について見れば、政府の統制が緩和されたことを受けて、多くの神が再び「組み込み式」のかたちで祀られている。また門官は入り口の壁、灶君は厨房というように、所定の位置に祀られている。一方、祭壇は家の構造に再

び組み込まれることはなく、棚型のものが普及し、また吹き抜け状のスペースも設けられていない。しかし同時に、神や祖先の祀られ方、すなわち祭壇においては神が常に祖先の上、あるいは右側に、天官は頭上の開けた玄関の壁に祀るという点は変わっていない。祀り方の構造には顕著な持続性を認めることができるのである。

## 都市部のマンションへ：新しい傾向

　最後にここ数年の新しい傾向について簡単に述べておきたい。この村と周辺には、区の中心部、すなわち旧県城およびその付近にマンションを購入して移り住んだ人々がいる。広州市の市街地と地下鉄で結ばれたということもあって、旧県城周辺には近年次々と高層マンションが建てられている。例えば、旧県城と村のほぼ中間地点に 2000 年代前半に建てられたのは、部外者が随意に出入りできないように敷地の入り口にガードマンが駐在しているという、都心部に典型的なマンションである（写真 18）。売り出された当初、価格は 20 万元あまりであった[4]。こうしたマンションを購入して移り住んだ人たちは、農村部より治安もよいし清潔である、あるいは子どもの教育のためには都市部の学校の方が好ましいと語る。

　興味深いのは、そうしたマンションにあっても祭祀の対象が「組み込み式」で祀られていること（写真 19）、天官はベランダの頭上の開けたスペースに祀られていることである（写真 20）。冒頭で述べたように、現在では村の周辺にも高層マンションが建設され、今後はこうした新しい形態の家屋に住む人が増えてくると思われる。人々がそこでどのように祭祀を行うのか、今後も注目し続けなければならない。

## 3　グローバリゼーション／グローカリゼーションと家屋

　冒頭で述べたように、ロバートソンがグローカリゼーションというコンセプトを社会科学に取り入れたのは、グローバル化によって地域性が駆逐され、世界が均質化してゆくという通説、およびグローバル化とローカル化とを対極的に捉えた解釈に再考を迫るためであった [Robertson 1992, 1997]。ワトソンらがマクドナルドの事例から示したように、文化や情報は土着的な解釈や適応のプロセスを伴いつつ世界に広がってゆく [Watson 1997]。グローバリゼーションそのものはローカリゼーションと対置される概念なのではなく、両者は表裏一

体、あるいは前者は必然的に後者をともなった現象であると解釈することができる。

　では、こうした観点から家屋を見るとどうだろうか。これまでに記述してきた通り、珠江デルタの村落においては、1970年代と1990年代に新しい形態の家屋建設の波があり、そして現在は新築マンションを購入するという潮流が広がろうとしている。とりわけ1990年代の大規模な家屋の建設とここ数年のマンションへの住み替えは、この地域の経済発展によって実現した選択肢である。そもそも珠江デルタの経済発展が、改革開放政策を契機として、安価な土地へ安価な労働力を大量に投下し、安価な輸出品を大量生産することによって達成されたという経緯を考えれば、こうした家屋の変遷はまさにグローバル化の一つの帰結として理解されよう。そしてマンションという新しい居住スタイル、さらにそこでの生活様式のそこかしこにグローバリゼーションを（そして、おそらくはそれと一体となったグローカリゼーションも）見て取れよう。

　では祭祀対象についてはどうだろうか。仮に清代のものをプロトタイプとして見た場合、祭壇が壁から壁を渡す形態のものから可動式の棚状のものになったり、また天官が祀られていた中庭状のスペースが家屋内から姿を消したりといういくつかの変化はある。しかし、それにもまして顕著なのは、祭祀対象の種類と祀られ方についての構造的な持続性であろう。門官、天官、祭壇の神・祖先・土地公、灶君といった家屋内の祭祀対象の基本的な構成は踏襲されている。そして、それらが所定の位置、すなわち門官は入り口の壁、灶君は厨房、また可動式になった祭壇にあっても、神が祖先に対して上部もしくは右側、さらに吹き抜けの中庭がなくなっても、天官は頭上が開けた場所に祀られているという点に変更はない。

　イバンの居住環境の変化を追った内堀によれば、周囲の社会状況が大きく変わる中で新しく建てられたロングハウスは、いくつかの構成的な変更によって、古いものと比して幾分かの劣化は認められるものの、全体としての象徴的空間性は保たれているという［内堀 2006: 109］。珠江デルタの村落社会もまた、本稿で扱った1949年以降のみをとっても不断に変化を経験してきており、とりわけ1990年代からはグローバル化（そしておそらくはグローカル化）とも形容しうる様々なことがらの影響を受けつつ、家屋の形態そのものは大きく移り変わってきた。しかし家屋内の祭祀対象は、こうした変化とほとんど交わることなく、構造的な持続性を顕著としている。確かに1949年から約30年の間、共産党の政策によって、祭祀対象は一時的に姿を消した。しかしその後、1980年代な

かば過ぎに党が政策を転換させると、再び所定の位置に「取り付ける」かたち
で祀られるようになった。こうして見ると、家屋内の祭祀対象にとっては、グ
ローバル化／グローカル化よりもむしろ、党の政治との関連性が重大な意味を
持っていたことが明らかである。さらにその後、複数階建ての住居やマンショ
ンといった新たな家屋の形態が普及した1990年代なかば過ぎには、党の統制
はほぼ懸念する必要のない程度にまで緩和されており、「組み込み式」の祀り
方が再登場している。ここからも、家屋内の祭祀対象には構造的な持続性が認
められること、そしてその顕在のあり様はやはり党の政策との兼ね合い如何で
あることが分かるのである。

## おわりに

本稿では、家屋の形態と家屋内に祀られた祭祀対象の変遷をおよそ100年に
わたって追ってきた。その結果明らかになったことをまとめるなら、次のよう
になろう。まず、家屋の形態は時代ごとの政治経済的な状況や、とりわけ近年
ではグローバル化の影響を受けながら、幾度かの大きな変化の波を迎えてきた。
一方、家屋内に祀られた祭祀対象は、家屋形態の変化による影響と無縁だった
わけではないが、総じて構造的な特質を維持している。そして、そのあり方に
直接的に大きな影響を与えてきたのは共産党による政策であり、グローバル化
／グローカル化が関与する局面は多くはなかった。

前掲の論文の中で内堀は、いかなる社会空間であっても完全に単層的なわけ
ではなく、せいぜい日常性の多くの部分においてある層が卓越しているにすぎ
ないという。つまり、空間の全領域は重層的に構成されているのである［内堀
2006］。村落や家屋、そしてそこに生きる人々の生活もまた重層的に構成され
ているのであって、ある位相においてはグローバル化との、ある位相において
はグローカル化との関わりが密接である一方で、それらとの関わりが薄い位相
というのもまた存在するのだろう。本稿で取り上げた主題で言えば、家屋の形
態そのものは前者に相当し、その中に祀られた祭祀の対象は後者、つまりグロー
バル化／グローカル化とはそれほどインタラクションを交わすことのない位相
にあると理解できよう。

グローバル化／グローカル化は人々の生活の少なからぬ領域と確実に関連し
ていて、それらを対象とした研究の重要性を否定するわけではない。しかし、
グローバル化／グローカル化にはあまりなじまない位相に着目することで、そ

332　Ⅲ　個人や企業主導の文化実践と表象

れらと密接に関わった位相をことさらに強調していたのでは見過ごされがちな
特質を照射することもできると思うのである。おそらく「冷たい社会」はもは
や世界中のどこにも存在しないだろうが、比較的「冷たい位相」はそこかしこ
に見出しうるということであろう。

注

1）また、この家屋には見られないが、当時の裕福な者たちが建てた家屋には、牡蛎の殻
を一面に敷き詰めた「蚝殻墻」と呼ばれる外壁や、先端を楕円形状にカーブさせた「巻
耳」と称される屋根など、独特の建築的特徴をもつものが多い。これらの家屋はS村に
おいては今日ほとんど現存していない。

2）しかし、彼の父親は2013年に亡くなった。

3）彼らの息子は、2013年から専門学校の寮で暮らしている。

4）しかし現在、同規模のマンションの価格は少なくとも3、4倍に上昇している。

## 参考文献

英語

Augé, Marc

　　1995　*Non-Places: Introduction to an Anthropology of Supermodernity.* London: Verso.

Carsten, Janet and Stephen Hugh-Jones

　　1995　Introduction. In Carsten, Janet and Stephen Hugh-Jones (eds.), *About the House: Levi-Strauss and beyond*, pp.1-46. Cambridge: Cambridge University Press.

Cheng, Joseph Y. S.

　　1998　Introduction. In Joseph Y. S. Cheng (ed.), *The Guangdong Development Model and Its Challenges,* pp.1-11. Hong Kong: City University of Hong Kong Press.

Knapp, Ronald G.

　　2005　China's Houses, Homes, and Families. In Ronald G. Knapp and Kai-yin Lo (eds.), *House Home Family: Living and Being Chinese*, pp.1-9. Honolulu: University of Hawai'i Press.

Robertson, Roland

　　1992　*Globalization: Social Theory and Global Culture.* London: Sage Publications.（ローラン
ド・ロバートソン 1997『グローバリゼーション：地球文化の社会理論』阿部美
哉訳、東京：東京大学出版会）

　　1995　Glocalization: Time-Space and Homogeneity-Heterogeneity. In Lash, Scott, Mike Featherstone and Roland Robertson (eds.), *Global Modernities,* pp.25-44. London: Sage Publications.

Watson, James L. (ed.)

1997 *Golden Arches East: McDonald's in East Asia.* Stanford: Stanford University Press.（ジェームズ・ワトソン編、2003『マクドナルドはグローバルか：東アジアのファーストフード』前川啓治・竹内惠行・岡部曜子訳、東京：新曜社。）

中国語
国家統計局城市社会経済調査司編
2011『中国城市統計年鑑　2010』北京：中国統計出版社。
陸元鼎・魏彦鈞
1990『広東民居』北京：中国建築工業出版社。
中華人民共和国国家統計局編
2011『中国統計年鑑　2011』北京：中国統計出版社。

日本語
ウォーターソン、ロクサーナ
1997『生きている住まい―東南アジア建築人類学』布野修司監訳、京都：学芸出版社。
内堀基光
2006「社会空間としてのロングハウス―イバンの居住空間とその変化」西井涼子・田辺繁治編『社会空間の人類学―マテリアリティ・主体・モダニティ』、pp.92-115、京都：世界思想社。
床呂郁哉
2006「変容する〈空間〉、再浮上する〈場所〉―モダニティの空間と人類学」西井涼子・田辺繁治編『社会空間の人類学―マテリアリティ・主体・モダニティ』、pp.65-90、京都：世界思想社。
前川啓治
2004『グローカリゼーションの人類学―国際文化・開発・移民』東京：新曜社。

# 町に出るピモ
### 県城におけるピモ（彝族祭司）の活動

清水　享

## はじめに

### 彝族

　中国の「少数民族」[1]である彝（イ）族はおもに中国西南地方に居住する。雲南省、四川省、貴州省、広西チワン族自治区などに分布し、その一部は東南アジア大陸部のベトナム、ラオスにまで広がる。人口は2000年の統計によると、中国国内に住む彝族は約776万人であり、雲南省に約503万人、四川省に約178万人、貴州省に約84万人、広西チワン族自治区に約71000人が住んでいる。彝族は歴史的に都市や町を形成せず、そのほとんどが現在でも農村で暮らしている（図1）。

　彝族は中国でも比較的人口の多い「少数民族」であり、チベット・ビルマ語派の言語を話す民族としては最大の民族である。彝族は地域により、その社会形態、生活習慣、方言などに大いに違いがある。すなわち彝族内部で多くのサブエスニックグループに分かれているのである。それぞれの地域の彝族は自らを「ノス」、「ニェス」、「ナス」、「ロロ」、「アシ」、「サメ」、「サニ」などと称している。歴史的に言えば、漢民族から「夷」のカテゴリーにまとめられた人々がすなわち彝族として「識別」されたものである。

　彝族の歴史を見ると、元、明、清の時代には、非漢族の間接統治の方法であった土司制度により中央王朝に従っていた。明代では貴州の「水西宣慰使司」などが現地で強大な勢力を誇り、清代には土司を廃止する「改土帰流」により、雲南東北部の彝族土司の勢力が衰退した。清代末期から民国時代にかけて四川省涼山地方では武装勢力化し（「独立羅羅（ロロ）」と呼ばれた）、外部の勢力を駆逐した。また民国時代の雲南省政府主席の龍雲は彝族出身であり、彼は彝族のリネージを大いに活用し、統治集団を形成し、雲南を統治した。

　彝族の使用する言語は彝語であり、チベット・ビルマ語派に分類される。この彝語は方言も多い。現在では、北部方言、東部方言、東南部方言、南部方言、中部方言、西部方言の六つに分類されている。方言間では発音、語彙などが異

図1　涼山彝族自治州全図（グーグルマップをもとに筆者作成）

なり、意思疎通ができないことも多い。彝語は独自の文字である彝文字で表記される。ただし、この彝文字の起源は不明である。この起源には諸説があり、最も古いとする説で5000年前成立説があり、最も新しいとする説で明代成立説がある。現存する最も古い彝文字、すなわち成立年代が明確な最も古い彝文は15世紀に成立した貴州の「成化鐘銘文」である。明代には文字の体裁が整理されていることから、彝文字は少なくとも明代以前に成立していた説が妥当であろう。彝文字自体は4000字から8000字程度の文字数がある。彝文字で書かれた文書は宗教的な経典が多いため、経典の権威を高めるために文字の複雑化が進み、文字数が増えたのである。16世紀の道教文書の翻訳書である雲南の『勧善書』、17世紀末から18世紀初めに成立した貴州の『西南彝志』、清代から民国時代にかけて編纂された四川の『マムテジ』（教育大典）などが彝文古籍として知られている。彝文の多くが宗教的な経典であり、それらは宗教職能者によって所有され、儀礼で用いられたものだった。

　雲南省や貴州省の彝族の周囲には、漢族やその他の「少数民族」が居住し、言わば「雑居」しているような状況も多い。そのため漢族の文化や生活習慣の影響を受けやすく、いわゆる「漢化」が進み、彝族の独自の文化や生活習慣が減少している傾向がある。

## 涼山地方と涼山彝族

　四川省に居住する彝族の人口は約178万人である。そしてこの四川省の彝族のほとんどが涼山彝族自治州に居住している。涼山彝族自治州の全人口に対して彝族の占める人口比率は約42％であるが、美姑県、昭覚県、布拖県では3県全人口の90％以上が彝族という人口比率を示す（図1）。

　涼山彝族自治州とその周辺の攀枝花市、馬辺県、峨辺県、雲南省寧蒗県などの地域は通称「涼山」と呼ばれ、特に彝族が集中して居住している地域として知られている。昭覚県、美姑県、布拖県などはその中心地帯である。この涼山地方はいわゆる「大涼山」や「小涼山」[2]とも呼ばれる山岳地帯であり、涼山彝族はこの山岳地帯の各地に小集落を形成し、広く分布している。

　涼山彝族は自らを「ノス」[3]（Nuo su）と称している。この地域の彝族は他の地域の彝族と異なり、前述したように、清代末期から民国時代にかけて「独立儸儸」と呼ばれるほどの勢力を保った。そのため、他の彝族地域と比べて、独自の文化や生活習慣が長年保持されてきた地域であるとされる。

　涼山地域で特徴的なのは、現在でも固い結びつきを保つ父系リネージを形成、保持しているところである。この父系リネージは「ツヴィ」（cyt vi）といい、漢語では「家支」と表記される。漢族のリネージと異なり、この「ツヴィ」はおおよそ7代から9代を経ると、分支儀礼を執り行い、分支をする。分支をした後はそれぞれが別リネージとして認識され、通婚が可能となる。

　また他の彝族地域では見られない階層社会も民国時代まで保持された。階層は5層から成る。そのうち上位2層が支配層であり、最上位の首領層は「ズモ」、次位の戦士層は「ノホ」と呼ばれた。非支配層は一般農民の「チュホ」、独立奴隷の「アジャ」、家内奴隷の「ガシ」の3層である。1950年代での人口比は「ズモ」が約0.1％、「ノホ」が約6.9％、「チュホ」が約50％、「アジャ」が約33％、「ガシ」が約10％だった。「ズモ」と「ノホ」は通婚可能だったが、下位階層との婚姻は禁じられた。「アジャ」、「ガシ」は近隣の漢族などの人々が略取されてあてられたケースも多かった。こうした厳格な階層社会は1950年代には消滅したが、現在でも涼山彝族の人々の意識には潜在的に存在している。

　涼山彝族の生業はその多くが農耕と牧畜である。農耕はおもに山間でダッタンソバ（苦蕎）、燕麦、トウモロコシ、ジャガイモなどを栽培する。平野部の一部では稲作も見られるが多くはない。牧畜は羊、山羊、牛、馬を飼育する。地域によっては水牛も見られる。また豚や鶏も飼育する。興味深いのが、羊、

山羊、牛、馬のいずれの動物も乳製品としての利用はせず、乗用、農耕用として用いるほか、食肉、皮、毛皮、羊毛などの利用にとどまる点である。

涼山地方で話される彝語は北部方言に属する。他の彝族地域では母語が彝語でない彝族も多いが、この地方では現在でも北部方言の彝語を母語とする人々が多数派である。また涼山地域の彝族は伝統的な彝文字を整理統合し、現代彝文字にまとめることに成功した。1980年に、この整理された現代彝文字は「規範彝文字」として国務院に批准され、行政文書、出版物の刊行や教育の場で用いられるようになった。ちなみに現在彝族全体で統一した彝文字は存在しない。

本稿で注目する彝族はこの四川省涼山地方の彝族である。この彝族の人々の宗教的職能者である「ピモ」あるいは「スニ」の活動とその変容に焦点を当てるものである。

## 「町に出るピモ」とは

「中国のグローカル化の人類学的研究」ということが本共同研究のテーマである。現代中国の形を作り上げている要因の一つとして市場経済の原理をともなうグローバル化があり、このグローバル化という原動力はそれが進むとともにローカル化も同時に進行しているのであって、本共同研究はその実態と問題点を検討するものである［韓 2010: 18］。そしてグローバル化の刺激を受けながら、中国化・民族化・地域化・個人化といったさまざまなレベルのローカル化の実態とメカニズムを解明することと、グローバル化の「競技場」において、地域的、民族的、中国的なモノ、価値、アイディアなどを発信する可能性とその実態を射程に入れることを研究命題としている［韓 2010: 18］。本稿は、こうした中国のグローバル化のなかで「企業主導あるいは市場原理にのっとった文化のハイブリッド」［韓 2010: 19］という問題の解明の一端を担うものである。

本稿では県城におけるピモ（彝族祭司）の活動に注目する。本稿で言う「町」とは県城（県政府所在地）あるいは市の中心部などの城鎮を指す。涼山地方の彝族は歴史的に町や都市を形成することはなく、散村しか形成しなかった。彝族居住地域の周辺に漢族の城鎮が建設されが、その内部に彝族は居住することは許されなかった。そのため、民国時代以前、彝族にとって「町」とは彼らが居住する場所ではなかった。ごく一部の人々が商取引のために訪れる場所であった。もちろん民国時代、近代的な知識を得て、近代的な思想のもと、城鎮へ移り住む彝族も存在したが、それはあくまで少数の存在だった。本稿の事例で述べる美姑県や布拖県などの彝族人口集中地域の各県では1950年代以降、

ようやく県城が建設されたのである[4]。

さて、本稿で取り上げる彝族の宗教的な職能者は二つに分けられる。一つは「ピモ」である。それは彝文の経典を使用し、宗教的な儀礼を執り行う祭司である。もう一つは「スニ」である。すなわちシャーマンである。彝族の宗教的な職能者は本来、農村に住み、その住んでいる村落や周辺の村落、あるいは彼らに関係のある「家支」（父系リネージ）の村落で活動していた。彼らはその村落や周辺の村落、あるいは家支からの要請を受けて、儀礼などの各種活動を行なっていたのである。彝族社会を大きく変革させた1950年代の「民主改革」[5]の時も、このピモやスニの存在に大きな変化はなかった。しかし文化大革命の時代には、ピモやスニの活動は迷信活動として禁止された。ピモやスニは表向き禁止されたが、彼らの活動は密かに行なわれ続けた。大きな政治運動の時代でもピモやスニの活動は止むことはなかったのである。この活動形態に大きな変化が見られたのは1980年代からである。一部のピモやスニが城鎮に現れ、活動するようになった。特徴的なのは、路上に露店を開き、往来の人々からの依頼を受けて、活動するようになったことである。現在は多くの県城や市の中心でピモやスニが露店を開き、さまざまな活動を行なっている。こうしたピモやスニの活動は研究対象として注目されることはなかった。特に中国国内の彝族文化研究者の多くが、このようなピモやスニはもともと能力が低く、声望もないため、自ら町へ出て営業をしないと生きていけない者たちであるという認識だった。そのため、現在までほとんど研究の対象とされていなかった。すなわち、路上に現れたピモは「真正」のピモでなく、「偽」のピモという認識だったのである。彼らは「真正」のピモ文化を継承していないため、研究に値しないと考えられていた。このような露店を出すピモやスニの活動に関する考察は孫伍呷氏［孫 2008: 114-142］の報告のみである。これは西昌市の浜河路に露店を出しているスニを詳細に調査し分析を試みたものである。この論考では、今まで研究対象とされなかった露店のスニを取り上げたことは注目に値するが、残念ながらピモに対する言及は非常に少ない。

本稿ではこのような「町」に出てきたピモやスニに焦点を当てて、市場原理の浸透と社会の変化により、彝族宗教職能者の活動手法の変容、活動範囲の変化などを総合的に考察していきたい。

340　Ⅲ　個人や企業主導の文化実践と表象

## 1　ピモとスニ

### ピモ

**(1)「ピモ」とは**

「ピモ」は四川、雲南、貴州などを問わず、どの地域の彝族にも存在する。特に四川省涼山地方では現在でも盛んに活動している。「ピモ」[6]（Bi mox）という言葉は「（経典を）読む長老（師匠）」という意味である。彝語の方言により、地域によって多少の発音の差異はある。漢語では「畢摩」、「唄耄」、「筆母」、「白莫」、「白馬」、「畢咄」、「布摩」［何 1993: 36］など、さまざまな表記がなされる。このピモは祭司（プリースト）の役割を果たす。

　漢文の史料に目を向けると、ピモと思われる記述は早くから見られる。唐代の樊綽が撰した『蛮書』巻一には、「東爨烏蛮……。大部落に大鬼主あり、百家、二百家の小部落にもまた小鬼主がいる。すべて鬼巫をして信じ、もって喪に服することを見る」[7]［向 1962: 31］とある。また元代の李京による『雲南志略』「諸夷風俗」には、「羅羅はすなわち烏蛮である。……疾病があったとしても医薬は知らず、ただ男巫を用いるのみである。これを大渓婆といい、鶏の骨をもって吉凶を占う。酋長の周囲には欠かすことはできない。事の大小にかかわらず全てこれにより決する」[8]［王 1989: 89］とある。このような「鬼主」や「渓婆」はピモのことを指すようである。彝族は「鬼」という死者の霊を含む超自然的な存在を恐れ、これを祭るのである。そしてそれを取り仕切るのが「鬼主」であった。「渓婆」もこうした人物を指したもので、彝語の方言からの音訳である。

**(2)　ピモの変遷**

　ピモは歴史的には本来祭司でもあり、首長でもあった。そのために歴史的には「鬼主」と呼ばれていた［何 1993: 37］。この「鬼主」は、上記の漢文史料以外にもその名称が見られる。例えば『新五代史』「四夷附録」第三には、「舊州山後両林百蛮」や「大渡河南山前邛州六姓」の「鬼主」の記述がある［(宋) 薛 1974: 921］。この地域は現在の涼山地方である。彝族と関わりが深い爨氏についても、『新唐書』「南蛮下」に「両爨大鬼主」といった記述が見られる［(宋)欧 1975: 6316］。元代のころに首長と祭司が分離し、上記の「渓婆」のように首長とは異なる地位へと変化していったようである［何 1993: 38］。

　また階層社会として見てみると、君である「ズ」（茲）、臣である「モ」（莫）、

師である「ピ」（畢）が支配層を形成し、匠である「ク」（格）、貧民である「ジョ」（卓）を支配していた［阿牛・吉郎 2007: 65］。これは、1950 年代ごろの涼山彝族の階層社会の構成とは若干異なる。しかし、涼山彝族において本来ピモは最上位の「ズモ」階層に位置していた。それが時代を経るのに従い、「ノホ」の階層に下がり［胡 1985: 413; 阿牛・吉郎 2007: 103］、それがさらに下位の「チュホ」の階層に移行したようである［胡 1985: 413; 阿牛・吉郎 2007: 38-39］。涼山彝族社会において「ズモ」階層のピモは 1930 年代までは存在した［胡 1985: 413］。現在のピモのほとんどは一般農民の階層である「チュホ」層出身である。そしてごく少数であるが「ノホ」階層出身のピモも存在する。

### （3）ピモの資格とその流派

涼山彝族におけるピモは男性である。伝説では女性のピモも存在したようである［阿牛・吉郎 2007: 63］が、現在では存在しない。ピモは基本的に誰でもなることができるが、実際はそのほとんどが世襲であり、「家支」（父系リネージ）内で継承される。ピモの家支以外の者がピモになることもできるが、それは「ツピ」と呼ばれ、格下の扱いを受ける［孟 2007: 68］。

ピモになるには、師匠のピモに付き従い、ピモの勉強をする。ピモは世襲が多いことから、師匠は父、祖父であることが多い。おおよそ 6 ～ 10 歳からピモの勉強を始める。そして多くの経典の読み方、儀礼の執り行い方を学ぶ。ピモになる勉強をしている者を「ピザ」という。これは「ピ」（経典を読む）の学生という意味である。おおよそ 10 代後半から 20 代前半に独り立ちをする。これを「ピジェピロ」という［孟 2007: 67］。独り立ちをしてはじめて儀礼のなかでも大規模な「ニムツォピ」（送霊帰祖儀礼）を行なうことができる。このように、ピモになるためは少なくとも 10 ～ 15 年前後の年月を要する。各種の儀礼の執行に熟達し、さまざまな彝文経典に精通して、ようやく一人前のピモとなることができる。

あまり知られていないことであるが、ピモには流派がある。この流派は非常に複雑であり、この流派のすべてを考察した論考もほとんどない。ここでは阿牛、吉郎がまとめた美姑県などの地域の 3 大宗師と 9 大流派［阿牛・吉郎 2007: 103］について示してみたい。

ピモの宗師としてよく知られているのがアスラジである。アスラジは涼山第一のピモと称される。その実在した時代は宋代とも、明代ともいわれるが確かではない。それまでまとまっていなかった彝文経典を整理した功績があったと

342　Ⅲ　個人や企業主導の文化実践と表象

伝えられる。この他に宗師と呼ばれる者にはアガショズ、アクオホの二人がおり、この3者で3大宗師とされる。そしてピモの流派はおもに以下の9派がある。それはアスラジ派、ジニ8子派、ロウアザ派、ヤグスプ派、チャピアイ派、アズ5子派、グシュ2子派、アガショズ派、アクオホ派である。このうち彝族の2大リネージの一つチョニ[9]の系統のものが5派、もう一つのグホの系統のものが4派である。

この流派をまとめると、以下のとおりである［阿牛・吉郎 2007: 104-109］。

(1)　アスラジ派：チョニ系統の出自であり、アスラジが始祖である。彼の子孫9家支（父系リネージ）のうち、ノオチュ、ジチュ、プツ、モショ、アガ、オチチュピの6家支がピモを継承する。これら家支の男子成員の45％がピモである。

(2)　ジニ8子派：チョニ系統の出自である。アスラジの弟子であるジニドツを始祖として、その子孫がこの流派に属する。ノジ、ジイ、ジモ、ジノ、ジル、ジリ、ジムプイ、ジニュ、ジムなど子孫の28家支中、23家支がピモを継承する。これらの家支の男子成員の30％がピモである。

(3)　ロウアザ派：グホ系統の出自である。始祖であるロウアザはもともとピモではなかったが、アスラジの娘を妻とし、その才能を見出された。ロウアザの孫のピクには5人の子がいたため、ピク5子派とも呼ばれる。家支はマ家のみである。家支男子成員の18％がピモである。

(4)　ヤグスプ派：チョニ系統の出自である。ヤグスプはズモであるシャマ家の庶子だった。ヤグスプは4人兄弟だった。長男はズモを継承し、次男、三男はノホ（黒彝）となった。四男だったヤグスプはズモであるハラ家から妻を娶ることになっていたが、嫁入り途中でこの妻は虎豹に襲われて亡くなってしまった。仕方なくお付きの下女が身代わりとなって嫁入りし、子が生まれた。のちにこのことが露見したため、子はチュホ（白彝）に降格され、ピモとなったのである。子孫のルリ、アウ、チュピ、ジム、シャマ、ロブなどの家支はみなピモの職も継承した。家支男子成員の42％がピモである。

(5)　チャピアイ派：グホ系統の出自であり、独自に発展した。チョニ系統のピモとはその経典や儀礼の進め方に違いがある。のちに雲南貴州へと移っていった者もいる。ディ、アチ、シャマなどの家支でピモを継承した。家支男子成員の25％がピモである。

(6) アズ5子派：チョニ系統の出自である。始祖アズの5人の子の子孫ア
　　 ドゥ、（グル）チュピ、ポモ、ルチ、ジェマ、ジピ、プグ、アイ、ラピ、ジニュ
　　 など19家支中12家支でピモを継承した。家支男子成員の31％がピモで
　　 ある。

(7) グシュ2子派：チョニ系統の出自である。その祖先はスニだった。のち
　　 にスニとピモを兼ねるようになり、その後ピモを専門とした。わずか9代
　　 前後の新しいピモの流派である。ジジュエ、ジカ、ジジ、アヨ、ジワ、ロ
　　 ハ、ヨチ、ジハなど子孫15家支中8家支でピモを継承している。家支男
　　 子成員の17％がピモである。

(8) アガショズ派：アガショズはアスラジと同じく著名なピモである。子
　　 孫であるピクの5人の子が継承した。もともとおもにノホ（黒彝）のガ家
　　 で儀礼を行っていた。ガ家はズモであるリリ家、ハネ家の儀礼を担当して
　　 いた。明代末期ごろ、これらのズモの争いにピモも巻き込まれ、焼き殺さ
　　 れてしまった。そのためその後はズモのための儀礼を行なわなくなった。

(9) アクオホ派：アクオホもアスラジ、アガショズ同様著名なピモである。
　　 ノホ（黒彝）であるディホ家などの家支がピモを継承するが、他の流派に
　　 技量が及ばず、自ら儀礼を行なうことを放棄してしまった。

　ピモの流派は儀礼の仕方や経典に違いがあるというより、それは家支（父系
リネージ）の出自の違いである。上記以外にジシャ、ジジ、アニュ、ジロなど
30家あまりの家支にピモが見られる。非ピモ家支出身者のピモは「ツピ」と
呼ばれ、その知識、技術はピモ家支出身者よりも低いと考えられており、当然
地位も低い。そのため重要な儀礼を執り行うことはできず、日常的な簡単な儀
礼のみ執り行なう。

　ピモの流派は、家支による違いが大きいが、筆者が実際に聞き取り調査をし
た際、上記の流派以外の回答も聞かれ、ピモの流派全体は非常に複雑な様相を
示す。


（4）ピモの活動

　涼山彝族の社会においてピモは現在でも重要な役割を果たす[10]。さまざま
な宗教的な儀礼を取り仕切り、厄災を取り除き、息災を祈祷し、吉凶を占う。
また裁判や医療の分野となるようなこともピモがこれを取り仕切った。

　ピモのおもな活動の分類は以下のとおりである。

(1) 各種祭祀の主宰：葬送の儀礼や祖先祭祀の儀礼を行なう。死者の霊牌である「マドゥ」を作る「マドゥディエ」の儀礼や祖霊を祖神に昇格させる儀礼である「ニムツォピ」など、さまざまな儀礼を主宰する。

(2) 厄払い、災いの除去：家支間の紛争である「打冤家」（家支間の紛争）における敗退、農作物の不作、家運の不順、病気、家族の死去、家畜の疫病など、さまざまな不幸に対しての厄払いの儀礼を行なう［何 1993: 40］。

(3) 吉凶卜占：出征、結婚、葬儀、誓盟、病気、播種、収穫、狩猟、引越し、建築、出立、交易、喧嘩、または解決が難しい問題まですべてピモが卜占を行ない、判断決定する［何 1993: 40］。また人生の運命なども占う。

(4) 「詛盟」の主宰：「打冤家」において呪詛や反呪詛をする。また「冤家」（対立する家支）との和解と結盟の儀礼も取り仕切る［何 1993: 40-41］。

(5) 「神判」：窃盗などの犯人の審判をする。熱した鋤先を容疑者に持たせたり、熱湯のなかの卵や石を拾い上げさせたりするなどして、火傷をしなければ無実とするものである。［阿牛・吉郎 2007: 68］

(6) 病気、傷の治療：彝族社会において医者という職業は本来存在していない。そのためピモがその役割を果たしていた。すなわちピモは呪医でもあった。彝族は病気になっても自ら薬を飲むことをあまりしなかった。病気は「ニツハモ」（nyit cy hat mop 鬼）よってかかると考えられ、ピモを呼んで病気の原因となっているこの「ニツハモ」（鬼）を駆除させるのである。そのため伝染病によって多数の死者が出たり、ハンセン病患者を生き埋めにしたりすることもあった［曲木 1933: 29］。しかしピモは伝統医療の知識もあり、関節炎やマラリアに対する蒸気治療［胡 1985: 415］など病気やケガの治療行為となる儀礼も行なっていた。

ピモはおおよそ上記のような活動を行なっていた。こうしたピモには専業の者と兼業の者がおり、兼業のピモはおもに農業に従事していた。そしてピモはいずれも農村地域に居住していた。

(5) 現代史のなかのピモ

涼山彝族におけるピモの存在やその活動は近代まで大きな変化はなかった。民国時代には一部の彝族インテリ層のなかにピモの活動の変革をしようとした者が現れた。涼山彝族の土司であった嶺光電は 1940 年代ごろからピモを利用

し、近代医療を一般の人々に普及させようとした。彝族にとって病気とは「ニツハモ」（鬼）によって起こり、それをピモが駆除すると考えられていた。そしてこの「ニツハモ」（鬼）は人の血や肉を食べるもので、病気治療儀礼では人の代わりとして家畜を供犠していた。嶺光電はこの供犠をとても効率の悪いことであると、ピモを説得した。そしてピモが治療儀礼を行なう際には、先に病人に薬を飲ませてから儀礼の念経をするようにさせた。特に薬は「ニツハモ」（鬼）に対しての毒となるので非常に有効であることをも宣伝させた。近代になって外来の「ニツハモ」（鬼）も流入して来たので、こうした外来の「ニツハモ」（鬼）には薬というものがとても有効があるとして治療にあたらせた［嶺1988: 123-125］。民国時代にはこのような動きはあったが、ピモの活動全体そのものを変革、あるいは変化させるようなことはなかった。

　1950年代に涼山地方で実施された「民主改革」でも大きな変化はなかった。ピモの活動に大きな影響があったのは、1960年代から1970年代に中国全土を巻き込み、吹き荒れた文化大革命である。この政治運動の時期にピモの活動は迷信活動として禁止された。そのため連綿と続いていたピモの活動は「四旧」として、この時期は中断してしまった［海来 2006b: 135］。各地のピモ個人も迷信活動を行なう者として迫害を受け、彝文で書かれている経典も焼き捨てられてしまった。しかし、少なくないピモが彝文の経典を洞穴などに隠した［久洛2008: 150］。また、密かに治療や祈祷の儀礼は行なわれた［野郎 2007: 153］。筆者も美姑県などの地域で文化大革命の時期にピモが昼間政治学習をして、夜中にはさまざまな儀礼を行ない、なかには儀礼の依頼者が当局者だったこともあったなどと聞いたことがあった。ただし、文化大革命の時期は「ニムツォピ」など大規模な儀礼はやはり執り行うことはできなかった。また、洞穴内に隠された彝文経典の一部は湿気などで破損してしまったものもあった。

　1976年に文化大革命は終結したが、1980年代前半ごろまでピモの活動は迷信活動としてやはり禁止された。しかし、彝族の人々の間でこの活動の取り締まることは難しいとされ、次第に当局からピモの活動が黙認されるようになった［馬・于・范 1993: 195］。その後、涼山地方ではピモの活動は広く行なわれるようになった。

　現在、涼山彝族社会におけるピモの社会的地位は比較的高いとされる。これは各種儀礼を取り仕切り、病気治療儀礼などを行ない、彝文経典に精通するなど、彝族社会においていわば知識層としての位置づけがなされているからである。そしてピモへの儀礼などの報酬も高い。それは専業、兼業を問わないよう

346 Ⅲ　個人や企業主導の文化実践と表象

である。ピモの報酬はもともと比較的高く、その収入は多かった。民国時代には儀礼の大小によって異なるが通常数両から数10両の銀と布1、2疋を報酬として受け取っていた。大規模な儀礼では100〜200両程度と儀礼中に用いた生きた鶏や豚を受け取っていた。また供犠した家畜の胸肉、前足1本、頭、心肺の半分も受け取っていた［荘 1941: 122］。1950年代の報酬は儀礼1回で少なくとも5斗〜1石のソバ、あるいは「白錠」銀1〜2個であった。このころのピモは比較的裕福であり、土地の売買や高利貸しさえする者もいたようである［王・詹 1984: 63］。現代に関しては、1995年とやや古いデータであるが、優秀かつ声望のあるピモだった美姑県のチュピラモで年収5000元だった。中〜低程度の能力のピモで年収700元〜200元［孟 2003: 8］だった。涼山地方は中国国内でも知られている貧困地域の一つであり、現在でも農村の現金収入は極めて少ない。そうしたなかで、ピモのこうした収入は　多いといえよう。

　ところで涼山彝族地域のピモの数はどのぐらいなのか。実はあまり多くのデータがない。1965年、昭覚県竹核郷全1046戸のうちチュホ（白彝）のピモは25人だった［胡 1985: 413］。同県濫壩郷では約800戸のうちチュホ（白彝）のピモは20人だった［胡 1985: 413］。小涼山地方の雲南省寧蒗県跑馬坪郷では208戸のうちチュホ（白彝）のピモは10人だった［王・詹 1984: 25, 62］。これが2007年ごろのデータでは昭覚県全体でのピモの人数は836人、同県竹核片区全体で173人、うち竹核郷で40人ほどだった［阿吉 2007: 121］。昭覚県全体の人口は約20万人であり、その人口比は約0.4％である。昭覚県の北側に位置する美姑県はピモの数が最も多く、その活動も最も活発である。この美姑県は、1996年の報告では人口約16万人のうちピモは6850人だった［孟 2003: 3］。これは県人口の約4％であり、男子人口の約8％という割合だった。美姑県ピモ文化研究センターのガハシジャ氏によると、2009年現在美姑県は人口20万人以上となり、ピモは8000人にまで増加している可能性があり、このうち能力が高いとされるピモは100〜200人いるとのことだった。そしてこうしたピモのほとんどが農村に居住しているのである。

## スニ

　涼山彝族の社会において、宗教的な職能者はピモだけではない。「スニ」（sunyit）と呼ばれる人たちもいる。これは「跳神の人」という意味であり、すなわちシャーマンである。おもに厄払い、災いの除去、吉凶卜占などを行なう。スニは自ら望んでスニとなるのではなく、その多くが大病や精神病を経てスニ

となる[11]。

　鈴や太鼓を使用してトランス状態となり、「ハサ」と呼ばれる神が体に乗り移るのである。男性のスニは「ベニ」と呼ばれ、女性スニは「モニ」と呼ばれる。ピモとは地位や役割が大いに異なる。まずスニは彝文経典を一切所有せず、また彝文も読むことができない。そのためピモが行なうような儀礼を執り行なうことはできない。またピモは男性のみであるが、スニは男女とも存在する。1950年代の記録によると、昭覚県竹核郷1046戸のうちスニは9人ほどであり、同県濫壩郷では約800戸のうちスニは6人だった［胡 1985: 416］。小涼山地方の雲南省寧蒗県跑馬坪郷では、208戸のうちスニは4人だった［王・詹 1984: 25, 62］。スニは布拖県などの「ソンディ」[12]地方に多く、それに対してピモは美姑県などの「ジノー」地方に多いのである[13]。

## 2　町に出るピモ

### 町に現れたピモとスニ

　ピモあるいはスニの活動の場は農村だった。彼らが行なう儀礼や卜占はすべて農村で行なわれた。ピモやスニを依頼する人々も農村に住んでおり、ピモやスニ自身も農村に住んでいた。もし儀礼や卜占などをピモあるいはスニに依頼する場合、依頼者は直接ピモあるいはスニを訪ねた。そして儀礼や卜占は村落内かその周辺で行なわれたのである。

　こうしたピモやスニの活動の場に変化が生じてきたのは1980年代からである。1976年までの文化大革命で禁止されていたピモやスニの活動が1980年代から黙認されるようになり、次第に堂々と活動するようになった。文化大革命ではピモやスニの活動は迷信活動とされ、禁止された。しかしそれは表向きのことで、実際は、こうした彝族の宗教的な活動は簡単には消え去らず、地下で継続されてきた。彝族のピモやスニの活動は文化大革命のような大規模な政治活動によっても分断されることはなかった。そのため、いったん復活をすると活動が広く行なわれるようになった。そしてピモやスニは活動の場である農村から飛び出し、やがて県城などの町に出て来たのである。そうしたなかで目立ったのが、街頭や市場で露店を出すピモやスニだった。このようなピモやスニは彝族のそれまでの社会ではほぼ見られない形態だった。改革・開放政策、社会主義市場経済が進むなか、経済的収入を獲得するため活動の場を町へと移すピモやスニたちが現れたのである。

348 Ⅲ 個人や企業主導の文化実践と表象

　ピモの活動は彝語や彝文と並び、彝族のアイデンティティのよりどころとなっている。そのため地方政府機関もピモの文化に関心を持ち、文化の保護育成のため、ピモを県の機関に招聘するようになり、また有能であるとされるピモも県城に現れた。

　1980年代以降、町に現れるピモはおもに三つの類型がある。整理すると以下の通りである。

(1) 政府に招聘されるピモ：これは、州政府や各県政府機関である言語文字工作委員会やピモ文化研究センターなどに招聘されるピモである。このような機関が行なう彝文経典の保護整理事業にピモが参画するのである。ピモはおもに彝文経典の筆写などの業務を行なう。自宅は農村にあって、一時的にこの仕事を請け負うのであるため、業務が終われば再び農村へ帰ってしまうことも多い。県城で儀礼などのピモの活動はあまり行なわない。なかには大学などで彝族の文化などを改めて学び直し、研究者となり、県城などの町に住むものも現れるようになった。

(2) 生活の場を県城に移すピモ：農村から県城などへ移り住んだピモである。現金収入を得るためなどの経済的理由により農村から県城などへ移り住み、町を拠点としてピモの活動をするものである。ピモの活動を専業とするものもいれば、ピモの活動と他の仕事を兼業とで行なうものもいる。

(3) 露店を出すピモ：県城の街頭や市場など一定の場所に露店を出して、ピモの活動とその営業を行なうものである。特に「算命」（卜占）などを行なうことが多い。露店を出すのはピモだけでなくスニも多い。要請があれば近隣の村落などへも出向く。県城に住まいを移すものと近隣の村落から県城に通うものがいる。こうした露店を出すピモに対して、多くの研究者は、「真正」のピモでなく「偽」のピモという認識を示す。露店を出すということは、能力も低く、声望もないため、依頼がないということであり、露店を出して営業をしないと活動ができない程度のピモであるとされる。そのため、彼らの活動は研究に値しないと認識されているのである。

　以下の節では、町に現れた上記の三つの類型を示すピモあるいはスニについて、西昌、雷波、美姑、昭覚、布拖の各地の事例からその実際の状況を見ていきたい。

写真1　西昌市浜河路に露店を出すピモ（2010年、筆者撮影）

## 町におけるピモとスニの実際

(1) 西昌のスニとピモ（西昌市の浜河路）

　西昌市は涼山彝族自治州の州都であり、涼山地方では最も規模の大きい都市の一つである。歴史的にも古く、城壁が現在でも一部残されている。西昌市浜河路は市の中心部を流れる「東河」の右岸の川沿いの通りである。その北西側には大通門と呼ばれる南門と城壁が今でも聳えている。この浜河路で多くのスニや一部のピモが露店を出して活動を行なっていた。西昌市内でのピモあるいはスニの活動に関しての研究報告は前にも述べた孫伍呷氏の研究［孫2008］のみであり、このように都市に居住、あるいは都市を活動の場とするスニの報告事例も他にはない（写真1）。

　孫伍呷氏は2007年2月、2007年7月、8月に西昌市浜河路のスニについて実地調査を行なった。報告によると、浜河路の周辺に比較的安価で借りられる家屋が多く、低所得層の人々が居住していた。そしてその多くが西昌市周辺の県からやって来た彝族であり、ここに「彝族村」を形成していた。それがスニが集まる背景にあるとしている。［孫2008: 116, 140］。当時露店を出していたスニはピモも含めて13人以上がいた。依頼者、すなわち顧客はほとんどが彝族であるが、ナシ族、漢族、白族などもいた。なかには、麻薬密売人、人身売買業者、麻薬中毒患者の家族などからの依頼もあった。活動は「算命」、「看手相」などであり、その方法は簡略化して行なっていた。スニの活動は本来夜間に行なわれるが、この地のスニは午前9時ごろから露店を出して、午後5時ごろまで活動していた。報酬は卜占など1回につき、10元から40元であり、現金で支払われた。そしてこのスニたちは西昌をはじめ美姑、昭覚、金陽、雷波、普

格、塩源など近隣の県の出身者だった［孫 2008: 116-126］

　2010 年 3 月に筆者はこの浜河路を訪れ、簡単な実地調査を行なった。

　この時に露店を出していたピモは 6 人、スニが 11 人だった。また露店の同じ並びに 2 人の漢族の「算命先生」（占い師）と 3 人の漢方薬材や民間療法の露店が出ていた。この漢方薬材と民間療法の露店も漢族だった。

　何人かのピモから聞き取り調査もしてみた。彼らによると、この場所に来ているピモは布拖や昭覚など周辺の県からやって来ているとのことだった。

　布拖からやって来た 70 歳代のあるピモは、この場所へ来ておよそ 2 年になると話していた。そして彼は毎日同じ場所で活動をしており、依頼者は多いときもあれば、少ないときもあり、この場での活動は体調の悪い人、手・足・目を患った人に対する病気治療儀礼が多く、場合によっては健康のアドバイスもすると話した。依頼があれば依頼者の家で儀礼を行なうこともあり、こうした儀礼では、報酬が 50 元から 300 元になった。

　他の布拖出身のピモによると、露店での儀礼などの報酬は 1 回 10 元であるとのことだった。1 日でおよそ 100 元から 500 元の収入になるという。このピモはもともと農村の幹部だったとも話していた。西昌には家族をともなわず、一人で来ているとのことだった。

　昭覚出身の 60 歳代のピモは、父親が農村で葬送の儀礼程度しかしないピモだったが、自分は西昌に出て来てどんな儀礼でも行ない、場合によってはスニの仕事まですると話していた。彼も毎日ここで活動をしている。このピモのところには漢族の依頼者も来たことがあり、あるときは漢族の若者で精神を病んでいる者を治療したこともあると語っていた。こうした場合は依頼者に漢語で儀礼などの説明をするとのことだった。ピモで彝語と漢語に通じている者は少ないという。このピモは息子にもピモを継いでもらいたいが、息子は継ぐつもりないとも話していた。ピモのなかには依頼を受け、すぐ近くの東河の川原で儀礼を行なうこともあるようだった。

　興味深いのは、ピモとスニとともに、漢族の「算命先生」（占い師）や漢方薬材、民間療法の露店が並び、いわばこの場所が、彝漢総合民間療法マーケットのような状況を呈していることだった。このような状況が見られたのは西昌のみで、他の県城では見られなかった。これは漢族が多い西昌独特の現象だった。ピモやスニへの依頼は病気や怪我の治療が多いようで、そのために、このような漢方薬材や民間療法の露店も周囲に見られるようになったのである。

（2）各県城のピモとスニ

西昌市以外の各県城におけるピモあるいはスニの活動に関して、筆者は2009年2月から3月にかけて聞き取り調査を行なった。これは雷波、美姑、昭覚、布拖の各県城における調査だった。県城の街頭や市場に露店を出すピモやスニとさまざまな理由により県城に出てきているピモに聞き取りを行なった。以下はそうしたピモおよびスニの事例である。

## 雷波県県城のピモとスニ

雷波県は金沙江（長江上流）の左岸にあり、対岸は雲南省である。涼山彝族の居住地域としては最も東部に位置する県である。県城自体は民国時代以前に形成された。そのため早くから多くの漢族が居住していた。この県城では路上に露店を出して活動をしているピモは少ない。おもに県城に居住し、活動をするピモに聞き取りを行なった。この雷波県は文化的には「ジノー」の地域である。

（ⅰ）アジグヴァ（A yy ggu vat)氏：男性、40歳[14]。住居は雷波県城付近である。祖父、父、兄弟ともにピモである。子供のころからピモの勉強を始め、17歳で一人前のピモになった。ピモの流派はアモスプ派と答えていたが、これはヤグスプ派の一派と思われる。彼は県城で露店を出して、営業するピモではない。儀礼などの依頼があれば、そこへ出向き儀礼などを実施する。雷波県城周辺の農村や昭覚、金沙江対岸の雲南省永善や昭通などでピモの活動をする。ピモは冬季が繁忙期である。彼から話を聞いた前日には昭覚で依頼があり、聞き取りの後もすぐにまた他の場所へ向う途中だった。現在は携帯電話で儀礼の依頼があり、それに応えてどこにでも行くと話していた。携帯電話の普及が能力を持ち、声望のあるピモをより多忙にさせているようだった。

（ⅱ）チュピラモ（Qu bi le mop）氏：男性、42歳。雷波県城内の畜産市場の宿舎に居住する。雷波県城に住むのはピモとしても家畜の商売としても便利なためである。ピモと家畜取引の兼業をしている。彼も露店を出すピモではない。畜産市場内には4人のピモがおり、1人は彼の兄であり、その他の2人も同じ家支（父系リネージ）の者だった。もともと雷波県馬井子区五官郷高峰郷に居住していた。祖父、父、兄弟ともにピモであり、自分の子供にもピモの勉強をさせる予定であると語っていた。流派はシャマチュピ派と言っていた。普段の仕事は家畜の売買であるが、多くの人がピモの依頼をするのでそれに応えて活

写真2 雷波のピモ、ジホタシ氏。ジェングピの儀礼で経典を読み上げる（2009年、筆者撮影）

動をしている。

　息災の祈祷、病気治療の儀礼の依頼が多く、やはり2月ごろが忙しい。ちょうど年始めのころは病気も多いため、ピモの仕事も多い。ピモの仕事が多いのは11月ごろの「彝族年」（彝族の新年）から春節ごろである。また夏場もかえってピモの仕事も多い。

　ピモへの儀礼の依頼は、ピモの能力や声望によって要請されるので、もともと流動性が高かった。しかしそれでも活動範囲は限られていた。それぞれの地でその地のピモを要請することが多かった。そのため本来依頼者は徒歩でピモのところを訪れて直接依頼をした。現在は携帯電話を利用してピモは依頼を受けるため、その行動範囲は拡大した。例えば雷波のピモが昭覚から呼ばれることもあれば、昭覚のピモが雷波から呼ばれることも珍しいことではなくなった。なかには成都や昆明などに住む彝族から依頼を受けることもあるという。

　(iii) ジホタシ（Jji ho da xyp）氏：男性、58歳。彼は専業のピモである。祖父、父ともにピモであり、息子5人のうち、同母兄弟の3人はピモとなった。次に述べるジホラゼ氏、ジホケル氏ともう一人の息子がピモである。男子の孫2人（一人は小学校に入学、もう一人は就学前）はピモになるかは分からないとのことだった。流派はアジェザジ派である。この流派は甘洛、楽山、越西、馬辺、屏山、雷波、美姑など涼山の北部地域に見られる流派とのことだった。そしてジホ家はジク家、マヘチュピ家、アゴディザ家、アロウォノ家などと並んで美姑ピモ5大家支のうちの一つであると話していた。ジホ家はもともと美姑県龍窩

郷の出身であり、こちらにも家がある。2000 年に雷波県語言文字工作委員会に招聘されて雷波県城に移って来た。現在は県城に居住し、彝文経典の整理作業などの仕事も行なっている。美姑県の家には多数の彝文経典があるが、雷波には一部分のみ持参してきた。

調査時に雷波県城付近の馬柳村（うち彝族は 8 戸）でジホタシ氏による「ジェングピ」(jie ngur bi) の儀礼を見学した。これは夫婦間で何年かに一度ある運気のぶつかり合いを防ぐ儀礼である。依頼者の家族は以前ジホタシ氏を呼び、病気治療儀礼を行ない失語症を治してもらったことがあった。そのため今回もジホタシ氏に再び依頼したのである（写真 2）。

ジホタシ氏は有能なピモが病気治療儀礼を行なうと、病院での治療生存率 20％しかないものを 80％まで高め、治癒させる自信があると語っていた。また彼は県城の街頭などで露店を出すピモは信用できないとも話していた。

彼の携帯電話の着信音が鶏の鳴き声だったのは非常に興味深い。鶏はピモが儀礼を行なう際に必要であり、これを用いて清め、供犠し、儀礼を進行させるのである。このような現代的な機械である携帯電話の着信音にもピモであることを示すものを用いていることは、現在のピモの状況を考える上で非常に示唆に富むものであった。

（iv）ジホケル（Jji ho ke lyp）氏、ジホラゼ（Jji ho la sse）氏：ジホケル氏は 38 歳、ジホラゼ氏は 36 歳。ともにジホタシ氏の息子であり、専業のピモである。7 歳のころから、彝文経典を学んだ。活動範囲は普格、甘洛、峨辺などであり、依頼があれば彝族地域ならどこにでも行くと話していた。ピモへの依頼は以前は直接訪れて来たが、現在は携帯電話によることも多い。ピモへの依頼が多い時期はやはり 7、8 月と 11 月ごろとのことだった。

（v）ディズラノ（Ddi sse lat nuop）氏：男性、51 歳。雷波県城内の「農廠」（農業関連の工場）在住。専業のピモである。曽祖父である「ディズアル」は声望のあるピモだった。そして曽祖父は大量の経典を持っていたが、25 年ほど前に彼が亡くなった後にその妻がすべて燃やしてしまった。祖父、父ともにピモだった。息子はピモの勉強をしたことがあるが、結局ピモにはならなかった。流派はティピジャンモという人物からの流れを持つディアラズの子孫の流派であるという。現金収入を得るため、県城へ移り住んだ。ピモの依頼は依頼者自ら訪ねて来る場合もあるが、電話によることも少なくない。雷波と金沙江対岸

354　Ⅲ　個人や企業主導の文化実践と表象

の永善が主な活動範囲である。

　この他に、話を聞くことはできなかったが、雷波県城に住むあるピモは家の
ドアに彝文による営業の看板を掲げていた。

　雷波県城には路上に露店を出すピモもいたが、その数は少ない。またいたと
してもその露店は固定していた場所ではなかった。

　（Ⅵ）ジニヴツ氏：女性、53歳。病気によりスニとなる。スニになったのは
29歳のときだった。スニの活動を始めたのは農村に住んでいたときからだっ
た。現在は雷波県城内に移り住む。夫は「工人」（労働者）で子供とともに昭
覚に居住している。スニの活動は雷波県城内の比較的人通りの多いところで行
なっている。この活動は2008年3月から始めたので、それほど長くはない。
もともと農村の家のなかで行なっていたが、病気になったため県城へ移り住ん
だ。県城へ移ってきた後は身体の調子もよくなった。露店での依頼者は比較的
多い。その依頼の多くが病気治療と「クシ」（kur shy 算命）である。依頼者は
男女ともに来る。政府関係者もいれば、農村から出て来る人もいる。営業場所
は決まっていない。1回の病気治療や「クシ」（算命）は基本料金が10元であ
るが、場合によっては20元から30元のこともある。1回に30分ほどの時間
を要する。昼間は鈴を使用するが、夜間の依頼では太鼓も使用する。彝文は理
解しないが、自分自身の認識としては医療を行なう医者と同じ役割を果たすも
のであると考えている。

## 美姑県城のピモとスニ

　美姑県は前述したように、ピモの数が非常に多く、涼山地方でも特に密集し
ている地域である。美姑県の住人のほとんどが彝族である。そのため県城は中
華人民共和国成立以後建設されたものである。美姑県は文化的には「ジノー」
の地域である。同県のピモ文化研究機関である美姑県ピモ文化研究センターの
ガハシジャ氏によると、現在美姑県城には10～15人程度のピモが住んでいる
とのことだった。県城在住のピモにはピモ文化研究センターが招聘した能力が
あるとされるピモもいるが、なかには政府関係機関で「保安」（ガードマン）な
どの兼業をするピモもいるとのことだった。こうしたピモは兼業であり、年齢
も40歳前後と比較的若く、ピモとしての水準も高くなく、依頼があったとき
のみ活動をすることが多いという。

　ガハシジャ氏はまた、街頭で露店を出すピモについて「偽者」もいると指摘

写真3　美姑のピモ、トゥライェク氏。ピモ文化研究センターで彝文経典を筆写している（2009年、筆者撮影）

した。「真正」のピモは、農村に居住していても儀礼などの依頼は必ずあるので街角へは出ない。誰からも依頼がないため街角へ出て来る。それはすべて現金収入を得ることを第一の目的としており、彼らは路上で「クシ」（算命）をすることが多い。

　以下に述べるのは、美姑県城で活動をするピモであり、前二者はピモ文化研究センターに勤務するピモで、後者は路上で露店を開いているピモである。

　（ⅰ）トゥライェク（Du lat yie ge）氏（写真3）：男性、60歳代。美姑県ピモ研究センターに所属するピモである。出身は県内の洪渓区瀟庫郷であり、3～4年前に美姑県城に来て、現在は県城内に居住する。流派はアズ5子派の流れと思われるアズブヨ派の1派であるアズズク派である。病気治療儀礼に秀でており、依頼は峨辺、馬辺あたりから、西昌、成都など広範囲に及ぶ。現在は、彼が所有する伝染病を治療するための経典の筆写作業をこの研究センターで行なっている。これは美姑県語言文字工作委員会が経典の保存のため依頼したものであり、ピモ文化研究センターに複写を保存するため、経典を2部筆写していた。この研究機関ではこうした経典を収集して規範化を進めており、現在300種類が保存されている。政府機関の要請により県城に移り住むトゥライェク氏の事例は雷波県城のジホタシ氏と同じ事例である。

　（ⅱ）チュピルズ（Qu bi lu ssyr）氏[15]：男性、37歳。美姑県ピモ文化研究センター所属のピモであり、研究員も勤める。もともと美姑県拖木郷普火莫村に居住し

ていたが、現在は県城内に居住する。流派はヤグシュプ派であり、祖父、父、4人の兄弟全員がピモである。父のチュピラゴ氏[16]は声望のあるピモで現在も農村で活動し、年に200回の儀礼を行っている。チュピルズ氏は7歳からピモの勉強を始め、ピザとなった。15歳でピザと呼ばれなくなり、20歳で一人前のピモと認められるようになった。息子は現在幼稚園に通っているが将来ピモになるかは分からないと語った。1992年から美姑県言語文字工作委員会で仕事をはじめ、その後ピモ文化研究センターへ異動した。北京の中央民族大学にも研究生として学んだことがある。現在でも依頼があれば儀礼を行ない、年に70～80回の依頼がある。依頼者は直接訪問して来ることが多い。彝文経典の蔵書も多く、現在でも300巻あまりを所有している。またタイ、ベトナムなど海外でピモの公演の経験もある。

　（ⅲ）ジェジシュイ（Jji yy shut yip）氏、ジェジチュピ（Jji yy qu bi）氏：ともに男性、ジェジシュイ氏が43歳、ジェジチュピ氏が68歳。美姑県県城の街頭で露店を出しているピモだった。彼らは美姑県城付近の農村からピモの活動をするため通っている。普段は農業に従事しており、時おり県城に来て露店を出してピモの営業をする。毎日来るわけでなく、来たとしても終日営業するわけではない。筆者が聞き取り調査を行なった当日も午前中のみの営業だった。県城のなかで最も人通りの多い場所である農業銀行前に露店を出す。「クシ」（kur shy 算命）の依頼が多く、その多くが「鶏卵占い」（Va qu sha）であるという。これは碗のなかに割った鶏卵の様子を「クシテジ」（ku shy tep yy 算命書）とつき合わせて占う。彼らはトランプによる占いもすると話していた。これは彝族のピモの活動として今まで報告されていない事例である。こうした新しい手法を取り入れることで、新規の顧客を開拓していたようである。伝統的なピモの活動から見れば、トランプの使用はまったくの邪道であり、こうした活動のやり方が一部の研究者や声望のあるピモから、街頭に出ているピモが「真正」でなく、「偽」のピモだと認識される理由となっている。

　県城の農業銀行前は人の行き来が多いため、ピモがいないときに女性スニなどが営業を行なっていた。このスニも鶏卵占いだけでなく、トランプ占いを行なっていた。トランプを使用した占いは美姑県城でのみ見られた。

## 昭覚県県城のピモとスニ

　昭覚県は涼山地方の中心地帯であり、1978年まで涼山彝族自治州の州政府

町に出るピモ　357

写真4　昭覚のピモ、ヒピピモ氏。「老市場」に露店を出す（2009年、筆者撮影）

が置かれていた県である。昭覚県は西昌市と同じく「シェンジャ」の文化地域ある。昭覚県の県城の中心エリアに「老市場」と呼ばれるマーケットがあり、スニとピモのそれぞれ2〜3人が露店を出して営業を行なっていた。このうち3人のピモに聞き取りを行なった。

　　(ⅰ) ヒピピモ (Hxi bi bi mo) 氏 (写真4)：男性、55歳。祖父、父ともにピモであった。ヒピヴィホ (Hxi bi vi ho) 家のピモであるが、流派は不明である。県城には住まず、県城付近の農村在住である。毎日この「老市場」の定位置で営業をする。2009年当時、この場で営業を始めて17年目だった。90年代前半からの営業であり、これは街角で営業するピモとしては恐らく最も早い者の一人である。彼によると老市場で一番早い時期から仕事をしていたピモは現在80歳を超えているため、もう来ないとのことだった。この場での仕事はおもに「クシ」(kur shy 算命) および息災の祈祷、病気治療儀礼である。「クシ」（算命）には「クシテジ」(kurshytepyy 算命書) を使う。各種儀礼の依頼があれば、その依頼先まで出向くこともある。こうした依頼がなければ、毎日必ず同じ場所で仕事をしている。「クシ」は1回10元〜15元である。息災の祈祷は50〜60元であり、依頼には鶏が必要である。1日の依頼者である顧客は10数人である。この老市場で営業をするピモは全部で7〜8人いる。彼は以前歌舞団に参加し、外地へ公演に行った経験もある。

　　「クシ」（算命）の実際として筆者自身を占ってもらった。依頼者の年齢と干支そして出生時の母親の年齢を聞き、それを「クシテジ」（算命書）とつき合わ

358　Ⅲ　個人や企業主導の文化実践と表象

せて占うのである。商売、結婚相手、健康、死期、仕事、家畜、方角、金運、性格判断などを占った。内容は以下の通りである。

- 商売は1人、3人あるいは5人でやるのがよく、2人はよくない。また、ウサギ、ブタ（イノシシ）の日は金儲けによく、ウシの日はよくない。
- 結婚相手は探した1人目はよくない。2人目はよい。3人目もよくない。4人目はよい。5人目もよくない。相手はヘビ、ブタ（イノシシ）、ヒツジの歳の人がよいと言っていたが、後でブタ（イノシシ）、ヒツジ、ウマの歳の人がよいと訂正された。またイヌの歳の人はよくない。
- 40歳代は健康がよくなく、病気になる。しかし、それを過ぎると99歳まで生きて、サルあるいはヒツジの日に死ぬ。死んだら鳥になって戻ってくる。
- 人を恨んでも、害を与えられないし、害を与えようとしても与えられない性格である。頭のなかで考えることが多く、やりたいこともとても多い。いつもいろいろ考えており、ゆっくりと動き出す。心根はよい。そして気前がよい。性格がよいため、集まる友人はとてもよい人である。
- 家畜を飼うことはとてもよい。馬、牛、羊、豚ともに可である。
- 金は入るが気前がいいのでお金はたまらない。
- 方向はどの方角もよい。また外へ出ると父母や家庭のことをよく考える。外へ出るのは悪いことではない。
- みなに好かれるため、仕事はすべて順調である。近所や友人の「平安」に注意していたので、ケンカなどはなかった。やりたいことをやりなさい。
- 最近死者を見たのではないか。それはよくないのでお祓いをしなさいと指示された。前日、県城周辺の漢族の墳墓を踏査に行った際、破壊された木棺から出た白骨と、その途中でトラクターが崖に激突して放置された農民の遺体を見ていた。この占いは的中していたが、お祓いはしなかった。

この「クシ」は20分程度で終わった。料金は15元だった。

周囲の一般の露店の人々もほとんどが彝族だったが、彼らはこのヒピ氏を優秀なピモであるとして、高く評価していた。また聞き取りを行なった翌日、ヒピ氏は県の「農科所」（農業科学研究所）の人から依頼があり、儀礼をしに行き、老市場には来なかった。

（ⅱ）クシジャモ(Kur sit zha mop)氏：男性、50〜60歳代。県城内に住む。祖父、

写真 5　昭覚のピモ、ジヒルガ氏。「老市場」にて鶏卵占いをしているところ（2009 年、筆者撮影）

写真 6　布拖県県城の街頭で露店を出すピモとスニ（2009 年、筆者撮影）

父もピモであり、息子は 6 人いるが、すべてピモの仕事をしている。「老市場」での営業は 3〜4 年前からであり、この場所での商売はとても繁盛している。

（ⅲ）ジヒルガ（Yy hxi lu gga）氏（写真 5）：男性、40 歳。14〜15 歳ごろからピモの勉強をして、20 歳で一人前になったと話しており、修行期間が比較的短かったようである。「老市場」の営業以外に、人に依頼されて儀礼をしに行くこともある。鶏卵占いが 1 回 10 元、経典を読む儀礼や占いが 15 元という料金だった。聞き取りをしているときにも鶏卵占いの依頼があった。

360　Ⅲ　個人や企業主導の文化実践と表象

写真7　布拖のピモ、オディツコ氏。右端の帽子をかぶっているのがオディツコ氏（2009年、筆者撮影）

## 布拖県県城のピモとスニ

　布拖県は昭覚県の南に位置する。この県は付近の普格県と同じく涼山南部地域の「ソンディ」の文化地域である。ここの県城も美姑県の県城と同じく中華人民共和国以後建設されたものである。布拖県も住民の大多数が彝族である。そして県城内のメインストリートの路上には多くのピモとスニが露店を出している（写真6）。

　聞き取りを行なった日だけでもピモが5人、スニ10人（うち女性8人、男性2人）が営業していた。時間や日によっては、さらに多くのピモ・スニが露店を出すと、聞き取りをしたピモは語っていた。ピモとスニの露店は県城の西側のメインストリートにあり、スニは道路の両側に座っていたが、ピモは南側にかたまっていた。聞き取りができたのはピモ一人だけだった。

　オディツコ（O ddi cy kuo）氏（写真7）：男性、45歳。祖父、父もピモである。息子は現在学校に通っている。ピモの仕事を継ぐかどうか分からない。出身は昭覚であるが、現在は布拖に家を借り、県城内に居住している。12歳からピモの勉強をし、23歳で一人前のピモとなる。数年前から露店を出すが、これは現金収入を得るためであり、商売は比較的順調であると話していた。営業時間は朝8時半から夕方6時までである。家を建てるなど何か大きな事をするときに必ず「クシ」（算命）をするので、この「クシ」（算命）の依頼が多い。また商売などの占いも行なう。この布拖県城には本来ピモがやらない人相見や手相見をするピモもいると話していた。使用する経典には父、祖父が書いたもの

もあるが、現在では規範彝文字で出版された経典も使用していた。これは非常に珍しいことで、ピモは通常、伝承された経典か、伝承された経典を自分で筆写したものを用いる。なぜなら経典はいわば自らの宗教的な権威の源泉であり、他人の書いたものはその権威を他のピモに頼るようなものであるため、まず他の地域では見ることはできない。このように彝文で出版された経典を使用するピモはほとんどなく、これもやはり彝族の知識人から、露店のピモが「偽」と判断される所以であろう。鶏卵占い（Va qu sha）の料金は10元である。また場合によっては、病人の家へ病気治療儀礼に行くこともある。

　もともと美姑にはピモが多いが、布拖はスニが多い。このような地域的な差異が路上に露店を出すスニの数にも反映している。そのためこの布拖県城でもスニが多いのである。


## むすびとして：現代のピモ

　1950年代にピモは農村で活動していた。このころの社会階層では低い階層であったのにかかわらず、その儀礼などへの報酬の高さから、経済的には比較的裕福だったピモも存在した。それが1960年代から始まった文化大革命によって、活動が禁じられた。しかし密かに地下で活動し、生き抜いた。それは生き抜いたというより、彝族社会がピモの活動を求めており、絶えることがなかったのである。

　1970年代後半から始まった改革・開放政策、そして1990年代から強く推し進められた社会主義市場経済政策は涼山彝族社会にも大きな影響を与えた。それは彝族の宗教職能者であるピモやスニも例外ではなかった。グローバル化によって中国が世界の市場経済のなかへ組み入れられるなかで、中国の一「少数民族」である彝族もその市場経済の波をかぶり、ローカルな場でそれに対応あるいは順応する形で文化の変容が現れてきたのだった。それが「町に出るピモ」が現れた一側面だったといえる。

　それまでの彝族社会では見られなかった町で生活する（県城住まい）のピモが出現したことが現代のピモの大きな特徴であるといえる。政府関係機関の要請により、研究機関に勤めたりするなどの理由で県城に移り住むピモが現れた。また現金収入など、経済的な収益を目的として、兼業でも農業以外の職業で生計を立てようとするピモも県城に移り住むようになった。県城に拠点を移し、携帯電話などでピモ活動の依頼を受け、活動範囲のさらなる広範化を示す専業

のピモも現れた。こうしたなかで最も注目されるのが、街頭に露店を出し、占い、厄払い、病気治療儀礼などをするピモあるいはスニの出現である。こうしたピモは、声望のあるピモや彝族の知識人から「真正」のピモでなく、「偽」のピモであるとの認識が示された。しかし、彝族の一般の人々はこうした露店のピモを頼りにして、あまり「偽」との認識を示していなかった。それはこうした露店のピモやスニが非常に繁盛していることからも窺うことができる。露店を出すピモが「真正」でないと認識される理由はいくつかある。まずピモは声望や能力が高ければ営業をする必要がないという考え方がある。実際、有能であるとされるピモは携帯電話などの通信機器の発達もあって、依頼が多く、多忙であることが多い。そして露店のピモには、修行していた年月が短い者がいたり、トランプを使用して卜占をしたり、現代彝文字で出版された経典を使用したりする者がいる。伝統的な手法を重んじるピモから見れば、それは「偽」のピモであるという認識につながる。しかし、こうした露店のピモやスニの数は増えても、減ることはない。そして露店を出すピモやスニへの依頼者はほとんどが彝族であって、実際、非常に多くの人が依頼にやって来ている。

　露店を出すピモやスニはもちろん現金収入による経済的な利益を求めて街頭に出るのである。そして彼らの営業は往々にしてうまくいっている場合が多い。実際にその収入は少なくない。1回30分程度の儀礼で10元から15元の料金を得る。依頼者である顧客は1日10人以上おり、少なくとも1日100元から150元の利益がある。また依頼者の自宅などで儀礼を行なえば、300元以上の収入になる。このように毎日営業をすれば月3000元前後の稼ぎとなる。農村が広がる涼山地方ではこれはかなりの高収入である。ピモやスニが儀礼や卜占を行なう際、道具を多少用いるが、ほとんど経費もかからないことを考えれば、自分が持っているピモやスニの知識や技術を使って収益を得ようとするのは、市場経済が進む現代中国で自然な流れであると思われる。

　西昌など事例では、漢族の「算命先生」（占い師）と露店を並べていた。その先には漢方薬剤を販売する露店や民間療法の露店が並ぶなど、彝族と漢族の卜占、民間療法の複合的なマーケットを形成している状況も見られた。この背景には彝族にとっての病気や怪我の治療など医療に対する考え方があるであろう。それは「ニツハモ」（鬼）が病気をもたらすという考え方であり、病院などでの診察よりも、まずはピモやスニに治療を依頼するということである。そしてまたこうしたピモやスニに頼るほうが、病院などで診療してもらう場合より安価であるということも露店のピモやスニが繁盛する大きな理由である。

いずれにせよ市場経済が進むなか、涼山彝族の内部のグローカル化の状況としてピモが県城などの町に居住し、露店を出して営業活動を行なうなどの変化が現れた。そしてそれはピモの文化的な変容までもたらした。トランプによる卜占、活字印刷の経典の利用、「真正」と言いがたいピモの活動も見られるようになってきたのである。しかし、こうした露店のピモたちの活動は市場経済が活発化する中国社会においてマッチしていたのである。そしてその手法は少数民族の文化であるピモの活動を経済的な武器にさせて利益を得るものであった。

本稿は、短期的に涼山地方のいくつかの県と市を調査し、考察したものに過ぎない。そのため今後の課題もある。より広範な地域での調査と涼山地方の各県城や鎮でのピモの状況の把握とピモの活動の変化などをより細かく綿密に分析しなければならない。そしてさらに「趕集」（マーケット）のピモの状況も把握しなければいけない。おそらく村落に住んでいたピモが県城へ出て露店を出すきっかけになったのが「趕集」（マーケット）であろうと推測できる。そのためこの「趕集」（マーケット）から町へ出ていく経緯などの状況も細かく見ていかなければいけない。また成都や北京など涼山地方以外の大都市にピモは住んでいるのか、住んでいる場合どのような活動しているのか、またこうした大都市に居住する一般の彝族の人々は儀礼などをどのようにピモに依頼するのか、彝族地域以外のピモの活動なども課題であるといえる。

ピモ、スニの活動と医療との関係もより詳細かつ丁寧に考察していかなければならない課題である。ピモ、スニの活動が活発なのは教育、医療の未発達が原因だという指摘もある［馬・于・范 1993: 195］。この他に儀礼や卜占の簡略化や漢族やその他の影響などによる変化ももっと詳しく捉えるべきであろう。雷波などでは「算命先生」のなかに鶏卵占いをする者も現れてきたりもしているようである[17]。

いずれにせよ、彝族のピモが町に現われるようになり、彝族社会におけるピモにも変化が現れた。ピモをただ単に伝統的な文化を継承するものとして静態的に捉えるのでなく、外部から浸透するグローバルな波を彝族社会のなかでローカルなものとして受け止めつつ変化を遂げようとするものとして動態的に捉えていかなければならない。

注
1) 中国の「民族」は国家により「識別」され、認定される。「少数民族」は現在 55 民族

364　Ⅲ　個人や企業主導の文化実践と表象

が認定されている。

2) 大涼山を中心として、西部地域の塩源県付近と東部地域の雷波県付近の2ヵ所が小涼山と呼ばれる。

3) 本稿の彝語のローマ字表記は、1980年国務院批准「彝文規範方案」による涼山彝語の表記を用いる。

4) 昭覚県県城は1910年に建設されたが、1925年に県城付近に割拠するバチェ氏によって破壊され、1936年まで放棄された。

5) 「民主改革」とは1950年代に進められた政治運動であり、それまでの彝族の階層社会を変革させたものである。

6) 日本語では「ピモ」あるいは「ビモ」と表記される。この「ピ」あるいは「ビ」は無気音の清音であり、日本語ではどちらでも表記は可能である。本稿では便宜的に「ピモ」と表記する。

7) 「東爨烏蛮……。大部落有大鬼主、百家二百家小部落、亦有小鬼主、一切信使鬼巫、用相服制」

8) 「羅羅即烏蛮也。……。有疾不識医薬、惟用男巫、号曰大渓婆、以鶏骨占吉凶；酋長左右斯須不可闕、事無巨細皆決之」

9) 涼山彝族はいわゆる「彝根」（出自が彝族）の場合は、「チョニ」（Qot nip）と「グホ」（Gguho）の二系統の出自に分かれる。

10) ピモのより詳しい宗教活動については［摩瑟 1999: 214-283］を参照。

11) 成巫過程については［志賀 1999: 284-296］を参照。

12) 涼山彝族はその方言や生活習慣の違いにより、布拖県や普格県などの「ソンディ」（Suondip）地方、昭覚県、西昌市、喜徳県などの「シェンジャ」（Shep nra）地方、美姑県、雷波県などの「ジノー」（Yy nuo）地方に分けられる。

13) 美姑県彝族ピモ文化研究センター、ガハシジャ氏の指摘による。

14) 2009年当時。以下すべて2009年当時の年齢である。

15) ［何 2007: 155］に履歴が紹介されている。

16) ヤグシュプから27代目の子孫。4〜5歳からピモの修行を始め、13歳で独立し、17歳で「ニムツォピ」の儀礼をこなし、21歳で弟子を取った。豚の肩甲骨を使った病気治療儀礼で1000人以上の治療を行なった。1994年には西南民族大学にて彝文経典の翻訳整理作業に従事している［海来 2006a: 133］。

17) 西昌学院彝族研究所ジェジョイホ氏の指摘による。


**参考文献**

阿吉拉則

　　2007　「昭覚彝族畢摩調査」『畢摩文化』、pp.120-125、四川涼山：中国彝族畢摩文化研究中心。

阿牛史日、吉郎伍野

　　2007　『涼山畢摩』杭州：浙江人民出版社。

王叔武校注

　　1986（元）李京撰「雲南志略」（元）郭松年撰、（元）李京撰　『大理行紀校注　雲南志
　　　　　略輯注』、pp.53-105、昆明：雲南民族出版社。

王承権、詹承緒調査整理

　　1984　「寧蒗彝族自治県跑馬坪郷彝族社会経済調査」《民族問題 5 種叢書》雲南省編輯
　　　　　委員会編『雲南小涼山彝族社会歴史調査』、pp.25-64、昆明：雲南人民出版社。

（宋）欧陽脩、宋祁撰

　　1975　『新唐書』北京：中華書局。

（宋）欧陽脩撰、徐無党註

　　1974　『新五代史』北京：中華書局。

何暁紅

　　2007　「畢摩檔案―曲比爾日」『畢摩文化』155、四川涼山：中国彝族畢摩文化研究中心。

何耀華

　　1993　「彝族社会中的畢摩」左玉堂、陶学良編『畢摩文化論』、pp.36-62、昆明：雲南
　　　　　人民出版社。

海来哈布

　　2006a「畢摩檔案：曲比拉果」『畢摩文化』133、四川涼山：中国彝族畢摩文化研究中心。
　　2006b「畢摩檔案：曲比黒石」『畢摩文化』135、四川涼山：中国彝族畢摩文化研究中心。

韓　敏

　　2011　「中国のグローカル化の人類学研究」『民博通信』129：18-19、大阪：国立民族
　　　　　学博物館。

曲木蔵堯

　　1993　『西南夷族考察記』南京：南京抜提書店（『亜洲民族考古叢刊・第 2 輯⑱』台北：
　　　　　南天書局影印）。

胡慶鈞

　　1985　『涼山彝族奴隷社会形態』北京：中国社会科学出版社。

向　達校注

　　1962　（唐）樊綽撰『蛮書校注』北京：中華書局。

志賀市子

　　1999　「大涼山彝族社会のシャーマン『スニ』に関する一考察―成巫過程と守護神を
　　　　　中心に」佐野賢治編『西南中国納西族・彝族の民俗文化：民俗宗教の比較研究』、
　　　　　pp.284-296、東京：勉誠出版。

荘学本

　　1941　『西康夷族調査報告』西康省政府（『亜洲民族考古叢刊・第 2 輯⑱』台北：南天
　　　　　書局影印）。

366　Ⅲ　個人や企業主導の文化実践と表象

孫伍呷
　　2008　「涼山"蘇尼"在城市中的活動現状及其対社会的影響—以西昌市浜河路的"蘇尼"為例」『中国西南文化』（総13期）昆明：雲南科技出版社

馬学良、于錦綉、范恵娟
　　1993　『彝族原始宗教調査報告』北京：中国社会科学出版社。

樊秀麗
　　2004　『大涼山彝族における葬送儀礼と霊魂観を通してみた帰属集団意識の形成』東京：勉誠出版。

孟彗英
　　2003　『彝族畢摩文化研究』北京：民族出版社。

摩瑟磁火
　　1999　「趄止と趄哈—美姑地区畢摩の宗教活動」佐野賢治編『西南中国納西族・彝族の民俗文化—民俗宗教の比較研究』、pp.214-283、東京：勉誠出版。

野　郎
　　2007　「畢摩檔案—迪惹洛曲」『畢摩文化』153、四川涼山：中国彝族畢摩文化研究中心。

嶺光電
　　1988　『憶往昔——一個彝族土司的自述』昆明：雲南民族出版社。

# 編者あとがき

　本書は、2008年10月から2011年3月まで開催された国立民族学博物館共同研究「中国における社会と文化の再構築：グローカリゼーションの視点から」（代表：韓敏）の報告である。収録した13本の論文は、中国をおもなフィールドとし、最前線で活躍している研究者各位による最新の成果である。

　本研究会は、代表の韓敏以下、塚田誠之、横山廣子、川口幸大（当時民博の機関研究員）の館内4名と、井口淳子、何彬、高明潔、澤井充生、清水拓野、清水享、謝荔、周星、秦兆雄、思沁夫、高山陽子、田村和彦、中生勝美、長沼さやか、潘宏立、渡邊欣雄の館外16名によって構成されている。本研究会に参加したメンバーに感謝申し上げたい。

　メンバーの構成は三つの特徴がある。まず、日本と中国からの研究者であること。2番目の特徴は、老中青というさまざまな年齢層であること。3番目の特徴は、メンバーの専門は人類学、歴史学、民俗学と民族音楽学などの分野に分かれている。このようなメンバー構成は、複眼的な視点を生み出し、生産的な議論につながった。3年半の間に8回の研究会を実施して、忌憚のない活発な議論を行い、20名のメンバー全員が発表した。

　ただし、諸般の事情により、残念ながら、研究会に参加した方々すべてに本書の作成にかかわっていただくことはできなかった。横山廣子の「グローカライゼーションとしての『原生態』」、澤井充生の「中国の『住民自治』再考：改革開放期の清真寺管理運営制度の事例から」、秦兆雄の「祭孔大典からみた儒教復興」、思沁夫の「中国の環境保護民間組織（NGOs）の現状と課題」、中生勝美の「20世紀初頭のフランス宣教師による中国民俗研究」、潘宏立の「伝統文化の越境：福建南部とフィリピンの華人社会の宗親会の事例から」、渡邊欣雄の「世界的ネオリベラリズムにおける中国宗教の市場経済化」の発表は、中国のグローバル化とグローカル化を考えるうえで欠かせない重要な研究テーマである。

　メンバーによる研究報告のほかに、北京大学の王銘銘、中国社会科学院民族学研究所の梁景之、中央民族大学民族学・社会学学院の楊聖敏、浙江大学の阮雲星、河南大学芸術学院の陳宗花の5名を特別講師に迎え、「中国の人類学、

漢学人類学と漢語人類学」、「明清以来の華北民間宗教の変遷の解読：文献調査
とフィールドワークに基づいて」、「現代中国の民族問題に関する国家戦略」、「中
国の無形文化遺産の保護理念と実践：貴州生態博物館と閩南文化生態保護区の
例を中心に」、「中国の無形文化遺産の保護理念と実践：河南省の馬街書会と豫
劇を事例に」について発表していただき、真摯な意見交換を通して中国研究の
新たな可能性を探った。本共同研究会に参加した特別講師およびオブザーバー
のすべての方々に感謝申し上げる。

　本書の刊行にあたって、出版委員会を通して国立民族学博物館からの助成を
受けた。研究会開催の段階から刊行に至るまで、風響社の石井雅社長から暖か
いご支援と適切なアドバイスを得た。煩雑な編集作業や翻訳作業は、吉村美恵
子さん、藤川香織さんと今中崇文さんに手伝っていただいた。ここに記して感
謝する。

　　2014 年 6 月 9 日　　　　　　　　　　　　　　　　　　韓　　敏

# 索　引

## ア

「アート」の創生　245

アメリカ　16, 20, 31, 53, 90, 97, 99, 204, 236, 243, 263, 277, 291, 294

アヘン戦争　12, 25, 27, 28

愛国心　79

イギリス　20, 25, 53, 73, 74, 80, 278, 284, 292, 370

　——火葬協会　53, 73

イデオロギー　45, 52, 77, 129, 245, 248-252, 254, 257, 258, 260-262, 270, 274

医療　261, 343-345, 354, 362, 363

移動　12, 13, 21, 26, 44, 45, 56, 57, 66, 69, 80, 99, 114, 117, 118, 129, 132, 133, 183, 241, 283, 284, 292

移風易俗　149, 291

遺骨収納　302, 303, 307

彝族

　——祭司　17, 335, 338

　——年　352

彝文経典　18, 341, 345, 347, 348, 353, 356, 364

彝文字　18, 336, 338, 361, 362

ウィーン万国博覧会　53

ウーリー・ストリート　13, 97-109, 112-117

烏江鎮　14, 153, 155, 158-161, 166, 169-171, 173

占い　18, 169, 350, 356, 358-363

エスニック

　——・アイデンティティ　15, 179, 195

　——・シンボル　15, 20, 227, 229, 232, 240, 241

　——・ツーリズム（民族観光）　179,

182, 194, 196, 197

　——料理　98, 106, 107

エスノスケープ　13, 101, 103, 107, 114, 115, 118

延安　20, 81, 202, 203, 208, 245, 246, 248, 252, 261

演劇学校　15, 200, 204, 207, 209-213, 215-221, 371

オーケストラ　28, 30, 31, 34-36, 38, 48

オーストラリア　13, 16, 97, 100, 112, 117, 118, 120, 277

欧米人　37, 38, 54, 107

親孝行　79, 140, 300

音楽の先進都市　27, 44

## カ

火葬　11, 12, 17, 19, 20, 51-75, 285, 287, 289, 291-293, 295-303, 309-311

　——施設　55, 60, 71, 292, 293, 296

　——場　12, 19, 52-60, 70-72, 74, 75, 285, 287, 291-293, 296, 309

　——炉　53, 54, 56-61, 63-74, 293, 299

家屋　17, 20, 54, 191, 232, 308, 313, 314, 316-324, 326-332, 349

家父長制　13, 92

華僑　70, 98, 107, 111, 217, 290, 296

華人　9, 27, 54-57, 70, 75, 86, 98, 104, 107-109, 111, 115-117, 120, 126, 130, 131, 134, 137, 158, 162, 170, 179, 182, 184, 185, 188, 191, 197, 199, 203, 210, 216, 217, 241, 312, 315, 317, 321, 333, 354, 360, 367

　——協会　108, 116, 117

華洋雑居　12, 25

改革開放　15, 16, 25, 45, 52, 123, 130, 131, 140, 179, 185, 188, 190, 195, 199, 204,

214, 245, 322, 324, 330, 367

階級闘争　245, 250-252, 274

革命

　　——聖地　85, 179

　　——模範劇　84, 204, 220

　　——烈士　82, 83, 86, 87, 90, 93

合作社　248, 250, 251, 267, 278

神棚　319

広東省珠江デルタ→珠江デルタ

官学連携　14, 154, 165

咸水歌　14, 15, 177, 183-190, 192-196

関羽　170

関帝　116

漢化　150, 229, 230, 336

韓国　16, 104-107, 117, 118, 123, 127, 128, 136, 137, 151, 277

観光　14-16, 81, 86, 101, 114, 127, 134, 145, 154, 155, 158, 159, 172, 177, 179, 180, 182, 187-189, 192, 194-197, 199, 207, 218, 219, 221, 223, 227, 239, 240, 243, 245, 267, 268, 270- 273, 276, 278, 282

　　——客　16, 81, 86, 101, 114, 155, 179, 180, 188, 218, 219, 239, 243, 268, 272, 273, 276

　　——業　16, 177, 179, 182, 189, 243, 270, 276, 278

　　——資源　15, 177, 179, 187, 189, 192, 194, 195, 370

　　——商品　16, 245, 267, 268, 270-272

キャンベラ　13, 97-101, 105-14, 116-118, 120, 370

　　——の「中国城」　97, 114, 116

企業　9, 10, 11, 15, 20, 30, 144, 177, 179, 187, 199, 205, 217, 227, 238, 277, 278, 291, 294, 296, 297, 299-303, 309, 313, 338, 370

　　——主導の文化実践と表象　11, 15

牛鬼蛇神　204

共産主義　84, 88, 269, 315, 323

京劇　154, 200, 201, 204, 207, 218, 219, 221, 223, 228

近代アジア　27

近代化　9, 11, 12, 20, 68, 71, 126, 197, 323

近代的火葬の受容と普及　52

近代都市　80

クリスマス　135, 235, 237

グレゴリオ暦　126, 129

グローカリゼーション　9, 11, 14, 17, 19, 51, 68, 69, 117, 120, 177, 223, 274, 276, 277, 284, 313, 314, 329, 330, 333, 367

グローカル化　9-13, 17-21, 97-99, 107, 111, 114, 116, 123, 124, 150, 314, 316, 330, 331, 338, 363, 365, 367

グローバリゼーション　11, 12, 21, 51, 59, 70, 99, 116, 119, 120, 313, 329, 330, 332

グローバル化　9-11, 13-17, 19, 20, 90, 98, 99, 101, 115, 117, 118, 124-127, 133, 135, 146, 150, 155, 164, 171, 177, 180, 182, 199, 270, 276, 277, 278, 283, 313-315, 316, 329-331, 338, 361, 367

　　——時代の文化遺産保護　164

　　——のなかの珠江デルタ　315

グローバルな文化政策　13, 143-145

グローバルな文化的状況　123, 126, 135

空港　59, 239, 314

屈原　124, 138, 139, 145, 148, 161

携帯電話　237, 316, 351, 352, 353, 361, 362

芸術音楽の受容プロセス　12, 25

劇場都市　32

劇団　46, 168, 169, 199, 200, 202-208, 210, 212, 215, 218, 220, 222

言語文字工作委員会　18, 348, 356

伍子胥　124, 138-145, 148

　　——祭祀　138, 142-145

娯楽空間　26

広西国際民歌節　235

公共衛生　12, 53, 69

公私合営　291

紅画兵　257

項羽　14, 153-157, 160-164, 166-168, 170, 172-174

　　——記憶　161

　　——祭祀の遺産登録　164

　　——の記憶　156

哭喪歌（泣き歌）　285, 286

国家の記念日　130

国慶節　125, 130-132, 134, 135, 185, 186,
　　208, 209
国際火葬連盟　53
国際葬送文化セミナー　283, 294
国際博覧会　81
黒画　257
暦のグローバル化　125, 126

### サ

祭祀　14, 17, 20, 124, 136, 138-145, 153-157,
　　159, 161, 164-166, 168-172, 183, 191, 193,
　　196, 286, 293, 294, 297, 304, 310, 313, 314,
　　316, 318, 320, 321, 323, 324, 326-330, 331,
　　344
　　──活動　14, 155, 157, 164-166, 169,
　　170, 327
　　──空間　17, 20, 304, 313
　　──空間としての家屋　17, 313
祭壇　141, 319-321, 323, 327-330
在延安文芸座談会上的講話　246, 248,
　　261
3月3覇王祭（→覇王祭）　14, 153, 159,
　　171
シャーマン　136, 167, 339, 346, 365
指導員　254, 255, 257-259, 262, 263
紙扎（紙細工の冥器）　246, 269, 286,
　　287, 308
祠堂　158, 191, 289, 321, 323
自由の女神像　90, 370
慈善　54, 291, 293, 294, 308
社会主義
　　──革命　9, 12, 13, 20, 158, 202, 216
　　──教育運動　16, 245, 249, 250, 278
　　──陣営　57, 59
　　──的身体表象　12, 77, 82
上海
　　──開港　284, 292
　　──市殯葬サービスセンター（FIS）
　　296, 297
　　──租界　12, 19, 20, 25, 26, 28, 32, 37,
　　40, 41, 44, 45, 47
　　──租界のなかの西洋　12, 25
　　──殯葬博物館　296, 297

珠江デルタ　14, 17, 177, 179, 183-185,
　　187, 190, 191, 194, 196, 197, 313-315,
　　317, 324, 325, 328, 330
儒教　52, 70, 128, 136, 170, 367
宗教職能者　336, 339, 361
秋瑾　78-80, 86, 87, 91-93, 96
繡球　15, 16, 227-244
　　──王　236
　　──の郷　15, 227, 232, 233, 238
　　──の多様化　237
　　──の流通
　　──文化　15, 227
祝祭日　14, 123-138, 140, 145-147, 149,
　　151
　　──に関する法律の改定　14, 123,
　　129, 134, 138, 145, 147
　　──の再編成　125, 129, 135
春節　123, 129-135, 137, 230, 242, 352
消費者　16, 19, 103, 107, 112-115, 255,
　　270, 271, 273, 276, 300-302
城隍　320
辛亥革命　86, 92, 95, 202
身体表象　12, 77, 78, 82, 86
秦腔　15, 199-224, 268, 270
　　──演劇界　200-209, 212-216, 218-
　　220
人民英雄記念碑　83
人民公社　161, 185, 246, 253, 256, 267,
　　269, 321, 324-326
人民に奉仕　199, 203, 204
人類学のアプローチ　9
スイス　16, 277
スターリン　46, 78, 85
スニ　338-340, 343, 346-351, 354, 356,
　　357, 360-363, 365
水郷文化　140, 141, 143, 187, 189
水上居民　14, 15, 177, 183-187, 189, 190,
　　192-194, 197
世界婦人大会　235
世界文化遺産　128, 151, 179
西洋
　　──音楽　12, 25-28, 31-33, 35, 39-45,
　　48
　　──化　9, 12, 25, 131

――の祝祭日　135
――文化　12, 25, 26, 28, 44, 45, 81, 284
清明節　123, 131-135, 137, 138, 145, 193, 286, 289, 310
陝西易俗伶学社（西安易俗社）　202, 203, 216
陝西秦腔博物館　200, 207-209, 213-215, 218, 219
全国婦女工芸大会　235
全国婦女連合会　235, 243
全国民族用品定点生産企業　238, 370
前衛音楽　39
ソ連経済および文化建設成就展覧会　83
祖先の位牌　319, 320, 323
租界　12, 19, 20, 25-29, 30, 32, 35-37, 39-41, 43-48, 54, 56, 80, 89, 292
宗族　17, 183, 184, 190, 191, 193, 194, 196, 197, 269, 291, 302, 311, 370
葬儀産業の形成　16, 283
葬送産業　283
葬送設備博覧会　283
族譜　193
孫文　79, 82, 86, 87, 93, 129, 188, 192, 292

タ

多言語化　35
多民族　12, 28, 37, 44, 184
太平洋戦争　20, 33, 37, 39
大躍進　231, 242, 247-250, 321
端午節　14, 123-125, 127, 128, 131-146, 148, 149, 151, 191, 193
――の地域性　138, 140, 143
――の文化変容　123
チベット・ビルマ語派　335, 370
チャイナタウン　11, 13, 19, 97, 98, 107, 115, 117
チャイナフード
チェコスロバキア　57, 58
チワン（壮）族　15, 179, 182, 183, 187, 227, 229, 230, 232, 237-244, 335
地域文化アイデンティティの再構築　138, 143

中央美術学院　93, 257, 258
中華街　13, 98, 104, 108, 109, 113, 115, 116
中華技芸伝承人　236
中華巧女　233, 235, 243
中華全国戯曲改革委員会　203
中華民族アイデンティティ　14, 194
中国化　11, 12, 20, 25, 124, 338
中国社会のグローカル化　11
中国城　11, 13, 97-99, 106-117, 120, 333
中国人経営者　108, 109
中国人消費者　112
中国人留学生　107, 110-114, 118
中国同盟会　79, 93
中国内部の社会変化　124, 129
中国における火葬装置　12, 51
中国文化芸術フェスティバル　277
中国民間芸術の郷　233, 238
中国民間文芸家協会　148, 195, 214, 267
中国民俗学会　131, 133, 141, 149, 150, 196
中国民族民間文化保護プロジェクト　137, 164, 181, 182, 213
中山咸水歌→咸水歌
中秋節　123, 131-135, 137, 138, 145, 229, 239
趙一曼　78, 80, 86, 87, 90-92
ツヴィ (cyt vi)　337
追悼会　63, 70, 285, 287, 298
天安門広場　83, 90
伝承人　171, 186, 206, 208, 214, 215, 218, 236
伝統的な葬法　288, 289, 303
伝統の葬儀業　290
伝統の葬送習俗　285
ドイツ　16, 33, 35, 41, 42, 44, 53, 77, 80, 277, 294
都市研究　283
都市彫刻　89
土地神　191, 320
土地公　191, 320, 321, 327, 330
土葬　17, 52, 53, 57, 72, 288-290, 292, 293, 303, 310, 311
套頭　286

鄧小平　88, 307
銅像のジェンダー　12, 77, 78, 92
銅像の誕生　80

#### ナ

ナショナルと地域の文化遺産　13
仲間墓地　17, 303, 305, 306, 311
南京条約　20, 284
南湖船文化祭　140, 141, 145
日本占領期　39
入土為安　290, 291, 302, 307, 310
年中行事　14, 126, 129, 159, 182, 183, 186,
　191, 193, 264, 267, 273, 275
ノホ　337, 341, 342, 343
農業は大寨に学ぶ（べ）　250, 252, 254,
　269
農民画　16, 234, 245-282
　──運動　248
　──における「グローカリゼーション」
　274
　──の新定義・再評価・転換　261

#### ハ

バレンタインデー　135
パブリック・アート　78, 82, 89
覇王祠巡礼　160
覇王祭（→ 3 月 3 覇王祭）　14, 153, 159,
　166, 171
覇王文化　154, 173
博物館　9, 15, 16, 20, 21, 81, 91, 100, 144,
　149, 150, 174, 186, 195, 197, 199, 200,
　207-209, 213-215, 218, 219, 221-224,
　232, 239, 241, 276, 277, 289, 296, 297,
　365, 367, 368
　──建設　15, 199, 209
八宝山革命公墓　57
万国公墓　292
万国博覧会　53, 181
万国殯儀館　16, 70, 291, 293
ビジネスと文化の伝承　309
ピモ文化　18, 339, 346, 348, 354-356, 364
非物質文化遺産　51, 123, 124, 137, 138,

　143, 145, 146, 148, 149, 155, 165, 172,
　173, 180-183, 196, 222, 223, 233, 238,
　277
費孝通　14, 131, 148, 171, 173
病気治療　18, 345, 350, 352-355, 357, 361,
　362, 364
殯儀館　12, 16, 52, 54-58, 60, 61, 63-66,
　68, 70-73, 75, 285, 291-293, 296-298,
　300, 301
　──火葬室　60
　──の出現　292
殯葬業　74, 290, 291, 293, 294, 296, 299,
　300, 302, 309, 310
　──の形成　290
フランス　16, 20, 25, 27-29, 32, 35-37, 46,
　58, 79, 80, 82, 83, 90, 94, 195, 276, 277,
　367
プロパガンダ　16, 84, 85, 91, 96, 185,
　245-247, 249, 250, 253, 254, 256, 260,
　261, 267, 274
　──・アート　16, 245-247, 254, 256,
　260, 261, 267, 274
父系リネージ　337, 339, 341-343, 351
夫婦墓　17, 302, 305, 311
福祉業　293, 296, 299
文化遺産　10, 11, 13-15, 20, 21, 51, 119,
　123-129, 135-141, 143-151, 153-155,
　164, 165, 171-174, 177, 179-183, 185-
　187, 189-196, 200, 206-208, 213-215,
　218, 219, 222, 223, 233, 238, 277, 368
文化館　83, 95, 234, 247, 248, 249, 253-
　256, 259, 261, 262
　──の養成システム　249, 261
文化競争　154
文化行政　11, 13, 14, 17, 20, 40, 92, 145,
　164, 165, 171, 261, 262
文化建設　83, 95, 263
文化大革命（文革）　16, 17, 45, 58, 71, 84,
　130, 140, 159, 170, 203, 204, 217, 220, 231,
　232, 245, 246, 249, 250, 252-254, 256, 257,
　262, 269, 276, 285, 287, 291, 292, 321, 322,
　339, 345, 347, 361
文化ナショナリズム　20, 136, 151
文化の再構築　9, 11, 15, 117, 223, 367

文化の再構築とグローカル化　9
文化の自覚（Cultural Consciousness）
　14, 131, 135, 136, 138, 144, 145, 171
文化部　124, 137, 138, 141, 164, 173, 181,
　182, 186, 197, 203, 213, 233, 238, 255,
　256, 261, 262, 279
文化変容　123, 370
文化輸出　11, 13, 108, 116
文革→文化大革命
ベルリン　40-42, 44
北京オリンピック　262
ポスター　26, 79, 84, 85, 90, 91, 249, 261,
　265, 371
法定祝祭日　14, 125, 130, 132, 134, 135,
　137, 138
宝興殯儀館　54, 55, 70, 293
抛繡球（→繡球）　16, 227, 228-230, 231,
　232, 236, 240-244
　「――」の沿革　227
翻訳文化　27

　　　マ

マスメディア　125, 135, 300
マリアンヌ　77, 79, 90, 94
麻薬中毒　349
麻薬密売　349
土産品　15, 16, 227, 239, 240
民営演劇学校　200, 207, 209, 210, 212,
　213, 215-221
民間芸能　165, 166, 168, 169
民間信仰　14, 168, 170, 299
民間文化　16, 136, 137, 138, 148, 164, 165,
　171, 180-183, 185, 195, 197, 213, 222, 268,
　278, 371
民国時代　129, 131, 144, 335-338, 344-
　346, 351
民主改革　339, 345, 364
民政部　58, 59, 71, 72, 75, 293, 302, 312
民族エリート　179, 194
民族事務委員会　181, 234
民族と文化をめぐるポリティクス　182
民田　190, 191, 197, 371
ムーラン（花木蘭）　13, 20, 79, 92, 93,

95
無形文化遺産　13-15, 20, 123-129, 135-
　141, 143-147, 150, 151, 164, 165, 171,
　177, 180-183, 185-187, 189-195, 200,
　206-208, 213-215, 218, 219, 223, 368
　――制度　126, 136, 140, 143
　――としての祝祭日の祭礼行事
　126
　――の調査　165
　――の保護活動　186, 213, 214, 219
　――保護条約　14, 20, 124, 127, 135,
　137, 138, 150, 164, 171, 213
　――法　125
毛沢東　57, 78, 83, 84, 87, 91, 162, 163,
　168, 173, 174, 203, 245, 322
門官　318, 320, 321, 323, 326-328, 330
門神　318

　　　ヤ

ユダヤ系難民　26
ユダヤ人　12, 25, 26, 29, 35, 39-42, 44, 45,
　48
　――作曲家　39
ユネスコ　13, 14, 20, 21, 119, 123-129,
　135-140, 143, 145, 146, 150, 151, 164,
　171, 179, 180, 181, 183, 195, 213
　――の無形文化遺産制度　126
　――の無形文化遺産保護条約　14, 20,
　124, 127, 135
葉落帰根　290, 291, 296

　　　ラ

雷鋒　84
蘭心大戯院（Lyceum Theatre・ライセアム
　劇場）　12, 36, 37, 47
劉開渠　81-83, 85, 88, 89, 96
劉海粟　81, 82
劉胡蘭　84, 85, 92, 95, 96
劉三姐　232, 240
龍舟（Dragon Boat）　123, 124, 138, 139,
　140-143, 145, 196
旅行会社　114, 177, 179, 239, 240

涼山彝族（→彝族）　18, 337, 341, 343-
　346, 349, 351, 356, 361, 363-366
涼山地方　17, 335, 337, 338, 340, 345-347,
　349, 354, 356, 362, 363
淪陥期　39
霊魂観の表象　310, 311
連誼山荘　292
ローカリティ　90
ロシア　12, 25, 26, 28-37, 40, 42, 44, 45,

83, 195
――革命　12, 25, 29, 30, 31
労働模範　203, 252

## ワ

和諧社会　19, 262
和洋折衷　27

【執筆者紹介】 掲載順　＊は編者

韓　敏（かん・びん）＊
1960 年生。
博士（学術）（東京大学）。
国立民族学博物館民族社会研究部教授。
専門は文化人類学、中国研究。中国の社会・文化の変化と持続について調査研究を行っている。
主要業績に『中国社会的家族・民族・国家的話語及其動態—東亜人類学者的理論探索』(Senri Ethnological Studies 90　韓敏・末成道男編、国立民族学博物館、2014 年）、『政治人類学：亜洲田野与書写』（阮雲星・韓敏編、浙江大学出版社、2011 年）、*Tourism and Glocalization---Perspectives on East Asian Societies.* (Senri Ethnological Studies 76), National Museum of Ethnology HAN Min and GRABURN Nelson (eds.), 2010、『革命の実践と表象—現代中国への人類学的アプローチ』（編著、風響社、2009 年）、『回応革命与改革—皖北李村的社会変遷与延続』（江蘇人民出版社、2007 年）、『大地は生きている—中国風水の思想と実践』（聶莉莉・韓敏・曾士才・西澤治彦編著、てらいんく、2000 年）など。


井口　淳子（いぐち・じゅんこ）
1961 年生。
文学博士（大阪大学）。
大阪音楽大学音楽学部教授。
専門は音楽学、口承文芸研究。中国北方農村（陝西、河北省）、上海、大阪、沖縄を主なフィールドとしている。とくに大阪と上海の近代洋楽史について近年、集中的に資料調査を行っている。
主要な編著書に『上海租界与蘭心大戯院—東西芸術融合交匯的劇場空間』（大橋毅彦ほかと共編、上海人民出版社、2015 年）。『中国北方農村の口承文化—語り物の書・テキスト・パフォーマンス』（風響社、1999 年）。主要論文に、"Osaka and Shanghai: Revisiting the Reception of Western Music in Metropolitan Japan" In *Music, Modernity and Locality in Prewar Japan: Osaka and Beyond.* Hugh de Ferranti and Alison Tokita (eds.), Surrey: Ashgate, 2013, 283-299 など。


田村　和彦（たむら・かずひこ）
1974 年生。
修士（学術）（東京大学）。
福岡大学人文学部東アジア地域言語学科・准教授。
専門は社会人類学、中国、日本研究。現在は、葬儀の改革と死の問題、物質文化と生活再編などについて調査研究を行っている。
主要業績に「文化人類学与民俗学的対話—囲繞『田野工作』展開的討論」周星編『民俗学的歴史、理論与方法』（商務印書館、2006 年）、「現代中国における墓碑の普及と『孝子』

たち―陝西省中部農村の事例から」小長谷有紀・川口幸大・長沼さやか編『中国における
社会主義的近代化』（勉誠出版、2010 年）、「従生活話語来看“歴史”記憶―以陝西同治回
民起義為例」韓敏・末成道男編『中国社会的家族・民族・国家的話語及其動態―東亜人類
学者的理論探索』（Senri Ethnological Studies 90, 2014）など。


高山　陽子（たかやま・ようこ）
1974 年生。
博士（学術）（東北大学）。
亜細亜大学国際関係学部准教授。
文化人類学。観光と記念碑の研究。最近は、社会主義のプロパガンダ・アートの土産物化
に興味を持つ。
主要業績に「英雄の表象―中国の烈士陵園を中心に」（『地域研究』第 14 巻第 2 号、2014 年）、
「パブリック・アートとしての銅像」（『国際関係紀要』第 23 巻第 1・2 合併号、2014 年）、「観
光がつなぐアジア」片岡樹・シンジルト・山田仁史編『アジアの人類学』（春風社、2013 年）、
『民族の幻影―中国民族観光の行方』（東北大学出版会、2007 年）など。


高　明潔（こう・めいけつ）
1954 年生。
愛知大学現代中国学部教授。
内モンゴルを中心とする中国地域社会の社会構造およびマイノリティ事情の研究、多文化
共生研究。
主な業績に『北京的少数民族』（共著、北京燕山出版社、1988 年）、「内蒙古遊牧地域にお
ける妻方居住婚―双系相続社会の一面」（『民族学研究』第 60 巻 4 期、1996 年）、「内モン
ゴルはいま―民族区域自治の素顔」（『中国 21』vol.19、風媒社、2004 年）、「グローバル化
の中のモンゴルをどう描くか―内モンゴルの事例研究に基づいて」今西淳子・Demberel
Ulziibaatar, Bprjigin Hnsel 編『北東アジアの新しい秩序を探る』（風響社，2008 年）、「牧畜業
文明におけるソルコ制の位置づけ」馬場毅・張琢編『改革・変革と中国文化・社会，民族』（日
本評論社、2008 年）、「『草原啓示録』における 20 世紀のモンゴル民族表象」ボルジギンフ
スレ、今西淳子編『20 世紀におけるモンゴル諸族の歴史と文化』（風響社、2012 年）など。


謝　荔（しゃ・れい）
1963 年生。
博士（学術）（愛知大学）。
法政大学社会学部・教授。
専門は文化人類学、中国漢族研究。最近は、儀礼などの文化変容、無形文化遺産政策、グ
ローカル化などの問題に関心をもって、中国と日本で調査を行っている。
主要業績に「民俗宗教の知識の伝承とその変化にみる漢民族社会―四川地域を例に」（『中
国 21』Vol.25、愛知大学現代中国学会、2006 年）、「転生に関わる表象および儀礼的実践」

韓敏編『革命の実践と表象―中国の社会変化と再構築』（風響社、2009 年）、「端午節儀式活動伝承主体的社会変化―以中国嘉興市端午民俗文化節与日本相模原市児童節為例」（『文化遺産』2012 年 03 期、中山大学非物質文化遺産中心）など。


**長沼　さやか**（ながぬま・さやか）
1976 年生。
博士（文学）（総合研究大学院大学）。
静岡大学人文社会科学部・准教授。
専門は文化人類学、中国地域研究。中国広東省珠江デルタ地域で、中華人民共和国成立以前に移動生活をしていた水上居民と、古くから村落に定住してきた父系親族集団・宗族との集団間関係に注目しながら、漢族の社会や文化について研究している。
主要業績に『広東の水上居民―珠江デルタ漢族のエスニシティとその変容』（風響社、2010 年）、『中国における社会主義的近代化―宗教・消費・エスニシティ』（小長谷有紀・川口幸大と共編、勉誠出版、2010 年）、「祖先祭祀と現代中国―水上居民の新たな儀礼の試み」川口幸大・瀬川昌久編『現代中国の宗教―信仰と社会をめぐる民族誌』（昭和堂、2013 年）など。


**清水　拓野**（しみず・たくや）
1971 年生。
修士（学術）（東京大学）。
神戸女学院大学・関西学院大学等兼任講師。
専門は教育人類学、中国芸能研究。中国西北地域の伝統演劇教育の近代化や芸能の無形文化遺産化、都市化・観光化について研究している。
主要業績に「市場経済時代の演劇リーダーたちの挑戦―秦腔の振興活動をとおした文化の継承と発展」朱浩東・今井康雄・清水拓野ほか編『教育の情報・協同・共生』（中山出版、2011 年）、Attractive Features and Potential Value of the Chinese Traditional Theater School as a Tourist Spot: A Case Study of the Shaanxi Opera in Xi'an City. In *Tourism and Glocalization: Perspectives on East Asian Societies*. Min HAN and Nelson GRABURN (eds.), Senri Ethnological Studies 76, 2010、「中国の伝統演劇にみる芸能教育の未来像―秦腔の俳優教育の『素質』に注目して」朱浩東編『人間形成の課題と教育―論集』（三一書房、2007 年）、「中国伝統演劇の教授・学習過程の教育人類学的研究―秦腔演劇学校の“口伝心授”実践に注目して」『演劇映像学：演劇博物館グローバル COE 紀要』（早稲田大学演劇博物館、2012 年）、「現代中国の『科班』の特徴と展開―陝西地方の三つの民営演劇学校の考察」（『中国 21』Vol. 33、愛知大学現代中国学会、2010 年）など。


**塚田　誠之**（つかだ・しげゆき）
1952 年生。
博士（文学）（北海道大学）。

国立民族学博物館研究戦略センター教授。

専門は歴史民族学、中国研究。現在は、中国のチワン（壮）族の歴史や文化の資源化について調査研究を行っている。

主要業績に『壮族社会史研究—明清時代を中心として』（国立民族学博物館、2000 年）、『壮族文化史研究—明代以降を中心として』（第一書房、2000 年）、『中国国境地域の移動と交流—近現代中国の南と北』（編著、有志舎、2010 年）、『中国の民族文化資源—南部地域の分析から』（武内房司と共編、風響社、2014 年）など。


周　星（しゅう・せい）

1957 年生。

博士（民族学）（中国社会科学院大学院）。

愛知大学国際中国学研究センター・教授。

専門は中国文化人類学・民俗学研究。現在は、都市の住生活、都市の広場ダンス、漢服復興運動などについて研究を行っている。

主要業績に『民族学新論』（陝西人民出版社、1992 年）、『民族政治学』（中国社会科学出版社、1993 年）、『境界興象徴—橋和民俗』（上海文芸出版社、1998 年）、『郷土生活的邏輯—人類学視野中的民俗研究』（北京大学出版社、2011 年）、『民俗学的歴史、理論与方法』（共編著、商務印書館、2008 年）、『国家興民俗』（編著、中国社会科学出版社、2011 年）、『中国芸術人類学基礎読本』（編著、学苑出版社、2011 年）など。


何　彬（か・ひん）

1956 年生。

文学博士（北京師範大学）、歴史民俗資料学博士（神奈川大学）。

首都大学東京都市教養学部教授。

民俗学、東アジア研究、漢族研究。年中行事・祖先祭祀・日中の食文化について調査を行っている。

主要業績に『中国東南地域の民俗誌的研究』（日本僑報社、2013 年）、『（中国）江浙漢族の喪葬文化』（中央民族大学出版社、1995 年）、「儀礼食・節句食のシンボリズムとアイデンティティ」『東アジアにみる食とこころ』（国学院大学日本文化研究所編、2004 年）、「無形文化遺産の保護と研究—民俗学者としての一思考」（『第 7 回学術大会論文集』国際アジア民俗学会、2004 年）、「シャーマンと他界観—漢族における神・霊・人交流の特徴と役割」（『人文学報』第 341 号、東京都立大学人文学部、2003 年）など。


川口　幸大（かわぐち・ゆきひろ）

1975 年生まれ。

博士（文学）（東北大学）。

東北大学大学院文学研究科・准教授。

専門は文化人類学。主な研究テーマは、中国における親族、宗教、移動。

主要業績に『東南中国における伝統のポリティクス─珠江デルタ村落社会の死者儀礼・神祇祭祀・宗族組織』（風響社、2013 年）、『現代中国の宗教─信仰と社会をめぐる民族誌』（共編著、昭和堂、2013 年）、『中国における社会主義的近代化─宗教・消費・エスニシティ』（共編著、勉誠出版、2010 年）など。


清水　享（しみず・とおる）
1967 年生まれ。
博士（文学）（日本大学）。
日本大学・明治大学・東京農業大学・講師。
中国西南地方非漢族の歴史・社会・文化研究。特に近代における四川省涼山彝族の文化変容や社会変化について研究を行なう。中国西南地方および東南アジア大陸部の生態環境史へも関心をもつ。
主要業績に「従墓碑資料来看涼山彝族土司阿都氏初探」彝族古文献與伝統医薬開発国際学術研討会組委編『彝族古文献與伝統医薬開発国際学術研討会論文集』（雲南民族出版社、2002 年）、「大陸中国・イ族─涼山地方を中心に」末成道男・曽士才編『講座ファーストピープルズ─世界先住民の現在　第一巻　東アジア』（明石書店、2005 年）、「碑文が語る生態史─地域住民からみた生態環境の変化」秋道智弥編『モンスーンアジアの生態史　第 2 巻 地域の生態史』（立石謙次と共著、弘文堂、2008 年）、『台湾中央研究院傅斯年図書館蔵彝（儸儸）文書解題』（編著、東京外国語大学アジア・アフリカ言語文化研究所、2013 年）など。

「国立民族学博物館論集」は、国立民族学博物館が推進する共同研究・機関研究の成果を、研究者コミュニティならびに一般社会へ発信することを刊行の目的とする。出版に際しては、国立民族学博物館の研究出版物に関する規定にもとづいた審査を経ている。

**中国社会における文化変容の諸相**
──グローカル化の視点から──

国立民族学博物館論集 3

2015年(平成27年)3月31日　第1刷発行

編　者　韓　　敏

発行所　株式会社　風響社　代表：石井　雅　　http://www.fukyo.co.jp

〒114-0014　東京都北区田端4-14-9　　電話03-3828-9249　FAX03-3828-9250

印刷　モリモト印刷

ISBN978-4-89489-213-2 C3339　　　　　　　　　　　　Printed in Japan